此书系国家社科基金重大项目“岭南动植物农产史料集成汇考与综合研究”(16ZDA123)的阶段性成果。

# 民国农业调查报告辑刊 3

（广东卷·第一辑）

倪根金
陈志国 / 编

世界图书出版公司
广州·上海·西安·北京

图书在版编目（CIP）数据

民国农业调查报告辑刊（第一辑）/ 倪根金，陈志国编. -- 广州：世界图书出版广东有限公司，2018.12
ISBN 978-7-5192-5364-6

Ⅰ. ①民… Ⅱ. ①倪… ②陈… Ⅲ. ①地方农业经济－调查报告－广东－民国 Ⅳ. ① F329.65

中国版本图书馆 CIP 数据核字（2018）第 284943 号

---

书　　名　民国农业调查报告辑刊（第一辑）
　　　　　MINGUO NONGYE DIAOCHA BAOGAO JIKAN (DIYIJI)
编　　者　倪根金　陈志国
责任编辑　程　静
装帧设计　苏　婷
责任技编　刘上锦
出版发行　世界图书出版广东有限公司
地　　址　广州市新港西路大江冲 25 号
邮　　编　510300
电　　话　020-84451969　84453623　84184026　84459579
网　　址　http：//www.gdst.com.cn
邮　　箱　wpc_gdst@163.com
经　　销　各地新华书店
印　　刷　广州大洋图文数码快印有限公司
开　　本　787mm × 1092mm　1/16
印　　张　161.25
字　　数　2510 千字
版　　次　2018 年 12 月第 1 版　2018 年 12 月第 1 次印刷
国际书号　ISBN　978-7-5192-5364-6
定　　价　980.00 元（全 6 册）

---


咨询、投稿：020-84451258　gdstchj@126.com

# 目　录

## 综合编·甲　县域以上调查

广东农业概况……叶向阳　3
广州农业调查……张石朋　8
南海番禺农村合作预备社及农村经济调查报告……陈迪农　12
东区十六县农业概况及其改进意见……温文光　16
四会广宁二县之农林调查记……李展奇　29
广东南路各县农民政治经济概况……阙　名　72
琼崖农村……林缵春　96
琼崖各县农业调查报告……黄坤培　杨起明　卓正丰　蔡乃驹　202
琼崖农村经济……林缵春　276
琼崖考察记……林缵春　280
琼崖西路农业概况及农村经济的危机……麦冠华　318
海南岛农产业……平间惣三郎　325
海南岛农产业调查……平间惣三郎　331
琼州海口附近农村之素描……金　泉　366

## 综合编·乙　县域调查

番禺县农业概况调查报告……卓正丰　375
番禺县调查报告……游　熙　386
中山县农业调查报告……卓正丰　391
南海县农业调查报告……卓正丰　400
南海县农村现况调查报告……阙　名　410
顺德县农业调查报告……卓正丰　429
顺德县调查报告……陈允恭　436

顺德县经济状况调查……阙　名　439
顺德县农业状况调查表……阙　名　445
东莞县农业调查报告……陈干济　黄锡畴　452
东莞县农业概况……尹中兴　464
东莞沙田农业考察报告……梁光商　466
东莞县经济调查报告……谭佰伟　475
东莞县调查报告书……游　熙　484
从化县农业调查报告……李翘芳　486
从化县调查报告……游　熙　499
龙门县农业调查报告……林纯煦　何庆功　502
龙门县调查报告……罗思温　513
台山县农业概况调查报告……卓正丰　516
增城县农业调查报告……林纯煦　何庆功　528
增城县调查报告书……游　熙　540
新会县农业调查报告……陈泽霖　543
新会县经济状况调查……阙　名　564
三水县农业概况调查报告……卓正丰　572
清远县农业调查报告……李翘芳　577
清远农业调查记……曾琢如　605
宝安县农业调查报告……黄锡畴　陈干济　607
宝安县调查报告……林长植　621
花县农业调查报告……李翘芳　625
花县农村经济概况调查……徐旭勋　632
广东花县农村经济概况……江　犖　659
佛冈县农业调查报告……李翘芳　669
佛冈县调查报告……游　熙　677
赤溪县农业概况调查报告……卓正丰　680
赤溪县调查报告……梁琴友　687
高要县农业概况调查报告……卓正丰　692
高要县调查录……郭华秀　699
高要县调查报告……赵锦鸿　712
四会县农业概况调查报告……卓正丰　714
新兴县农业概况调查报告……卓正丰　721
高明县农业调查报告……卓正丰　728
高明县调查报告书……梁琴友　733

广宁县农业概况调查报告……卓正丰 737
广宁县调查报告……杨少言 747
开平县农业概况调查报告……卓正丰 751
鹤山县农业调查报告……卓正丰 759
德庆县农业调查报告……卓正丰 766
封川县农业概况调查报告……卓正丰 774
封川县调查报告……杨少言 780
开建县农业概况调查报告……卓正丰 785
开建县调查报告……杨少言 790
恩平县农业调查报告……冯英材 794
恩平县调查报告书……梁琴友 801
罗定县农业调查报告……管觉球 807
罗定县调查报告书……梁琴友 829
云浮县农业调查报告……卓正丰 833
云浮县政概况调查报告书……梁琴友 840
郁南县农业调查报告……卓正丰 844
曲江县农业调查报告……林纯煦 何庆功 851
南雄县农业调查报告……郑振周 861
始兴县农业调查报告……何庆功 881
始兴调查见闻录……陈士光 895
乐昌县农业调查报告……林纯煦 何庆功 899
仁化县农业调查报告……林纯煦 何庆功 913
乳源县农业调查报告……林纯煦 何庆功 924
英德县农业调查报告……郑振周 938
翁源县农业调查报告……林纯煦 何庆功 954
连县农业概况调查报告……林纯煦 何庆功 965
连县农业概况……何守基 978
阳山县农业概况调查报告书……阙 名 981
连山县农业概况报告书……何庆功 林纯煦 993
澄海县农业调查报告……张国基 1003
惠阳县农业调查报告……郑振周 1017
博罗县农业调查报告……郑振周 1038
新丰县农业概况调查报告……林纯煦 1051
新丰县调查报告……郭诗文 1060
紫金县农业调查报告……李翘芳 1062

海丰县农业概况调查报告……卓正丰 1078
海丰县调查报告……陈士光 1084
陆丰县农业概况调查报告……卓正丰 1086
龙川县农业调查报告……林纯煦 何庆功 1091
龙川县调查报告书……罗思温 1103
河源县农业调查报告……李翘芳 1105
河源县调查报告书……罗思温 1131
河源县农业概况调查……阙 名 1134
和平县农业调查报告……林纯煦 何庆功 1136
连平县农业概况报告书……何庆功 1151
连平县调查报告书……郭诗文 1160
潮安县农业调查报告……张国基 1163
潮安县调查报告书……陈士光 1181
丰顺县农业调查报告……张国基 1188
潮阳县农业调查报告……张国基 1196
广东潮阳县调查记……郭英材 1206
揭阳县农业调查报告……张国基 1211
饶平县农业调查报告……张国基 1221
饶平县报告书……陈士光 1226
惠来县农业调查报告……林纯煦 何庆功 1231
大埔县农业调查报告……林纯煦 何庆功 1244
大埔县调查报告书……陈士光 1258
大埔农村情况……王水源 郭思铨 1262
大埔县农村经济概况调查……饶涤生 张任侠 1263
普宁县农业调查报告……张国基 1272
南澳县农业调查报告……张国基 1277
梅县农业调查报告……黄 洸 1280
梅县调查报告……游 熙 1292
五华县农业调查报告……林纯煦 何庆功 1296
兴宁县农业调查报告……林纯煦 何庆功 1307
平远县农业调查报告……林纯煦 何庆功 1319
蕉岭县农业调查报告……林纯煦 何庆功 1332
茂名县农业调查报告……黄坤培 卓正丰 1342
电白县农业调查报告……蔡乃驹 1359
信宜县农业调查报告……黄坤培 卓正丰 1373

化县农业调查报告……………………………………黄坤培　卓正丰　1383
吴川县农业调查报告……………………………………蔡乃驹　1394
吴川县调查报告……………………………………刘陶敏　1404
廉江县农业调查报告……………………………………杨起明　1406
海康县农业调查报告……………………………………杨起明　1414
海康县调查报告……………………………………林长植　1434
遂溪县农业调查报告……………………………………杨起明　1436
徐闻县农业调查报告……………………………………杨起明　1447
徐闻县调查报告书……………………………………林长植　1455
阳江县农业调查报告……………………………………冯英材　1457
阳江县调查报告……………………………………陈允恭　1483
阳春县农业概况调查报告……………………………………冯英材　1490
阳春县调查报告书……………………………………陈允恭　1497
钦县农业概况调查报告……………………………………卓正丰　1506
防城县农林调查报告……………………………………卓正丰　1512
合浦县农业概况调查报告……………………………………卓正丰　1518
合浦县调查报告书……………………………………刘陶敏　1525
灵山县农业概况调查报告……………………………………卓正丰　1527
琼山县调查报告书……………………………………林嘉树　1533
定安县调查报告……………………………………林树嘉　1535
文昌县调查报告……………………………………林树嘉　1538
陵水县调查报告……………………………………林长植　1542
感恩县属乡土调查……………………………………林长植　1545

## 综合编·丙　县域以下调查

旧凤凰村调查报告……………………………………伍锐麟　黄恩怜　1551
下渡村调查……………………………………区阃奇　1621
增城县朱村农家状况……………………………………朱耀廷　郭华秀　1834
增城县水口村农村状况……………………………………李　渠　郭华秀　1844
增城县合兰上都之农业概况……………………………………冯沛霖　1854
番禺县第八区社岗乡农家经济调查……………………………………阙　名　1860
顺德黄连的农业大略情形……………………………………朱雨化　1869
顺德大晚乡农村状况……………………………………卢君衍　1870

新会县东南角农村经济概况调查报告 ····吴瑞釭 曾 森 谈锦成 张永胤 1878
香山古镇农村状况 ························蔡 享 郭华秀 1971
香山良都农村状况 ························郭华秀 1977
中山县上栅乡之状况························梁锡基 1988
东莞县第一区周家村农家经济调查 ························阙 名 1995
东莞员溪农村社会之调查研究 ························袁伟民 2019
肇庆黄江之农事调查························梁宝森 2115
龙村社会调查 ························林 纬 2117
澄海蓬洲都农业调查························谢廷文 2297
西林村之现状 ························黄汉祥 2316
梅县搭阳乡 103 户农家经济调查研究 ························魏双凤 2320
粤东五华农村经济调查观感························魏双凤 2342
石正乡农业状况 ························何振欧 2347
南雄农村调查统计资料························阙 名 2350
粤汉铁路乐昌至坪石农业情形调查记 ························威林士 2364
粤汉铁路沿线农业情形调查记························蔚 生 2367
连县河西四和两乡农村概况调查简报 ························阙 名 2370
广东罗定农村经济调查························梁锡贻 2374
湛江市北月调罗木兰等村农村经济调查报告························陈学水 2397
琼崖农村经济崩溃中一小农村的实况 ························阙 名 2494
琼山西区农业之概况························王世燕 2505

**后 记** ························ 2507

# 開建縣農業概況調查報告

民國十九年九月

卓正豐

## (一)位置

開建縣居粵省之西北與廣西省地接壤位於赤道北二十二度四十五分經綫距北平中綫偏西四度五十二分東界廣西懷集北界廣西信都西界廣西蒼梧南界封川南北長七十里東西廣九十里人口約七萬餘全縣分自治行政為五區警察成立者則有三區茲分述如下

| 區別 | 所在地 | 區域 |
|---|---|---|
| 第一區 | 南豐 | 附城一里 |
| 第二區 | 蛟水 | 距城八里 |
| 第三區 | 白沙 | 距城一里 |
| 第四區 | 金裝 | 距城二十五里 |
| 第五區 | 長安 | 距城五十里 |

## (二)地勢

開建縣屬山嶺約佔全面積十分之七平原約佔十分之三耳東南北三部均多山而地勢高峻惟中部西部則稍爲平坦矣

## （三）氣候

全縣氣候無甚差異惟山嶺高大樹木叢生夜則較凉大小寒前後常見霜雪最寒時達攝氏零度最熱時則在三十七八度左右颶風少見

## （四）耕地狀况

1 土質　全縣田土以中部一四區爲最佳土質多屬砂壤表土深厚又無水旱之災其餘各區雖無水旱而土質不如中部之美至於山嶺則石質不多而含肥亦富頗宜森林

2 水利　農田水利頗佳倘遇天旱可引山水灌溉惟運輸水利則祗有蒼梧江但中多石灘非夏天水深之時不能行船故冬間殊不利便

3 交通　水路交通祗蒼梧江經縣之西直出西江但冬日水淺不能行船而陸路交通公路已成者祇有一線貨物往來未能由水路輸運者惟有專賴肩挑而已

## （五）農民經濟狀况

1 田地租價　上等田每畝價由百五十元至二百元租金十元至十五元中下等田每畝百元至百五十元租金由六元至十元上等地每畝六十元至百元租金三元至六元中下等地每畝三十元至六十元租金二三元

2 長短工價　長工每年由二十元至五十元短工忙時每日由三毫至五毫女工二毫至四毫茶飯由僱主供給

3 大宗產品價格則畧如下列

| 品名 | 數量 | 價格 | 附記 |
|---|---|---|---|
| 穀 | 每百斤 | 五元 | |
| 花生 | 每百斤 | 五元 | |
| 黃豆 | 每百斤 | 六元 | |
| 豬 | 每斤 | •三元 | |
| 鷄 | 每斤 | •四元 | |
| 鴨 | 每斤 | •二元 | |
| 松 | 每百斤 | •五元 | |
| 杉 | 每條 | •五元 | 二寸尾者計 |
| 桂皮 | 每百斤 | 三元至一〇元 | |
| 桐油 | 每百斤 | 三〇元至六〇元 | |

| | | | |
|---|---|---|---|
| 竹 | 每條 | 一元 | 篘竹計 |
| 炭 | 每斤 | 一元至一・五元 | |
| 沙田柚 | 每百個 | 三元至六元 | |
| 龍眼肉 | 每百斤 | 二〇元至五〇元 | |

4大小農及經濟情形　該縣農民耕田十畝以下者約佔十分之九耕十畝以上至三十畝者約佔十分之一至經濟情形則以一區二區四區較爲充裕其餘雖非充裕亦可以自給因穀米足食而柴薪更無憂也

## （六）作物

1水稻　稻之種類早造有花壳白壳新興白赤穀等穀雨前後挿田秧苗係用割秧法育成晚造穀種有新興粘油粘鼠牙粘黄粘白粘等立秋以前挿田秧苗則用旱秧法育成拔後截其秧尾乃挿之早造每畝用穀種十三四斤上等收成每畝可得穀三担左右晚造用穀種十七八斤上等收成每畝得穀四五担云至於肥料則施猪牛糞爲多亦有兼施石灰者

2花生豆　各區皆有種之惟以第一區爲最多種於砂質坭土之旱地多與甘藷或大小麥等輪栽其播種時期普通在春分前後概用穴播法播時用草灰或人糞灰等爲肥料（基肥）播後二十餘日中耕除草一次並施以石灰如雨頻草多則再除草一次至七八月卽可收穫除製爲食用外多爲搾油之用

## （七）園藝

縣屬果樹有荔枝龍眼沙田柚等但非專業經營多在屋邊路傍任其自由生長無甚管理惟沙田柚間有成園者但出產亦不多祗供附近市墟銷售而已並無出口也蔬菜通常有芥菜白菜蘿蔔及各種瓜類惟所栽皆爲自用少有專植而販賣者

（八）畜牧

家畜以豬牛爲最多農家每戶皆有飼養除供本地宰殺販賣外亦無出口其管理方法及飼養手續與各縣無大差異至於家禽則以養鷄鴨爲多居民每家均有飼養數十隻以爲不時之需雖非專事營業然統計年間出口鷄約有萬餘頭鴨約有八九千頭左右云

（九）森林

該縣東南北三面皆山嶺環繞惟中部及西部畧平坦故境內森林約佔全縣面積百分之四十惟多屬天然林以松樹爲多餘則雜木而已間亦有造林者則以杉樹及松樹爲多茅竹次之計年間出產杉樹約十餘萬株運往各處銷售松樹及於雜木則皆樵爲採柴炭之用

（十）輸出品

縣屬輸出品向無統計大都以松杉鷄鴨等爲大宗多運往廣州香港等處銷售

（十一）農村教育

該縣教育不甚發達有高小五所學生約六百人小學廿六所學生約二千餘人失學兒童不計其數

（十二）農林前途之希望

該縣山嶺衆多東南北三面均大山環繞土質疏鬆且表土深厚最宜造林惟縣屬人民未能充分利用以盡地利故林產出口額近年不特不增加反見減少吾願地方有司及有識之士亟應起而振興林業實爲該縣最急之務也

（出自《广东农业概况调查报告书续编》下卷，一九三三年）

# 開建縣調查報告

楊少言

一、位置　開建為西區最小縣治，居本省西陲，位於赤道北二十二度四十五分，經綫距北平中綫偏東四度五十二分，東、西、北三面為廣西懷，信，蒼三縣所環抱，東界懷集，北界信都，西界蒼梧，僅南界本省封川，南北長一百三十華里，東西廣七十華里，距省會七百五十餘里。

二、形勢　開建地形，如入內陸谷地，僅中貫一水，其餘四面環山，狼嶺起於南，圓珠居其西，忠讜高聳於東北，連綿圍繞，犬牙交錯；中部雖間有岡陵起伏，惟大部分皆為平坦之地，北部大山兀立，地勢則稍為高峻耳。

三、氣候土質　本縣氣候，各區無甚差異，最熱時嘗達華氏九十五度，最冷則在華氏三十八度至四十度之間；雨量多降於春夏相交之季，對於稻作所需水量尚足灌溉；至若土質，一、二、四各區土壤多灰黑色之土壤，表層深厚，排水頁好，三區土壤雖相同，但不及以上各區優沃；惟五區最劣，多屬磽瘠之砂壤，此其大別也。

四、自治區　全縣分為五自治區，第一區卽附城所在地，共轄十二鄉，第二區在蛟水，轄有十四鄉，第三區位居河西，轄有十五鄉，第四區在金裝，轄有十三鄉，第五區在長安，轄有十五鄉，合計共五區六十九鄉。

五、面積　本縣面積，根據以前測量為三、九一二方里，田畝調查，經己完竣，現查全縣農田面積，計有一區一萬一千八百餘畝，第二區一萬二千零七十餘畝，第三區九千八百餘畝，第四區一萬一千四百餘畝，第五區二萬零五百餘畝，合其他岡陵荒地而計，當在九萬畝以上。

六、人口　人口調查係民國二十一年舉行，今次調查者尚未完竣，玆據各區所報，計第一區戶數一、一九一戶，男六、六一七人，女五、九三〇人，合計一二、五四七人，第二區戶數一、九六五戶，男六、一七四人，女五、八九六人，合計一二、〇七〇人，第三區戶數二、五三〇戶，男六、四二六人，女五、五一〇人，合計一一、九三六人，第四區戶數一、八〇〇戶，男六、一九九人，女五、四〇八人，合計一一、六〇七人，第五區戶數二、八八〇戶，男九、一九五人，女六、九三二人，合計一六、一二七人，總計全縣人口共六四、二八七人。

七、交通　對外交通全靠水路，惟不便利，緣賀江河身淺淤，且有沙灘數處阻窒，每年冬期雨量稀少之時，輒不能行駛淺水電船；貨物出入多以都城爲集散地，省、佛、西等埠運縣貨物皆在此轉卸；水路除賀江有通航之利外，餘概小澗河流，全失航運之利。公路現已完成者有封開公路二十一里，但橋樑涵洞工程未竣，而封村段今已停工，是則本路完成之期遙遙無定也；南金一線，由縣城通至金裝，僅築成四里，亦已停頓，故各區貨物出入，仍靠肩挑，幸中部無巨山阻斷，於行旅上尙稱便利。郵電方面，各區公所及附城機關已通電話，與鄰縣相通話者，祇封川第五區漁涝而已；縣城現有三等郵局一所，信櫃二處，分設於一區之白沙及四區之金裝。

八、教育　本縣教育尙未臻發達地步，統計中等學校有縣立簡易師範學校一間，學生祇有一十六人，完全小學六間，高級學生一百七十七人，初級小學五十九間，共有學生二千五百二十五人；社會教育僅有圖書館一間，閱報處一所而已。

九、農產品　縣民職業，百分之九十以上業農，是故業農爲人民生活所依賴，經濟所寄託；作物之最主者爲稻，早晚二熟，早造因雨量充足，收成較好，平均每畝可得穀三百餘斤，晚造則在二百斤上下，合計各區年可產穀米一十五萬担；普通計畝係以「禾把」或「禾担」計算每二十把爲一畝，如第五區行之；其次，薯芋則爲縣民補充糧食，芋多種于田地，而薯則多種於旱地，有時或兩者間植，總計年中番薯約產三萬餘担，芋頭一萬餘担，花生木薯亦種於旱地，然爲數不多；至若山貨，以松竹爲大宗，松柴概係天然生產，別無人工栽植者，年中出口者及本地消費總計產量當在三十萬担左右；家畜類則以雞爲最多，年中出口他縣約三萬餘隻，由此可見本縣農業之重要爲何如矣。

十、礦產　縣屬礦產已發見者有三處，概爲金礦，一在四區之金裝鄉，一在金鏤鄉，一在三區之靈田鄉，各處皆未經測探，故深度面積以及蘊藏量之多寡，亦無從知道，然以理度之，本縣金礦，藏量必豐，一因縣屬四境包圍高大亘山，一因已開採之地，年中產量不靡，故可斷定蘊藏量之豐富無疑矣。現查繼續開採之金礦，僅有金裝一處，是地概屬民田，佔地廣約千餘畝；鄉人例於每年秋收之後，集合本地人每數十人爲一組，先向業主商量，經諜允許之後始動工開採，將田土掘起至深二丈或數丈不等，初得者爲金砂，乃以一長方形而尖底之金斗爲淘揀器；將來所獲之純金，經變賣後業主與工方以二八分之，主方得二成，工方得八成，惟在開採期間之伙食用具，概由工人自備，但若經開掘後所獲微小以至空無所得，則主工雙方皆屬吃虧，因工人方面則浪費工力，而業主之田地，因翻覆關係，須經二三年後始可耕種；近年以來，每年開採工人在三千人左右，其產量約二千餘兩，現每兩約值一百三十元，多運銷於廣州香港兩地；二十年前曾有外地商人集資設廠來此開採，卒因工人不忠實而致主方折本停工，頁可慨也；至若靈田之金礦，係蘊藏於山地，岩石阻擋，須用巨大工程始能開採；以目前「磁運」式之開採方法，年中尚可得二三千兩，則本縣金礦之蘊蓄量，其豐富蓋可想而知矣。

十一、墟場商況　全縣現有南豐、白沙、金裝、長安四個墟市，除南豐鎮外，其餘各墟商號至多不過十餘間，俱係小資本經營，以販賣日用食品爲多，每遇墟日，鄉民輒挑其餘農產品入市擺賣，吽賣鷄鴨聲，雖仍充耳揚溢，惟惜穀物價鉄，二倍有奇，農民叫苦，莫不憂形於色矣。

十二、金融　日常買賣，概以銀毫爲單位，每十毫作一元計算，銅仙每毫三十枚至三十二枚，各墟市面流通以銅仙爲最多，近年因外銷貨物無價，而入口貨仍無減少，金錢外溢日增，金融日形枯涸，而全縣僅有當押一間，月息三分，雖使金融流通，然以利高殊無沾益農民也。

十三、生活程度　本縣食物平賤，白米每斗(約六斤半)小洋三毫二分，鴨每斤二毫，鷄每斤三毫，柴每担易值三毫，食物資料若是低廉，生活本屬容易支持，惟是穀賤傷農，四處皆同，緣縣民十九靠農爲生，出產品若是低廉，入息銳減，生活尤是驟感困難，加之縣屬田地有限，生齒日繁，工商不振，求生之路，日益窮蹙矣。

十四、治安　縣屬四境皆高大巨山，盜賊藉是爲藏匿之所，民國十四年匪徒四出搶劫，縣城南豐鎮亦陷於恐佈狀態，商業幾爲之停頓，迨後匪首覺悟，招撫爲地方自衞隊隊長，至民十七年匪患始殺，現查各區尚稱平靖，地方有常備警衞隊三獨立小隊，并駐有防軍教導師一連，治安可保無虞矣。

十五、衞生與救濟　縣屬衞生設備，現已稍具規模，計平民醫院一間，內有西醫生一人，助產醫師一人，中醫生一人，留醫贈醫均便；救濟院亦於本年七月間成立，內分托嬰，養老，貧敎三部；然人民疾病仍多就診於本地中醫生，統計全縣各區中醫生數當達六十人左右。

十六、社會習尙　人民勤樸，爲他縣冠，男女皆須工作，衣履概用土貨，婚嫁從儉，婦人可以再醮，祗署貼回翁姑身價銀便算；婦女日常不論居家或工作，多數著其土織之黑色麻布大袍，質地粗厚，其樣式與旗袍畧同，不過寬大粗劣特甚耳；婦女頭髮，通常束在頂上，狀如道士之髻，間或套上紅藍色土布巾，襯以鬆濶大袍，誠覺古雅有緻也。

十七、勝景　本縣勝蹟向有所謂八景者，卽圓珠積翠，忠讜凝嵐，鶴洲漁唱，狼嶺樵歌，烏石醴泉，狀元古井，仙岩夜月，石壁朝雲等八景，然現經已變成荒凉遺跡，獨烏石醴酒泉依舊滔滔流出，考醴泉一名酒井，深可四尺，濶可尺半，水由底石中流出，人聲一呼，內有細砂滚起，味甘如醴，因以得名；清澈如鏡，流出不停，故河水絕不能混入，歷任知事(前清時)，曾有建亭於其上，旋建旋燬而泉流迄今仍甘淨可口也。

十八、宗教崇拜　本縣人民，處居深山，俗尙崇拜神敎，喪祭有用巫道，意爲超度，與他縣無異；其崇奉之神不勝枚舉，就中以土穀神及文昌帝君爲著，鄉民例於早造收獲之後，取新穗二首及三牲酒品拜祭穀神，謂爲新穀登塲，欲望他時風調雨順，則須膜拜耳；至若外來宗教，附城有基督教堂二處，其教徒共約二十人，寥寥無幾也。

中華民國二十四年九月十日

（出自《统计月刊》第二卷第三期，一九三六年）

# 恩平縣農業調查報告 民國十六年

馮英材調查

## (一)區域位置

恩平縣地廣一百五十里，袤一百七十里。東界開平，東南界台山，西南界陽江，西界陽春，西北界新興。縣治現分十二區：

第一區。東安堡，河南堡，大廟堡，觀音堡，附城堡，區署設在恩平城。

第二區 東成堡，平塘堡，區署停辦。

第三區 聖堂堡，安和堡，大江堡，區村堡，灣溪堡，大良堡，區署設聖堂墟。

第四區 均和堡，君堂堡，平安堡，沙岡堡，南塘堡，文瀾堡，新塘堡，區署設船角墟。

第五區 沙湖堡，蓮岡堡，那西堡，金汛堡，楊橋堡，鶴洲堡，區署設沙湖墟。

第六區 尖石堡，北安堡，齊洞堡，區署設尖石墟。

第七區 夾水堡，西水堡，岡平堡，區署設夾水墟。

第八區 蓢底堡，大田堡，西安堡，龍山堡，區署設蓢底墟。

第九區 清灣堡，岑洞堡，黃欖角堡，沙岡堡，區署設清灣墟。

第十區 那吉堡，大槐堡，黃坪堡。

第十一區 橫陂堡，大亨堡，銀水堡，區署設橫陂墟。

第十二區 金雞堡，鰱魚堡，石逕堡，區署設金雞水墟。

## (二)地勢

東西較狹，南北延長，西南北三面，皆環大山，地勢頗高，中央及東部，則多平原。以全縣面積約畧計之，高山地約占十分四，如第七八九等區之全部，及五六區之大部分是也；丘陵地約占十分之三，如十十一十二等區是也；其餘平原地方，約占十分之三耳。

## (三)氣候

年中雨量最多時爲四五月，最少時爲十一十二月。温度最高時爲六七月，最低時爲十二月及正月。夏秋間，常有颶風，害及農作物。

## (四)水旱情形

第四區之南塘堡，平安堡，沙岡堡，及第三區，第五區等處，土人均貯陂水以資灌溉，全無旱患；至第六七八九等之近山耕地又常有山坑水，灌溉亦便；其餘各處，則皆靠天雨，雖有錦水，但不能利用以爲灌溉，兼之沿錦水地方，年中常有潦患，惟近年來，淹浸時間恆不過一二日，尚不致大害云。

## (五)交通

水路交通，有錦水發源於八九兩區，經縣城南部，由東北走而出開平縣赤磡，轉達新昌荻海公益等埠，且枝河縱橫，惜河底爲沙石淤塞，運輸皆用細小帆船而已。(冬季每船載貨約可三四十担，然縣城以上者，則幾不能行舟。)陸路交通，則以縣之東部爲最便，由縣城有車路直達開平縣赤磡，且第三區另有車路至第五區，然西南北三面，大山重重叠叠，交通極覺困難，輸運貨物，多用牛車人力車及挑担而已。

## (六)耕地狀况

中部東部之第一二三四五等區，地多平原，土色灰黃，質頗肥美。西南部之第十區第十一區第十二區則岡陵起伏，旱地頗多，土色灰白，質頗磽瘠，旱患尤甚。至西北部之第六七八等區，多大山嶺，土質亦覺磽瘠也。

## （七）耕作情形

該縣水田以水稻爲主，旱地則多植薯，芋，鷄爪芋，竹蔗，薑，韭，旱禾等。縣之南部，每當晚稻收穫後，有種植麥豆者，中部及東部多產水稻，薯，鷄爪芋，韭，薑，旱禾等。西北部近大山，山柴頗多，而竹蔗則第一四六八等區畧有種植，杉則第九區間有種之者。

## （八）農民經濟狀況

田地租價　上等水田每畝價銀約二百元，年租三担；中等水田每畝價銀一百元，年租一担五斗；下等水田每畝價銀四五十元，每租一担。旱地上者每畝價一百二十元，年租約十元；中者每畝價銀六七十元，年租五六元；下者每畝價銀十餘元，年租約一元。

長短工價　長工皆是男人，大工每年九十元，中工每年五六十元，小工約二十元；短工忙時男工每日一元，女工每日四五角；閒時男工每日四角，女工每日三角。以上均供膳食，惟女工則只供午餐。

農產品價目表

| 品名 | 價格 |
| --- | --- |
| 白谷 | 每石六元四角 |
| 猪肉 | 每斤五角五 |
| 鷄 | 每斤七角 |

| | |
|---|---|
| 鴨 | 每斤五角五 |
| 糖 | 每斤一角六 |
| 薯 | 每担一元六角 |
| 芋 | 每担二元 |
| 薯莨 | 每斤一角 |
| 藍 | 每担十二元 |
| 韮頭 | 每担三元 |
| 薑 | 每担十元 |
| 杉 | 三寸尾者約六角<br>二寸尾者約四角<br>一寸尾者約二角 |
| 牛 水牛 | 大者一百三十元，中者九十元，小者六十元。 |
| 牛 黃牛 | 大者九十元，中者六十元，小者四十元。 |
| 花生油 | 每斤六毫 |
| 豆麵 | 每担九元 |

大小農及經濟情形　該縣人民以業農者爲最多，然每農家耕五畝至二十畝者約占十分之三，耕二十畝至五十畝者約占十分之五，耕五十畝至百畝者或耕五畝以下者約占十分之二，而耕百畝以上者則極少。至經濟情形，則一二三四五等區近日人多出外謀生，且交通便利，土質較肥，故農民經濟多豐裕，至六七八九十十一十二等區則困乏較多。全

縣有當舖四間，按五間，押一間，然皆設在一二三四五等區，近日農民多無物可當，只有將耕牛及屋作抵押品，用重利以借債耳。

## (九)農村敎育狀況

該縣農村學校極不發達，近數年來，對於學校畧有增設，全縣計中學校一間，初級小學校三十一間，高級小學兩間，國民學校二十間，私塾約百餘所，失學兒童甚衆。

## (十)作物

(1)水稻　各區栽培稻作最盛，然最多者則以一二三四五等區，而米質之佳良，則以第五區沙湖屬及第十區那吉屬爲最著名。品種旱稻有蜜葉，烏晉仔，掛犂望，赤米仔，紅頭遲等，晚稻有油粘，板粘，廣西黃，大赤，大糯，細糯，黑米糯等。其栽培法，與陽江縣皆同，惟恩邑晚稻有用劏秧法者。其銷路多用帆船由錦水運出三埠，而台山縣糧食，多仰給恩邑。

(2)旱稻　栽培頗盛，蓋前時種植花生之地，近因花生不佳，皆改植旱稻。春分間用灰糞和谷種點播，自後除草中耕二三次，六月間卽可收穫，每畝約產谷二石。

(3)花生　前時栽培最盛，近數年幾乎絕跡，有謂自有火油出後，則花生收量漸少。聞前二十年間，每畝能產花生六七担，近則至多者亦不過三担，且多病害，其花生仁往往腐壞而不實者。計全縣搾油所，不過數間，然所用之花生，皆非土產，完全由香港運入者，栽培花生業之衰落，可想見矣。

(4)竹蔗　前時栽培最盛，近則衰落不堪，現只第一四六八等區，畧有種植。據第四區屬文瀾堡老農言：二十年前就第四區文瀾堡一堡而言，已有糖寮約十所，今則全第四區屬，只文瀾堡設有糖寮一所，一地如此，他處亦然。觀此可知竹蔗之栽培大大减少。查其原因，係以蔗地易藏土匪，及無肥料所致，（現時種植花生日少，而豆麵因而日減。）其種植法與陽江縣無異。至所製之糖，多輸出三埠，蓋本地之糖，雖不足用，但糖質頗佳，常得高價，故多運往別處以求售，而土人則多用外來之甯糖。

（5）鷄爪芋　其形狀與普通之芋不同，其莖直生，頂端發葉，葉有缺刻。

土質　以堅硬之粘質壤土爲最宜，據土人言，在硬地植者味常佳，在鬆地植者味常劣云。縣之各處皆有種之。

前後作物不能連栽，須二三年後，始可再植，然多與旱稻，薯等輪栽。

種植管理　種植期在雨水，栽培法與普通之芋無異，惟種植時須將芋種倒轉，使芋芽向泥下，則將來其芋頭能生長極大，植後施肥培土除草各二次。

收穫　八九月，苗已殘謝，便可收穫，每畝約植千餘株，每株收芋約半斤。

銷路及用途　本地及三埠，農人多用以充飢，並可入藥用。

（6）薯　農人多將谷米運諸外埠以求高價，自已則多用薯以作正餐，故對於薯作，隨處皆盛栽之，其栽培法與陽江縣同。

（7）薯莨　第六區及第九區間有種植。

（8）藍　八九等區略有種之，惟極少數。

## （十一）園藝

（1）蔬菜　該縣蔬菜事業，極覺幼稚，普通栽培者，有芥菜，白菜，芥藍，蕹蓮，蘿蔔，韮，蒜，葱，香芹，芫茜，金瓜，節瓜，冬瓜，苦瓜，絲瓜，茄子，荳角，芽蘭荳等，然皆植於村邊，以供自已食用，極少專業之者。其管理等皆由農婦任之，惟木薯，薑，及麥豆等，則不限於村邊，而多植於田野。計木薯全縣約產三萬担，多運銷於陽江及三埠等處，皆係醃製薯頭之用，薑亦銷流各埠以製薑糖者。

（2）果樹　該縣果樹無大宗出產，普通者爲荔枝，龍眼，菠蘿，番石榴，桃，黄皮，橘，桔柑等，然多零星種植於村旁或屋旁等處，其種植管理等法皆極覺粗放，茲不述。

## （十二）畜牧

該縣對於畜牧事業，素不發達，故各種生畜類，多仰給於陽江縣，然其對於鷄鴨鵝猪牛等，亦皆有飼養，惟不甚盛，且縣中飼養鴨蝴，鵝蝴者絕少。至其飼養管理等法皆與陽江縣大畧相同。

## （十三）森林

該縣山地極多，森林極少，第八區蒲底屬有少數天然林，產柴頗多，第九區山間，則畧有種植杉者，其餘各區則於近村者多植松，然爲數極少，距村稍遠者則盡皆童山，如西南方面有多數岡陵，亦皆荒廢，其林業不振，可概見矣。

## （十四）輸出品

輸出品以谷米爲最大宗，次爲木薯頭及杉，次爲薑及黄糖等，其輸出額素無統計，茲不述。

## （十五）農林前途之觀察

該縣地瘠民貧，教育不振，農人固陋，而於種植管理極形粗放，是宜多設農人補習學校，將各種種植新法，廣爲勸導，至於童山偏野，尤宜趕速植林，並於近山多草之區，提倡畜牧事業，則農林業前途，方有希望也！

（出自《广东农业概况调查报告书续编》上卷，一九二九年）

# 恩平縣調查報告書

竊琴友奉令出發恩平，已於三月廿二日，抵恩平城，擇定辦事地點，並分謁縣長及各機關團體，將出發各區調查日期，請縣長通知各區長，依期召集各鄉里長到會，以便查詢，隨即依期到各區調查已畢，謹將調查情形，分敘於下.

（一）地勢情形　恩平為恩州古治，東界台山，南與陽江為鄰，西以天露山（俗名鐵爐山）與新興陽春為界，北接開平。東西狹，而南北濶，為南路之咽喉，西北高，而東南畧低。土壤則肥沃多而磽瘠少，惟未得水利之灌漑，時有旱潦之虞。

（二）戶口調查　全縣分十二區，查第一區，四千五百六十九戶，現住人口，男有一萬四千零二十四人，女有八千五百三十九人，合計共有二萬三千五百六十三人。第二區，有二千三百八十三戶，現住人口，男有六千六百二十五人，女有五千五百五十七人，合計共有一萬二千一百八十三人。第三區，有八千一百六十二戶，現住人口，男二萬二千七百八十三人，女有二萬零一百一十二人，合計共有四萬二千八百九十五人。第四區，有七千六百一十五戶，現住人口，男有二萬零七百一十九人，女有一萬六千一百五十二人，合計共有三萬六千八百七十一人。第五區，有一萬一千八百一十九戶，現住人口，男有三萬零九百五十五人，女有二萬五千二百八十九人，合計共有五萬六千二百四十二人。第六區，有四千零四十九戶，現住人口，男有一萬一千七百九十六人，女有九千三百八十七人，合計共有二萬一千一百八十三人。第七區，有六百五十六戶，現住人口，男有一千三百九十人，女有八百六十一人，合計共有二千三百五十一人。第八區，有三千一百八十三戶，現住人口，男有八千四百五十三人，女有六千零八十九人，合計共有一萬四千五百四十二人。第九區，有八百一十一戶，現住人口，男有二千九百零二人，女有二千零二十二人，合計共有四千九百二十四人。第十區，有一千二百七十八戶，現住人口，男有三千七百八十五人，女有二千九百六十二人，合計共有六千七百四十七人。第十一區，三千二百六十一戶，現住人口，男有一萬零二百八十三人，女有九千二百五十二人，合計共有一萬九千五百三十五人。第十二區，有二千二百四十戶，現住人口，男有六千五百一十九人，女有五千四百三十四人，合計共有一萬一千九百五十三人，全縣合計，共有五十萬零二十六戶，人口男共有一十四萬零二百三十五人，女共有一十一萬一千六百五十四人，男女合計共有二十五萬一千八百八十九人。

（三）風俗狀況　人民生活程度頗高，凡屬內地方窄狹，土壤磽瘠之區，耕種不利者，多出外洋謀生，以出洋者衆，習染西化，故風俗奢侈，屋宇華美。其務農耕種者，則勤樸耐勞，大抵三四五等區多奢侈，餘區多勤樸耐勞也。

（四）自治狀況　全縣劃分十二自治區，七十八鄉，三鎮，一千三百五十里，各級自治機關，早已成立。至調查戶口，編釘門牌等工作，已辦理完竣。現在積極派員指導各級自治人員，及訓練各公民，務使明白自治之眞義，及四權之運用。

（五）教育概況　該縣中等學校有二，縣城方面，有縣立初級中學校一間，經費由中資捐抽收，向稱充足，學生亦多，近因經濟恐慌，買賣田地者少，中資捐收入頓減，經費因而日困，支絀異常，又有縣立鄉村師範一間，經費由近聖書院，及縣政府撥給，但不甚充足。關於小學者，有縣立模範小學一間，區立模範小學二間，一在三區，一在十區，此屬於公立者也。此外私立者，爲四鄉之小學教育，查四鄉以三四五等區，學務最爲發達。計全縣小學校，共有八十四間，初級小學校共有一百八十三間，其經費充足，辦理完善者，亦屬少數，至若社會敎育，有縣立民衆敎育館，公立圖書館，均在縣城南門外。

（六）交通狀況　查恩平交通，可分水陸兩種，惟水路則河流淺狹，祇用帆船運輸。全縣市鎮，及開平之赤坎，長沙，台山之新昌，荻海等埠，均可通航，互相貿易，貨物多藉以運輸。陸路則有公路，可分省道縣道，省道分兩段，一段自縣城起，北通蒲橋，長凡六十五里，由民辦普通公司建築，現由健行公司行車，自民國十六年，至二十一年，由普益公司行車。凡客商之來往，貨物之運輸，極爲暢旺，每日行車次數亦密，交通至便。該公司故獲重利。自廿一年至廿三年，因世界不景，客商貨物，往來日少，初由交通公司行車，後退由健行公司行車，均告虧本。加以去年建設廳，開行長途汽車，虧本更多，近祇有壞車三四輛行駛而已。車期恒多阻誤，邑人大有行不得也哥哥之嘆。一段自恩城河南起，南達陽江之那龍墟，長凡五十里，由合成公司建築，合興公司行車，其衰落原因，與健行公司同受經濟衰落影響，邇來行車公司，擬向築路公司減租，互相爭持不决，因而涉訟，迄今尚未了結。縣道之君堂公路，自聖堂墟對面河邊起，直達君堂墟，長凡二十五里。亦由普通公司建築，健行公司行車，已停車數年。又蓼塘公路，接駁君堂車，直達大路埇，過河卽爲開平之百赤茅公路之義興站，雖照常行車，而虧本甚鉅。當省道未通蒲橋時，君堂及蓼塘兩路，爲交通之孔道。又牛江渡公路接省道聖堂站，至牛江渡墟，長凡二十里。亦由健行公司行車，以辦理不善，路多崩陷，遇雨則泥濘沒脛，開車無期，或有時停駛，有等於無。又恩南公路，自恩城河南，直達横陂墟，長凡五十里客貨稀疏，開車無期。又金南公路，自恩城河南，直達開平金山海，長凡五十餘里，客貨甚少，行車未久，旋告停辦。橋沙公路，由楊橋起，接開平之平平，而達長沙，在恩平路線，長約二十里，搭客甚少。牛沙公路，自牛江渡起，至沙湖墟止，長約十里。又沙橋公路，自沙湖至楊橋，長約十里，均因客少停車。其餘已築成而未行車者，尚有恩蒻公路自恩城直達蒻底，長凡五十餘里。槐吉公路，自那吉至大槐頂，駁省道之大槐站，長凡二十五里。關平公路，自牛江渡之關公廟，至省道之平安站止，長凡十二里。金橋南公路，自楊橋經金汎，至南塘站，駁省道，長約二十里。是數路，均經築成路坏，祇限於資本，無欵購置車輛，故雖築成數年，仍未行車。此外邊界之金那同公路，自金鷄水墟，經大同市，至台山縣之那扶，在恩平地方者，祇十里。又由開平馬崗至鶴洲墟之公路，其中段有經恩平者，約廿餘里。（卽自尖石大廠站）尚有匯區公路，由尖石至新興之和平墟，經恩平者約廿餘里，其中有高車處，及大海處之橋樑兩座未築，俱未通車。其電話之設置，頗稱完備，縣城各機關團體，及各區區公所，公安分局，以至各鄉，均可通話消息之傳遞，俄頃可遍全邑。此外尚有長途電話，可與開平，台山，新會，江門，新興，陽江等縣通話。

（七）鑛產調查　恩平山脉綿亘，童山濯濯，甚少種植，惟蘊藏多鑛產，查已經發現者，有金鑛，鎢鑛，錫鑛，煤鑛，石鑛等，自廿一年第十區土人，掘發那吉附近之大肚婆山金鑛，產額甚富，至廿三年大盛，開採者無不獲厚利，轟動全省，鄰縣之往開採及收買金砂者，絡繹於途，近已由廣東建設廳金鑛經理辦事處，僱用人工開採，工人約二三百名，未見獲利。第一區金坑處附近，數十年前，已發現金鑛，曾組織公司，購置機器開採，未久因辦理不善，旋告停辦。至民廿一年，該處土人復往開採，稍獲微利。廿二年有志誠公司，在建設廳領照開採，用人工採掘，工人二百餘，畧有微利，本年又有馮復萬公司，已在建設廳領照開採，現在計劃中。十一區，白廟附近，金鑛亦蘊藏甚富，現有五邑公司，及國寶公司，領照在此計劃開採。至十二區，亦有金鑛，惟不甚富足，祇由土人自由採掘，所得無多，至鎢鑛則產於天露山脈，即三五六七八等區之毘連地也。民十八九年以來，陸續有人組織公司，領照開採，計現共有五個鎢鑛公司，即一爲利民公司，組織最早，鑛區在五區之亞婆髻，及三區之白鶴穿雲等地方，每日開採工人，有三四百。二爲宏興公司，鑛區在三區之黄茅龍等地方，每日開採工人有三百餘名，三爲天然公司，鑛區在葫底之通天臘燭等地方，開採工人，有四五百名。四爲振興公司，鑛區在六七區之横山等地方，開採工人，有二百餘。五爲大成公司，鑛區在七區之黄道地地方，開採工人，有二三百名。查各公司，均非僱工開採，其法係將領照之地方，任由工人採掘，所得交由該管鑛區之公司收買，每担額價銀三十元，再由各公司，賣與國貨推銷處，每担價銀約五六十元。近各公司間有因地界關係，互相爭買而涉訟者，按各公司，如此開採法，於各公司，固有利無損，惟各開採工人，常有竭十數日之力，徒費血汗，尚無所得者，不計其數，處此情景殊令人難堪耳。又五區金汎地方，煤礦甚富，前經有人開採，後因辦理不善，因之停辦。又一區之十八鄉，蘊藏煤鑛甚多，前經有人試採，驗明煤質不佳，遂未着手開採。又石礦各處均有，可燒石灰，運售於鄰邑。第八區葫底之鑊蓋山處，有錫礦，近有聯僑公司，領照開採，尚在籌劃中也。

（八）林業調查　林業出產，以九區之杉木爲多，祇銷於邑內，每年產額約值萬餘元。其餘各區松林，多屬自生自長，欲其葱鬱極難。年來向政府承墾造林者固多，而求其切實種植者，則屬少數。其規模最大者，爲五區之利民實業公司，資本二十餘萬元，種植面積廣袤約二十里，除植林外，餘如波羅，花稔等，速效之果類，均有蒔植，若欲林業之發展，要令限承墾者，認眞辦理方見有效。

（九）商業狀況　縣城爲通南路之咽喉，在昔海禁未開時，南路各種貨物，必用牛車載至東岸稅廠處，再用帆船運載各處，當時商業頗盛，故稅廠街市亦因此繁榮，及後海運一通，南路貨物，轉由汽船運輸，昔之繁盛者，已一落千丈。稅廠街市，更冷落不堪，經此者，油然生黍離麥秀之感。查縣城貿易，以穀米爲大宗，計米店共六七十間，佔商店三分之一，杉木次之，均爲土產。其餘綢緞，什貨，肥田料等貨物，均運自鄰邑之新昌，荻海，長沙，赤坎各埠。資本不甚充足，無甚大利可圖。旅業在建廳未通聯運車時，頗爲興盛，自通聯運車後，過客無須歇宿，旅業乃日趨冷落。其餘各區商業，二區之東成墟，多穀米生意，而最繁盛者，爲三區之聖堂墟，居全邑中樞，水陸交通便利，貿易以穀米猪牛爲多，其布疋什貨等，均從新昌，荻海，長沙運回，每屆冬節甘薯，蘿蔔滿市，凡墟期日，(卽五十等日)擺賣者達千數百担。當民十九二十兩年，外僑工作發達，又是滙水極高之時，該區區民曾集資本建築均安，江洲兩市，均安市建築商店百餘間，正式經商者已七八十間，年來已次第倒閉，現尚繼續經營者，約祇二三十家，其原因一由世界不景氣影響，二由交通不便。江洲市則水陸交通利便，惟與聖堂，君堂，船角等市較近，又因經濟恐慌所影響，故建築舖宇者無多，卽趁市鄉民亦少。四區之君堂，船角兩墟，商業畧遜於聖堂墟。第五區之牛江渡，沙湖兩墟雖舖戶無多，而貿易頗盛。楊橋，金汎兩市次之。第六區之尖石，第七區之夾水墟商業極少。第八區之蔚底墟，貿易以柴米爲多第九區之淸灣，沙崗兩墟，貿易以杉木，柴，炭爲多。第十區那吉墟，貿易以穀米爲大宗第十一區，除穀米外，以牛隻爲貿易之重心，兩陽及南路之牛隻，多聚散於此，故牛隻之貿易，爲四邑之冠。第十二區，金鷄水墟，商業甚少，著名之西抗茶，卽出於此。

(十)農工業狀況　機器工業甚少，縣城有電力公司，兼輾米機一間，又民生輾米機一間，河南有時豐米機一間。聖堂，船角，均安市，牛江渡等市，各有輾米機一間，每間可有工人三五名，月薪自十二元至四十元。江洲市之機製紅毛泥磚廠一間，歇業已久。第十二區之關和合茶廠一間，資本額約萬元。採茶女工約百數十人，係散工，每日工資二角，製茶男工每月工資二十元，因泥於古法，不能發展。縣中坭土，可製青磚者甚多，當民國十九年至廿二年，全縣大小磚窰不下二十餘座。製出之磚，除銷售本邑外則運銷鄰邑，近多次第倒閉，現祇存三四座而已。所出之磚，仍屬滯銷。石灰運銷鄰邑最爲有名，近日極形衰落！糖寮在淸末民初，多至百餘間，及後種蔗及糖寮，均多虧本故糖寮日見減少，近年則畧見增多。每間用男工約廿人，每日工資約四角，所出係片糖，糖質極佳，運售於開平之赤坎埠。農則以傭農爲多，工資每年自一二十元至七八十元。農產以穀米爲大宗，雜糧以薯，芋，蘿蔔，麥，豆等爲最多，猪牛之飼養，亦爲農人之副產。近則旱潦頻年，農產失收，農村經濟，已告破產，借貸無門，此亟宜設法救濟之也。九區之炭及凉粉草，運售於江門各埠，爲最有名。又花生及油，前爲該邑特產，近三四十年，完全失稱，此亦農政不修有以致之。

(十一)治安概況　縣之四周，山巒起伏，向爲盜賊之逃逋藪。自民元以來，土匪打村劫舍，擄人勒贖，民無寧處。至民廿二後，屢經縣兵隊，及防軍之剿辦，將匪首鄭佳仔，鄭活等，先後殲殺，故現在地方，尚稱安謐。

（十二）貨幣概况　普通貿易，以銀毫爲本位，銅元爲輔幣，全縣無銀行，流通貨幣之總數，難以估計。縣城及各市之所謂銀號者，資本額亦甚少，不過藉作兌換耳。港紙非正常交易之通貨，祇作銀毫券之兌換。市面銀根，異常短絀，照各區調查，全縣銀毫現在流通，約十三萬餘元。

（十三）利率調查　在民廿一年以前，月利不過五六釐至一分二三釐不等，自廿二年以來，經濟恐慌，利率日高，近由一分五釐至二分五釐，甚至三分者，即欲借貸，仍非易事。

（十四）災害調查　本縣農耕，災害連年，農產收成，極爲惡劣，廿二年兩造旱災，其稍高燥之地，完全失收，最慘者爲去年六月間，大雨傾盆，山洪暴漲，如萬馬奔騰，人畜走避不及，計被淹死者十餘人，牲畜之死者，不計其數，冲毀屋宇，不下數百間，田禾被浸，完全失收，查受禍之慘，以三區爲最。晚造在十月正當禾稻開花之時，爲颶風所傷，繼之以潦浸，收獲僅四五成。冬耕又爲秋霜所傷，收成極劣。加以尾冬及今年初春，豬牛瘟盛行，副產亦成絕望，際茲青黃不接之秋，不特粒米無着，雜糧亦無以充饑，鄉民已多流爲乞丐。終歲勤苦，欲求一飽而不可得，誠可浩歎。

（十五）黨務調查　全縣分五個區黨部，三個直屬區分部，三十六個區分部，共有黨員一千五百五十七人，農工界佔多數，內女界佔十四人，男界實有一千五百四十三人，每月經費實支銀六百三十元，另欵辦恩平日報一間，藉資宣傳黨義。

（十六）警衞隊調查　編練處共有官佐十三員，每月經常費六百一十八元，全縣常備警衞隊共八隊，獨立小隊官長八員，士兵伕役共二百八十八名，每隊經費，月支四百一十八元。所用鎗械，共四百三十桿，共有子彈三萬六千二百二十九顆，向由各區鄉借用。本年已由總司令部頒下八八式七九步槍一百五十桿，子彈一萬五千顆，經分發一二三四五等隊。前借各區之械彈，擬按各區借來槍械之數目多寡，照七成發還。後備隊全縣共編成二百一十五中隊，三十二獨立小隊，合計全縣後備隊人數，官長共一千八百二十九員，士兵共二萬五千四百二十一名。

第九隊主任梁举友報告

民國二十四年五月

（出自《统计月刊》第一卷第八期，一九三五年）

# 羅定縣農業調查報告

民國十年　管覺球調查

## (一)位置

羅定縣屬西江上游、位于北緯二十二度四十八分、經度距北京偏西三度四十八分。縱五百六十一里。橫九百九十里。東界雲浮陽春縣。西界鬱南岑溪縣。南界信宜縣。北界雲浮鬱南縣。全縣分六區。

## (二)地勢

縣中地勢。山多而平原少。山約占全面積之六。尤以第二三四五六等區爲最多。重巒層障。山勢嵯峨。行客往來。世途甚艱。農地則高低不齊。川流又復稀少。灌溉極爲困難。從事耕種。終歲勤勞。僅堪一飽。故出外經商頗多。

## (三)氣候

縣中氣候。與省中無甚差別。就縣中比較。則南部高地多山。自比北部低地爲冷也。最高溫度爲攝氏三十八九度。最低溫度爲三四度。下霜之期。自十月起至十二月止。雨水無定。風災絕少。

## (四)耕地狀況

縣中山居其強半。故可耕之地較少。而耕地又復高低不齊。灌溉甚爲困難。排水亦非易事。故高者多爲旱地。低者則爲水田。不幸雨水不調。則旱潦爲其大患也。近江流處。土地肥沃。灌溉較便。收穫較豐。近山者。土質亦非太劣。表土常有五寸至一尺者。惟灌溉大不利耳。所幸各處多是粘質壤土。保水力非弱也。水田固以水稻爲大宗。旱地則以陸稻甘藷花生大豆爲最多。統計水田面積。約占全縣地三分之一。年中產量若干。向無統計。

## (五)水利

縣中川流。甚爲稀少。或因水淺。或病湍急。罕覩舟楫之利。就中最著名者。爲東水瀧水兩河。仍不能上通汽船。

惟水源頗富。近岸之地。藉水車之力。尚可資其灌溉。較遠之處。則難望其分潤。此亦其農地高低不齊不便灌溉所致。

## (六)交通

縣中山多川少。陸行既多不便。水行亦復困難。且盜賊如毛。行客尤爲裹足。查該縣河流。至大者爲東水灘水。仍不能上通汽船。已如上述。其下游處。自羅定城至南江口。亦祇通民船而已。惟自南江口至省城。則有汽船來往。其上流各支流。分布二三四區。水淺多石。帆船亦難行駛。其水道之難。可以概見。至于陸路。自各區至縣城。或往鄰縣。常須越山踰嶺。羊腸鳥路。行者苦焉。該縣於交通事業。大有亟待改良之處。

## (七)耕作情形

全縣分六區。各區因地理上之關係。其耕作情形。畧有差異。茲分述如下。(一)第一區、高山頗少。惟高地頗多。岡陵起伏。凸凹不齊。作業殊爲不便。水田較旱地爲多。其中產品。以水稻爲大宗。其餘甘藷、大豆、花生、陸稻等。亦不少。區中糧食。足自給而有餘。惟林業絕無。而園藝事業。頗有足觀者。(二)第二區、農地極少。林產頗有出息。該區之杉。則最爲有名。區中農民。除耕田外。恒以業山。補其不足。(三)第三區、水稻頗多。此外則以麥爲最。蠶桑一業。則爲全縣之冠。近復蒸蒸日上。方與未艾。全區出息。約值十餘萬兩。占全縣三分之二。(不)第四區處該縣之西。三都水橫貫其間。水利頗富。旱患絕少。惟農地狹窄。群山環繞。遍地皆然。農田產稻。足供給。此外雜糧亦復無多。是以常藉岑溪米接濟。惟其山場出息特多。如泗綸之茶、桂、竹、松、膠粉等。(非樹膠)年中出價銀以百數十萬兩計。故農民衣食。强半仰給于此也。(五)第五區、高山極少。水田及旱地較多。與第一區情形相同。茲不贅。(六)第六區、石山最多。林產出息甚少。水田頗爲不惡。而旱地最適種煙。質優味美。足爲紙捲煙之原料。近來各煙草公司。爭相購買。價格飛漲。利市三倍。各農家有不種他物而專栽培煙草者。其日趨之勢。可概見矣。總之、各區對于生產事業。均各有特產特優之處。有足嘉者。惟全縣糧食。不足自給。則爲大憾。

## （八）農民經濟狀況

田地租價　田地位置。有肥瘠之不同。租價因之有差等。茲分述之。（一）第一五區、上田每畝約值一百五十元至二百元。年租穀三百斤。中田約七八十元至百二十元。年租穀百二十斤左右。下田約五六十元。年租穀七八十斤。第三四區、上田每畝百五十元。年租穀三百斤。中田八九十元。年租穀百四五十斤。下田三四十元。年租穀百斤。第二六區、上田每畝約值百三十元。租穀二百五十斤。中田七八十元。租穀百五十斤。下田二三十元。租穀五六十斤。各區旱地。價亦分上中下三等。約自數元至二三十元一畝。年租穀約十斤至八九十斤。

長短工價　長工用男人。年金三十元。短工忙時。男人每日一毫半。女工一毫。閒時男工一毫。女五仙。均另供食

大宗農產品價格　表如下

| 品名 | 價格(以百斤計) |
|---|---|
| 稻 | 三元五角 |
| 花生 | 五元 |
| 包粟 | 二元五角 |
| 片糖 | 十二元 |
| 耕牛 | 二十七八元 |
| 猪 | 三十元 |
| 羊 | 三十八元 |

| | |
|---|---|
| 雞 | 三十餘元 |
| 鴨 | 十八元 |
| 鵝 | 十七元 |
| 魚類 | 十二元 |
| 大豆 | 八九元 |
| 麥 | 四元五角 |
| 藷 | 八九元 |
| 芋 | 十四元 |
| 葛 | 五元 |
| 花生油 | 二十元 |
| 蔗 | 二元 |
| 茶 | 二十元 |
| 蠶繭 | 百三十元 |
| 桑 | 二元 |
| 桐葉 | 四十元 |
| 藍靛 | 二十元 |
| 棉花 | 五十五元 |
| 松柴 | 三毫 |

| | |
|---|---|
| 草 | 一毫五仙 |
| 竹 | 四毫五仙 |
| 桂皮 | 五元 |

中小農及經濟情形　農人一家耕十畝者。約占百分之十六。耕二三十畝者約占百分之三十五。耕四十至百畝者約占百分之五。農民經濟情形。以盜賊充斥。頗多損失。農家生活。莫不日陷困難也。

## （九）作物

### （1）水稻

水稻品種頗多。大約早穀以銀粒、白殼、早禾、花羅粘爲多。晚穀以鼠牙粘、油粘、黃殼、黑糯、大糯爲多。早造多行蒔秧。間有直行點播不用移植者。于近山少水之地行之。晚造亦行蒔秧。惟其育苗時期較長耳。肥料則人糞尿廐肥之混合肥料爲多。火灰亦常用。骨灰則稍少。至於用石灰。則六區爲最多。每畝施混合肥料。通常自五担至十担爲多。其中成分。則因人而异也。收量無定。上等者每畝四五百斤。中者二三百斤。下者百數十斤。其餘管理栽培各項手續。悉與普通無异。不贅。

### （2）茶

羅屬茶葉。昔日出產頗多。泗綸爲尤盛。在三十年以前。年中出產。約值銀千萬両。農家生活。强半仰給於此。近年因印度爪哇錫蘭之茶。長足進步。華茶銷路日蹙。而該區產茶。遂一落千丈。追溯原因。在於無識農民。不知改良製造。以圖進步。而各茶號茶商。又復以贋貨相混。是亦爲莫大之障碍。現內地產茶各區域。日就荒蕪。產量大不如前。惟年中尚有二三百萬両出產。苟於此銳意改良。力除前弊。未始不可以恢復舊觀也。兹將其原有種樹及製茶法。分述如下。

種茶　土人謂產茶之優劣。視其地之肥瘠。如過瘠之地。且不發生云。種法先于霜降後。收取茶種。晒乾去殼。至立春後。播種於山嶺斜地。先整地成畦。每穴距一二尺下種八九粒。此後每年霜降前後。除草一次。三年後苗高可尺餘。嘗清明前。摘去心芽。便多生橫枝。自植後三年。即可採收。年分四次。(一)春社前。(二)清明。(三)白露此皆採嫩葉也。至九十月採老葉。是爲第四次。凡收採之法。待新芽舒展有四五葉時。于晴天晨朝摘收爲宜。摘去四葉而留其一。便可由此一葉而發生腋芽及橫枝。而再生新葉。每日每人收老葉十一斤。嫩者減半。採至七八年後。茶樹老弱。發葉甚少。即行掘去。輸作他物。另尋新地種茶。否則不生云。

製法　採收後。晒于陽光。令其凋萎。並時時反轉之。至屈其葉柄不斷時爲合式。置于焙鑊焙之。一方面焙。一方面搓揉。搓葉之良否。大足左右製品之優劣。故搓揉之法。有一定之順序。或手搓掌搓。或壓搓散搓勻搓整搓。不可以混亂也。至搓揉之時間及溫度。熟練家自有分別。大約搓至水分盡失。其葉有一部分捲成珠狀者而止。取出用篩篩別之。除去茶粉茶柄。次別其精粗。精者狀如珠。細若粟。再于此項。分別黃黑二者。黑者加下白滑黃羌粉(俱顏料)川臘。置于長六七尺之布筒。用二人各執一端。以大力震盪之。使其葉輾轉反復于布筒之兩端。經數點鐘之久。便得。如是者、其葉黑而有光澤。黃者則加下黑滑川臘。置于布筒中。如前法震盪數點鐘之久。便得與黑葉同其色澤。以上乃精而成珠者之製法。若粗而成珠者。則須用刀剖爲細碎。再加以少許水。焙之搓之。置入布袋中。用足踏之。使其成粟米狀而止。再分別黃黑二種。同上法製之。便得製品與前無異。可混合珠蘭少許。入箱出售。每担須原料五百斤。

製品　土名爲珠蘭茶。在粵亦爲有名之飲料。此茶以乾燥得宜、形狀整一、呈光黑色、浸出之茶汁芳香撲鼻、呈美麗之紅褐色、狀近透明、甜味多、苦味少、其渣滓呈黃褐色者爲佳。每担值銀五十餘両。

副產品　俗名茶粉茶骨。用作下貨出售。爲別處製茶磚之用。或自家飲料。每百斤五六元。

以上製法。惟泗綸各茶商行之。小農民不能效也。製品多運至省城出售。由省城茶商。再行精製裝璜。出售外埠。

(3)蔗糖

經營狀况　土人種蔗。多以爲果品用。製糖者甚少。全縣糖寮十餘間耳。年中產糖。無統計可稽。約有五六百萬斤。不足本縣之供給。昔日較盛。今日漸式微。而果品用者。適與之相反。

種植管理　土質爲砂質壤土。表土肥沃。心土黄色者爲佳。若心土黑者則甚劣。若栽竹蔗。則爲榨糖原料。種法與普通同。惟間有用宿根者。約宿二三年後。則易種矣。種蔗以旱地爲多。

製法　與省城無異。自十月開榨。至一月止。計煮片糖一百斤。需糖液六百斤。需原料千二百斤。共需工銀一元六角左右。

製品　品質亦不劣。色黄白。質堅牢。味頗佳。多售本地。

(4)煙草

品種　就其色澤香味、分黄黑二種。黄者燃力極强。香味甚佳。發煙最多。煙灰頗白。足以爲製紙捲煙之良好原料。近年煙草公司。爭相購買。頗得時譽也。黑者燃燒不良。芳香味極少。祇爲製黑煙之原料耳。

經營狀况　煙草之培栽。以縣之第六區爲最多。幾無家不種。多者一家種一二萬株。少者亦種數千株。以土質適宜也。其餘各區。間有種作。尤以第三區爲最少。良以該區宜桑不宜煙也。近年煙草公司爭相收買。價格遂漲。每担煙葉四五十元。利潤最豐。故種煙之風。比昔爲盛。大有一日千里之概。至數額若干。尚無統計。

地勢及土質　地勢以山坡高地而平坦、無水患、乾濕適宜、通風透日者爲佳。土質以壤土深厚土心黄赤爲最佳。若心土黑而多砂石者最劣。

選種　選其具有本種之特徵者。留種。不摘頂葉。俟其開花結實未十分老熟。即行收採作種。否則欠佳。就中尤以種子堅實者爲良。

播種　於霜降前後。作苗床。先落以腐熟火灰糞作基肥。與土攪勻。又以細砂與種子混合。然後撒播之。播後畧洒以水。並覆以稈。妨霜害也。此後時洒以水。至每株葉有數枚高六七寸時。便可移植。

整地及移植　普通概與甘藷輪作。當霜降收藷後。即犂起泥土。風化一二月。再整細碎。作成尺餘高畦。潤三四尺。長丈餘不等。開品字形穴。于畦邊種成兩行。兩穴距尺餘。深四五寸。先落以火灰糞土與混合。然後移植。植畢覆稈淋水。每畝約可植千五六株。植期于一二月行之。

留葉及摘芽　管理之法。隨人而異。有于苗長至十五六葉時。摘去頂芽而長一橫枝者。俟此橫枝生十五六葉後。再行摘去頂芽。其餘各腋芽。亦盡行摘去。此其一法也。有于苗生十五六葉時。摘去頂芽。而長三橫枝者。餘各腋芽盡行除去。此三橫枝任其生長。不再摘其頂芽。祇去其腋芽。此又一法也。二法亦各有三十餘葉左右。就其葉之着生部分。可分四種。(一)托葉。着生于最上部六七葉。(二)本葉。生于托葉之下五六葉。(三)中葉。生于本葉之下六七葉。(四)脚葉。着生最下部之八九葉。其中各部。以中葉爲最優良。而托葉味最烈。反得高價。畦面須常覆以稈。免汚脚葉。

病虫害　烟苗最多蚜虫。每日須用人工除之。其餘地蠶亦間有。病害則甚少云。

除草培土　以時行之。

排水灌溉　以時行。烟苗忌濕。非十分旱。不灌溉。

肥料　肥料種類。多用火灰猪糞混合肥及花生麩。用量每株灰糞約二斤。花生麩四两至六两。共分二次施之。(一)基肥、于移植時。施灰糞原定量之半(二)補肥、于苗高七八寸時。施灰糞之餘半。並落以花生灰。施花生麩之法。于根際周邊掘溝埋入。若天時過乾。則畧洒以水。

**收穫**　定植後經八九十天。便收採。卽夏初時也。尤以葉尖下垂、葉毛落脫、葉柄肥大、葉色淡黄時爲合度。由下部脚葉起。次第收採。以及于上部。自始至終。需三四十日。收採之時。尤以晨朝無露之時爲佳。每畝收量約得乾葉三百斤左右。黑烟則較豐云。

**乾燥**　乾燥烟葉。土人多用烟筴。其法將烟葉敷于筴上。排列不宜過密。用雙面夾之。晒時每兩夾相挨成人字形。每日晒一次。每次二十分鐘。即收回屋內。命其醱酵。當晒時使烟葉兩面輪流乾燥。見其一面葉毛豎起、葉面起油之時。即行反轉他面。又見他面豎毛起油時。便當收回。以後如上法洒三日。葉色盡行轉黄。此後可每日晒數點鐘之久。再過數日。可終日晒之。晒至葉柄已乾即得。約需晒半月左右。

**晒乾後之裝置**　托葉本葉中葉脚葉分別裝置成束。每束或十餘斤或二十餘斤不等。裝置法或以稈束成。或以筴束成。隨人而异也。

**銷路**　黑烟銷售本地或鄰縣。每百斤二十餘元。黄烟多銷至省城。爲煙草公司之原料。每担四五十元。就中尤以第六區產者爲最良云。

**工本及利益**　大約每人可栽二畝。至收穫晒烟時甚忙。須另行僱長工及短工。茲將二畝收支約數表出。以知其利益若干。

| | |
|---|---|
| 地積二畝 | 半年租銀十元 |
| 猪糞草木灰肥六十担 | 三十元 |
| 花生麩八百斤 | 四十元 |
| 長工一名七個月工食 | 四十二元 |

短工二十工　　　　六元

器具損失費　　　　六元「烟夾六百張共三十元用五年」

合共支出費一百三十元

黑煙二畝收乾葉約七百斤(每百斤二十五元)一百七十五元

收支相抵穫利四十二元

黄煙二畝、收乾葉約六百斤、(每百斤四十元)二百四十元

收支相抵獲利一百一十元

觀上表黄煙利潤比黑煙多二倍有奇。故土人甚少種黑煙。若不宜于種黄煙之地。始用以種黑煙耳

「附」種黄煙純利益。既如是之豐。農家生活。似有超蘇之一日。然事實上有大不然者。因農家困頓异常。終日辛勞。僅堪一飽。安有資本以種煙。當種煙時。所需資本。皆需借貸於富戶。于是富戶。從中漁利。嚴訂條約。即以當日所借出之資本。爲預購將來之煙葉。其預約價格。須比時價低一半。由是賣煙時所得之溢利。悉爲資本家所壟斷矣。仍無補于吾農民也。

(5)甘藷

經營狀况　縣中水田無多。產米常有不足之虞。既如上述。是以土人多掘地種藷。以補不足。故甘藷亦主要糧食也。其土質多以砂土及壤土爲佳。年中出產頗多。惟其確數不能知。大約近年出產。均有增加之勢。

品種　該縣有紅心薯白心薯黄心薯冬薯數種。其形或長圓橢圓紡綞不等。與省城附近產無异。其食味甘甜。亦與省城相彷彿。

栽培及管理。亦甚普通。無足述者。惟畧近粗放。施肥甚少。有虧地力。其餘整蔓。亦時有行者。

收穫　每畝一千五百斤至二千斤。

貯藏　甘薯多于室內貯之。無作窖以藏者。日久恐其變壞。乃生切片晒乾之。或煮熟晒乾之。以爲乾糧。備不時之需云。

（6）蓼藍

蓼藍栽培于泗綸頗多。一年生草本植物也。葉互生而楕圓。花紅色。子實褐色形。小如米。高可二三尺。自根上發橫枝甚多。

氣候土質　性喜炎熱鬱濕之氣候。土質以砂質壤土爲佳。

蕃殖　藍之種子甚小。用水選法。去其較輕者。春三月先浸種。然後播于四尺濶之畦。用移植法。與水稻同期也。定植之地。亦須起畦。廣二尺。每距尺餘而植一叢。每叢四五株不等。

肥料　種類爲草木灰人糞尿。每畝約施五百斤至一百斤。分次施用。定植後約每半月。中耕除草施肥一次。至收穫前二十日而止。天旱尤須灌溉。

收穫　藍之收穫。以種後七八十日其葉十分茂盛、色澤濃綠、將抽出花梗時。即爲合度。斯時當于晴天離根處三寸刈去之。若過期不刈。藍分必減。不可不慎也。收後施肥于舊根株處。可復生新芽。而有第二次之收穫。一年產量。共收三四千斤左右。

製造　收穫後、倒亂放下于漚藍池。灌以水。以木石塡壓令沒。約二三日。以器除去其莖。用棒攪之。遂取出。濾去其塵芥。即移入沈藍池。落以百分之四石灰。攪勻之。任其自行沈澱。俟其上面液澄清。設法去其澄清液。即得軟泥狀之藍澱。此乃澱葉醱酵也。俗名澱藍。其規模小者。可以缸如法爲之亦得。

價値及銷路　藍澱爲鄉間染料之最大宗。其着色之優美。不易脫變。實勝于化學品。故鄉人染土布皆用之。銷路頗廣。自該縣以迄鄰縣。兩粵鄉人。無不樂用之。其價格每百斤約二十元左右。

(7)其他

芋　亦爲主要糧食。出產比甘薯爲少。

大麥　爲第三區特產。其餘各區種者甚少。或以習慣使然也。

花生　各區均有出產。近十年來。收穫甚少。大不如前矣。良亦以地力有虧。病虫害滋生也。

黃豆　每區旱地。均有出產。惟甚粗放。故收穫甚少。每畝約一二百斤。

粟，各區均有。惟量甚少。

小豆豌豆胡麻　各區均有出產。爲數甚少。

陸稻　各區均有。收量不佳。

(園藝)

(1)蔬菜類

蔬菜園藝。就該縣而論。以第一區近城之地。間有可取。其餘各區。則自檜以下。不足道也。一區人煙稠密。需要較多。價値較昂。且資本易于流轉。而多加勞力及資本。以增大其生產較易。是以其園藝事業。較形發達。此亦位置使然也。查其栽培。周年不絕。園中無月不有種植。卽無時不有生產。歲易種七八次。頗能盡地力。其中著名土產。如葉菜類之蕹菜。根莖類之葛。瓜果類之冬瓜。葷辛類之韮。栽培均盛。其餘普通品種。亦均有栽培。惟其技術之拙劣。管理之粗疏。遠不知如廣州城附近之精巧周到。蓋亦在幼稚時代也。其栽培方法。與普通無異。茲不贅。

（2）果樹類

各種果品均有出產。惟專事經營此業者。百無一焉。故此業殊無大宗。不過于園邊屋角植數株或十株而已。近來對于荔枝蜜柚二種。間有開園種植者。或數十株。或百餘株。爲量仍無幾也。

## （十一）水產

水產一業。該縣頗稱盛行。池塘遍地。養殖殊多。近來魚價甚昂。業此者莫不獲厚利。故經營池魚日益加多。因之池租魚種飼料各價。比前加倍。惟其初業此者。對于養殖法、撈魚術。均無學識經驗。盲昧從事。遭失敗者十之八九。信乎斯道之不可以不講也。茲就其池魚普通魚類及養殖法．約略述之。

甲．普通魚類　如鯇魚鯪魚鱅魚大頭魚鯉魚數種。至色澤形狀肉味。與普通無異。茲不贅。

乙．養殖法　前述之魚類。概屬于溫水性。故其池塘。以四面開豁無山嶽爲之蔽者爲佳。其池底有適量之勾配及溝。以便排水引水。且設魚溜。以便捕魚。又養殖一二年後。必于冬季。乾涸池水。清掃池底軟泥一次。此軟泥爲植物腐敗所變成極有害于魚之生長。池水之量。以時補放。令其有一定之量。無不及太過之弊。又無停滯腐敗之虞。至其飼料。除天然動物之餌料外。悉用人工以補其不足。最適用者。爲人糞花生麩魚菌豌豆蒸葉．及其他植物之嫩葉(以無害爲限)養蠶之家。蠶蛹亦餌料之一也。夫池中生產量之多少。視天然及人工餌料有豐嗇之別。即生產量大相懸殊之點也。其他關于氣候土質之不同。而其生產量亦有差池。至于魚數若干。對于餌料供給之多寡。隨人而異。蓋無確切之計算也。

## (十二)蠶業

全邑蠶桑•以第三區爲首屈一指。年中出產•約值銀十餘萬両，當調查之時。以土匪猖獗。余未能親至其地。殊爲抱歉。其餘各區產量。約各值一二萬両耳。在前五年。第三區亦無進步。與各區相同。近年因有順德蠶棘家親至其地經營。遂爲長足之進步。三年之間。其產量加多至五倍。可謂速矣。現于附城設有繭市二所。年中交易約有千條担。值二十餘萬元。第三區約占三分二。全縣桑區面積。約有三十頃。養蠶時間。自春分起至十月止。共分七造。桑則有荊桑魯桑之別。蠶則有大造輪月之分。桑害則以蚜虫大頭狗爲多。蠶病則以蛆病蠁病爲最。至于栽桑與飼蠶。亦與普通無异。要皆有待于改良也。

## (十三)畜牧

畜牧爲農家副業。幾無家不飼。惟其種類之不同耳。最普通者。爲耕牛羊鷄鴨等。就中尤以鷄鴨爲最大群。有飼至數百頭者。其他遠不及也。茲分述之如下。

### (1)耕牛

耕牛有黃牛水牛二種。爲農家必需之物。蓋以畜力而補人力之不逮也。牧養之多寡。恒視其耕田之多少以爲定。普通以一頭至十餘頭而止。間有特別多飼者。則爲飼育牛仔計以營利耳。此必近山多牧草處。乃能爲之。一區附城之地。不能行也。其餘肉用乳用者。尚未有飼養。

牧牛以營利者。多于冬季買入牛仔。加意飼養。至來春牛已肥大。即行出售。以博厚利。

牛之管理　一區不近山。牧場甚少。平原較多。農作物遍地。故可放牧之地亦甚少。凡飼牛一頭者。亦須設牧童一人。以司管理。農作忙時。每日放牧一次。而另給以良好飼料。如粥酒糟生草等。閑時日放牧二次。早出午前十一時歸。午後二時復出而晚歸。若過冷過熱。均不放牧。其近山處。放上山頂。任其自行覓食。不需看管。旁晚覓回。管理較便。飼養較多。有多至數十頭者。通常于將放牧時。先掃除舍內之牛糞。移至糞池。然後牽往池塘。令其飲水。若有糞尿排洩。亦行收拾。以便多得肥料。飲畢方放往牧場。歸舍時如天氣炎熱。須先羈于樹陰下。俟牛體冷涼。然後返舍。舍須通風。以便呼吸。牛仔畏熱。水牛尤甚。夏季日浴數次。牛體生虱。隨時以鐵篦除去。仔牛養一二年後。即行閹勢。一則催其發育。一則減免其躁暴性。使其易馴也。此外更有穿鐵環于其鼻。尤易于駕使。近年牛疫叢生。營此業者。大遭失敗。現除耕牛外。俱不敢多牧云。

(2)猪

猪爲日常肉食之品。用途廣。價值昂。幾于無家不飼。一則利用糟水殘羹以作飼料。一則以管理易婦女皆得爲之也。約分肉猪與種猪二種。尤以肉猪爲最多。腹白斑黑。爲該處猪之特徵。飼料及飼法。均甚普通。無足紀者。飼費亦甚廉。若猪仔時。飼料較爲昂貴。惟用量無幾。耗費仍少也。普通管理。肉猪多行舍飼。種猪(猪公母)多行放牧。而其猪舍汚穢。大不合猪之衛生。年來猪疫發生。而日甚一日。其以此乎。

(3)羊

羊之飼養者甚少。間有養數頭或數十頭。祇爲婚禮及祭祀之用而已。放牧之時。須牧童管理。每日放于山上一二次。任其自行覓食。及晚歸舍時。不另給以飼料。惟常以周身有孔之圓筒。置于羊舍。先放食鹽及草花蛇于筒中。俟其腐敗。流出汁液。群羊舐之。可免羊疫。此爲要着。此外放牧之時。所須留意者。公地虎(狀似繩虎)及毒蛇之爲害。被其害者。即無可救藥。牧養者往往以是虧本。甚可慮也。

(4)鷄

雞價高肉美。無家不飼。少者十餘頭。多者一二百頭。或爲卵用。或爲肉用。或卵肉兼用。不一而足。卵用者每年產卵一百三十個至一百五十左右。肉用最重七八斤而已。少飼者、管理多不注意。任其飛走于屋內。多飼者、則須設一人以專理其事。幷須設舍于山中。日間放于山上。任其自行覓食虫蟻。以省飼費。每當日暮之時。祇飼一次。以擊鼓爲號。群雞聞聲畢至。食完歸舍。以防蛇鼠之害。日間苟有鳥雀之害。尤須設法保護之。此其大畧也。

(5)鴨

鴨之飼養亦頗多。有作者家食品者。有專營利益者。就中分養鴨母與鴨仔二種。玆分述之。

(a)養鴨母

養鴨母之目的。在于產卵。卵之用有二。(一)孵鴨仔用者。(二)食用者。年中產卵之多少。以母種之良否爲衡。故選種最當留意。論其羽毛。則以黑質而有褐斑者爲佳。論其形狀。則以尾部肥大而頭頸細小者爲上。至于身宜圓厚。足宜短矮。眼宜浮凸。亦爲要着。至鴨公之選擇。土人未嘗留意。

鴨之管理　亦須牧童一人。鴨性易驚擾。故牧童須熟練。方可減少驚恐之狀態。否則于產卵有減少之虞也。其飼料爲穀及魚蝦螺蜆蛙等。每於收穫後之稻田。灌水其中。放鴨入內。以食其遺穀。可減少飼費。誠有利之舉也。計百頭鴨每日飼穀二十斤左右。分三次給與之。若於收穫時間。可減半飼量也。

產卵量　鴨仔養至百四五十日。便能產卵。年中以二三月爲最多。六八九月次之。四五月又次之。七月無定。十月至十二月及正月最少。計每鴨全年產卵數一百四十至一百六十枚云。

(B)養鴨仔

養鴨仔者。比前種較多。在收穫時期尤甚。有一家養至三四百頭。蓋利用收穫散失之遺穀也。此外關于稻之害虫。

鴨亦常食。是亦農家收入之一助也。

飼法　鴨仔自孵出買囘後。除放牧任其自行覓食外。另以小蛙和米煮爲半生熟以飼之。則易于發育。約飼十日。便可易以淨飯飼之。又越二十日。便可易以煮穀飼之。再越十日。可易生穀飼之。滿六十日後。即成大鴨。每重一二斤不等。可出售以供食品。每鴨百頭。共須飼料米一石穀三担云。

## (十四)森林

縣屬森林。概爲民有。地方官紳乏監督保護之責。人民甚少有經營種植之事。遂令沃壤就荒。民生艱困。皆林政失修之過也。查縣屬第四區。山場荒廢者十之四五。其餘各區。十之八九。亦可謂巨矣。現有森林。其中主產物爲松。杉。樟。桂。扁柏。石栗。桐油等。副產品爲桂皮。桂油。膠粉。茶油。桐油。茶葉。木楓。山光。等。其造作業。隨意爲之。無一定之施業。鮮有可陳述者。茲僅將其材量及造材法。約畧述之如下。

松　年中出息。約有二三萬員。其中尤以酒綸爲占多數。其造材方法。亦甚普通。伐後去皮截斷。每段爲二三尺。一段之中。視其直徑大者。再剖爲數片。然後出售。作薪柴用。其搬運方法。在近山出售者。即用人力挑往。如至遠處出售者。有水利可用。則由船隻或筏運輸。或未截斷。逕由河流放往。及至出售之地然後截斷劈開。是先加工造材而後運輸或先運輸而後造材因地而異。每担乾柴三毫至五毫不等。視其運輸之遠近而異。至造材工價。每日一毫。另給食。

杉　以縣屬太平船步爲最多。年中出息約共五六萬員。植後十五六年。即可爲建築橋樑及各種器具之用。當其伐時。每在冬季。先削去其枝葉。至來春水漲。即由附近河流。順水放下。而達于羅定城附近出售。或再由羅定城出南江口不等。其養成苗木。概由母樹分蘖而出。至有數尺高。便可移植。約一年生也。欲定植之地。先行燒土。然後耕鋤。定植之時。落土不可過深。亦不可過淺。約以三四寸爲佳。距離亦不可過密。最少以七八尺爲度。若傾斜度適宜。乾濕合度。則其生長較爲迅速。

樟　此地種植甚少。天然者多。每于森林中混合有此耳。材量雖無可稽。想甚少也。其材造法。亦甚普通。土人多以此材爲造船槳及家伙之用。此外無蒸製樟腦油者。

桂　栽培頗多。其製造有三。(一)桂油。(二)桂皮。(三)木材。此三者以桂油爲最昂。此油由桂枝之葉蒸出。如蒸酒法爲之。年中製造額約五六十担。每担值銀一百二十員。約共六千員左右。桂油可爲藥用。更有用作彈藥製造料者。多輸出洋。桂樹移植七八年後。即可斫伐。剝去其皮。晒干。名爲玉桂。可爲藥用。多至省城出售。年中產額約有千餘担。前五年每担值銀二十員。約值二萬餘員。亦爲出口之一大宗。現桂皮價格日跌。每担祇值五員。相差四倍矣。桂樹剝皮後。其木材可供薪柴。羅定城內。設有桂稅局一間。桂皮每担稅五錢銀。桂油每担稅五兩銀。至其栽種之法。先于冬月收其老熟桂種晒干。來春播于山坡之苗床。播後薄覆以土。畧施以肥。俟至苗生長有尺餘。便可移植。其距離約五尺。每年須除草一二次。至枝葉繁盛。便可採以蒸油。此乃未至剝皮先行蒸油者。謂之剃葉。其油分程數。至高每百斤葉可有油十兩。至苗生七八年可剝皮。剝皮後之枝葉。取以蒸油。謂之剝葉。則每百斤枝葉。至多得油五兩耳。當其砍伐之時。須離地五六寸斬去。如是來年更于根際發生側枝。再越三四年或五六年。又可斬其側枝剝皮也。二次剝皮後。便須易種矣

扁柏　無人工栽培。乃野生之物。產量甚少。

石栗　亦野生無人工種植者。產量絕少。

桐樹　此樹之蕃殖。先于冬季採收樹種晒干慎藏。來春即于定植之地。逕行點播。每穴一粒。入土二三寸。俟其發

苗之時。須除淨雜草。並防他種爲害。便可長成。長成後有不能結果者。即斫去之。蓋以其目的在採果搾油也。其搾法亦普通。無足述者。該縣營搾業甚稀。多運果實至外處出售。而此樹栽植甚少。產量無多。

膠粉　由膠樹之枝葉製成。此膠樹之枝葉。形似茶樹。而葉形較大。土人取其枝葉椿碎成粉。其性芳香而膠粘。可作撚香原料。土人祀神祭祖。即用此物。故爲用亦廣。椿碎之時。利用水車之力。亦甚省費也。其產量未詳（此膠樹非製橡皮之膠樹）

茶油　由大茶樹之果寔取出者。此物山間頗多。年中取其果寔搾油。其搾法悉與搾花生同。搾得之油。多爲婦女裝飾之用。更有用作藥品者。其價與花生油等。

茶葉　近山農民。植茶樹者頗多。尤以泗綸爲最。其產量製法詳前。

木薯　別名木薯。爲農家雜糧之一種。大戟科植物也。性有毒。故于煮熟後。須浸水十餘點鐘。並須易水數次。然後取食。否則有中毒之虞。中毒重者莫救。輕者用芥菜搗爛煎汁飲之可解。此物種于山脚爲多。有種後一年掘取者。有種後二年始採者。視其地之肥瘠耳。最大者每枚長二三尺。徑三四寸云。其種法、取樹苗截爲四五寸長。然後插植。有先行整地成行列者。有不整地者。有于種時施以基肥者。有不施者。視其操作地之難易耳。

山羌　于山脚間有栽種此物。除作蔬食外。更有用作藥品者。產量無多。

竹　此物以泗綸栽植爲多。年中出息。亦值銀萬餘兩其種法亦普通。悉用根株分植。無足述者。其竹材可供器具家具製紙（粗紙）及工藝種種之用途。

## （十五）特產

特產爲烟草桑蠶茶鹽等。已詳述于前。

## （十六）輸出品

輸出品　農產以茶烟草蠶繭鷄鴨猪爲多。林產以杉松柴桂皮竹爲最。各種輸出量。約如前述。至其他輸出品。尚有多種。惟量無幾。不足稱述矣。

## （十七）農林前途之希望

### （1）農業

#### 甲・水利之設備

查縣中作物。以水稻爲大宗。而水稻自生長以至結實。殆無時不需多量之水分。較他作物之需水爲尤重也。水之供給。除天然外。尤賴人工之灌漑。惟其農地。高低凹凸。灌漑殊形不便。而其灌漑之法。祇用桔槔及水車之類。勞力大。成效小。猶杯水車薪。庸有濟乎。民乏遠識。此外水利之設備毫無。一旦遭逢旱魃。則束手無策。或則祈神拜佛。以邀天雨。委心任運。聽其自然。或則爭一溝之微。釀成重大之械鬬。其損失不可以數計。豈不可惜。爲今之計。是宜由政府及地方大集資本。開設水利公司或公會之類。多設池塘溝洫。散布各處。或用機器吸水以灌田。每年每畝征以一定之水費。農人可免爭水之患。如是設備完全。永無旱患。常保豐年。農業前途。方有望于進步也。

#### 乙・家畜傳染病之預防

畜牧爲農家副業。但除耕種之外。此亦爲收入之一大宗。而其利害關係。往往較農作物爲尤甚。不可不留意也。蓋農作物之偶因天災而至損失者。僅限一年而已。若家畜非經數年之豢養。不能期其成長。苟一旦而遭疾疫死亡。則農家數年之辛苦。已歸烏有。即生產之資本。亦盡行喪失。且也畜疾一經發生。傳染至速。蔓延至廣。而被其害者亦最大。查該縣當畜疫發生之時。其死亡率常在八十%以上。其尤甚者。有空群之慘。殊爲可惜。而無知農民。且將病畜之肉。販賣市場。以博微利。而地方官又不知制止。遂至其禍愈烈。良可痛也。補救之方。惟有嚴爲取締。

其方法如次。

(一)境內家畜之交通。嚴爲禁止或限制。

(二)傳染病一有發生。立將其病畜火化或埋葬之。並行消毒。嚴禁人民販賣。

(三)由外輸入之家畜。須一一檢查。檢查無病。方飼。

若能依上法而行。其傳染病自可杜絕。否亦可輕減。于農家經濟。大有裨益也。

### 丙．蠶業之推廣

栽桑育蠶。爲農家副業。事輕易舉。成效迅速。雖婦人女子。皆得爲之。且成本小。收益大。銷流廣。價值昂。誠有利之舉也。查縣屬蠶業。祇第三區日有進步。年中出息約值十餘萬兩。其餘各區。雖氣候土質相類。而經營者極寡。是宜設法推廣。不難與三區並美。更加以科學上之改良。自可與南順香新各縣齊名也。至其推廣之法。不一而足。或設講習所。養成蠶科人才以教導之。或設蠶桑局以督責之。或分發桑苗蠶種以改良之。或津補助費以勸勉之。或頒給獎勵金以鼓舞之。自可達其推廣之目的。惟負斯任者。非政府不易爲力。吾願有地方之責者。加之意也。

### 丁、茶葉製造之改良

羅定之珠蘭茶。品質佳良。清香馥郁。在昔遠近馳名。銷流頗廣。年中所值以千萬兩計。近數十年來。遂爲印度錫蘭所壓倒。竟至一落千丈。于今尚未底止。微乎殆矣。此何故哉。豈該茶之品質日劣歟。抑世人以爲茶無益而嗜好大減歟。不知皆非也。其所以不能與外人角勝者。皆因外人之製茶。利用機械以省勞力。故成本少。價極廉。適于社會中下人士之嗜好。遂以推倒昂貴之珠蘭茶耳。近來官斯土者。不學無術。旣無補救實業之方。而生產家愚魯無知。萬事純任自然。又絕無思索改良之念。且也奸商市儈。每充劣茶于良茶之中。致失外人信仰。此亦該茶退化之一原因也。雖然、亡羊補牢。亦未爲晚。倘此時能將以上缺點一一改良之。如製造之未得其宜也。則請專門學者以精製之。如製茶機之未設備也。則合官民之力以籌措之。如是則價廉物美。昔日之以昂貴而遭失敗者。今日可以價廉而挽回銷路也。

（2）林業

對于私有林之監督

縣屬山林。除泗綸太平船步等處略有經營外。餘皆童山濯濯。沃土就荒矣。而現有山林。又以民智未開。濫伐亂採。向無入林取締之條。以致銷耗地力。荒損林相。其影響于林業前途。寧非甚大。是則政府不可不强制造林與嚴禁濫伐也。各區林地。旣屬民有。由民間自行經營。固無待言。惟每病智識之未豐。造林作業。輒多舛謬。其爲私人之損失。固自不免。而影響于公衆者。亦決非淺鮮。即間有營經。頗具條理。有利于私。惟今日群演遠進。于公于私。殆不無互相關連之利害。利于私者。未必適于公。洽于公者。未必協于私。是則政府不可不指示經營方法、與嚴禁林木之浪費也。以上數點。苟能切實施行。自能保護公安。扶植生產。于個人經濟國家經濟兩有裨益。則林業前途。庶有豸乎。

（出自《广东农业概况调查报告书》，一九二五年）

# 羅定縣調查報告書

梁琴友

本隊在鬱南調查蔵事，轉赴羅定，亦經調查完竣，謹將羅定調查所得情形，分敘報告。

（1）地勢與面積　羅定居粵之西陲，戶口繁盛，幅員廣濶，昔爲羅定州，州分五都，清宣統二年，奉諭地方自治，劃境分六區，民國元年，改爲羅定縣，東接雲浮，西北界鬱南，南與信宜毗連，東西廣二百里，南北袤一百六十里，山環四境，地方高亢，旱田佔十份之六七，水田佔十份之三四，雖無西潦之患，常有旱魃之虞。

（2）治安概況　該縣爲吾粵二等縣治，前民國十五年間，土匪正熾，農會成立，利用土匪，招爲農軍，封收私人租穀，爲農會經費，又復威迫入會，所收基金則視家貲厚薄，勢力强弱以爲差別，衆情疑懼，寢食不安，幸各區鄉民團，紛起圍擊，方盡殲之，至民國十六年，賊風復起，搶刼頻仍，當時即設縣區治安委員會，成立縣區治安隊，剿匪得力，地方從此安靖，現全縣有公安分局四個，分駐所一所。第一公安分局，設於附城，第二公安分局，設於第二區之船步。第三公安分局，設於第三區之羅鏡，分駐所設於太平墟。第四公安分局，設於第四區之泗綸。縣兵隊有二分隊駐縣城，警衛常備隊四獨立小隊，第一獨立小隊駐縣城，第二獨立小隊駐𢌞龍，第三獨立小隊駐金鷄，第四獨立小隊駐羅鏡。官佐共四員，士兵一百五十六名．槍械一百四十四桿，子彈一萬四千四百顆，係由羅定縣械彈保管委員會借用。警衛後備隊三百二十三中隊，獨立小隊六十六隊，官佐三千三百六十八員，士兵三萬零九百八十三名，地方治安，尚稱安謐。

（3）自治與人口　全縣自治，分六區，一百二十九鄉，一鎮，調查人口，編釘門牌，經已辦竣，舉辦保甲，正在進行中。第一區，二十二鄉，六千四百八十二戶，男一萬六千八百四十五口，女一萬七千零二十口，合計三萬三千八百六十五口，區公所設於附城。第二區，十鄉，一鎮，九千零四十四戶，男二萬三千六百五十七口，女一萬九千七百三十九口，合計四萬三千三百九十六口，區公所設於船步。第三區，三十一鄉，一萬零三百三十二戶，男三萬零六百八十八口，女二萬七千五百零七口，合計五萬八千一百九十五口，區公所設於羅鏡。第四區，二十五鄉，一萬八千二百九十七戶，男四萬八千八百三十七口，女四萬一千五百六十口，合計九萬零三百九十七口，區公所設於黎少口。第五區，二十八鄉，一萬零九百零四戶，男二萬八千五百四十八口，女二萬七千七百零一口，合計五萬六千二百四十九口，區公所設於素龍。第六區，十三鄉，一萬一千二百九十四戶，男三萬四千零三十一口，女二萬八千六百八十五口，合計六萬二千七百一十六口，區公所設於苹塘。全縣合計六萬六千三百五十三戶，現住人口，男一十八萬二千六百零六口，女一十六萬二千二百一十二口，合計男女三十四萬四千八百一十八口。

(4)教育與慈善　全縣中等學校四間，一省立羅定中學校，(原日省立第八中學校)高級男生八十六名，女生一十八名；初級男生二百三十七名，女生二十名；高初兩級男女生，合計三百六十一名。附設小學校，男女生共一百二十一名。二縣立鄉村師範學校，男生一百三十名，女生二十名，合計一百五十名；附設小學校，男女生共五十六名。三第三區區立瀧水初級中學校，男生八十四名，女生三名，合計八十七名；附設區立第一高級小學校，學生一百零七名。四第六區區立師範講習所，學生五十八名。縣城有縣立民衆教育館一間，小學校三間，高級生二百四十六名，初級生二百四十九名。各區小學校，據各區鄉長校長塡報所得，第一區，小學校一十一間，高級生五百四十一名，初級生八百六十七名；初級小學校二十四間，學生一千零六十一名。第二區，小學校八間，高級生三百六十名，初級生九十三名，初級小學校四十四間，學生一千三百六十二名。第三區，小學校五間，高級生三百三十七名，初級生一百一十七名，初級小學校五十三間，學生一千八百七十六名。第四區，小學校十間，高級生三百三十九名，初級生四百一十五名，初級小學校九十一間，學生二千一百二十七名。第五區，小學校二十一間，高級生五百一十名，初級生一千二百九十五名，初級小學校五十間，學生一千八百七十九名。第六區，小學校一十六間，高級生四百二十四名，初級生七百八十六名，初級小學校四十四間，學生一千五百九十九名。

慈善事業，縣城有養濟院一所，瀧江醫院一間，該醫院係縣屬各界捐資建築開辦，延聘中西醫生贈醫，並設留醫室，各項設施，頗爲完備，附設育嬰堂一所。基督教會，設博愛醫院一間，並在附城郊外，大崗佛寺地方，設有博愛痲瘋醫院一間。天主教堂，附設育嬰堂一間。其餘各區公所，均附設贈醫所。

(5)交通與郵電　縣屬水道，有一南江，由縣城至南江口，經鬱南、雲浮、凡二百餘里，與西江接，平時水深尺一二，爲船可載約二三十担，春夏三五尺至一二丈，惟其間沙積石灘，深淺不一，由羅定出江口，順水槳掉，日餘可達，由江口返羅定，逆水牽纜，約二三天始可到達，若遇尾冬水涸，須扒沙，則三天或四天不等，運輸極難。陸路公路，各區可達，計已築成通車者，共有五道：一羅信省道，由汎地起，至信宜界止，全路長八十五華里，現已開車至太平墟對岸河邊，因太平橋樑，尚未建築，不能通車。二羅雲省道，接羅信路，由信陵起，至雲浮鎮安市止，長五十一華里。三羅陽縣道，接羅信路，由灣角起，至船步止，長一十二華里。四羅西縣道，由牛路逕起，至分界墟止，長四十五華里。五羅泗縣道，由羅定城起，至泗綸墟止，長五十三華里。查該縣公路，均係民辦，設有建築公路委員會辦理，現已奉令裁撤。改組築路公司管理。計省縣道，共築成二百四十餘華里，建築路費，約七十五萬餘元。各公路概批與新記公司承辦行車，現有車輛九架。

電話，計已通話者，有附城線，由總機者，至各機關學校商店，共有話機二十一架。羅金線，由總機起，至金鷄止，全線長六十三華里，話機設於第五區公所，第六區公所，楊城鄉公所、華石、金鷄兩墟，共有五架。羅大線，由總機起，至汎地止，全線長一十三華里，話機一架，設於汎地車站。羅信線，由總機起，至羅鏡止，全線長七十五華里，話機設於第三區公所，太平分駐所，羅平墟，共有話機三架。羅泗線，由總機起，至泗綸止，全線長五十三華里，話機設於泗綸車站，第四區公所，第四公安分局，蕾濮車站，連州、生江、橫崗等墟，共話機七架。羅陽線，由總機起，至船步止，全線長五十五華里，話機設於第二公安分局，船步公所，沙茜墟，共話機三架。全縣電話線路，共長二百五十九華里，共有話機四十架。電話管理委員會，附設縣參議會，縣城有電報局，郵政局，各一間，各區墟市，均設有郵政代辦所。電燈局一間，係商民集資在附城石橋頭開設，名爲耀羅公司。

(6)田畝與物產　全縣田畝，約三十三萬九千餘畝，惟因地多亢旱，各區農民，皆利用高亢之地，種植番薯、花生、米麥等，以資彌補。物產，除穀麥外，以番薯、花生、黃荳、爲大宗。菓類，有蜜柚、圓眼等，爲數亦不少。他如猪鷄等家畜，尚有剩餘，運銷廣州。第四區之桂皮、桂油、香粉、及泗綸墟之竹紙，頗算特產，計桂皮產額，每年運銷香港廣州等埠，約達萬餘担。香粉運銷於廣州，約達數千担。但竹紙，乃土人墨守成規，製造而成，紙質粗厚，僅適於包物之用耳。鑛產，有錳鐵鑛區，在第四區新榕鄉之大塘山附近，前數年，由同濟公司開採，現已停頓。金鑛開採者，一爲麗豐公司，其礦區在第四區連州鄉之黃胆嶺，嗣因虧本停工；二爲路得公司，礦區在第四區連州鄉之平崗洞，上年金價昂貴時，每日所用工人，約五六十人，獲利頗豐，現因金價低跌，大不如昔矣；三爲華僑公司，已劃定第四區連州鄉之大刀坪等處爲礦區，現正籌備開採中。

（7）商業與金融　全縣商業，首推縣城，正式商店，約三百餘間，經營商業，以桂庄爲大，木料等次之，計桂皮桂油等，買賣數額，達數十萬元，木料等，約十餘萬元。土洋雜貨等商店，多屬冷淡。其次爲泗綸墟，正式商店百餘間，營業以香粉、竹紙、爲大宗。羅鏡墟，商店百餘間。船步鎮，商店九十餘間。素龍墟，商店五十餘間。此外第三區之太平，第四區之黎少口，第六區之苹塘等墟，各有商店二十或三十餘間，生意極小，均以年來農村衰落，購買力薄，大有今非昔比之嘆。查流通貨幣，實難以估計，除縣城及泗綸、羅鏡、船步等墟，見有少數廣東省銀毫劵流通外，其餘各鄉鎮墟市流通者，俱屬銀毫銅仙，據各鄉鎮長塡報，全縣流通估計，毫銀約二十餘萬元，銅仙約三百餘萬枚。商業信用借欵，利率每月最高約二分，最低約一分，普通約一分五計算。

（8）風俗習慣　人民富有進取性，出外當軍謀生者固多，往境外貿易及勞作者亦復不少，往往結隊聯群，跋涉山川，自廣西至雲南，貴州，一二年或十數年而後返，聞在廣西各埠，營工商業者，約萬餘人。貴州各埠營商者，約千數百人。雲南各埠經商者，約數千人。四川各埠經商者，約數百人。其中因獲利而起家者頗多。僑居南洋群島，割樹膠、掘錫米、或組織公司，向外國租領地段，自種樹膠者，共約萬餘人。往時每年滙入銀約有數百萬元。俗尙勤樸，凡婚姻喪祭，尙存古風，惟好鬬蟀，勝負千金無稍吝惜。每年秋後，城市鄉村，各設鬬場，集者如市。婦女迷信鬼巫，有事輒問休咎云。

（9）黨務概況　全縣黨員一千九百一十人，農界佔百份之六十，工界佔百份之一十，商界佔百份之五，學界佔百份之十，其他佔百份之十五。區黨部三個，區分部五十五個，直屬區分部一個。縣黨部經費，由縣政府錢糧項下，每月撥支實銀五百四十元。

民國廿四年九月

（出自《统计月刊》第二卷第四期，一九三六年）

# 雲浮縣農業調查報告　民國十七年

卓正豐調查

## (一)位置

雲浮縣舊名東安，位於北緯二十三度十分三十六秒，經線距北京偏西四度五十五分三十六秒，東界高明新興，南界恩平，西南界陽春，西界羅定鬱南，西北界德慶，北界高要。縣城在縣之中部，距省城西四百餘里。縣屬縱一百二十餘里，橫一百四十餘里。全縣分為東南西北中五區，另西山特別區位於縣之西南角。該區長約一百五十里，橫約四十里，東界陽春，西界信宜，南界陽江電白，北界本縣之富霖堡。

(1)中區　中區分為四堡五甲，即富祿堡，鵬石堡，茶洞堡，岑岡堡；岔路甲，皂甯甲，建村甲，羅餘甲，南畛甲。

(2)東區　分為十堡，即洞心堡，初盛堡，夏洞堡，澤源堡，思勞堡，思辦堡，安塘堡，小河堡，腰古堡，滿坑堡。

(3)南區　分為七堡三甲，即料垌堡，福龍堡，礶石堡，河滻堡，鐵塲堡，富霖堡，橫江堡；西明瑤甲，竹洞甲，漆洞甲。

(4)西區　分為七堡三甲，即紅豆堡，上馬堡，三嶺堡，大賁堡，粗石堡，高村堡，寧波堡；雲青甲，白梅甲，石麟甲。

(5)北區　分為四堡二沙七甲，即石龍堡，王彊堡，都騎堡，楊柳堡；黃灣沙，辣頭沙；六都甲，大河甲，丹竹甲，太安四甲。

(二)地勢

縣屬地勢，崎嶇不一，西南一角萬山重疊，蜿蜒而東。平原之地，祇中東二部有少許而已，大約山嶺約占全面積十分之八以上，江河絕少，縣城之東有一河，向東流直達西江高要境，其水亦祇可行駛二三千斤之船耳。縣之西部小水雖多，惟不能行駛船艇，祇可流行松杉等木排而已。

(三)氣候

本縣氣候與廣州無甚差異，惟在高山之地雖暑天亦不甚熱，而入夜則更覺涼快，惟在冬天則寒氣比較中東兩部之平坦地，寒暑表約差二三度云。

(四)耕地狀況

土質　大概分爲三種：縣屬之西近羅定江一帶多砂質壤土，土色淡白，含肥中等；中部東部多冲積土，土色黃褐，含肥較富；其餘近大山之處，土色灰黑，最爲肥沃。

水利　縣中無大川巨河可以行駛汽船者，惟縣之西羅定江及縣之東水口墟至德慶悅城約三十里之水，則約可行二三千斤之船耳。其餘則概不能作爲運輸貨物之用，祇可裝水車車水以資灌溉，及輸流松杉之用。

交通　江河既少，山嶺又多，交通極爲困難，縣之北區，現雖開有公路，不過六十餘里，其他各處往來貨物皆用肩挑。查縣境內，多屬山嶺阻隔，即開公路其工程亦非易也。

耕作情形　縣屬低下之田多種兩造水稻，冬季則種小麥烟薯等，而麥約佔十分之七八，猶以縣城左右二三十里爲最多。高涸之地，則各地所種不同，縣之西區大小寨高村堡，粗石堡，三嶺堡等處，則多種竹蔗，紅豆堡則多種煙，縣之北六都甲黃灣沙等處則多種桑，其餘各堡所種無特別之處。而花生薯豆薄豐等，則均有種植。

## (五)農民經濟狀況

**田地租價**　不旱不浸而又肥沃之田，每畝價二百餘元，租穀每畝約三担左右。其旱而不浸或浸而不旱之地、近山間離人烟稍遠而又瘦瘠者，每畝價約數十元，租穀則一担左右而已。其旱地近村而便於耕者，價銀畧高，每畝約百元左右，租銀則七八元。

**長短工價**　長工以年計，上等者約四十元，中等者約二十餘元；短工忙時男每日四毫，女約二毫，閒時比忙時畧低，均另供膳食。

**大小農及經濟情形**　農民耕種田地面積，除山嶺不計外，多者三十餘畝，此等農戶，約占百分之五；其耕二十畝左右者約占百分之三十；耕十畝左右者，約占百分之五十；耕一畝幾分者約占百分之十五。至於經濟情形，則各區大畧相同，中東北三區，地勢平坦，足耕足食，惟山林之出產較少。西南及西山特別區則山嶺多，耕地少，農田之出產，稍感不足，惟松杉等出產頗富，可以小補也。

## (六)作物

**(1)水稻**　該縣水田僅占耕地十分之六，山多田少，水稻產額，僅足半年粮食，故多以薄豐薯麥紅根芋等作代用之品。水田分早晚二造，其品種屬於早造者有小糯，烏壳，黃穀，穀仔等；屬於晚造者，有大糯，黑糯，黃壳，白壳，芒尾，銀粘，矮仔禾等。其中品種最佳而收量又多者，以矮仔禾爲最。故種之者約占十分之八，惟禾苗矮小，宜於淺水田，不適於深水田。其播種移植之期，普通早造雨水播種，春分移植，晚造小暑播種，立秋移植。管理法與各縣同，惟肥料則用糞尿外，多用石灰，每畝田一造至少施石灰二担以上，少有用麵類及化學肥料者。

**(2)麥**　麥爲冬耕主要作物，播種期則在晚造禾收穫後，犂耙鬆碎，起潤約四尺高約二三寸之畦，用條播之。播法行間距離約六七寸，播種之後，施以灰糞，若土過乾燥，則先施水糞，後播種籽，再蓋薄土於其上。每畝約用麥種十斤，灰糞二三担，至生長二三寸高時，則行中耕除草，並施水肥一次，其人工資本足用之家，則以後再除草施肥各二次，收穫每畝約一百斤至三百斤云。該縣種麥除東區畧少外，其餘各區則遍地皆是，猶以中區爲多。銷路則專爲粮食之用，少有輸出別縣。查該縣農民以麥作粮食者，約占米額三分之一云。

（3）竹蔗　竹蔗以產於西區大賚堡爲多，粗石堡次之，高村堡又次之。產地面積，雖未能統計其多少，而三堡之地，糖寮三十餘間，每間平均約搾糖三十日，每日約出糖二百斤，則每寮每年可出糖六千斤，以三十間糖寮計，則每年共產糖十八萬斤，即一千八百担。查每畝蔗地普通可出糖二担，則一千八百担之糖，應有蔗地面積九百畝。其種蔗地以山間畧平坦之旱地爲多，故常有欠水之患，此外種植及製糖法與別縣同。

（4）藍靛　藍靛以西山特別區爲多，每年出產約在千担以上，每担值銀七元至十四五元，南北二區亦有少許出產。其藍靛有山藍火藍二種，山藍葉大約一寸左右，葉邊畧似鋸齒形，其幹高約尺餘至二尺，種植地以山間植杉之空地爲多，間亦有種於田間者，惟多數皆在種杉之山，於初二三年時均種山藍。火藍則葉小，幹高約五六尺，多種於田地，亦有種於山間者，種植期在春分前後，行條播法，種於山間者，或以草木灰爲基肥，以後則除草一二次而已。種於田地者，則施水肥三四次，直至生長已茂葉變黑色之時，然後刈之，每年刈四五次不等。刈法當於太陽未出以前，在藍頭上寸許之處刈之，若刈在太陽已出之後，則其靛極少云。製靛之法，先將所刈藍放於缸或池內，加水浸之，以浸過藍面爲度，即用石或木板以壓之，使其下沈，約浸一對時之久，觀其葉已腐爛，水已變藍，則取出其藍之枝葉，以手絞出其水，或以石壓出其水，然後落以石灰粉，即以竹笠形之器猛攪之，名曰打靛，如是攪至其水泡高有數層（即所謂波）即行停止，任其靜置一晝夜之久，乃去其上面之水，取其下沈之靛，即可沽之於市。每藍葉一担，約用石灰十斤至十五斤，灰少則靛少，灰多則靛多，惟價值則畧減云。

(5)烟葉　烟葉以出產於西區紅豆堡爲多，其餘各區亦間有種植，惟產量不多耳。種植管理製造法，與各處同。

(6)薯莨　爲染料之一種工藝植物，葉大寸許，形類大薯，不知者必以爲大薯也。其莖亦與大薯同樣，種植地點以山闊植杉樹之空地爲之，凡種杉山初二三年，皆可種植。種法在冬月收其種實，點播於犂耙細碎之山地，每粒種距離二三寸，上蓋以草，隔數日淋水一次，約十餘日始出芽，至其生長高已尺許，即行移植於杉樹空地，每科距離約三四尺，或剪其上年所生之苗藤插植之亦可。種植之時，有以草木灰爲基肥者，以後則祇除草而已。三年始有收穫，土肥者每畝地可掘十担至二十担，少者亦數担云。每担價平常可值三元至四元之間，用途則爲染料之用。全縣出產量每年約在數千担以上云。

(7)砂仁　爲藥用植物，銷流頗廣，以出產於陽春者爲最有名，故有春砂仁之稱，而縣屬西山特别區與陽春毗連故所產砂仁與陽春無異。其葉形大概與羌葉相同，其果實則畧似草蔴。種植之地，亦以植有杉樹之空地爲宜，因其性喜陰故也。種法先將地耕鋤細碎，乃將舊頭分根植之，每科距離二三尺，不施肥，年中祇除草一二次耳。種植後第二年即有收穫，春分前後開花，立秋後成熟，當其開花之時，香氣甚盛，故種砂仁地最多蛇鼠云。製造法，收其已成熟之果實，以火焙熟晒乾，即可出市，上等價每担值銀百元以上，至少亦四五十元，產額向無統計，大約在數百担以上云。

## (七)果樹

縣屬果樹如桃，李，梅，梨，白欖，烏欖，荔枝，龍眼等，各區各堡均有種植，惟皆植村邊屋隅，未見有成園者·柑橙柚等西北二區雖有十餘園，而一園之中，多則五六十株，少則二三十株耳。種植及繁殖管理各法，無特異處，故不詳述。

## （八）畜牧

縣屬畜牧除鵝鴨二者，有專業經營養有一千數百頭者外，餘則酒米店養猪數十頭耳，殊無足述。茲但述其預防鵝仔病之土法如下：

查鵝病多在出卵後二十日內，大多數，係患脚腫或毛濕水不乾而死。據該縣老於養鵝者，謂鵝祇有脚腫病及不乾毛之病。如欲免其病，則將牛屎和少許石灰壓薄晒乾（石灰約用十分之一，即不用石灰亦可。）放於鵝舍內爲鵝之氈席，每日或隔一二日晝間取出晒乾，夜間則放回鵝舍，如此則可免脚腫之病，二十日後，則可以不用云。至毛濕病，則用砂糖和酒噴洒其周身羽毛以後，則必乾燥云。

## （九）森林

縣屬森林以松爲多，杉次之，竹又次之。杉與竹則爲人工林，松則以天然林爲多，而東北二區，亦間有人工林者。竹杉以西山特別區爲多，西區之高村堡三嶺堡則有杉而無竹，桂樹亦有多少。以上四種爲主要林，其餘椎木秋楓樟樹貿木等亦有少許天然林，絕無人工林也。

（1）杉樹　杉樹之種植法，以分根爲多，插枝次之，實生者又次之。種法在春分後先將山地耕鋤，後取杉樹頭之芽植之，每株距離約三尺至四尺之間。插枝法在冬至前後切杉尾長約尺許，密插於陰潤之山間，至第二年立前夏，後見其已生有新芽新根，即行移植，亦間有用直插法無須假植者，但發生成數較低耳。實生法則先播種於圃地，約三年之久，始行移植，杉之最良者，以山崗杉爲佳，惟生長不易，種後須十四五年始可伐作桁桷之用，深山杉則後種十年便可作桁桷，象之伐後其樹頭所出之芽，再經六七年之久，又可伐作各種用材矣。

（2）竹　該縣之竹，出於西山特別區者，以羅竹爲多，水竹丹竹次之。種植地點以山間之深厚而肥潤之土爲宜。種法與普通法無異，所宜注意者，種時竹秧之根株與其竹母分離之部分（即切口之處），務須向地，則吸水易而生長速云。竹之用途，以製粗紙爲多。

製紙法將竹打爛，放於石灰池內，約浸四五十日之久，視其已腐爛即行起出，再放於淡水中，浸十餘日，又行取起，以碓臼碎，放於水池中，加以膠水，乃用竹織最幼細之簾，沈於池中，取起晒乾，則成紙矣。製紙家至少備有二簾百以上，其簾大約長八寸，闊二尺，市上之粗紙，多數西山所出產也。桂木出產亦多，其種植等法同德慶縣，故不贅述。

## （十）特產

該縣特產，有花石一種，雖不入農林範圍，然出產頗大宗，故畧及之。其石出產於中區縣城左右一二十里，紋幼質佳，與雲南之大理石無異，現市上之茶居酒店所有石檯石椅，實多數爲該縣之花石所製也。現有工廠二間，每間工人二三百名，周年取製此石，年中收入在數十萬元云。

## （十一）農林前途之觀察

雲浮山邑也，但土質尚屬肥美，農業宜向森林畜牧兩途發展。惟河流淺少，交通不便，運輸尤極困難，欲謀農林之發展，必以開闢公路爲先也。

（出自《广东农业概况调查报告书续编》上卷，一九二九年）

# 雲浮縣政概況調查報告書

二十四年十一月

竊職隊奉命出發羅定等縣調查蕆事、轉赴雲浮縣調查、亦經完畢，謹將調查所得大概情形、分叙報告如后：

（1）地勢情形　雲浮、地處西江上游、原名東安、民國三年、因雲南直隸等省、有縣名相同、郵政投遞、恐有錯誤、以該縣有一雲霧大山，故改爲雲浮、東界高要、南界新興、西與鬱南羅定毘連、北以西江水爲界、東西廣而南北狹、成一長方形，地勢多山、交通不甚利便。

（2）治安概況　該縣爲吾粵二等縣治、境內山嶺叢雜、道路崎嶇、向爲土匪出沒之區。縣之南部、有雲霧大山、高逾千丈、橫亘數十里、毘連新興羅定等縣、尤爲土匪逋逃之藪。查民元後、縣城被土匪攻陷、盤踞數次、民十二三年間、民居墟市、又多遭焚刦、至民國十九年後、大局安定、設立剿匪委員會、亦經多次進剿、方告肅清、現在人民原狀、稍爲恢復。計全縣現有縣兵一分隊、駐縣城、公安分局八所、第一區設有附城公安分局、第二區設有小河公安分局、埇坑公安分局、第五區設有南鄉公安分局、洚源公安分局、楊柳公安分局、都騎公安分局、第六區設有圭岡公安分局。警衛常備隊、有四獨立小隊、第一獨立小隊、駐第五區楊柳鄉、第二獨立小隊、駐圭岡墟第六區公所、第三獨立小隊、駐第三區富霖鄉、第四獨立小隊駐縣城、警衛後備隊、尙未編竣、地方治安、尙稱平靖。

（3）自治與人口　全縣自治、分六區、六十鄉、一鎭。編辦保甲、正在進行。各區公所、多屬從新建築、辦理自治、頗稱負責、惟各鄉公所、皆限於經費、各項設施、未免簡陋。調查戶口、根據民國二十一年、計第一區、一十六鄉、一鎭、七千三百二十七戶、男二萬一千七百一十八口、女一萬八千五百零三口、合計四萬零二百二十一口、區公所設於縣城。第二區、九鄉、一萬零一百三十一戶、男三萬一千口、女三萬一千七百五十三口、合計六萬二千七百五十三口、區公所設於安塘墟。第三區、一十一鄉、九千八百四十七戶、男二萬九千三百七十二口、女二萬五千三百四十五口、合計五萬四千七百一十七口、區公所設於南盛市。第四區、七鄉、九千二百一十七戶、男四萬二千零八十五口、女三萬五千一百一十八口、合計七萬七千二百零三口、區公所設於連灘東勝街。第五區、七鄉、七千三百一十五戶、男二萬二千二百七十二口、女一萬九千九百三十八口、合計四萬二千二百一十口、區公所設於六部。第六區、十鄉、五千零二十四戶、男二萬七千一百九十四口、女二萬一千七百零六口、合計四萬八千九百口、區公所設於圭岡墟。全縣合計四萬八千八百六十一戶、男一十七萬三千六百四十一口、女一十五萬二千三百六十三口、合計三十二萬六千零零四口。

(4)物產與田畝　全縣田畝、約二十八萬餘畝、因山多田少、每年出產之穀、約敷九個月糧食耳。物產除穀外、以杉爲大宗；猪鷄等家畜、尙多賸餘、運銷廣州。第一區岑岡鄉之雲石、頗爲著名、往時開採、用蒸汽機鋸石者、有民生公司、用煤炭機鋸石者、有廣東公司。用水刀鋸石者、有南和公司。用火油渣機鋸石者、有協和祥公司。其餘土人組織小公司、用人力鋸石者、約三十餘間。每年產額、共約數十萬元；惟自世界不景、影響所及、雲石銷路驟減、各公司相繼倒閉。現該處土人、往開採者、亦屬無幾、每年產值、約六七萬元之間耳。此外第一區岑岡鄉之烏石嶺、蘊藏鉄鑛甚富、尙未開採、良可惜也。

(5)交通與郵電　該縣北瀕西江、都省省梧等輪渡、每日經過往還、西臨南江、小電船與帆船可通。四五兩區、交通頗稱便利。一二兩區、未開公路以前、貨物運輸、全靠肩挑、自開闢公路後、一變昔日之跋涉矣。計公路已築成通車者、有雲都縣道、自縣城起、經羅斗岡、尖底、兩分均、南鄉、達第五區之六都止、接駁西江、長凡四十華里、批與合羣公司行車、有車輛五架、沿途多石鑛及農產品運儎、營業頗佳。雲腰省道、由縣城起、經第一區之羅餘鄉、二區之洞心鄉、初城墟、夏洞墟、安塘墟、小河口、至腰古墟東、與高要交界之大槎口止、長凡六十六華里、東接高新公路、達高要城南岸、在小河口駁新河公路、達新興城、批與利商公司行車、亦有車輛五架。雲白省道、由縣城起、經第一區之茶洞墟、云靑、第四區之鎮安，白石墟、至與羅定交界之上逕止、長凡一百零三華里、由上逕經苹塘、至羅定、可駁羅信公路、達南路各縣、惟現通車者、僅由縣城至茶洞墟耳、茶洞墟至上逕一段、聞預計年內、亦可通車。建築中者、有河黃縣道、由第三區之河漣墟起、 至黃金塱止、長三十華里、東西兩端、均接駁新興縣之公路，卽陽春通新興之春新路、經過縣屬之一段也、路胚已築成、惟橋樑涵洞、及沿路石方等工程、因趕築雲白公路、未能兼顧。至一揷花地之第六區、距離縣城、約二百餘里、與陽春、新興、信宜、羅定等縣接近、四山環繞、水陸交通不便、故該縣政府、特設專差二名、每月往還二次、以資傳遞。電報局與郵政局各一所、設在縣城。腰古市亦設有郵政局一間、其餘各區墟市、均設有郵政代辦所。電話、架設三大幹線、一爲南路線、設十二號總機於第三區公所、分線通料垌、碰石、耀逢、鉄塲、河漣、富霖等鄉。一爲西路線、設六號總機於第四區公所、分線通粗石、寧坡、三嶺、高村、紅豆、上馬等鄉。一爲東路線，設六號總機於第二區公所，分線通腰古、安塘、羅坪、夏洞、初城、垌心等鄉，集合於縣城總機。由城之總機，架一線達六都與南鄉、又架一線達茶洞、鵬石、富祿、岔路等鄉。至第六區西山飛花地、則於圭崗之第六區公所、設二十號總機一架、祇分架支線達該區內之各鄉公所、計全縣電話線、共長九百九十六華里、共有話機八十四架。

（6）學校與慈善 該縣教育、不甚發達、縣城有初級中學校一間、學生一百一十九名、附設初級農科職業班一班、學生三十三名、簡易師範一班、學生二十七名、高級小學一班、學生四十二名。第六區設私立西山初級中學校一間，學生五十六名。全縣小學校、查詢教育局所得、共四十八間。高級生一千零五十三名、初級生二千九百七十六名。初級小學校二百五十七間、學生一萬零零七十名。社會教育、多未舉辦、縣城祇有一圖書館、惟藏書無多、設備簡陋。慈善事業、縣城有育嬰堂一間、設女醫一人、乳母五人、近因農村崩潰、現在留養之嬰孩、有三十餘名。縣立平民醫院、已建築完竣、聞擬於明年元旦開幕。附城天主教堂、設有贈醫所、第四區連灘市、設育嬰堂一間、惟地方湫隘、限於經費、殊無成績。

（7）商業與金融 縣屬商業、以縣城、及腰古、白石等處爲較大、計縣城約有正式商店百餘間、腰古約有正式商店百餘間、白石亦有正式商店八十餘間、經營多屬油、米、布疋等日用品。此外連灘東勝街之蓆庄、往時每年出產、約達數十萬元、惟自洋船增加洋蓆貨脚後、各蓆庄多數停業、現所存者、亦勉強支持耳。六都、茶洞、圭崗等墟、皆有小商店二三十間，然皆門堪羅雀、大有今昔之歎、全縣流通金額、實難估計，除縣城、與腰古、白石、六都等墟、畧見有些銀毫劵流通外、其餘俱屬銀毫銅仙爲多，商業信用借欵、通常在二分以上、因之銀根極形短絀也。

（8）林塲調查 縣林塲設於第五區之南鄉、面積約二千五百畝、設管理員兼技士一名、所植爲大葉桉、小葉桉、松、杉、苦楝、烏桕、油桐等、約有二萬餘枝。區林塲、第一區設於區屬之九墇，面積約一千畝、已植樹約二千株。第二區設於區屬之安塘、面積一千畝、已植樹三千株。第三區設於區屬之竹墟、面積八百畝。第四區設於區屬之連灘、面積九百畝。第五區設於區屬之六都、面積一千四百畝、已植樹一萬株。第六區尚未籌設。自提倡造林後、私人造林、聞每年約在五千畝以上。

（9）黨務概況 全縣區黨部八個、區分部五十一個、黨員一千六百三十九名、農界七百五十四名、工界四十二名、商界一百五十六名、學界三百五十二名、軍界九名、政界三十六名、警界六名、教育界二百八十四名、縣黨部經費、由縣政府錢糧項下、每月撥支實銀四百元。

(10)風俗習慣　人民勤樸耐勞、少爭訟。凡嫁娶喪制、不事奢靡、饒有古風。各處廟宇、多數廢棄神像、以爲辦學及區鄉公所之用，對於祈神拜佛之陋習、惟見之婦女輩耳。

調查隊第九隊主任梁翠友

（出自《统计月刊》第二卷第十二期，一九三六年）

# 鬱南縣農業調查報告 民國十七年

卓正豐調查

## （一）位置

鬱南舊名西寧，位於北緯二十三度十分三十八秒，經線距北京偏西四度五十五分三十六秒，東至西江，與德慶爲界，南界雲浮羅定，西界廣西岑溪蒼梧，北界封川，縣治距省西五百八十里，東西廣一百二十里，南北長一百七十里，東北至西南二百五十里，西北至東南，一百四十里，全縣分爲十二區：

一區卽附城一帶，二區在城之東北羅旁，離城二十里；三區在城之西通門，離城四十五里；四區在城之北桂墟，里城六十里；五區在城之西平台里，離城六十餘里；六區在城之西北練社堡，離城七十里；七區在城之東北連城洞，離城七十里；八區在城東連灘，離城八十里；九區在城之西南新樂街，離城七十里；十區在城之南大方，離城五十里；十一區在城之南大灣，離城七十里；十二區在城之西南加益，離城八十里。

## （二）地勢

縣屬山嶺約占十分之八，西北部較高，形勢崎嶇，東南畧低地勢較平，但望平原之地，則全屬殆少見之。江河絕少，查可以行駛船艇者，獨第一區至二區之小水而已。

## （三）氣候

氣候與羊城無大異，但西北部多高山，比之東南部畧似較寒，大小署之間最熱約攝氏三十六七度，大小寒之間最寒，約攝氏八九度云。

## （四）耕地狀況

土質　全縣土質以壤土爲多，腐植質土次之，但第八區江邊一帶則以砂質壤土爲多，其餘各區非壤土則腐植質土，而表土又極深厚也。

水利　農田灌漑全賴山溪之水，多數田地有旱災之虞，第二第八區之地，以有江水引灌，雖無旱灾，而地勢低下，却有洪水之患也。

交通　縣屬交通，除二八區有江水可行船艇，運輸頗稱利便外，其餘皆高山峻嶺，運輸極爲不便，故各區農產品價值，比之二八兩區相差甚遠也。

耕作情形　農民以種水稻爲主，竹蔗蠶桑薯芋等物副之，然亦視地勢之高下，水源之充足與否而不同如低而取水利便者，必種水稻，高而灌漑難者，多種蠶桑及竹蔗。

## （五）農民經濟狀况

田地租價　上等水田每畝價銀二百餘元，租穀三百餘斤；中等水田每畝價百元至百五十元，租穀二百餘斤；下等水田每畝二三十元至百元，租穀一百數十斤，旱地上等者，百元至百五十元，租銀七八元至十二三元，中下等旱地每畝二十元至七八十元，租銀二三元至六七元。

長短工價　長工均用男人，每年工金三十元至五十元，短工忙時男每日三毫，女工每日二毫，閒時男工每日二毫女工每日一毫，膳食皆僱主供給。

大宗產品價格如下

| 品名 | 產地 | 每担價值 |
| --- | --- | --- |
| 竹蔗糖 | 二區 | 十元 |

| | | |
|---|---|---|
| 白棗 | 二區 | 三十元 |
| 蠶桑 | 二八區 | 三元至五元 |
| 竹筍 | 三五區 | 五元 |
| 茶 | 一十二區 | 六角 |
| 栗子 | 二三區及五九區 | 十二三元 |
| 薄疊(又名木薯) | 三四區 | 三元 |
| 桂皮 | 四九區 | 三至五元 |
| 杉 | 五六九區 | 因大小不同價值無定 |
| 松 | 各區 | 四角至一元 |
| 蓆草 | 七八區 | 七元至十三元 |
| 黃蔴 | 七八區 | 十七八元 |

大小農及經濟情形　全縣以小農爲多，約占十分之七八，耕田五畝以上至十畝者，已甚少見　大約以耕四五畝爲多，經濟之不充裕，可以概見矣。

## （六）作物

（1）水稻　品種屬早造者，有黃殼，白殼，早粘，矮脚早，黑督等，屬晚造者則有矮仔禾，苗矮而細　穀粒亦小，米白而香，種之者最多，且適宜於淺水田，其餘則有銀粘　忙尾粘　大糯　黑糯　齊眉糯等。各種植法，與德慶等處無異，惟肥料除猪牛人糞而外，則以石灰爲多。

(2)竹蔗　營此業者，以第二區近江邊一帶之山坡旱地爲多，査自羅旁至古勞六十餘里，約有糖寮二十所，每所每年約出糖一萬斤，全區統計年約出糖二十萬斤。其種植法，非常粗放，立春前後插植後每於畦間植以白豆等物，至立夏前後卽收穫白豆等物，旋施花生麩及糞尿等一次，並行培土，以後則置之不理，逮十一二月間收穫。上等收成每畝可得六七百斤，次則三四百斤或一百斤左右云。

(3竹)笋　竹笋出產以第三區爲最多，其餘各區亦有多少出產。種植法，則在春月雨水最多之際，行分根法。擇其二年內所生之竹，連根鋤起，去其尾，約留四五尺高，卽植于山坑或屋邊等處，以足踏實其坭，洒以清水，再竹苗木等物護之，約二年之久，則有笋收穫矣。其最宜注意者，在種時不可用鋤頭椎實其竹頭之坭，宜以足踏實爲貴云，至採笋及製笋之法，凡笋之生長，以春夏月爲多，當其高一尺左右之時，以鐵剷剷斷其頭，卽去其殼，乃以刀切開其笋，再用鹽醃之，每百斤約用鹽三斤，置於木桶內，則可出市，銷路以南洋各埠爲多云。

(4)蓆草　種植蓆草之地，以七八區爲多，因其性適宜表土深厚之砂質壤土，及久旱不涸之田故也。種植法在立夏前後行分根法，每科距離約一尺，每年除草一二次，每畝施人糞花生麩等各百斤，一年收穫一次，每次收成七担，每担平均約十三四元。

(5)茶　茶出產於縣屬一區之大祉山，數量雖不多，而頗有名，每担普通價在百元左右，其種植法則與鶴山等處同，惟製造則畧有異耳。鶴山之茶，先炒後焙，鬱南則炒而不焙，炒一次，搓一次，以多炒多搓爲好。

(6)薄豐　薄豐爲該縣人民粮食之一種，該縣米食不足，專賴薄豐以補之，故各區之山嶺表土深厚者皆有種植。其種法及食法與德慶等處同。

(7)黃麻　黃麻之用途，以蓆綱及繩攬爲多，第七八區多人織蓆，故該區種植最多也。種植期在春分後行撒播或條播，條播行間距離四五寸，除草二三次，施淡肥一二担。立秋前後收穫，上等收成每畝可得蔴五担，次之則二三担耳，每担普通值銀十五六元云。

（8）大小麥　縣屬各區均有種麥，而以四五八區爲多。種植期在霜降前後，行條播法行間距離五六寸，播種時以草木灰混勻種子，然後播之，亦有播種子後蓋以草木灰者，種後除草二次，施人糞尿或花生麩水一二次共約百餘斤。春分前後收穫，上等收成每畝可得二三担，次之則一担左右，每担值銀六元云。用途則磨粉煑粥以補粮食之不足，或製蛋麵，或製爲鹹麵線以充食品，該縣產麵，雖未能知其產額，而補助粮食之不足，則總占米粮額十分之一二云。

## （七）果樹

（1）白菓　產地於第二區近江邊一帶爲多，其樹約千餘株，產量年約六七十担至二百餘担，每担普通價約三十餘元。蕃植法則在立冬後行駁枝法，至秋分前後，觀其根已露出，則剪下假植，再後一年，始可移植云。肥料則初植時施以木草灰，以後則置之不理，聽其自然生長。

（2）栗子　鬱南栗子，極爲著名，產地以二區之山嶺中爲多，三五九區亦有少數。性喜表土深厚而濕潤之腐植質土，故其樹多生於矮林葱鬱之中，否則結實必減云。蕃植法將其自然生長之秧苗，移植於適宜之地，少有以人工育苗者，數十年之大樹，年產亦約担許，統計全縣年在三四百担左右，銷路則以省佛爲多，每担普價在十元左右。

## （八）蠶桑

養蠶之家，以七區爲最多，二區次之，一四區又次之，一二四區出繭之數，雖無統計，大約乾繭總在千担以上。至七區出繭數，據振華繭市之人所言，年約千二三百担，其豐收之年，或至一千八百餘担云。種桑期及管理之法，與順德等縣無異，惟桑之行間畧闊，常間植白豆及甘薯等物，縣屬桑市有四所，繭市則獨七區一間耳。

## （九）森林

該縣森林，松樹各區均有種植，杉則以五六九區爲多，而桂皮則尤以九區出產爲最富，種植及管理法與德慶無異・產量無從調查，銷路則松杉木材多數輸出省佛，桂皮則盡數輸出外洋，但每年出產價值，亦不過數萬元耳。

## （十）畜牧

（1）水黃牛　縣屬黃牛多於水牛，每農戶多者養三四頭，少者一二頭，專爲耕作之用，衰老者，則屠之爲肉用，至乳用者則全縣均無。

（2）羊　各區均有畜養，多者四五十頭，少者一二十頭，管理羊舍與各縣無異。

（3）猪　各家均有畜養，多者三四頭，少者一二頭，飼料則用殘羹薯葉等物，每日分早午晚三餐，猪仔則有飼四五次者，間日飼以豆漿等物。

（4）家禽　該縣養鷄情形大概與各處同，無足紀述，而鴨則有專營此業者，多者養數百隻，少者養數十隻，而養數十隻者則以養鴨母爲多，所產之卵，則售於孵卵之家，大約春夏所產之卵多作孵化鴨仔之用，秋冬所產之卵多作食用，其孵卵之法，先炒熱穀粒與蛋混置於大木桶內，五日之後，又將穀取出復炒，安置如前，約十八九日至二十一二日則鴨仔出矣。在第二次復炒穀之時，必行照蛋，法卽用明燈一盞，在暗室內照之，其不透明者，定爲有種，留之再孵，透明者卽取出作食用，炒穀之熱度，全靠孵蛋者之手術以定之。至於用穀之量，大約穀一担每次可孵卵二千，但此穀可以連孵四五次，卽一担之穀可以孵卵一萬也。至於養鵝最大群者亦僅六七十隻，毛色灰黑，專爲肉用，約養一年之久，重有六斤或三四斤，卽可出賣，其鵝仔係在各墟市收買而來，幼時飼以米碎，及以野生之草切碎飼之，亦有用蘿葡葉及米碎者，俟長大至斤許，則晝間放牧，晚間驅入鵝舍（舍以竹木圍之或房間爲之），再飼以穀或米糠等物。

（十一）輸出品

縣屬輸出品之最大宗者，以松柴桂皮爲多，蔗糖次之，竹笋蠶繭白棗栗子茶等又次之，草蓆一項，年中出口雖達一百數十萬元，但草以由外處買入者多，本地出產者，不過占十分之一二耳。

（十二）農林前途之觀察

鬱南農林產品尚稱豐富，農產製造之業，如織蓆製糖製笋等，亦多可以擴充，以致富裕者，但民智閉塞，缺乏教育，且交通不便，運輸困難，欲謀農林之發展，則宜以振興教育及開闢公路爲先也。

（出自《广东农业概况调查报告书续编》上卷，一九二九年）

# 曲江縣農業調查報告

民國十七年

林純煦
何慶功調查

(一)位置

曲江縣位居北江上游，經度距離京師中線偏西三度二十四分，緯度在北緯二十四度五十四分，東界始興，東南界翁源，南界英德，西界乳源，西北界樂昌，北界仁化，全縣原分八個行政警區，六個學區，但行政警區，常有廢置，故習慣上仍多以學區爲標準也，其學區之劃分如下：

第一區……………附城　　第二區……………下東水

第三區……………上東水　第四區……………河西

第五區……………下南水　第六區……………上南水

(二)地勢

曲江地形北部較廣，南部稍狹，其地勢則東西北三部皆高，尤以東北部爲最，中部及南部則較低，全縣面積約六百五萬零二千七百四十五畝，境內山嶺甚多，殆佔百分之九十有奇。

(三)氣候

曲江氣候，於夏至立秋間，氣溫最高，小雪後立春前，氣溫最低，每年冷熱時期，各約二個多月，下霜季節，每霜降復起，至小寒或大寒而始收，年中雨量，以冬末至夏初間爲多，秋深後至冬期，雨量常少。

(四)農村教育狀況

曲江敎育，甚不普及，尤以鄉村爲甚，失學兒童，竟佔學齡兒童之大半，茲將其各區敎育情形，紀列於下：

第一區有省立第三師範一所，現年人數一百零四人，縣立初中一所，四十九人，高級小學五間，共三百九十三人，初級小學十間，共七百七十四人，私塾二十六間，共八百三十七人，平均全區失學兒童約佔百分之十五。

第二區有初級小學九間，計二百七十八人，私塾不明，平均全區失學兒童約佔百分之五十。

第三區有高級小學一間，計四十人，初級小學一間，三十四人，私塾未計，平均全區失學兒童約佔百分之五十有奇。

第四區有高初級小學二所，共四十五人，私塾未計，平均該區失學兒童約佔百分之五十。

第五區有初級小學二所，計二十五人，私塾未計，平均該區失學兒童約佔百分之六十。

第六區有初級小學二間，共六七十人，私塾十三間，共二百三十餘人，平均全區失學兒童約佔百分之五十，

## （五）農民經濟狀況

1. **農戶** 農民中田主約佔百分之二十，田主兼佃戶約佔百分之五十，純佃戶約佔百分之三十。農家每戶平均農業勞働者約三四人，每農戶之耕地面積約十五六畝。

2. **田地價** 每畝水田上等者約值七八十元，中等者約值五六十元，下等者二三十元。每畝旱地上等約值三四十元，中等約十餘元，下等約六七元。

3. **田地租** 每畝水田年納租穀上等約二百斤，中等約百五十斤，下等約六十斤。每畝旱地年納租銀上等約二元，中等約一元二毫，下等約五六毫。

4. **人工價** 長工每年約六十元，短工忙時每日男女工各約四五毫，閒時每工二毫，均供膳食三餐。

5. **肥料價** 花生麵每百斤約四五元，石灰每百斤約五毫，人糞尿每担三四毫。

## (六)交通

該縣水陸交通均稱便利，南有粵漢鐵路南段直達廣州，北有韶平公路直達樂昌平石，其餘南雄始興仁化樂昌乳源等縣，則由民船可通，行李運輸俱利賴之

## (七)水利

該縣境內有北江縱貫其間，所有南雄始興仁化樂昌乳源等縣之水，皆滙歸該縣，復有支流四達，所有田疇皆作陂圳，或設水車以資灌溉，故水利無缺。

## (八)耕地狀況

該縣農地，約畧言之，平原較多，次爲傾斜地，又次爲岡陵起伏之山嶺山谷，一般土色以黃赤爲多，灰色次之，其土質亦大半輕鬆，惟多數水田因施用石灰過量，致表土淺薄，及粘重硬化，其土壤除南水白土一帶稍有夾雜土外，多屬定積土，其平原及山谷水田多植水稻，傾斜地多植甘蔗雜粮紅瓜子之屬、岡陵起伏地及山嶺則種植桃李外，並間種紅瓜子雜粮或油茶樹等。

## (九)作物

1.水稻　曲江水稻出產，除供本縣粮食外，尚有餘裕輸出廣州各處，就中以馬壩之油粘爲多，該縣水稻栽培殊覺粗放，且每施過量石灰，致水田表土淺薄，日就瘦瘠，故水稻每畝收量平均較他縣爲少，茲述其品種及栽培法如次：

早稻　品種有點子禾，江粘穀，百日早，長身，細早，絲苗早，九工子等，各區皆種之，就中以點子禾爲最普遍，收量亦較多，品質以細早絲苗爲佳。一般播種時期，皆在春分前後。有先行育苗者有直接點播者，其播法皆與和平

始興等縣大畧相同，普通浸種三天，屯芽二天，然後播種，其直接點播者，播後約三日左右，卽行排水露芽，幷用草灰或燒土培於根部，其育苗者，則播於秧田 約十二日至半月許，用劏秧法劏起分植于稻田，其稻田多先施以廐肥爲基肥，至半月後，則施以人糞或花生麩爲補肥。在未施補肥之先 用中耕器中耕一次，施肥後復用脚耘一次，再越十餘天又中耕一次，幷施以石灰，至大暑節前收穫，計每畝收量約可二石餘至三石左右。

中稻 品種有大禾粘 有八月粘，此種每年祗能栽植一次，多植於山谷之陰冷水田，普通在立夏時播種，芒種時分秧，分秧後約二十天耕耘一次，並施以糞肥，再後十餘日又行中耕，施石灰一次，至陰曆八月間收穫，平均每畝收量約可三石至四石左右。

晚稻 品種有油粘，冬白，紅糯，赤穀等，各區皆種之，就中以種油粘爲多，尤以馬埧所產者其品質最良，收量則以赤穀爲多，米質深紅粗糙，多爲釀酒之用，一般播種時期多在夏至節前 於大暑後分秧 分秧後半月許卽行耕耘一次，同時施糞肥一次再越十餘日復行中耕及施以石灰一次，至霜降節後收穫，計每畝收量約二石餘云。

2.陸稻 惟東水之黨溪楓灣一帶猺民多種植之於山坡旱地 通常於五月間播種，用直接點播，或條播法，播後淋人糞尿水一次，俟苗高數寸許，着手中耕除草，計共行二三次，每次卽順便培土，至八月間收穫，每畝收量可七八斗至石許云。

3.甘蔗 該縣所種以竹蔗爲多，西水湝河一帶及東水由大橋至週田以上 統計數十里地方多種之，皆種於砂質之旱埧地，普通新種之蔗，可留宿根二年至三年後，始改種豆類甘薯等作物，其新種方法，於十一月間所刈收之蔗，截取其梢 長約尺許 埋於砂土中，殆卽儲種育芽之意 至翌年正月間取出，剝去其蔗鞘，然後種於蔗地，其種法先整土爲條畦，每距離尺餘，用鋤作穴 將蔗梢斜插於穴中，以脚踏實之，但其方向如此畦一律向東，則隔畦須一律向西種時多不施基肥，至苗高尺許，則培以燒土或淋人糞尿水一次，間有埋以大菜苗(野蘿蔔或稱肥田子)用作綠肥者，至五月再施花生麩一次，其施法將麩餅打碎約二寸許之角塊，埋於株間，又普通在生長期間，中耕除草共約五六次至八九次，其法用中耕器或以牛曳犂翻起畦旁之土，覆於畦上株間，此外管理於苗高二尺許時，須着手剝葉，如有蚜虫發生，須用竹片撥落殺死之，此爲該縣西水一帶之栽培法也，至東水一帶者，則於種後苗高四五寸時，每畝下花生麩三十斤至五十斤，或不用花生麩而用菜油麩亦可，同時施以石灰和糞水，因加以石灰則虫害較少云。至清明時，中耕除草一次，再隔二十天左右，復行中耕一次，同時或過三數日又埋花生麩碎塊於株間，每畝分量亦以三十斤至五十斤爲度，其餘管理各法則大抵相同，其收穫時期在十月十一月間，每畝收量可二千斤至二千五六百斤，概用爲榨糖之用。

製糖法　榨糖所，統稱糖寮，所用石磨，與各處相同，係以雄水牛旋轉其磨每班須牛二頭，故每糖寮至少須牛六頭，方足輪班，每日於夜間二更時開工，至日間下午三時許停工休息，計每日可榨糖汁十四桶，每二桶汁可煑糖一鍋，製成片糖二三十斤至四十餘斤，當視其原料之優劣而定，大抵曾受霜害之蔗，糖分必減云。至其煑糖之法，係用一灶座鍋三口，其一口名曰水鍋，其二口名曰熟鍋，先將榨得之汁，傾二桶入水鍋中，傾入時用疏竹篩隔去其渣滓，幷放入純石灰若干於汁中煑之，同時用木捧頻頻攪拌之，則有汚泡沫浮上，須盡行撥去，俟煑至汁呈紅色時，則爲汁熟之象，然後分入二熟鍋中煑之，至適當程度時，傾入凝糖器(木床)中，其器底舖以細砂，砂面蓋以草席，將煑好之汁，傾入撥平之，俟凝結後用直木尺和刀切爲小片，遂成黃片糖，每斤值約一毫至毫半，除供本地用外，多運銷於南雄始興等縣。

4. 花生　該縣各區皆有種之，惟西水一帶稍多，種於平坦或傾斜之旱地，每與甘藷輪栽，係屬大莢種，於清明時播種，每穴播種籽三粒至四粒，用草灰牛糞爲基肥。播後苗長二三寸，行中耕除草一次，同時有施以石灰者。過後有草生時，又行中耕除草一次，至立秋前後收穫，每畝可三四石。多製爲鹹乾，鹹脆，或搾油用，產額不鉅，無出口。

5.油菜　該縣之油菜栽培，頗屬普遍，因晚稻收後，土地空閒，農家利用晚稻跡田栽種，不須多大勞力，又不用納田租，實農家最好之副產，其栽培法極簡易，祇將晚稻或甘藷跡田犂鬆整好後，用牛糞草灰與種籽和混點播或條播之，不用管理，普通於立冬前後播種，至翌年春分時節收穫。其籽可搾油，其麩可作肥料。聞該縣菜油每年畧有出口，但數量不詳。

6.紅瓜子　該縣栽培紅瓜子，年來有逐漸推廣之勢，現各區皆有種之，惟以西水及上南水一帶爲較多，其種地多係山坡或堪地，而以輕鬆之砂質旱地爲宜，通常於夏至節播種，先整地作畦，與甘薯相同，畦上開溝，每畝先下花生麩約三百五十斤，或施用燒土爲基肥，施後覆以土，然後每距離尺許播種籽三粒至四粒，再薄覆以土，自後則多不灌溉施肥，通常播後五日發芽，發芽後一星期內，最忌瓜螢虫爲害，因此時芽苗幼嫩，被害即死，故須時時用軟掃拂驅之，以捕虫網捕殺之，此類瓜之生長率甚速，播後三星期卽能開花結果，至白露節前後，見苗枯蔕槁時，卽可收摘計每畝收量約可四百斤左右云，

7.草菇　草菇爲馬堪南華地方栽培較多，亦以南華產者爲最有名，因其較通常爲肥壯而有肉，香味亦特別濃厚，雖經久煮，仍極爽脆嫩滑，此其特色也，其栽培法與通常無大異，每於七月間早稻收穫後，將其禾稈晒乾之，以爲栽培草菇之用，間有用花生苗者，聞與稻草效用相同，栽培時先整土起畦，闊約二尺五寸，高約一尺，灌水入畦間，以備濕浸稻草之用，照其普通習慣，先起菇種一二畦，約二十天左右可得，然後將菇種分植於種地，其法先將稻草屈

搯成把，放入畦間浸之用脚踏過，草卽濕透，遂將其浸過之稈把，排列堆置于畦上，其草之頭尾二端，須向內折入，俾得整齊。至其排列堆置之各層　則須順次倒換其頭尾　方得平匀，至於菇種則放入稻草之中間，如是堆置好後，晴天則於日間午時淋水一次，陰雨之天則不用淋水。大概堆至半月後，卽有菇收摘，直至十月始無，其菇多乾製而後發售，南華草菇每斤生菇可製乾菇二兩，而馬壩產或他處者，則每斤祇能製得乾菇兩半左右，此其優異之點也。製乾後以錫器貯之，則久不變味云。

8.其他　甘藷芋頭等雜粮，該縣各區皆有種之，棉麻黃豆之類，亦有少數栽培，惟俱無出口。在靈溪楓灣之猺民，多種玉蜀黍以充粮食，但其所有栽培方法，與各處相同，故不詳記。

## (十)蔬菜

該縣蔬菜出產，各區鄉莫不有之。然皆供給本地之食用，無輸出也，一般栽培方法，並無特異之處，可不紀載，兹僅列其普通品種播植收穫時期如下。

| 品種 | 播植時期 | 收穫時期 |
| --- | --- | --- |
| 蘿蔔 | 六月九月 | 九月十二月 |
| 芥菜 | 八月九月 | 十一月十二月 |
| 潮菜 | 八月九月 | 十一月十二月 |
| 莧菜 | 二月 | 三月 |
| 豆角 | 二月 | 五月 |
| 節瓜 | 正月二月 | 四月五月 |

| | | |
|---|---|---|
| 苦瓜 | 三月 | 六月 |
| 南瓜 | 二月 | 五月 |
| 冬瓜 | 二月 | 五月 |
| 蒜 | 七八月 | 九十月 |
| 茄 | 二月 | 五月 |

## （十一）果樹

該縣果品出產，除桃李較大宗外，尚有黃皮柑柚梨等，但產量品質，均不足稱，即桃李而言，其品種各有數種，而最有名者，則爲連州蜜桃與南華李耳，茲分述于下。

1 連州蜜桃　其種出自連州，大如普通之桃惟形稍扁而有尖嘴，味極香甜、產於南水附城等地，多種於山坡或溪邊屋角，概用實生繁殖隨時可以播種，惟春季爲最適期，育苗一年以至二三年均可移植，多於春季行之，每年春間中耕除草一次，冬間施牛糞、或燒土肥一次、植後四五年結實，果熟時期在小暑前後、除就地發賣外，常有運銷廣州者。

2 南華李　品種出自該縣南華，聞昔時南華地方，有李數株，品質極佳，後經年代久遠，原株已無果實，土人遂將其原株分蘖之苗，繁植之，於是輾轉傳播於各地，仍存其名曰南華李，其實則非原種也。現在於南水之南華落村坪壚頭等地，種植較多，悉用分根繁植法，於冬春之交，挖取李根之分蘖苗移植於山坡溪邊之地，株間距離多無規則，每家種十株八株或三數十株，惟有一集股經營之公司，年產百餘担，價值二三千元，是爲最多云。

## （十二）畜牧

畜牧以牛猪鷄鴨爲主，但皆屬家庭副業，絕無專業經營者，所有出產多祇供就地銷用，無有出口，查其飼養管理以及禽舍畜舍搆造，亦與各縣相同，玆不詳記。

## （十三）森林

曲江山嶺面積雖廣，然多屬童山荒嶺，比較有叢密森林之處，惟東水方面如靈溪楓灣大橋等處耳，一般森林以松林爲多，在靈溪之猺洞方面，楓榍橡等之雜木林，亦屬不少，次爲杉林，此外楓灣苦竹及南水之沙溪方面，畧有竹林，故該縣木材柴炭之出產甚少，除供本地銷用外，實無大宗之輸出。

## （十四）特產品

竹紙　該縣楓灣苦竹沙溪等處，皆有以造紙爲業者，在楓灣苦竹所造之紙，質較優良，惟出產不多，沙溪之紙，則極粗糙在五六年前出產頗多，聞有日本商人到該處收買以爲原料之用，至近年以來因地方多故，遂日見減少云。

冬菇　出自靈溪楓灣，爲猺民所栽培，砍伐五六十年生之楓樹或榍樹爲培養材料，在立冬後，卽將木伐下，斲其表皮成鱗花狀，以樹葉覆之，至翌年七八月間，除去樹葉，卽有少量之菇，再越一年至冬至時爲最多，至第三年遂稍減少，迨三年後，則停止發生云，

茶葉　羅坑出產頗多，除銷售縣境外，常有出口，此外南華之茶，黃坑之白毛茶，亦頗有名，惟年中產量不過百數十斤耳

油茶　於西水桂頭一帶及東水楓灣一帶，稍有出產，惟產量無多，供給本地之用常多不足云。

## （十五）農林前途之觀察

曲江農林出産，近年頗有退化之象，農地則地力日減，山林則荒蕪日增，考其所以致此之原因，係由於施用石灰過量，以致土壤緩性的劣變，燒山習慣不良，以致森林日漸的減少，因之直接間接均影响於農林業之出産，無知農民安能察及，此乃農業敎育與農業推廣之職務，政府不能不任其責也。

（出自《广东农业概况调查报告书续编》上卷，一九二九年）

# 南雄縣農業調查報告民國十年

鄭振周調查

## (一)位置

南雄縣在粵省之極北。位於京師中線偏西二度三十三分。北極出地二十五度十二分。東西距一百五十里。南北距九十里。南與始興。西鄰仁化。東界江西信豐縣。北枕江西大庾縣。東南與江西龍南虔南兩縣相接。西南則與曲江縣毗連。全縣自治選舉共分九區。人口二十餘萬。

## (二)地勢

全邑爲東西長形。東廣而西狹。北高而南低。背枕大庾嶺。其山脉蔓延東西兩部。西邊則尤爲高大。萬山重疊。高入雲霄。中央及東南方面。則地勢之傾斜稍緩。然亦岡陵起伏。少有一望平原者。以全縣面積平均計之。傾斜急劇之高山。約估十分之六七。如第九區之全部。及第三四五六七八區之邊緣大半部是也。傾斜路緩之丘陵地。約估十分之三四。如第一二區之全部。及第三四五六七八等區之內向小半部是也。故雄邑耕種之地。除中部間有千百畝平坦之田外。其餘均是長狹作級成田之山壟地爲多也。

## (三)氣候

全年概狀。熱以秋爲甚。寒至春益嚴。春夏之間多患潦。然山溪之水。易長易退。汪洋澤國之害。從不見也。夏秋之間。每患旱。蓋地勢既高。土質常燥。渴望甘霖。無歲或異。故土諺有云。秋霖一夜雨。引出萬車金。言其貴也。降霜期比本省各縣爲早。夏歷九月下旬即有之。延至翌年二月或三月方止。雹(冰粒質即霰也)亦特多。土諺云。

無雪不過年。夏歷十一二正等月。正降雪之期。但如棉花之雪。間年始有之。風災不大。然地勢高亢。風性肅而淸。夏歷九月杪。山間之風力。即能剝入肌骨矣。

## (四)耕地狀況

土質。雄邑耕地之土質。可概分三種。在邊緣各區山坑之田。質多粘壤。或沙壤。色呈灰黃。表土薄而性磽瘠。定積之土也。中部一二兩區。及邊緣各區內向之小部分。則有旱地。(本地名曰土)及水田兩種。旱地之土。全由岡陵崩潰風化而成。色呈紅赤。質輕鬆而性磽瘠。表土層厚。就學理言之。乃定積之砂性土也。水田之土。亦屬定積。色呈灰黑兩色。質多砂壤或埴壤。性較腴美。表土薄者祇三四寸。厚者亦在一尺內外。其餘河邊之地。雖畧有冲積。然均屬於砂壤土。質鬆性磽。色呈黃赤。全由岡陵崩潰風化以後遇雨流下堆積而成。其中夾雜之質甚少。總言之。雄邑之耕地。磽瘠者多。腴美者少。玆將其有稅田地約數述之。即可知其梗概。

| 田等 | 頃數 |
| --- | --- |
| 上等陂水田及菜地 | 三百餘頃 |
| 中等陂水田 | 五百餘頃 |
| 下等陂水田 | 約八百頃 |
| 上等坑水田 | 一千一百餘頃 |
| 中等坑水田 | 八百餘頃 |
| 下等坑水田 | 三百餘頃 |
| 上等天水田 | 約二百頃 |

中等天水田　三百餘頃

塘水田　約五百頃

全旱斜地　三百餘頃

全縣稅田約共五千餘頃。其新墾之無稅者亦不少。然概爲全旱之地。土質均屬磽瘠者也。

水利　雄邑爲粵省北江幹流發源之地。水勢頗小。天然之水利亦微。故驗觀輿圖。中東兩部。河流雖多。然水流如綫。河底大可行人。非加工程。不足取用。從前注意民事之官吏。有提倡之者。或作攔河之陂。或掘瀦水之塘。所以農民歌功頌德。廟祀者有之。碑記者有之。其餘除塘陂以外。或用水力自動車，人力龍骨車以取水者。所在多有。然以水源太短。雖極其量。亦不能灌全田之半。所以旱田仍佔大多數也。

交通　雄邑北枕梅嶺。爲京華屏障。粵海咽喉。在海禁未開之際。南北交通。端賴斯地。故自雄城北至梅關。相距八十餘里。均爲康莊大道。茶亭飯店。一里數間。販客往來。日計盈萬。當時狀況。不可謂非重者也。然由梅關至雄城高下懸殊。傾斜南向。路雖廣闊。車却難通。故貨物出入。均是肩挑步担。若云便利。猶病未能。晚近航海交通。南北往來。多由海道。但粵贛兩省之出入。仍以此路爲中樞。此爲邑中自南至北第一二三等區交通之大道也。

水路則河流雖多。然僅供交通之用者。除一二五等三區內之河流可通小艇外。餘均無所作用。而河上可往來之小艇。其載貨之數量。春夏間約爲斤左右。若秋冬兩季。則最多不過千斤。以經濟計之。肩挑之數量少。而需時短。）人工一日可到艇則三天）水運之數量多。然需時長。便利之處。相差實無幾也。雄城之南第七區地方。河面稍闊。水流畧深。交通爲最便利者。其餘東部第四五六西部第八九等區。羊腸小道。行人對過。路面僅可相容。若挑夫往來則走避之際。煞費躊躇。至於萬山重叠。傾斜急劇。初到其境者。無不嘆行不得也哥哥。人云蜀道難行。余固謂維途亦不易走也。然農民在山間所製之紙。所伐之木等、俱用肩挑以求售。飽嘗艱辛。農民之苦。莫過山農矣。

耕作情形　中部烟田較多之地。以種黃煙爲主。花生番薯小麥高粱等次之。水田則種水稻爲多。除旱晚稻造外。芋薯等亦有。冬耕作物極少。約爲全田十分之一二。而此期作物。除有些少油菜小麥及冬豆(即荷蘭豆亦名雪豆)雜糧等。可供糧食者外。餘概種肥田子。(形狀略肖蘿蔔仁)至春間刈取。供綠肥之用。對于人民無直接之益者也。邊部多山。各窩山坑之田。土性寒冷。每年祇植水稻一次。其餘時間。聽之荒廢。至蕃芋花生及各種豆類。在山坑均不能種植。因野獸繁多。日夜侵害。如野猪箭猪野山羊等物。肆虐最著者也。故山間人民。除從事於田間一造水稻外。均以植竹造紙及管理油茶杉木松樹爲事。以圖利益、而補衣食之不足爲多。園藝之耕作。栗樹梅李及白果等雖有成林者。然皆非專業也。

## (五)農民經濟狀況

田地租價　田地價格。因土質之肥瘠。及水利之有無而異。而水利肥瘠二者相同之田。亦因人民之貧富、人口之盛衰、而有別。然概言之。最貴之水田。每畝約值百元至百三四十元。每年租穀約數十斤或一百斤。旱地之最貴者。每畝價格及租穀。與下等水田略同。旱地之下等者。約每畝祇值十元左右。年租則值毫洋數角而已。坭山中既植有茅竹、可供製紙。或油茶樹可供榨油之用時。每畝價值約三四十元。若爲荒山、土質較肥、色呈灰黑色者。每畝約值五六元。土質紅黃而多砂礫混合者。則一文不值。亦常有事。蓋山多而田少。隨處墾植。尚有餘也。

長短工價　人民出外經商及其他作業者甚少。俱在內地業農爲多。以故無論長短工價。均屬不高。且充當者、以男人爲多。婦女較少。長工價銀。以善種烟烘烟者爲最貴。每年須三十元。普通能耕田者。每年祇值二十元。短工忙時每日工值二毫半。閒時則一毫至一毫半而已。婦女應僱短工者，間有之。在忙時每日工值最多者。不過毫半。閒

時則每日半毫爲常。至食用一層。則不分長短男女工人。均須主人供足。閒時每日三餐。忙時每日四餐。此通例也

大宗產品價表列如下

| 品名 | 數量 | 普通價格 |
| --- | --- | --- |
| 黃烟葉 | 百斤 | 約二十三元 |
| 紙(中等) | 百斤 | 約八九兩 |
| 穀 | 百斤 | 三元 |
| 花生油 | 百斤 | 二十元 |
| 茶子油 | 百斤 | 二十元 |
| 柴 | 百斤 | 二毫至五毫 |
| 炭 | 百斤 | 八毫 |
| 老茅竹 | 每枝 | 二毫 |
| 猪肉 | 每斤 | 二毫三 |
| 鷄 | 每斤 | 二毫半 |
| 臘鴨 | 每對 | 一元五毫 |
| 冬菇 | 每斤 | 一元五毫至二元五毫 |
| 杉木 | 每枝約五寸徑尾一丈六尺長 | 兩三毫 |

大小農及經濟情形　農民耕種。半已田半租田者、十分之六七。全租入田者、十分之二三。全耕己田者、十分之一

二。每農戶耕田五畝以下者。約百分之三十。耕五畝至廿畝者。百分之六十。耕二十畝至五十畝者。百分之六。耕五十畝至百畝者。百分之一。農民之耕牛。自買自用者。十之一二。兩三人合資購買共用者。十之二三。向富戶租用者。十之六七。耕牛之租。水牛每年租谷二三百斤。黃牛則一二百斤。農民經濟狀況。民國七年。北兵入境。自梅嶺至縣城。路長八十里。焚掠一空。損失無算。縣城街市。未完全恢復。鄉間村落。蕭條者猶多。人民經濟之困苦。不待言也。全縣糧食。不甚豐裕。除第一二兩區穀米充足外。其餘均以煙紙二物爲供給衣食之資。故烟紙價高。（煙百斤有二十五元中等紙百斤有九兩則獲利）則農民經濟充裕。否則頗形困難。煙紙二物之關係於農民生計。殊重且大也。

## （六）作物

### （1）水稻

上造有夏至早、芒花早、大粒早、象牙早、紅早、九皇早、早大禾、早糯、紅管糯等種。下造有白粘、黃粘、遲紅谷、遲大禾、油粘、麻殼、贛州白粘、黃管白粘、秋分糯、白殼糯、紅殼糯、耕谷糯等種。其中下造之收成最豐者、爲白粘。質味最佳者、爲黃粘。上造則以大粒象牙爲豐收。芒花爲美味。糯谷之種類。與別縣比較。南雄爲特多。此因土人習慣。不飲燒酒。喜飲黃酒。其製法將糯米蒸熟。混和酵母。待完全發酵後。濾出其液。即名生黃酒。再沸煮之。則名熟黃酒。夫黃酒之銷售既多。則糯谷之栽培必盛。而糯谷之中。早糯谷酒量最多。紅管糯谷酒量最少。若夫早大禾與耕谷。又有特別之用途。雄民夏曆之度歲。家資無論貧富。人口不論多少。必造一種年糕。以糯米爲原料。多者需五六百斤。少者亦有一石幾斗。於除夕以前製成貯藏之。食至二三月尚未盡者。常有事也。所以多用上述兩種糯谷者。以其性乾爽，製成之糕雄邑居粵省之極北。氣冷水寒。因之水稻栽培法。略與各縣異。其種稻早也。不用秧田。於清明季節。將本田犁耙妥後。即行點播。二三旬後。耘田一次。耘兩次者亦有之。至大小暑間而收成。晚稻之栽培。常於谷雨節在秧田播種。至立夏小滿之際。即上造耘田之後。將禾秧鏟起。直蒔于上造禾田之行間。土人名曰亞禾。(亞字借音)亞禾之工作。必在端午節前竣事。否則嫌遲。及大小暑割去早禾後。乃將禾頭鋤鬆。約遲數天。用耙平之。不事耘田矣。至夏歷九月初旬。即有收成。及至下旬。可以告終。比別縣爲較早也。據土人云。早種早收。可避寒冷氣候。且雄邑秋季常旱。不如是水不敷用也。農民行此法者佔最多數。間有田面平陽。水利足用。晚造之田與普通蒔田同法者。不無不二。而在山內之坑田。則種禾一造爲多。五月始種。九月方收。亦因寒冷而然耳。

(2)煙草

品種　概種黃煙。供煙仔生煙之用。種類有青莖黃皮兩種。此以煙之莖葉色澤而分也。青莖之中。有上方種下方種之別。此以地方之位置而言也。(雄城之東北部爲上方、西南部爲下方、)而下方青莖又有茅嶺赤砂之不同。此因土質而名者也。

經營狀況　三十四年前。每年貨銀約百萬兩。晚近日漸增植。每年約出七百餘萬斤。貨銀已及二百萬兩矣。普通價值。每百斤約二十五元至三十元。以民國七八九等年爲最貴。本地價值。自二十五元漲至四五十元。故栽之者益盛。如第一二區全區。第三五七等區之內向半部。第四六兩區之內向小半部。均植之。惟本年則業烟者受一大打擊。因煙葉出產時。價值忽低跌至二十元左右也。

地勢及土質　雄邑種煙之地。俱在丘陵斜坡之上。蓋其土性輕鬆。土質乾爽。無積水致病之害。就中以上方之土質爲佳。故所出之煙葉。價亦較高。下方之土性瘠枯。葉價亦低。據土人云。上方烟葉。性較柔潤。雖久經北風。葉亦不腐。下方烟葉則不然。一至冬季。則葉性脆而易破碎云。至埿土之色澤。則上下兩方。均呈猪肝赤色。殊難分辨也。

播種　霜降季節。於既收晚稻之田。作濶約三尺、高尺餘、由東而西之長畦。畦內掘成濶尺餘深三四寸之溝。畦邊北高而南下。將畦內之埿鋤碎括平後。撒火灰一層。以糞水淋之。然後播種。播後用整齊之禾稈覆之。旱天早晚均須淋水。待發芽後。葉徑大至三四分時。須起其覆草而斜蓋於畦邊上面。背北向南。(前云北高而南下即供此用)可免霜風之害。若遇天氣寒冷。則日間揭覆而晒。晚則蓋之爲妙。

整地及栽培管理　播種以後至立春節。即須移植。屆時於預定之本田。作濶約二尺高約一尺之長畦。于畦面分二行。每距一尺二三寸掘一穴。放火灰糞乾一二兩於其內。然後將烟苗移植。約過四天。淋稀糞水一次。再過四五天。下花生麩末。每株約一兩。施後覆埿。以平其穴。又淋稀糞水。以實其土。稍遲數天。再覆土以高壅烟脚。此時約有葉三四片矣。壅脚之際。有資本者常先施茶子麩些少。以助其生勢。此後高至有十二或十七八葉時。須短烟尾及去枝蔃。則所得之烟葉。肉豐足而廣大。至留葉之多少。因田之肥瘠。資本之厚薄而不同。田肥而資厚者。雖留十七八至二十葉無碍也。否則留十三四葉足矣

捕虫亦爲管理要事。烟之蠹葉。常生蚏。其色灰黑。青色者間亦有。土人每用塗有膠質之棒以粘之。地蚕亦多。早晚之際。掘埿捕殺。尚有一種能飛之虫。亦害烟葉。須于垂暮時捉之。烟之病害不甚多。惟過本田之土性較粘者。間有發病。即嫩芽與根之腐爛病是也。土人任之自然。無調治者。

收穫　栽植後至立夏季節。開始摘葉。其法自下而上。視脚葉之先呈黃色而葉面向上。土人名爲轉身者。即可採摘。否則未達成熟。如是隨熟隨摘。遞次採收。約至大暑後完竣。收得之葉。分爲三等。最下之三四葉名埿脚。中部

之五六葉名中駁。頂上之四五葉名元庄。

乾燥　乾葉既成熟。隨收隨乾。或以日晒。或用火烘。或晒烘並行。或專用炭焙。各種乾法。因地而殊。然以全用炭火焙乾者。色澤爲最麗。價值亦最高云。乾燥時之裝置。與乾熟烟葉法無大異。先將採摘之葉。用小刀或粗針剖開葉中主脉。（即葉之中骨）使之易於乾燥。然後用疎目長方竹笪一塊。以烟葉密排之。成魚鱗狀。（密度以不覆過主脉爲合適）再以竹笪一塊夾之。即爲一合。向日光晒者。每兩合相依。作人字形。用火烘者。則在屋內將多數之合。適當排列而烘之。然無論日晒火烘。均以葉呈淡黃金色及極其乾燥爲適度。否則有發霉變色之虞。至晒焙之時。必如何注意。葉色始麗。價值始昂。此則全靠業者之經驗。觀察葉色與火力。臨機應變而節制之。非界外人所能用紙筆以道達其機微之情形也。

裝置及銷路　葉既乾燥後。即將多數合內之葉。厚疊於一合之內。烟商名之曰一件。每件約重一百二十斤。小農則有自運出口者。內地價值。每百斤普通二十五元。最貴者四五十元。本年之價則最賤。新出時祇十八元而已。據土人云。本年業烟者均虧本。蓋乾燥之烟葉。每百斤需田租人工肥料及各種雜費二十元。收葉價必在二十元以上。始有利益云。

（3）花生

花生爲種烟地最重要之副作物。烟地既不少。故花生之出產亦頗多。土人均以爲榨油及果品之用。出口求售者甚少也。種類無多。祇普通之大豆及黃蜂腰種有些少而已。其與烟之間作情形。如本年種烟收穫後。即種番薯。種小麥者亦有之。明年上季則種花生。八月以後。再種番薯等物。

（4）番薯

栽種情形。約如上述。種類則以皮肉之紅黃等色不同而別之。無奇異之良種。

(5)麥類

冬耕之風氣不盛。麥之種類亦少。中以小麥爲多。蕎麥亦有。大麥則僅有耳。

(6)芋

因水田有限。種者殊尠。種類不過有二三粗劣品種而已。

(7)粟類

高粱粟，鴨爪粟，狗尾粟等均有之。但無用田專植之者。概於花生煙草番薯及其他旱作物之間隙栽培之。

(8)豆類

黃豆，青豆，綠豆，扁豆，狗爪豆，等種。無不備。黃豆青豆用田專種者略有之。綠豆之栽培。則與粟類同。扁豆狗爪豆等。則於籬邊植之。

(9)肥田子

雄邑之冬耕作物除小麥油菜冬豆等略有些少外。餘以種肥田子爲最多。其種子與蘿蔔仁無少異。於晚稻收穫後。將田略事犁耙。即行點播或撒播之。以後不甚管理。待至翌春。用犁翻覆之。或刈取而置於別田以供綠肥之用。

## (七)園藝

(甲)果樹類

柚，橙，柑，橘，香橼，楊梅，枇杷，等雖有而少。且品質不佳。無足述者。蕉樹則花而不實。殆氣候寒冷所致也。桃梅李則較多。三四十株成林者約有三二十處。而白果(即銀杏)亦產之。惟多在東部之山間。村前屋後。任意栽植。毫無規則。且白果爲雌雄異株之樹。土人栽植之樹數既少。則於一地中。備有雌雄兩性之株者甚稀。大約雌株較多。雄株甚少。故每至清明節前後。白果開花之際。即取折雄花以懸於雌株頂上。然後雌雄之交接方便。結實之目的始達。此法土人名曰掛公。每年屆期即行之。否則有樹而無果。以是之故。有雄株之家。每至開花時。視雄花爲奇貨。每株每年賣雄花之錢。因樹之大小不等。大約可得數元致二十元。從無知以雄樹混植於雌樹之間者。倘對鄉民説及。急須依法改良而植之。咸若夢醒。風栗樹亦有成林者。但以北部梅嶺附近爲較多。其栽培法。播種後移植一二次。即定植之。法極粗放。管理亦疎簡。無足述者。惟擬種之法頗良。每於栗果收穫之際。選擇壯大者。不去刺殼。而入於瓦罌中。密封之。置諸清爽之地。待至春間。然後啓封取出。則果之刺殼均裂。且脈胎怒苗。即欲發芽。斯時播種。發芽之率甚高。或云用樟木爲砧以接栗樹。則其所結之果。味極香甜。不識然否。（本場農林月報第三卷第一期有廣東北江栗樹栽培法及改良之管見一篇可以參考）

（乙）蔬菜類

各種葉菜根菜瓜類豆類概有之。然無奇特者。惟辣椒一物。土人亦作蔬菜用之。且全年不斷。各種蔬菜出世之時期。以辣椒爲最長。故無家不種。亦無人不食。此與別縣大相懸殊。其種類以牛角椒爲多。味甚辣。色有紅黄兩種。

（八）畜牧

（1）牛

邑内少廣濶之草地。以牧牛爲業者殆全無。類多農家飼養一兩頭以爲役用。

（2）豬

農民每家畜一二頭者爲多。酒米豆腐店等。則有畜二三十頭者。本地自用不盡。常有運至韶關求售者。

（3）羊

間有畜養。但無過十頭以上者。此殆供玩弄之用。全無營業性質。

（4）鵝

牧鵝者極少。即三五成羣亦罕見。間有之者。以白毛種爲多。普通大可七八斤至十斤。似比各縣通常所產者較大。

（5）雞

大小農家均養之。自數羽至二三十羽不等。亦常有出口運至韶關求售者。

（6）鴨

南安臘鴨。人皆稱道。以其肉豐而味良也。然南雄所產者。亦不少遜。故養鴨羣者頗多。但牧養之法極尋常。不足法。茲不述。惟將其育鴨(飼肥之謂)之概略。記之于次。

經營臘鴨業之商人。每於秋季。向牧鴨羣者購買未肥之嫩鴨。畜于預定之寬廣室內。或蓬廠中。光綫不拘明暗。在地上分爲多數之小區。每區橫直約一丈。四圍用密眼竹笪間之。其笪之高。以鴨不能躍出爲度。每區放鴨一二百羽。用木器栽水及粘穀而畏之。不計數量。總以穀粒無或間斷爲度。約繼續至二十日。改用糙穀。一如前法餵之。約歷一星期之久。則鴨體豐滿非常。可供宰殺矣。

查南安鴨之著名。除氣候嚴寒獨得天時之利外。非因鴨體奇肥。或關詞族秘訣。據土人云。實由殺鴨以後。除毛之際。與省城各地不同耳。其法將殺斃之鴨。置熱水中。澆至適合。除毛時即拾起而去毛。連續作工。至乾淨爲止。不再浸于冷水或熱水中。既解體除腸之時。亦以濕布抹拭。不浸水中。俟除脚去翼妥當後。即行醃之。其工作要相續無間。愈速愈妙。故殺鴨時須計工力如何而定殺鴨之多少。南雄與南安相隣。知其法而倣行之。故製出之臘鴨。

亦無以異云。

## (九)森林

南雄居民。在中部者以水稻烟草爲主要生產。其餘則全恃林產而度活。而林產之中最大者。首推竹紙。次則松杉油茶。又次則油桐木炭及各種雜樹。而冬菇山羌等。則有而微矣。茲分述如次。

### (1)茅竹

擇色灰質潤之山。於冬春間植之。每株約距二丈。種後約四年。略可取竹以供製紙之用。至二三十年。則產竹筍最多。(欲知詳細栽培法可參看本場農林月報第一卷第八九十三期中所刊竹之栽培法一篇)

茅竹之利用。除取其老竿以供製粗器及取其冬筍以供食用外。而將其嫩竹以供製紙之原料。(全年作業無歇者有之)實栽竹之主要目的也。茲詳述之。

採竹　伐竹製紙。不分季節。概以竹之生長程度爲斷。如清明出筍夏至可伐夏期發生者冬期亦可採質言之即以竹之高度旣盡而枝葉尚未發出之時可充製紙之原料。

浸竹　伐竹之後。運於浸竹池邊。每竿斷爲數段。每段約長三四尺。再行剖開。因竹之大小。分爲四邊或八邊。然後將竹邊每百數十份紮成小束。疊置池中浸之。每竹百斤。約用石灰(每銀一元買百二三十斤)六十斤至八十斤。池水須浸過竹面。而竹面上更須用石以鎭壓之。使不上浮爲要。如是約浸六十天。將竹束取起。洗去竹束內及池中之石灰。再將竹束疊置池中。放清水浸之。約歷五六十天。竹告腐爛矣。

浸竹水池之構造。須在竹未採伐之先。其位置選定之最要者。則爲水利。蓋池之附近。必有長年不竭之泉水。足資取用者。始能達浸竹之目的也。至水池之構造。大小不等。均成長方形。大約濶四五尺長一丈二三尺深三四尺爲多。內面四圍及底面。用灰砂填固。更用石灰漿或土敏士敷面。至池內之水毫無滲漏爲度。

紙料之處理　竹既浸透。將竹肉踏爛之。名曰紙料。殆爲預備製成紙張之意義也。其手續之經過，乃將池內清水放去。再用清水長流之。約經數日。至流出之水不濁時。即截斷其來水。池內之水。亦盡放之。名曰漂竹。蓋漂白之謂也。如是乃在池邊將竹取出。剝去竹皮。專留竹肉。所得之竹肉。運於紙廠內。用人力以足踐蹈之。至極幼爛。乃投入紙槽中。以供紙師之運用。而池邊所剩之竹皮。則用日晒乾。以刀斬碎。更用水碓（全用水力者）舂之。待幼爛時。乃與製造上等紙後池中所剩之餘渣相混合。以爲製造渣頭紙及極劣紙之原料。

起紙　起紙者乃紙師于紙槽中將紙料製成紙張之經過也。紙料既投入槽中。即滿注清水於槽內。更加一種之膠水。使紙易于成張。其用量之多少。無能道其確數者。祇云用量過多。則粘性大。如藕斷絲連。紙張難起。或紙膚太厚。用量不足。則紙料砂散。紙張太薄而易穿。甚或不能成張。故下膠水之量。必須紙師適度放之。既下膠水後。用棒于槽中攪拌之。令槽中之各物混合勻稱。然後將竹簾裝置於輕便之小架上。（架之大小與竹簾等、普通約尺六闊二尺二長）用手放入池中而托紙。速入速起。即成紙一張於簾上。乃脫其架。使簾與紙相離。再將架簾裝置而托之。復離其紙而整齊疊于先起之紙面上。續作不輟。重疊至一萬數千張時。即加重而壓之。以去其水分而乾燥之。約計每生竹百斤可造出乾紙八斤。紙槽之構造。均在屋內。而其地位亦必有長流之山水可以引用方適宜。槽身之高。以人身便于工作爲度。大約三尺左右。長濶無一定。大概成長方形。廣濶均在一丈之內也。週圍用火磚結構。內面以石灰漿塗之。使不漏水。

膠水之原料。採大冬青樹或小冬青樹之枝葉。用水沸煮之。乃取起置于瓦甕缸中。滿注潔淨冷水浸之。歷數日後。則枝葉醱酵。滲出粘液。斯時更將枝葉擠擾。去其渣滓。復行濾過。則所得濾出之粘液。即爲膠水。

焙紙　將既壓去水分之濕紙。每張分離。貼於灶壁左右兩旁焙之。隨乾隨收。每叠十張爲一刀。三分而摺之。每百刀爲一把。用竹篾紮緊。即可赴市。此全料紙之裝束也。其餘各種紙張。焙法均同。惟張數多少及把之大小微有異耳。

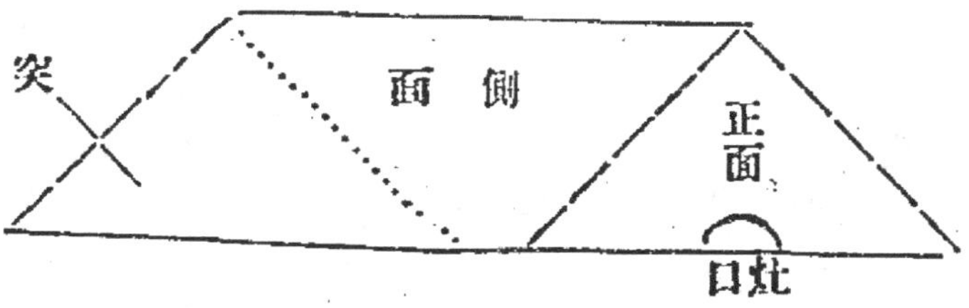


焙灶之構造。正面視之。概爲人字形。灶底傾斜。突端高而口端下。灶壁用火磚結成。外用灰砂塗之。使極平滑。以便粘紙。灶壁之高。以能貼紙兩張爲度。長則因火力及屋之大小而定。然最短小亦須能焙每日四人所出之紙方可。（焙紙工在內）灶突之端。必貼近牆邊。使突通牆外。火力之原料。則用松樹或雜柴爲多。

作工習慣　紙廠用人之數。常以紙槽之多少爲衡。每一紙槽。用人四名。上下工均在內。駁肉（在浸池作工）斲皮踐踏起紙焙紙壓紙厨役等概兼之。四人共工。每日造全料紙一担。（八十斤）須作工至晚間九時始能竣事。工價以紙之重量計之。如造渣頭劣紙一担。四人共得工食銀一元五毫。造全料紙（中等紙）一担。共得工食銀二元五毫。大約紙料愈好。則工價愈高。伐竹及破竹工人。每日工食銀二毫半。每人每日均可伐竹或破竹數百竿。

紙之種類有山貝、京文、刷壳、重統、全料、磨頭、渣頭、等類。分說如左。

山貝紙　質幼而薄。色頗白。價最貴。每百斤可值十五至廿元。從前染五彩色紙多用之。產地在西北兩部。

京文紙　質亦幼薄而色白。價與山貝常相等。學生平時習字多用之。西南北三部均有出產。

刷壳紙　質亦幼而白。惟較前二者厚。屬上等紙也。價值每百斤值十二元至十四五元。各方均產之。

上列三種。於伐竹之後。先將竹皮削去。然後醃浸者。且起紙時所用之竹簾。亦極幼細。其屬上等紙者。在此點也。

重統紙　質與削壳略同。惟色較微黃。屬中上之紙也。價與削壳無大異。西部多產之。

全料紙　質較前者粗而厚。色亦略黃。中等之紙也。價值每百斤自十元至十二三元東北兩方多產之。

磨頭紙　質與全料同價。亦相等。惟發紮成把後。用瓦磚磨擦其兩端。則色較可觀而已。各方均產之。

上列三種。即浸竹後剝皮而製者。所用之竹簾略粗。

渣頭紙　質極粗。色甚黃。厚而且重。蓋下等之紙也。價值每百斤約六元左右。各方均產之。前述新幼之竹皮。即供製造此紙之用者。

紙之種類。既如上述。而紙之產量。則難得其確數。因其種類不同。而紙把之大小輕重又不一也。但其每年出口價值。約共一百五十萬兩。比煙葉之價為畧少云。

竹山之管理　種竹之家。對于山竹之管理。常僱工人專任之。如拔除荊棘。疏通道路。及添植空地之竹。巡查盜竊。預防火災等事。均負全責。其人工不另行給值。概從竹山取之。其例因竹山有大年小年之分。值筍發生旺盛之年。名為大年。出紙頗多。山主之獲利在此。而工值亦因此例而分之。大年之翌年。出筍必少。製紙無多。名為小年。山主全不收入。所出之紙。概供看山人之需用。故種竹家必兩年始有一次收益也。

冬筍即為茅竹冬季所發生者。此筍不能成長為竹。故均採取以供食用。即不掘取。亦腐爛於土中耳。

除茅竹而外。如坭竹、苦竹、簕竹、黃竹、單竹、水竹、斑竹、紫竹、筋竹、等類均有。但其產量不多。用途不廣。茲從畧。

（2）油茶

山間居民。每家均種之。種類有二。可以仁而分辨之。其仁之色黑而有光澤者。油分較富。每子百斤。可得油三十斤。仁色褐黄而子粒較大者。油分較少。每子百斤。可得油二十斤。花朶均極多。然結實之成數則甚少。如有三四成者。則算豐收。而清明前後、至無霜下之年。即爲油茶豐收之先兆云。人民栽植茶樹。多選山之表土色澤黑潤而有碎石者種之。謂其發育盛而壽命長。（旺盛可七八十年）黄色土質而性黏者。樹命較短。（祇旺盛四五十年）而生勢衰弱云。其留種之法。秋間收穫時。將茶桃（即果實土名茶桃）不用日晒。直入捏中。置於清爽之地。至春季茶殼既裂芽將萌發時。取而播之。則成績必佳。其管理樹林。每年除草一次。以防白蟻發生。此外無注意之事矣。油茶樹季秋初冬開花。春夏結子。至中秋而成熟。每年週而復始。無或有間。土人謂茶樹最勤。週年無閒身。故多喜栽之。

（3）油桐

有高脚短脚兩種。高者樹子皮綴而仁小。油分不多。命雖較長。（可歷百年）然其結果之年齡遠。（種後十年）人少種之。矮者仁大而皮靓。油分多。普通子百斤可得油三四十斤。且結果之年齡速。故命雖較短。每至三四十年。即呈衰勢。然鄉人均喜種之。

以上三者。在林業中均全用人工栽種者。可謂爲完全人工林也。而風栗白果（詳園藝節）亦然。

（4）杉

多生於深山之間。無人工播種栽培者。即用其根上不定芽而移植者亦少。大都砍伐杉樹之後。選其根上較强壯之幼枝而留存。畧加人工。疏其横枝。以爲成材之木料者爲常。在生長期中。雖經百數十年。然除疎枝以外。無所謂管理矣。其生長之速度。在山麓者。約四十年直徑可一尺。在山巔者。須五六十年方有一尺。然其價値則較高。因受太陽之力足。色赤而質堅耐用也。普通砍伐之杉條。直徑概在五六寸。供建造之桁樑用者爲多。蓋因山路崎嶇。往來不便。樹身過大。一人一力。不能轉輸。而水路極少。間或有之。又爲水陂阻攔。不能運放。（各處陂均用以灌田、非晚造收穫後、不許啓陂、待至啓陂時。水又乾涸矣、）即有大樹良材。亦難出口。而變廢物。雄邑人民。對于木材運輸。咸受最痛苦者此也。

（5）松

亦無人工栽培。均屬自然發生者。供本地薪炭之用爲多。出口者有限。以運費過鉅也。

上述二者屬天然林而有人工保護者。其餘有用之樹自然發生而無保護者。如烏桕間有取其子以榨油。無患樹採其子皮以滌衣。苦楝赤㯶樟柯等樹。利用其木以解板。此均隨地皆有野生者也。外此柏榆榕梓楓楠苦楊酸棗石班冬青枳椇等類。雖有而不多。用途亦不廣。

全邑之山嶺狀態。泥山多。石山少。有樹之山多。無樹之山少。林深而茂密之森林。（除竹山而言）雖未多見。濯濯不毛之童山。亦都全無。南雄山多田少。而人民衣食得以無缺者。全賴山中材料足以彌補也。

（十）輸出品

輸出口物。除烟紙二者已如上述外。茶子油、花生油、猪、鷄、騸鴨、竹、杉、風栗、白果、冬菇等。均畧有出口。至穀類雖有商人運往出口以求售。然仍須江西各縣輸入而彌補。平均計之。縣內所產。祇足縣民之食用而已。

（十一）特產

南雄之特產○以黃烟葉為最著○紙次之○白果亦為特產之一○惟其產量甚少也○

## (十二)蠶桑

雄邑向無蠶桑○惟前清庚戌年○有一巡檢官○在縣之東北烏逕地方○倡導栽桑養蠶○與紳民集股四拾份○每份二拾元○共資本八百元○實行一年○頗有成績○後因反正而停辦○今無提倡恢復者矣○余因見該處有桑樹數株○不類野生者○詢之土人而得其事實焉○此雖屬曇花泡影之事○然未始非雄邑蠶桑業發軔之動機○故並述之○

## (十三)農林前途之希望

農業

(甲)煙葉之前途　南雄中部人民之衣食○除水稻以外○則黃煙葉實為唯一之要物○現年出產○每年雖有乾葉七百餘萬斤○然其未墾之丘陵土質宜於栽培黃煙者○仍屬不少○若概行墾闢而種植○則將來之產量○可比現時增加二倍○即每年可出乾葉二千餘萬斤○其前途之希望○不可謂不大也○然據土人云○栽種每百斤之乾葉○共需資本約二十元○則煙葉之價值○必有二十元○方不虧本○在二十元以上○始有利益○民國九年以前○種烟者獲利甚豐○然本年烟葉新出時○每百斤祇值十八九元○不識是何主因○倘長此以往○或為外貨入口○短其銷路○或為奸商密約○抑其價值○則農家將感畏吃虧○棄置不業矣○但種烟之地○均是旱乾磽瘠○非普通植物所適宜○設既不種烟○須種何物○乃獲相當之入息○此對於種烟前途之一重要問題○果能設法維持每年烟價必在二十元以上○可無問題之發生○不然、圖殖他物以預謀彌補○誠刻不容緩者也○

(乙)須推廣冬耕　雄邑冬耕作物○除種肥田子較多外○小麥油菜等則僅有而已○若以全縣耕地面積計之○有冬耕者不足十之二○且其中以肥田子為多○祇能增加肥力○不同油菜之可肥田且有入息者○此對於冬耕似宜推廣而改良○

多種油菜之類爲妥也。此外雄邑旱地多於水田。倡種陸稻。收益諒亦較豐。

林業

(甲)紙業之前途　南雄山多田少。前已言之。現時種竹製紙之山。仍在百分數之單位而已。乃每年產出之紙。其價値既達一百五十萬兩。倘將全數山嶺。概行種竹而製紙。則其價値不知增至幾許倍。此紙業前途之大有希望者也。惟是土人製紙。俱用人工四人共工。每日僅可製中等紙一担(八十斤)費少工多。成本乃重。不能與外國紙相競銷者此也。若云全用機器。則須資本雄厚。茲事體大。辦到或難。然而浸透之竹。用足踐踏等工作。用單簡價平之小機。或可代之。亦爲星散小農之力所可希及者。如能實行改良。當可節省工價不少也。又現時所出之紙。每遇水濕。必至破爛。前年抵制日貨。報館倡用土紙。實行之期。未及期月。其中原因雖甚繁。然土紙不能耐濕。實一大原因也。倘于製紙時。改用何種有耐濕性之膠水。或增加何種之蜡質。使製成之紙。亦有耐濕性。則其用途自能推廣。且可抵抗外貨之入口也。若夫漂白等舉。在目前而論。仍屬餘事耳。

(乙)山間道路急宜修理　近山居民。對于材木出口感受之痛苦。前已言之。此修理道路、所以不宜緩也。蓋開闢馬路。建築輕便鐵道。談非容易。然道線之增多。路面之加闊。則土人可合力而爲之也。如能實行此舉。則木材雖大。土人可以運輸。(現時山路兩人不能並行)河雖有陂。交通可由山路。將來入息之增多。諒非淺鮮。雄邑人民。幸毋忽之。

（出自《广东农业概况调查报告书》，一九二五年）

# 始興縣農業調查報告 民國十七年

何慶功調查

## (一)位置

始興居粤省之北部，屬北江上流，位于北緯二十五度二分三十秒，經度距京師中線偏西二度四十九分四十秒，東界江西省屬之龍南虔南，南界翁源，西界曲江，北界南雄，全縣分為九區十六約，茲將其各行政區域列出如下：

| 區分 | 位置 | 所在地 | 所轄地方 |
|---|---|---|---|
| 第一區 | 附城 | 在縣署內 | 第一約第三約 |
| 第二區 | 東 | 頓岡墟 | 第四約第七約 |
| 第三區 | 西南 | 沈所墟 | 第二約第八約 |
| 第四區 | 西 | 江口 | 第六約約聯鄉約 |
| 第五區 | 東南 | 周所墟 | 第五約守望約安良約 |
| 第六區 | 東 | 羅琪墟 | 湖源約都亭約 |
| 第七區 | 東 | 澄江墟 | 躍溪約 |
| 第八區 | 東北 | 馬市 | 普安約 |
| 第九區 | 南 | 司前街 | 清化約 |

## (二)地勢

全邑地形稍近方形，全縣面積約三百四十八萬九千一百六十八畝，惟山脈蔓延，四面環繞，其尤高者，為東南北三面，巍然聳立，高入雲霄，但西部則畧少傾斜急劇之高山，而以中部為最平坦，一望平原，有數萬畝，此始興地勢之大概也。

## (三)氣候

氣候與南雄，無大差異，年中氣溫最高時，在秋初，約華氏表九十五六度，氣溫最低時，在冬末春初之間，每降至冰點，常有霜雪遍地，池水凝結為冰之現象。

## (四)農村教育狀況

始興教育，殊不普及，雖有學校，而限於經費，不大完備，就全縣教育而論，私塾佔四分之三，而受私塾教育之兒童，亦僅得半數，而失學者，大概尚佔有百分之三十五左右，其教育之不振，可想而知矣。茲將調查所得，列表如下：

| 區名 | 初中及校數 | 初中人數 | 高級小學 | | 初級小學 | | 平民義校 | | 私塾 | | 失學兒童佔幾% |
|---|---|---|---|---|---|---|---|---|---|---|---|
| | | | 校數 | 人數 | 校數 | 人數 | 校數 | 人數 | 校數 | 人數 | |
| 第一區 | 1 | 106 | 2 | 209 | 6 | 276 | 1 | 40 | 16 | 340 | 35% |
| 第二區 | | | | | 1 | 40 | | | 17 | 410 | 40% |
| 第三區 | | | 1 | 85 | 3 | 110 | | | 18 | 420 | 40% |

| | | | | | | | | | | | |
|---|---|---|---|---|---|---|---|---|---|---|---|
| 第四區 | | | | | 2 | 54 | | | 15 | 340 | 35% |
| 第五區 | | | | | 3 | 93 | | | 16 | 400 | 30% |
| 第六區 | | | 2 | 112 | 7 | 252 | | | 11 | 270 | 25% |
| 第七區 | | | | | 1 | 31 | | | 8 | 200 | 35% |
| 第八區 | | | 1 | 70 | 1 | 36 | | | 10 | 240 | 30% |
| 第九區 | | | 1 | 20 | 7 | 162 | | | 19 | 420 | 30% |

## (五)農民經濟狀況

(1)田地價：田地價格，每因地位不同，而有貴賤，附城及人烟稠密之村落為最貴，近山谷之水田，則較低廉，平均每畝上等水田百四十元，中等水田一百元，下等水田七十元，上等旱田六十元、中等旱田四十元，下等旱田二十元，所有水田旱田，概納租谷，如不豐收時，地主與佃人將收穫所得之谷均分，至租谷大約上等水田，每畝納租谷四石五斗，中等水田，每畝納租谷三石，下等水田，每畝納租谷二石，上等旱田，每畝納租谷二石五斗，中等旱田，每畝納租谷一石五斗，下等旱田，每畝納租谷一石云。

(2)工價：人工有長工短工之分，長工概用男人，每年工價約三四十元，均供膳，短工忙時，男工三毫，女工二毫，供膳四餐，閒時男工一毫半，女工一毫，供膳三餐．

(3)借貸情形： 借貸以錢欵爲多，當地農民借貸，佔十之四五，小商家佔十之一二，但借欵之比較，商家佔十分之七八，農民佔十之二三，農民借貸，因於粮食不敷，在青黃不接時借之，商人借貸，多在正二兩月，卽於杉木砍伐之時借之，借欵手續，要不動產業之契據爲抵押，及要介紹人，(中人)介紹人並須給以謝金百分之二，但借貸十元以下者，不用抵押及介紹人，祇要承借者相信便得，普通息率，每元二分四厘．

(4)普通物價：

A肥料 人糞每担二毫，人尿每担一毫，猪糞每担一毫半，牛糞每担一毫，花生麵每百斤十三元，油菜麵每百斤五元，桐油麵每百斤六元，茶油麩每百斤四元，石灰每百斤一元．

B農具 犂每張二元，鐵耙每把八元，木耙每把二元，鋤每把一元，鐮甲每把一元，輪子耙每把一元五角，草鐮每張五角，禾鐮每張一角，中耕具每把四角．

C農產 家畜——水牛每頭七十元，黃牛每頭五十元，猪每百斤三十五元，羊每斤六角。

家禽——鷄每斤五角，鴨每斤三角．

魚類——魚每斤三角．

作物——谷每石五元，芋每角五斤，薯每角十斤，花生每斗三角，油每斤三角，蔗每根半角，眉豆每元八斤，黃豆每元十三斤．

D蔬菜 冬瓜每角十斤，潘蒲(南瓜)每角十斤，苦瓜每角二斤，黃瓜每角五斤，莧菜每角二斤，通菜每角三斤，茄每角一斤，豆角每角二斤，蘿蔔每角六斤，蒜每角二斤，芹菜每角二斤，芥菜每角六斤，雪裏蕻每角一斤，白菜每角四斤，蕹菜每角二斤，潮菜每角一斤，芥藍每角二斤，荷蘭豆每角二斤，辣椒每角二斤，冬筍每角三斤，苗筍每角六斤。

E 特產 黃麻每百斤十元，黃烟葉每百斤二十五元，黑烟葉每百斤三十五元，茶葉每斤五角，柴每元三百斤，木炭每元六十斤，煤炭每百斤二元，苗竹每根二元，坭竹每根半角，簧竹每角三根，櫨竹每角一根，冬菰每斤二元。

F 果類 枇杷每角二斤，黃皮果每角一斤，桃每角二斤，李每角四斤，沙梨每角二斤，風栗每角一斤半，柑每個半角，棗每斤一角，卍果每角二斤，葧薺每角三斤，西瓜每個一角。

## （六）交通

始興交通，以水道言之，在縣之東南，有墨江，發源于清化都亨兩地，東北有洪江，上通南雄，下注始興江口，與墨江相會，直達韶州，粵贛貨物之往來，均由洪江，而運輸則以沿江一帶之第一二三四五八區頗稱便利，第六九兩區，爲墨江發源之地，可通小帆船，較爲次之，惟第七區之地，四面環山，水路缺乏，往來貨物，均由陸路肩挑，其交通不便可知矣。

## （七）水利

始邑四境皆山，中央平原，巨川細流，灌溉全境，沿江之田，起陂灌溉，近山之地，小溪迂曲，灌溉亦稱利便，惟縣之東北一隅，地勢稍傾斜，在秋季之時，河塘乾涸，時有旱魃之患，故多改種甘薯，至其餘各地，一年均可植兩造水稻也。

## （八）耕地狀況

始興耕地，土質大概分爲三種，在第一區之縣城附近大井頭新村楊公嶺，第二區之頓岡瑶村聳村千家營大夫村，第三區之黄所沈所羅所石下，第四區東湖坪獅石下，第五區之過所簧直嵩等之田，質多壤土，表土深而肥沃，在第五區良源坪田，第六區羅堪都亭，第七區大水堡，第八區陸源黄塘柴塘，第九區千家鎮温屋近山谷及岡陵等處之田，質多粘土，表土稍淺而磽瘠，其餘各區近河之田，土質多沙，表土亦淺而且瘦，以全縣計之，大概平原地佔百份之四十，山谷地佔百份之十五，岡陵地佔百份之二十，山嶺佔百分之十，傾斜地佔百分之十五。

## （九）作物

（1）稻：始興爲產米有餘之地，計每年輸出韶州發售之穀，有十數萬担，大抵有七八成豐收，可足本縣之食矣。其種法及品種，玆述如下：

早稻有廣西粘，紅米糯，烏壳粘，紅糯，早禾粳，夏至白，百日早，早禾等谷種，於春分後播種，用點播法，直接播於稻田，後二三日將田中水排去，名曰露禾，約一晝夜，施以糞坑坭或塘坭，卽行灌漑，約一星期，用車輪形有齒中耕器具整鬆田土，再三四日，又排去水，施石灰和入牛猪糞或花生麵，用中耕器具或脚耕耘，翌日復灌水于田中，待十日後，再用石灰和入牛猪糞，施肥一次，並用中耕器具耕耘之，嗣後須時時灌漑，至大暑前收穫，每畝收穫量約四五石。

晚稻有粘禾，糯禾，粳禾，油粘，紅頭粘，烏尾粘，紅米粘，三粳粘等稻種，在小滿節後，取穀種浸於水中，約二日穀種萌芽，于日落時撒種秧田，過二三日排去水，名曰露秧，二三日後，復行灌漑，嗣後不許水涸，至早稻登塲時，約爲大暑左右，則分秧于田，其在大暑節前蒔秧者，必施烟骨肥一次，否則禾葉多枯，收成大減，其在大暑節後蒔秧者，即不施烟骨，無甚大害，而施則尤妙云。故通常晚造分秧一二日，即施烟骨肥於禾之根部，再過一星期，用中耕具耕耘之　並施人糞或牛猪糞和石灰等肥料，再過十餘日，亦用中耕具耕之，有肥則施之。無肥祇中耕除草而已，寒露節後三日，排去田水，至霜降後收穫。每畝收穫量約二三石。

陸稻名旱禾，有粳糯之分，播于山嶺傾斜之地，在谷雨前用點播法，播于土中，嗣後中耕除草一次，不用施肥，及至立秋後收穫，每畝收穫量一二石。

(2)甘薯：甘薯有紅皮白肉，白皮紅肉，及貴陽薯數種，在清明節時，下種於芋田之畦間，至大暑後移植于不能再行蒔禾之旱田及花生黃麻收穫之跡地，植法起土爲長畦而植之，以鷄鴨糞爲基肥，植後淋水三數日，再過二十餘日，除草捲苗，並施草灰肥，嗣後如有草，再除草捲苗，如土乾燥，須施灌溉，至十一月收穫，每畝收量十餘担。

(3)芋：芋有大禾芋，鳥脚芋兩種，在正月時起土爲畦，至春分節植芋於畦傍，每距二尺許，植芋一株，用鷄鴨糞或草灰爲基肥，植後三四日淋人尿一次，過二十餘日培土除草，施人糞肥，再過二十餘日施人糞尿或花生麵，並行培土，至大暑節後，以生禾稈蓋之，如畦土乾燥，並要灌溉，有草時則要除草，至九月收穫，每畝收量約五十担。

(4)花生：花生有大粒，細花，兩種，在春分前播種，用條播法播于平畦之上，每距離五六寸許播種一二粒，蓋土七八分，用鷄鴨糞或草灰爲基肥，至立夏時剷草，並施人猪糞，嗣後有草再行除草，如土乾燥，須加灌溉，七八月間收穫，每畝收量五担至九担。

(5)甘蔗：甘蔗祇臘蔗一種，第二區東流垻地方經營之。在清明節前栽植于畦之傍，每株距離二尺許，用穀殼爲基肥，植後連淋數日，以人尿和稀水施之，過廿日餘施花生麵及培土，嗣後施花生麵或人猪糞時，並培土除草，旱時灌溉，至九月收穫，每畝收量約三千根，爲生食用。

（6）黃麻： 黃麻有青皮紅皮兩種，二者比較，青皮麻纖維質嫩幼，收量較少，紅麻纖維質粗，收量較多，播種在春分前，用草灰和種子混合播之，播用撒播法，十餘日後除草，並去其較密者，次施老壁坭肥料，再過廿餘日培土，並施花生麩肥，嗣後施老壁坭或麩類並培土，旱時灌溉，至六七月收穫，用刀去其表皮，晒燥後則可售于市，每畝收量約六七百斤。

（7）菸： 有黃沙煙，赤沙菸，黑菸三種，十一二月播種于田之平畦上，用撒播法，蓋土少許，並蓋稻稿于上面，淋以清水，待萌芽之後，淋人尿肥 至正月間，移植于畦之兩傍，用人牛猪糞爲基肥，株之距離約一尺五寸許，植後淋人尿或清水，越廿餘日施花生麩肥，並行剷草，嗣後施麩類或人牛猪糞肥數次，如發生虫害時，則於早晨捕之，土燥時須淋水，至五六月間收穫，用針扎成把形，以分裂菸葉之幹脈，使晒時水分易於發散，菸葉易乾，品質良好，菸葉每捆百斤，黑菸價三十餘元，黃菸價二十餘元，多數銷售於香港等處。

（8）紅瓜子： 紅瓜子植于沿河之沙土，在驚蟄節時栽植，株距二尺許，起穴直播瓜子七八粒，施草灰爲基肥，萌芽時，有虫（俗名土狗）食嫩芽，此時須早晚視察一週，如每穴生長有數莖者，宜間拔減少之，約以每六祇留二三枝爲度，其全缺者，宜補植之，至谷雨節施麩類一次，並除草，此時有食葉虫發生，須察看葉之裏面，如發見時，購菸骨浸於水中而施治之，可以減少虫害，收穫在七八月間。

## （十）蔬菜

在縣城附近之村落，有專栽培蔬菜以謀利者，其餘各村落所栽培者，爲利便食用計耳，其栽培及管理方法，與廣州相似，惟因氣候關係，其種植時間有差，茲將各種蔬菜種植時間及收穫時間分述如次：

| （名稱） | 種植時間 | 收穫時間 |
|---|---|---|
| 冬瓜 | 二月 | 六月 |
| 藩瓠 | 二月 | 六月 |
| 苦瓜 | 二月 | 五月 |
| 黃瓜 | 二月 | 五月 |
| 莧菜 | 正月 | 二月 |
| 通菜 | 正月 | 三月 |
| 茄 | 二月 | 五月 |
| 豆角 | 二月 | 四月 |
| 蘿蔔 | 七月 | 十月 |
| 蒜 | 八月 | 十月 |
| 芥菜 | 九月 | 十一月 |
| 白菜 | 七月 | 九月 |
| 莙薘 | 九月 | 十一月 |
| 蘇 | 九月 | 十二月 |
| 潮菜 | 八月 | 十一月 |
| 芹菜 | 七月 | 十月 |

| | | |
|---|---|---|
| 芥蘭 | 八月 | 十一月 |
| 荷蘭豆 | 十月 | 正月 |
| 辣椒 | 二月 | 五月 |

又查有雪裏蕻，爲該縣特產，在六月間播種，七月間移植，葉形似芥菜，惟對生葉，管理與各蔬菜同，不贅述，至八月間收穫時，全株拔起，畧爲晒乾，加食鹽少許，以手擦之，封貯甕內，後數日取出，拌肉類煑食，爽滑適口，味香而清，實爲蔬菜中之上品。

## （十一）果樹

該縣果樹有柑橘枇杷桃李梨等出產，惟成園栽培者，祇李梨風栗三種，茲將栽培情形分述如下：

（1）梨： 梨有香梨青梨秋梨之分，斜潭車頭坪天子地江口大井頭有成園栽培者，用接木法，在十月間採山中之野生梨（俗名山梨）爲砧木，取梨枝約二年生者接木，接好後植于果園，初時須淋水，至生有新根時止，每年冬須鋤鬆坭土，並施牛猪糞或塘坭等肥，收穫在七八月間，全縣收量約三四萬斤。

（2）李： 李有紅李竹絲李兩種，週所車頭坪天子地三處地方，栽植用實生法，在春間移植，株間距離六七尺，初植時須淋水，嗣後甚少管理，每年五月收穫，全縣收量約萬斤。

（3）風栗： 風栗栽植，祇羅圳象山下及河渡兩處有之，栽植用實生法，在春間播種，於生長地，植穴距離約丈五尺，初時須淋水，至萌芽後止，並須預防人畜踐踏，損害嫩苗，十年後開始結實，收穫期在八九月，

## (十二)畜牧

(1)牛：有水牛黃牛，農家均飼養以爲耕田之用，其飼養法，役用時以甘薯酒糟粥等爲飼料，閒時放於山谷間或青草地上，以童子，或老者看管，以免損害作物，晚間則飼乾禾稿或青草而已。

(2)猪：有白花色及全身黑色兩種，農家以爲副業，通常飼養者一二頭，飼料用米米糠甘薯酒糟青菜類及廚屑等物爲主，城市不放牧，村鄉間任其行動，不加管理，猪舍多用閒屋或與牛舍共之，總計全縣所產，可供本縣食用，稍有餘剩，運往韶州出售。

(3)鷄：每家均飼養十數隻，以供年節及欵待賓朋之用，而專營此業者則無之，米穀飯及米糠爲主要飼料。

(4)鴨：有肉用卵用之分，肉用者養至十一二月爲臘鴨之用，卵用者爲產卵孵鴨之用，縣人有專營此業者，每群二三百隻，其飼料幼時煑粥日夜飼養五六餐，約十日之後、加坭蛇煑粥，並放於田圳間，嗣後煑飯或浸穀于水約一晝夜以飼養之，約百日後，即可出售于市，而就其中選最好之雌者，留爲母鴨之用。

孵鴨法：製木桶高約三尺，口徑約尺八寸。桶之內底及傍，墊以禾稈，彷彿與茶壺之簍相似，於三月間開始孵鴨，未孵之前，囑養鴨乸之家，限日送卵到處，嗣後每五日來鴨卵一次，初孵時，取穀炒熱，用白布一幅，橫直約尺七八寸，放于木桶內，爲墊穀之用，置放熱谷于桶內之後，即于面上置卵，其卵以網袋裝之，每袋之數約三十至五十不等，嗣後每逢早晚，炒穀一次，如前法置放，至十五日之後，毋庸炒穀，祗保存桶內之溫度足矣，初次之卵置在桶底，二次之卵置左面上，三次之蛋，置在二次之面上，孵十五日後，即移置于溫床，以棉被等保溫物，蓋其上面，每日夜要以手翻卵四五次，三五日可以孵化矣，全縣鴨苗出產有十數萬個，出售於翁源曲江仁化三縣。

## (十三)森林

（1）杉樹：　杉植于山嶺，其繁殖法係用樹枝（猺民多用此法）或樹笋，用樹笋繁殖者，係伐採杉樹之殘株，所生之幼笋約一年生者充之，在二月間移植於林塲，用樹枝繁殖者，選二十餘年生之杉樹，砍其二三年生之樹枝，札成一捆，將伐口一部浸於山坑水中，待有白色根莖生出，移植林塲，時在二三月間也，至五年之後，除去林塲之雜木，免妨杉樹之生長，再六七年又施行除拔一次，約二十餘年至四十年，可以砍伐，每年出售在八十萬元以上，爲始興第一大宗出產物也。

（2）松樹：　松樹以天然生產爲多，本地人甚少種植，雖間有栽植于岡陵荒地者，則於正月採集天然生長約二年之樹苗，移植林塲，五年後整枝一次，再過二三年，又行整枝，共約整枝五六次，至廿餘年，可以採伐爲薪炭之用。

（3）竹：　小茅竹在正二月栽植，選二年生之茅竹，掘起根部有橫根二條者，一留長尺餘，一留長七八寸許，斡留丈許，並於掘起時認識其根之向於山上及向山下之部分，移植時照其方向栽植之，若反其根之上下方向則不能生笋發育云，植後三四年，生笋發育，繁植滿山，有取幼竹而製紙者，有取竹札成排而運於三水蘆苞等處出售者，其製紙之法，在立夏節砍伐幼竹，削去表皮，斷成三尺六寸或三尺四長之竹筒，再破成三四分厚，札成一捆，每捆約五十斤，放於紙湖中，湖之長約丈五尺許，寬約八尺，面上寬而底稍狹，放竹把時，須放石灰，每百斤幼竹，要石灰八斤，放幼竹一層，須放石灰一層，待放湖之後，灌水入湖，浸過竹面，如是約四十日左右，排去湖中之水，竹之有石灰沉澱者，用水洗淨，並將湖底洗淨，放木爲枕，枕木之上，橫排數行竹竿，再放幼竹於其上，又灌水於湖，以浸過竹面爲止，翌日搖動湖中之竹，以試其竹之洗淨否，如未洗淨則水爲之變濁，即行放去，再灌清水，如此者約七八次，至湖水清爲止，至三十日後，要造紙時，可放去其水，取竹把擦爛使形如綿狀，放入水房，水房長約丈許，寬約六尺，深約四尺，房內放一竹搭壓成竹渣，製紙時須放冬青，或細青膠水，將竹搭攪拌水膠，使與竹渣和勻成稀糊狀。隨用紙簾置於輕便之架上，浸入水中，左右撥動，卽行提起，成爲紙張，覆於木板之上。如是，重叠數千張時，卽在紙面上，蓋以木板，用壓力器下壓之，減少其水份，乃各張分開，貼於火焙爐上烘乾，成爲紙張，焙爐之構造，爲斜方形，上小而下大，長約三丈，高的七尺，上厚一尺，下厚二尺五寸，用火磚砌成，底面中空爲燒火之用，外面用石灰和砂混合塗之，使極平滑，俾易於粘貼紙張。紙之種類有京文紙，桶紙，加重紙三種，京文紙每四十斤，要幼竹四百斤，桶紙加重紙每百斤，要幼竹千斤，京文紙每担價七八元，桶紙加重紙每担價銀十七八元，全縣每年出產有二三萬担，價銀二十餘萬元。

(2)淡竹，痲竹，蕒竹，欉竹，其栽植法，取竹之根株，約長五六尺，連根掘起，在春分前移植，二年後有笋，長成爲竹，砍伐之竹爲器之用。

## (十四)特產品

(1)香菇　香菇有冬菇春菇之分，在冬季生長者曰冬菇，其味佳，在春季生長者曰春菇，其味次之，栽植法在深山林中選擇數百年生之黃檀樹椽樹等，於十一二月砍伐之，次將木之幹部用利斧削之，約削至形成層爲止，用枝葉稍掩覆之，經過天然風雪變化後，至翌年冬，有菇生長，入山採摘，卽行用火焙乾，以售於市，每斤價値約一元五角，每年約有萬餘元出產。

## (十五)農林前途之觀察

始興爲粵贛之通津，交通頗稱便利，全邑人民，業農者十居八九，查其全縣地勢，低原之地，饒於水利，自應勵行改良稻作，毫無疑義。至於荒廢山嶺，亟應造林。查近年來，如羅坑象山公司，興仁里陳氏公司，流田水群興公司，成城鄉聯興公司，楊公嶺茂興公司，新村維新公司，或種杉，或栽松，頗著成效，倘全邑各地人民，皆能組織公司，以種植林木，林業庶有振興之望也。

（出自《广东农业概况调查报告书续编》上卷，一九二九年）

# 始興調查見聞錄　第二隊主任陳士光報告

本隊在仁化調查蕆事，卽取道週田，轉乘南韶汽車，經於月之二十五日抵始興。卽晉謁江縣長錦輿，適因事外出，　遂轉謁廖秘書，叩詢該縣政治，經濟，交通，教育，統計工作諸情形。翌晨，分謁縣黨部，參議會，商會，中小學校長，請予協助，並詢各種情形。惟適値贛南軍事緊張，人心慌惶，各機關人員皆忙於偃伏，各學校亦紛紛停課，多不得要領而歸。又因該縣向無統計人員，各種統計，多憑臆測，故有謂全縣每年可產穀二百萬担，有謂至多不過三十萬担，有謂杉木每年出五萬株，有謂可出數十萬株者，異說紛紜，莫衷一是。

十一月一日，卽着手下區調查，計先抵一區，該區公所設於縣城。次乘南韶上行車至馬市，第二區公所在焉。再乘下行車至江口，抵第四區公所，步行十里，抵沈所第三區公所。調查完畢後，步行十里回縣城。逗留二天，轉赴五區，區公所設於週所，距縣城二十里許。後順道行四十里，抵羅壩第六區公所，第一公安分局派出所亦設於此，完畢後遄返縣城，再赴第七區，該區公所設於隘仔，距縣城一百六十里，舟車不通，故乘車至韶關，轉乘粵漢翁源等車至壩子，再步行六十里始抵步，第二公安分局亦設于此，後再行四十里至司前，該地爲第二公安分局派出所所在地。統計歷時二月，踏遍各地，始將該縣各種情形，玆將見聞所及，概括陳之於次：

(一)面積與人口　本縣位於粵之北隅，與南雄曲江翁源及江西虔南等縣接境，面積約七千四百餘方里，劃分七區，共轄一百二十七鄉五鎭。一、二、三、五、等區較爲平坦，四、六、七、等區則山嶺重疊。因田畝調查尙未結束，耕地寬狹確數難知，惟錢糧有四萬餘元，以此推計，似有十五六萬畝，各區地勢不同，故氣候頗不一致，六七兩區，稻僅一熟，其他各區，多爲二造。

據縣志所載，人口在淸乾隆年間調查，男女共九萬有奇。宣統年間，據各地訪員估計，數約十二萬餘，此次舉行全省人口總調查，該縣尙未辦理，現據各區鄉鎭長所報，爲數不過八萬七千餘人。

(二)物產　物產以杉，穀，紙，烟業，及礦產爲最大宗。米穀多產於一二三四五等區，略有賸餘，運銷韶州。六區則由江西虔南來米，七區則由翁原來米，彼此適足抵銷，常年產量約計四十二三萬担。他如薯芋菜蔬家畜等，亦足以自給。所產花生，多供本地搾油之用，計境內大小油搾共有二十餘間，每年約出油二千餘担。

竹木產量頗多，竹多供本地造紙之用，其運銷盧苞，每年不過萬數千元，紙廠約五百間，惜規模甚小，設備簡陋，每間僅有工人三四，大都以己之竹，造己之紙，墨守成規，不圖改進，故所出紙量，每年每間多僅百餘担，少至十數担，年前價昂，運銷韶廣，約值六七十萬元。

杉木盛產於六七兩區，年前運銷佛山江門，總值約百數十萬元，(約百五十萬株)邇來木價暴跌，業主苟能維持生活者，多不願賤價出售，故出境頓減，更兼捐稅重重，木業商人，咸一蹶不振矣。

菸葉產於二區，最盛時運銷韶廣，亦值二三十萬元，自二十一年跌價後，鄉民覺無利可圖，已多改植他物矣。

鎢鑛富藏於六區，惟採取者皆無組織之鄉民，價昂時則採取人數激增，價賤則少人過問，計二十二年出鑛約二千担，羅塓墟塲收買鎢砂者亦設有公司四五間。錫則自去年始行掘採，錳煤亦有，煤因價廉，故除供本地燒石灰外，輸出者極少。石灰年約出四萬担，除供本地造紙肥田及建築之用外，尙有運銷南雄。

香菰黃蔴，運銷韶廣，年約數萬元。冬筍瓜子，亦值數千元，惟香菰課稅，稍涉繁苛，間有一次每斤課以一毫者，偶有差池，輒從嚴處罰，商民莫可如何也。

綜觀該縣物產，本屬富庶之農村，奈三數年來，貨失其值，兼以歉收，去年早造未熟時節，採樹根以充飢者日有所聞，數十年來，災情未有若是之甚者，農村日趨崩潰，已屆水深火熱之境矣！省政府撫恤民艱，曾撥萬元賑濟，惟縣府領到此款，口實而惠不至，災黎未得一點義粟仁漿以紓饑渴焉。

(三)商業與金融　商塲在一區者爲附城太平墟，二區在馬市，三區在沈所，四墟，江口，五區在頓崗，週所，六區有羅塓，澄江，都亨，七區有隘仔，司前，黃沙等墟，合計商店不過三百餘間。商業以太平墟較爲發達，各墟除江口無墟期，七區各墟以五日爲期外，其餘均十日三墟。所販貨物，以油鹽什貨洋貨布疋爲多。又擺莊生意，似亦不弱於商店，惟自農村崩潰以來，各行倍形冷淡，當查詢其年年營業金額時，彼常詢所查爲年前之數抑是本年之數，言外之意，大有今非昔比之感！

市面銀根，殊屬短絀，計流通貨幣，以雙毫銅仙爲多，省劵大洋，間能行使，七區方面，亦通用翁源公路支票，惟無找換商店，故大洋價值，非特各地有所不同，即同一墟場之各商店亦有差異。借貸利息，通常每月三分或二分四爲多。惟生產品抵押借款，名雖三分，實超四五分以上：例如種菸借款，訂明利息每月三分，當時債主僅給予所借款額十之三四，其餘則爲將來陸續購買貨物之需，計至數月，始給清楚，利息則從訂借時計起；造紙借款；亦有類斯；佃農於青黃不接時，借穀不論時之遲早，至收割時均每担償還担半，又因境內無正式按押店，形以私當之放債機關遂起而代之，利息每月加一或六分不等，且以四十天爲期，無產小民，在貧病交迫之候，亦惟有低首任其敲剝而已！爲蘇民困起見，農民銀行及信用合作社之籌設，豈容稍緩歟。

（四）工業　本邑工業，尙停留於手工業時代，手工業工人，以造紙爲多，年前出紙一担，可獲工資六七元，現因紙價低落，每担僅獲三元左右耳。碗窰十餘間，惜規模不大，且屬衣鉢相傳，墨守成法，罔求改良，故出品麤劣，總値每年不過出七八千元。鏵廠一間，兼製犂頭，每年出品約値二三百元，他如磚瓦等業亦僅敷本地之用而已。

（五）交通　交通方面，自南韶通車後，稍稱便利，該路橫貫縣城，二四等區、各區均可通小舟，惟水勢湍急，上行困難，縣城有電報局郵政局各一，馬市，江口，各有郵政代辦所，頓崗，羅壩，隘仔，司前，　皆有郵務信櫃，電話則除六區外，　各區均已裝置。

（六）治安　民元以來，匪氛便熾，各地墟場，多經焚刼，鄉民多集資築圍以避之，全縣圍樓約有四五百座，建築費用，當在二三百萬元以上，田園因之荒蕪者，不下三四千畝，每與鄉人談及土匪之事，輒有談虎色變之慨，幸刻下尙稱安靖。

全縣公安分局凡二，各轄有派出所一，警兵共約十五六名，警費收入，除附城分局外，餘皆由各該長官包辦，因陋就簡，精神形式，俱未足觀，且警士可不穿制服携槍出入，尤易發生誤會。

（七）教育及民情　縣屬教育，計有初中一所，學生九十餘名，簡易鄉師一所，學生二十餘名，高小五所，完全小學十有一所，初小八十校，平均每校約有三四十人，而第七區區立第三高小，與第四高小（因該地爲第九學區故原名第九區立第三高小與第四高小）二校，共有學生十八名。社會教育，則有民教館一所，略具規模，民校二所，現已有一停辦。

(八)社會　唯其教育之未甚發達，故風氣多蔽塞，烟賭盛行，七區鄉民，家計稍裕者多購備煙具以作款客應酬之需，各墟場中，偶見佈置容麗，燈光輝煌者多爲賭博之所，卽公安分局派出所中，亦有牌聲達於戶外者！人民好訟，現曲江地方法院設特別分院於此。娶妻納釆，頗涉浮靡，通常禮金三百元或五百元，猪三五百斤不等，中下家庭殊感難以担負。縣屬雇農雖不甚多，惟聞在新正後數日，彼受雇者咸羣立於某街上以待雇主議價，拍賣自己勞動力，每年所獲，亦不過三四十元而已。轎資挑費，亦屬低廉，每百里僅獲三元餘。區公所凡七，每所每月經費五十元，副區長絕少到所，人民自治觀念未深，爲政者尙須加以領導宣傳之力，方克有濟。

始興地方廣袤，加以文化發達較早，今後倘能肅淸餘匪，廢除苛稅，普及教育，開墾前荒，使物盡其用，地盡其利，庶乎社會經濟與人民幸福可以蒸蒸日上矣！

（出自《统计月刊》第一卷第四期，一九三五年）

# 樂昌縣農業調查報告 民國十七年

林純煦 何慶功 調查

## (一)位置

樂昌縣位居北江上游，東界仁化，南界曲江，西界亂源，北接湖南之宜章，在北緯二十五度一十分，經度距京師中線偏西三度三十五分。全縣劃分為八區，其各區之位置，及所轄範圍如下：

| 區列 | 位置 | 所轄範圍 |
|---|---|---|
| 第一區 | 附城 | 練塘，批杷嶺，西門口，河南水，老虎頭，留村垻，三灣，田洞，桂子眼，大吼坪，等段。 |
| 第二區 | 東鄉 | 正東鄉(廊田)，上東鄉(長逕)，下東鄉(樓下)五山。 |
| 第三區 | 南鄉 | 長垺，羅村，楊溪等鄉。 |
| 第四區 | 西鄉 | 上西鄉(大小洞，菖蒲塘)，下西鄉(洪蓮洞，山岐洞，王坪)，良坑鄉。 |
| 第五區 | 北鄉 | 不分鄉段共有十八坊。 |
| 第六區 | 九峯 | 九峯，茶料，鳳落，普落，三郎等甲。 |
| 第七區 | 黃圃 | 不分鄉段 |
| 第八區 | 坪石 | 不分鄉段 |

## (二)地勢

樂昌地形如菱角，其近北部之東西兩端，皆延長突出，一若菱之兩角然，境內山嶺盤旋且多高峻，尤以西北部為最，其東南之部，則依水流趨向，畧較低平，全縣面積，約一百九十八萬六千零四十八畝，就中山嶺岡陵，殆佔其百分之九十一二云。

## （三）耕地狀況

（1）地勢　第一區附城各段之耕地，約畧言之，其平原可有百分之五十五，山谷山嶺各有百分之五，崗陵起伏地有百分之十五．傾斜地有百分之二十五．就中旱地約佔百分之三十，皆栽種雜糧花生甘蔗等作物；其餘，水田則植旱晚水稻二造．

第二區廊田長遥樓下五山等鄉之耕地，平均平原約佔百分之六十，山谷山嶺亦各約百分之五，岡陵起伏地約百分之十，傾斜地約百分之二十．就中旱地約佔百分之二十，多種穕糧，其餘水田則皆植早晚水稻二造．

第三區長㺯羅村楊溪等鄉之耕地，平均平原約有百分之五十五，山谷地約百分之五，岡陵起伏地約百分之八，山嶺地約百分之四，傾斜地約百分之二十八．就中旱地約佔百分之三十，多栽植甘蔗花生雜糧及少數紅瓜子等，其餘水田皆植早晚水稻二造．

第四區大小洞，菖蒲塘，洪蓮洞，山岐洞，王坪良坑等處之耕地，平均平原約佔百分之四十五，山谷地約佔百分之二十，岡陵起伏地約百分之十，山嶺地約百分之十五，傾斜地約百分之十．就中旱地約佔百分之三十五，皆種雜糧花生之屬，其餘水田亦多種早晚水稻二造．

第五區北鄉爲坊之耕地，平均平原約佔百分之八十，山谷地約百分之五，崗陵起伏地約百分之三，山嶺地約百分之二，傾斜地約百分之十．皆屬水田，甚少旱地，年中多祗植中稻一造．

第六區九峯茶料鳳落普落三郎等甲之耕地，平均平原約佔百分之三十，山谷地約佔百分之十五，岡陵起伏與山嶺地各約百之五，傾斜地約百分之四十五，就中旱地約佔百分之四十，係以栽種雜糧爲多，其餘水田多祗植中稻一造．

第七區賣圃所屬各村之耕地，平均平原約百分之二十八，山谷與岡陵起伏地各約百分之十，山嶺地約百分之二十二，傾斜地約百分之三十。就中旱地水田各約參半，其旱地多係栽種苧麻及雜糧，其水田年植中稻一造。

第八區坪石所屬各處耕地平均平原約百分之四十，山谷地約百分之十五，岡陵起伏地約百分之十，山嶺地約百分之八，傾斜地約百分之七。就中水田旱地亦各約參半，其旱地多栽雜糧，其水田年植中稻一造。

(2)土壤　一般土質多屬半輕鬆者，顏色以黃色爲多，灰赤次之，土粒皆細。就中壤土約佔百分之七十，概爲定積之土。

(3)水利　平原山谷之耕地，多有河流或山溪，以資灌溉。其灌溉之方法，多係作坡截圳，或設自動水車，至於高原旱地，則全賴天然雨水矣。

(4)氣溫　氣溫於小暑大暑之間爲最高，而於小寒大寒之間爲最低。年中冷熱期間各約三個餘月。

(5)雨量　年中雨量多少未嘗測驗，殊難臆說，惟於春末夏初之間雨水最多，秋深後至冬爲最少云。

(6)風霜　年中鮮有風害，至下霜時期多起自立冬，而收於春初，但鄉村與山間常有不同。大概鄉村之下霜稍遲，而收霜亦較早，而氣溫亦有同樣之軒輊云。

(四)荒山狀況

該縣荒山各區皆有，但全屬童山者，則惟第三區南鄉畧見之。所有荒山皆有草生或散生之樹木，其地多在山頂與突兀部分，土質乾燥，風雨剝削特多，表土淺薄，色多黃赤，因之天然成林，自是不易；其餘土人樵採之處，亦多不成林，統計全縣荒山面積約有二千餘方里之多。其荒廢年期，當亦甚久，但難以考查也。

(五)交通

該縣交通多循陸道，現韶坪公路已達該縣之北鄉，汽車往來極稱便利。此外境內各區及與鄰縣交通，皆有公路，闊約三尺至四尺，多不平坦，祇可步行，或乘輿馬。至於水道有樂昌河，爲縣之巨津，由湖南宜章經坪石沿西鄉入城南，出南鄉而達韶州，可駛尼船；及東鄉之長垑水，由廊田至南鄉，會樂昌河，亦可容小艇；其餘各鄉之溪流，則祇能放散木排出口而已。

## （六）耕作情形

（1）冬耕　一般排水良好之水田人工較足者，多行冬耕，於秋收之後，犂起土壤，俗曰轉霜田。其作用所以使土壤翻轉，俾蟄伏土中之害虫得受霜雪而冷死，或爲鳥雀所啄食，并能使土因冰結而鬆鬆也，至行燒土者則甚少。其東南西各鄉及黃圃坪石等處，於冬耕之際，間有栽種油菜或麥者，但爲數極少。至於排水不良之水田及高亢旱地，則概不冬耕。

（2）春耕　無論曾否行冬耕之農田，其於春耕之際，均施以廐肥，然後犂之。犂後則灌以水，至坭土浸透後，用牛耙耙之。普通先橫耙後直耙，計共二次，乃分秧。

（3）秋耕　於早稻收穫後，其田土膨軟，故祗用牛耙先行撕碎其早稻根株。計橫直各耙一次，灌水浸之，約數日後，人力足者又再橫直耙過，並用轆軸輾之，使其根株埋沒。土壤壓平，間有輾至數次然後揷植晚稻者也。

## （七）農民經濟狀況

（1）農戶　農民中田主約佔百分之五，田主兼佃戶約佔百分之三十，佃戶約佔百分之六十五，其農家每戶平均有農業勞動者約二人至三人。每農戶耕地面積約十三四畝至二十餘畝云。

（2）田地價　上等水田每畝約值七八十元，中等約値三四十元，下等約值二三十元；上等旱地每畝約值三十元，中等約二十元，下等約十元。

（3）肥料價　花生麵每百斤約七元，人糞尿每百斤約三毫至四毫，雜肥每元約十担，石灰每元約二担。

（4）農產價　耕牛大者每頭約值百元，中等者約值六七十元，小者約值三四十元，猪肉每百斤約四十元，羊生者每斤三毫，馬每匹約值六十餘元，鷄每斤四五毫，鵝鴨每斤約三毫，魚類每斤二毫餘至三毫，薯每担約一元六毫，芋每担約一元五毫，薑每斤約二毫半．濕花生每担約四元，穀每百斤約四元五毫，豆每元約十二斤，麥每百斤約六元五毫，油每百斤約三十餘元，黃糖每百斤約十二元，普通蔬菜每斤約五仙，果類每百斤十餘至二十元，苧麻每百斤約二十五元．上等白毛茶葉每斤約一元二毫，普通黃茶每斤約二毫餘，柴每百斤約四毫，炭每百斤約一元五毫，苗竹每百斤約六毫。

（5）人工價　長工每月工資約五元，短工忙時男工每日四五毫以至八九毫，女工二三毫；閒時男二每日二三毫，女工毫半至二毫，每日供膳三餐，約值二毫半至三毫，每日工作約十一小時，間有收穫時之短工，依其收穫之穀量多少而給工值者．其長工每月須給草鞋二三對，約值銀二三毫及雨笠手巾用品，一般雇主與雇工之情感尚屬融洽。該縣農工之供給，不甚充足，每於農忙之際，多由湘南雇用．

（6）田地租　多依批約規定，大約每畝水田上等者年約二百斤，中等者年約一百五十斤，下等者年約一百斤；旱地每畝上等者年約一百斤，中等者年約八十斤，下等者年約五十斤。納租穀者佔百分之九十五，間有納租金者，亦多依穀價爲準．遇荒歉之年，則多作五六成收，或將收穫所得主佃平分之。其租穀多由佃戶送至田主家中，再行風選及秤量，田主對於佃戶則留膳一餐，或給以少數茶資。

（7）租田制度　田主立批發字據與佃戶，佃戶立承批字據與田主．其承批字之程式如下：「立承批字人某某今因田耕種，特來承批得某某水田或旱地若干坵，計共若干畝，其田地係在某處（并說明田址），言定遞年供納乾穀若干斤，分早冬二季量清（或早六冬四量清），豐歉皆無加減，二比甘願，立承批字爲據。」其批發字之程式，亦彷彿照此。普通承批田地，無須押租預租，祇於承批之初，佃戶須送給猪肉一塊，約一斤半，餅食二包與田主而已。租田年限多無一定，倘能年年清租，則可永遠耕種。田主對於佃戶除供給土地之外，別無他物，即可坐收租穀。間有借給糧食及耕牛者，但其糧食至收穫後償還，每百斤須加息四五十斤。

（8）農產貿易情形　非大宗之農產貿易，多於各鄉墟市行之。縣中最大之市塲爲縣城，次爲坪石，至對外省外縣貿易，則以韶州及湘南各縣爲最大之市塲。其農產品之運搬，各依地方情勢，用肩挑或船載。查該縣輸入之品爲茶油食鹽及雜貨等，而該縣輸出產品，則如下列：

| 農產品名 | 輸出數量（年平均約數） |
| --- | --- |
| 木料（杉木） | 年約五六十萬元 |
| 柴炭 | 五百餘萬斤 |
| 蔗糖（黃糖） | 四十餘萬斤 |
| 苧麻 | 七八萬元 |
| 紙 | 四萬元左右 |
| 竹器 | 萬餘元 |
| 穀米 | 三十萬斤左右 |
| 花生油 | 七十餘萬斤 |

紅瓜子　三數千斤
冬菇　萬餘元
牛　三數百頭
猪　二千餘頭
鴨　萬餘只

(9)借貸情形　當地農民常年借貸錢欵者，約有百分之三十，借貸糧食者有百分之五十。一般借貸者，皆屬佃農小農，放債者多屬田主或資本商人。其借債原因，多因粮食不足或特別需用，故農民經濟最困難之時期爲三四月間及臘月時節，即青黃不接之際，與年度需用之時。通常月利三分，低者二分，其特別重利　貸者不甚多　約佔百分之五左右，且多係有烟賭嗜好之徒。通常小農借貸，如粮食則三四担，如錢欵則一二十元。至借期久暫　有數月者，有半年或年者。其還債之法，通常借錢還錢，借穀還穀，間中亦有變賣產業以抵債者，如借貸錢欵，須用自產己業抵押，及至親在塲作證，以便到期追取或變賣產業。該縣現無當店，村中常有標會，年開二次或三次　皆按票納息，此種標會每於農民有特別需用時邀集之，其組織法與他縣同。

(10)農具　該縣農具之種類，構造，價格，用途畧紀之如次：

犂　身用天然彎曲之杉木爲之，犂頭用生鐵鑄成。每張値約二三元，以犂翻土壤之用。

耙　闊約三尺，齒長約一尺五寸，用熟鐵製，每張値約八九元，爲耙鬆土壤之用。

轆軸　闊約三尺，長約五尺，其中軸如楊桃形，用木彫製。每件値約四五元，爲壓平表土及輾沒禾頭之用。

鋤頭　方約四寸至五六寸，長約尺許，用熟鐵製造，每把値約一元五角，凡鋤土作穴皆用之。

齒鋤　大者濶約六寸，齒長約尺許，小者僅及其半，俱用鐵製成，中耕鋤土皆用之．大者値約一元八毫，小者値約八九毫．

鐮刀　有禾鐮草鐮，皆用鐵製造．草鐮稍大而多鋼，每把値約四五毫；禾鐮則二毫左右．一用於割草，一用於割禾．

## （八）畜牧

家畜以養猪為主，大約小農平均每家年中可養小肉猪一只至二只；中農每家可養大肥猪一只至二只；大農每家可養大肥猪二三只．至於養牛則以耕田役用為多，中大農每家可二三頭，小農養牛者，多不過十之六七．其放牧塲所，多在荒野草地，由老人或小童司之，亦有集合十數家雇一人放牧者，每牛年中供穀五十斤，以作工値．其牛猪除供本地應用宰食外，年中出口牛約三數百頭，猪約二千餘頭．

家禽以養鴨為多，但養鷄亦極普遍，惟極少大群，係作家庭副產，以供自己祭祀用者為多．至於養鴨則頗多專業經營，每群之數，常有百數十以至三數百只，多放牧於水田池澤間，大約於四五月間始養，六七月間卽賣之，除本地銷用外，年中出口約萬餘只云．

## （九）作物

（1）水稻　該縣農地約有十七萬餘畝，而其水田殆不過十萬餘畝而已．其中以水土之關係，有可植早晚水稻二造者，有祇植中稻一造者，分紀如後：

早稻　附城及東西南各鄉皆種之，其品種有湖廣早，乳源早（或稱百日早），長身早，八十日早，紅殼糯等，就中以湖廣早為最多，八十日早為最少．一般播植時期，於淸明節後行浸種二日，起水後屯芽一日，卽直接點播於稻田，不用育苗，播後一星期許，卽施人糞灰於其上，迨至一月許除草一次，除草後施以石灰，并用脚耘之，耘後十日許，又撒施各種糞肥，此時已屆小滿時節，卽行止肥，以後管理祇留意灌漑而已。至大暑節前後，可有收穫，其湖廣早長身早爲遲熟種，須一百二十日方能成熟，每畝收量約三百斤左右，乳源早百日可熟，每畝收量約二百斤左右，八十日早則八十日可熟，每畝收量約可百餘斤，紅壳糯每畝收量約二百餘斤，亦遲熟種也。

中稻　通稱大禾，皆種於北鄉九峯黃圃坪石等區，其品種有七月粘，馬尾粘，白壳粘，紅米粘，大糯等，通常於清明谷雨間播種，行浸種二日，起水後，屯芽二日，卽撒播於秧田。其秧田先施以廐肥及石灰等爲基肥，播後十日許，施以篩過之家畜糞粉，約廿日許，又施一次糞粉，至播後有一月之久，卽可分秧，其稻田亦須先施以廐肥及石灰，然後整土插秧，插秧時有將秧根用牛骨灰水浸過者，但普通無之，至插秧後一月許，除草一次，除草後施以石灰，用脚耘之，以後則不復管理施肥矣。其在黃圃坪石所栽種者，多爲七月粘，於立秋後十日左右可有收穫，其餘各處則多於寒露霜降間收，平均每畝收量約三百餘斤。

晚稻　統稱爲番禾，於附城及東南西各鄉多種之。其品種有冬白粘，硬梗粘，雪糯等，普通於夏至時節播種，行浸種屯芽一如早稻。播時其秧田先施以糞水，然後播下，至苗長二寸許，撒施乾糞粉，至大暑前後分秧，分秧後半月許，施以石灰，脚耘一次，至處暑後，又撒施各種糞肥，并用脚耘之。從此事工告竣，於立冬前後，卽可收穫，平均每畝收量約二百斤左右。

（2）蔗　該縣南鄉種蔗最多，次爲附城及西鄉之堵頭，俱屬竹蔗種。以其能抗乾旱，多植於沙質旱地，連栽二三年後，與花生雜粮等輪栽。其種法普通於十月後所刈收之蔗，截取其梢，約長尺許，掘穴將蔗梢埋其中，以土薄蓋之，如過乾旱過甚，卽淋以水，至翌年正月下旬，卽將蔗梢取起，剝去其葉鞘，遂分植於蔗地。其植法與他處相同，植後至三月間，每株施以乾糞約一碗，施後覆以土，至四月間，每株又播施花生麸一小塊，重約數錢或至兩許。迨五月間，將畦間之土鋤起，培於畦上，名曰上大行。以後每早晚間用草刷及母指套一竹筒，將葉上之蚜虫夾殺之。其留頭更新者，曰老蔗，多於十月起收；用蔗梢新種者，曰新蔗，多於十一月起收，每畝收量約可廿餘担。收後卽運至糖寮，搾製黃糖，運銷於湘南各縣，年產糖額約四十萬斤云。

（3）苧蔴　苧蔴惟黃圃屬地多種之，種於高原旱地或岡陵山麓，可連栽至四五年。新種時用分根繁殖，於清明時節，挖取其根，分植於種地。植後以堆雜廄肥覆之如天候過旱，亦須淋水，植後每年四月六月八月間各收一次，計每年收穫共有三次，每次收後亦必覆以堆雜廄肥，及用新黃泥培土一次。年產總額約五六十萬斤，多運至韶州發售。

（4）花生　該縣花生皆屬大莢種，各區皆有種之，惟附城最多，次則東西二鄉，概種於沙質旱地，每年春分清明間播種，多行點播。其種地先施以廄肥及石灰爲一次基肥，種後二十餘日，中耕除草一次，又再二十餘日，中耕除草一次，不施補肥，不行灌溉，至立秋後，可有收穫，每畝平均收量約四百斤左右。大宗爲搾油之用，年產油額約七十餘萬斤，除本縣銷用外，多運往韶州出售。

（5）馬蹄　馬蹄土稱馬薺，附城多種之，種於表土較爲深肥之水田。普通於夏至前後播種育苗，其法多於栽種芋作之畦間爲育苗塲，所以藉芋葉爲庇蔭故也。先於畦間塡以中幼之沙，厚約五六寸，卽將馬蹄種密插沙上，插後再覆以沙，見沙稍乾，卽須淋水，自後約一個月之久，時方大暑前後，卽行分植於水田。其植法與水稻相同，以每根爲一株，植後十日許，施糞肥一次，再十日許，施以花生麸肥，每畝百二三十斤。施後以脚耘之，又再過二十日施石灰一次，亦用脚耘之。至立冬後，可有收穫，每畝收量約二十餘担至三十担。年產總額約六七百担，出售於曲江縣屬者爲多。

（6）其他　該縣各區對于甘薯之栽種亦極普遍，實爲農家之重要副粮。油菜亦不少，除北鄉九峯外，各區皆畧有種之，年產額約三數千元。紅瓜子以西鄉之塔頭爲多，南鄉次之，年產額亦約三數千元。冬菇以東鄉之五山爲多其餘九峯之西坑亦畧產之，年產總額約二千斤左右。其餘黃豆雖各區稍有種者，而產額甚少，麥則惟黃圃塘村有極少數種之者。

## （十）園藝

（1）果樹　果樹栽植面積年來稍有增進，而於附城爲多，其東南西北各鄉則畧有之耳，果樹中以沙梨爲最多，年產總額約五六百担，其次爲南華李，以附城西門口所產之品質爲良，年產總額約百餘担。黃皮於城內產者爲佳，年產總額亦約百餘担。又次爲桃，以附城留村垻產者爲優，係屬櫻桃種，年產總額約三數十担。杷枇則北鄉霞塘村產量多而質佳，年產總額約二十担左右。此外番石榴紅棗柑柚等亦有植之者，但爲量不多，難於統計。查一般果樹之管理，均極粗放，有祗於年中除草一次，而不施肥者，間有施肥一次，於小寒時節，收樹根之部作穴，灌以人糞水，俟其滲透乾後，培之以土者。又其沙梨多患隔年結果，無知農民亦無法補救也。

（2）蔬菜　如種瓜蔬類農家皆種之，以爲自己食用，多餘者則販賣於市，惟附城區城間有專業經營之者。查其蔬菜中以辣椒爲土人最嗜食之品，殆爲家常菜食也。其較大宗之出產而畧有出口者，則惟生薑，於西鄉上河一帶，產之最多，次爲九峯，年產總額約千餘担云。其較特別而不普遍者，則爲慈菇與蓮藕，惟附城多種之。茲將其栽培方法紀之於下：

慈菇　於十一二月間收取老熟者，堆置於陰涼之處，留爲種用，至翌年清明前後，收之密插於水田中，任其發芽育苗。不事管理與施肥，至大暑前後，遂分植於表土較深而且肥沃之水田中，每株距離約一尺五寸。植後見其新葉萌發，卽施以糞肥，幷以脚耘之，以後每隔二十日許依前法施肥耘土，又共二次。至立冬後，遂可漸次收穫，每畝平均收量約三四百斤。

蓮藕　屬白花種，種於表土深而肥沃之水田中，通常於二月十九前後土人所謂觀音誕之時，將去年留於田中之藕種挖起，每截留二三芽，將其埋植於田中，每株距離約五尺。埋植後至苗高尺許時，將田水排去，淋以濃厚糞水，至小滿立夏間，每畝又施以花生麵五十斤至七八十斤。至大暑後，可陸續挖收，每畝平均收量約四五百斤云。

## （十一）森林

該縣山嶺岡陵面積殆近一萬方里，而森林之分佈面積約有六十餘方里，其中天然林約佔百分之六十，人工林約佔百分之四十，在九峯一帶，多屬杉木單純林，附城北鄉南鄉及正東鄉下東鄉等處，則多爲松木單純林；其餘則多屬混成林，其森林樹種以松杉爲主，次爲苗竹及櫲櫃楓樟等雜木，就中尤以杉木苗竹爲其重要之經濟林。玆將其杉木苗竹之種植土法，紀之于次：

杉木　於九峯爲最多，次爲上東鄉五山及上西鄉一帶，當民十以前，每年出口總額約可五六十萬元，至近年因土匪猖獗，河道難行，出口數量，因之減少。至其播植方法，普通於十月間採取其老熟之種籽，用竹笪晒之，敲出其仁，卽撒播於苗塲，其苗塲務須整土至極鬆碎，然後播下，播後篩以幼土覆之，至翌年春萌發，不用管理，惟土質過乾則淋以水，播後五年苗長始有尺許，乃定植於山上，概用穴植。植後穴之上部插一數寸方之木板，以防止上部水土之冲壓，致傷幼苗。當定值之初五年內，每年九十月間須行剷草一次，幷於林之四圍剷開丈餘闊之避火路，以免野火焚林木。聞所植杉木成數甚高，惟有山牛山羊等野獸嚙食其莖葉，爲害不小云。普通砍伐年齡多在二十年後。

苗竹　多產於西鄉之大小洞，東鄉之五山九峯之西坑籐洞坑等地，在五山產者，泰平用竹器（竹笪爲多），年約一二萬元，餘皆用於製紙，年產紙額約四萬元左右。其種植方法，於正二月間揀選二年生之竹母（雙枝者爲竹母）連根挖起，於有枝處數起，至第四節截去之，即可定植於山上。植時須依照其原來生長之方向植之，不然則不能生長云。植後當年生新笋者有之，但通常則以翌年爲多，至其造紙之法，查無特異之處，兹不紀述。

## （十二）農村教育狀況

該縣教育極不普及，以萬餘方里之土地，近十萬之人口，當無一中等學校，即高級小學亦惟縣城有二間耳。查其辦學困難之原因，固由於風氣未開，而經費師資缺乏，亦大有關係也。鄉村教育經費之來源，多由庵廟寺觀之產業撥充，平均每校初小之常年經費約有三百餘元，每校教員多係二名，皆舊制高小畢業者充之。至於高級小學之教員，則多由他縣中學畢業或從前該縣所辦之師範班畢業者充之，合格師範實鳳毛麟角也。兹將其各區鄉之學校入數舉列如下：

第一區　有高級小學二所，一爲縣立，一爲區立，計共學生一百名；初級小學二所，約共學生一百四十名；私塾九間，約共一百八十餘名，計全區失學兒童約佔百分之六十。

第二區　有初級小學三所，共一百一十人，計全區失學兒童約有百分之四十左右。

第三區　有初級小學六所，共一百六十五人，計全區失學兒童約有百分之六十。

第四區　有初級小學二所，共七十人，計全區失學兒童約有百分之六十。

第五區　有初級小學三所，共一百零五人，私塾五間，共約五十人，計全區失學兒童約有百分之五十

第六區　有初級小學一十三所，共約四百人，計全區失學兒童約有百分之三十。

第七區　有初級小學一所，約三十人，計全區失學兒童約有百分之六十。

第八區　有初級小學三所，共一百零三人，計全區失學兒童約有百分之五十。

以上全縣高初小學共三十五所，私塾一十四間，總共學生一千四百五十三人。

## （十三）農林前途之觀察

査該縣農地廣闊，農工缺乏，以故農業粗放，乃理勢使然，尙無足怪，惟水田大半祇栽種水稻一造。據土人謂，其水土過冷，然在北緯廿五度許之地方，當不至此，苟能選擇品種，伸縮種期，調節肥料，以善因應，當無不可種植兩造之理，此農業試驗塲之所以不可不設也。

（出自《广东农业概况调查报告书续编》上卷，一九二九年）

# 仁化縣農業調查報告

民國十七年

林純煦
何慶功 調查

## (一)位置

仁化縣位居北江上游，東界南雄，南界始興曲江，西界樂昌，東北接江西大庾，西北與湖南桂陽相毗連。在北緯二十五度十五分，經度距京師中線偏西三度十四分五十八秒，劃分全縣為五區。茲將其各區位置及所分地名紀之如下：

第一區署設在縣城內，計轄附城水南，大渡嶺，麻塘村，臘胡坑等六段。

第二區署設在城口墟，屬縣之北部，轄城口，羅崗，恩村，厚坑，白石洞，上寨，東塘等七段。

第三區署設在扶溪墟，屬縣之東部。轄扶溪，古夏，茅岔，黃斜甲等四段。

第四區署設長江墟，屬縣之東北部。轄長江，劉屋，鄒屋，逕週，陳奢，橫山，沙溪，木溪等九甲。

第五區署設在董塘墟，屬縣之西部。轄石塘，歷林，江頭。董塘，新村，大井，夏富，安崗，煙竹等九段。

## (二)地勢

仁化地形，東西較長，南北稍狹，境內山脈多向南奔，東北地勢多崎嶇，西南之部較低平，全縣面積約一百七十三萬八千一百六十三畝。就中山嶺岡陵，可佔百分之九十有奇。

## (三)氣候

仁化氣溫，於小暑後立秋時為最高，於小雪後大寒時為最低，但年中冷熱時期，各約二個月餘。下霜時期，每於霜降後始而於大寒後收，其下霜多少，則年不一定，至年中雨量，則於孟春仲夏間為最多，中秋後為最少云。

## （四）農村教育狀況

仁化教育甚不普及，以九千餘方里之土地，五六萬之人口數，祇有初級中學一間，不過廿餘人，完全小學二校，統約七十餘人；私塾三十六間，合計四百七十餘人．由此推之，其失學兒童之多，概可知矣．

## （五）農民經濟狀況

（1）農戶　農民中田主約佔百分之五，田主兼佃戶約佔百分之二十，佃戶約佔百分之七十五十農家每戶平均農業勞働者約得二三人，而每農戶之耕地面積約有十一二畝．

（2）田地價　該縣以地廣人稀之故，所有旱地多任其荒蕪，故無價值之可言．其水田每畝上等者約值六十元，中等者約值四十元，下等者約值二十五元．

（3）田地租　每畝上等水田年納租穀約二担，中等者約一担半，下等者乃一担左右，每担重量祇八十斤耳．

（4）人工價　長工每年約六十元，短工忙時多雇男工，皆湖南桂陽之人，每工四五毫以至七八毫；閒時短工則多在就地雇用，通常男工每日三毫，女工每日二毫，皆供膳食三餐至四餐云．

（5）肥料價　該縣通常購用肥料祇以人糞爲多，每担約三四毫，石灰每百斤約一元左右，至用麩類者甚少，惟栽種紅瓜子者畧有用之，每担約五六元左右．

（6）農具價　耙每張約五六元，犂每張約三元，鋤一把約一元二毫，中耕器每件約七八毫，禾鐮每把二毫，草鐮每把三毫．

（7）農產價　黃牛每頭三四十元，水牛每頭約五六十元，猪肉每百斤約三十五元，鷄每斤五毫，鴨每斤四毫，鵝每斤三毫，魚類每斤約三毫餘，番薯每毫三四斤，芋頭每毫七八斤，乾花生每毫約一斤，穀每百斤約四五元，豆每百斤十四五元，蔗每元約二十餘斤。

蔬菜——苦瓜每毫約二斤，茄豆角芥菜等每毫約五六斤，白蘿蔔每毫約十斤，紅蘿蔔每毫約三四斤，白菜每毫八九斤。

果類——楊桃每斤二毫，柚每毫二只，柑類每斤約二毫，李每毫約一斤半。

特產——菜條（蘿蔔乾絲）每毫約一斤，黃麻每元八九斤，煙草每斤約三毫餘，茶葉每斤三四毫，柴每百斤四毫，炭每百斤一元，草每担約三毫，苗竹每根約一毫，草菇每斤二元餘以至三元餘，冬菇每斤一元以上至三四元，紙每担平均八九元。

（8）借貸情形　該縣農民，雖經濟困難，但甚少借貸，蓋不能得田主之相信，實難借貸也。即就農民中有借貸者，至多不過百分之十，係屬田主相信直接願借者，並無保證物，通常利息三分，借欵數量在二三十元內外，借期久暫槪由面訂，不能一定。該縣原無當店，向來多有組織標會，藉資周轉及儲蓄者。近年以一般會首多不能維持終始，撻欠時聞，故視爲畏途云。

## （六）交通

仁化乃山邑也，公路未闢，陸道交通，祇賴肩與代步，惟幸有河流數條，東至扶溪，北至城口，東北至長江，西至新村，俱可行駛尼船。由縣赴韶州，船行一日可達，貨物輸運往來多利賴之。

## （七）水利

該縣水利，未甚講求，雖有川流四達，源源長逝，不虞有涸，然河床每較田疇爲低，設置水坡不易。故稍高亢之田，祇賴天然雨量灌溉，在早造春夏雨多之時，水可無虞，惟晚造之季，則十之三四，難免旱患矣。

## （八）耕地狀況

該縣耕地多屬平坦之山谷，或畧傾斜之半旱地，其稍高亢之崗陵起伏地及山嶺，則絕少有人耕種，蓋地廣人稀，勞力缺少之故耳。一般農地皆屬定積土，多半輕鬆，顏色以灰黃爲多，砂性中等，壤土約佔百分之七十，粘土約佔百分之三十。其農作物以水稻爲主要。在平原之田水利足者，多栽植水稻兩造，其水利不足者，則晚造常缺，至山谷及斜傾處之水田，亦多祇植中稻一造而已。

## （九）作物

（1）水稻　分早中晚三種，畧述如下：

早稻　品種有早白米，或稱九工子，紅頭早，觀音早，絲苗早，赤絲苗，紅頭早，白絲苗，紅頭早等。皆於春分時播種，先將種籽用池塘之水浸過二日，取起後，傾入籮筐中。其籮筐內圍襯以稻草，屯置二日，即可萌芽，遂撒播於秧田。播後三數日，排去其水，使秧芽曝露，至轉呈青色後，復畧灌以水，至十日後，又將水盡行排去，使表土晒白，然後復灌以水，計育苗約一月。在谷雨時節。即連土剷起，分植於稻田。其稻田多先施以廐肥或人糞爲基肥，分秧後一月許施以乾糞灰肥，並行耕耘一次，再過二十天許，又施糞灰肥一次，第一五區者則多施以石灰，施後祇行中耕一次，又有直接點播於田者，播後十二日每株點施牛糞一撮，越二十餘日除草一次。田土鬆爛者多用腳耘，並點施牛糞灰肥，再半月以至二十日許，中耕一次，中耕後施以石灰，再用腳耘之。皆於大暑節前後收穫，每畝收量不等，由三石餘以至四五石許，就中以白米早爲最早熟，約九十天便熟，次爲觀音早絲苗早約一百天可熟，至紅頭早及赤白絲苗，紅頭早則爲最遲，須一百二十日始可成熟。其早者品質優良，遲者收量較多，各有優劣，亦各有可取處。但就地農家謂其各有並重價値之原因，則又不在此。蓋該縣水田至晚造之季每有缺水之虞，故在水利甚足之田，則必栽植早白米種，因該種早熟，且其稈苗矮細而較柔，故殘留之禾頭，容易腐化，便於趕緊接種晚稻也。至晚造有水缺之田，則常不能接種晚稻，縱便能之，亦恐失收。故農家在此情形之下，遂多取種其收量較多之遲熟種，當得一造豐收，卽雖無晚稻，亦損失無幾也。

中稻　品種有馬尾粘，黃粘，搖粘等，統稱之曰大禾，其糯穀祗有遲糯一種，所有冷水山田或勞力缺少者皆種之，每年祗有一造。普通於谷雨時節浸種之法與早稻相同，惟播種多於傍晚時行之。播後一星期於晚間將水排去，至翌晨復灌以水，約一分高左右。迨至晚間又將水盡行排去，翌晨又復同樣灌水，約一分高，嗣後秧苗漸高，灌水亦漸加多，大概苗育一月左右，卽可分秧，是時卽在小滿節時期矣。分秧後二十天許，剷去四周田基之草，再過十天，中耕一次，并施以廐肥，施肥後復用脚耘之。又半月後，復施以牛糞和石灰之肥，施後祗行中耕，不用耘矣，從此亦停止施肥，惟注意灌溉，至寒露節後十天左右，卽可收穫，每畝收量約可五六石云。

晚稻　品種惟有荔枝粘，凡足水之稻田多種之，於夏至前數日浸種二日，取起屯置之，約經三十餘小時，於傍晚時散播於秧田。播後三日，排水露秧，于後亦不須多水灌溉，如天候過旱，土質乾燥，方行灌水少許。至大暑前後分秧，植于早稻跡田。分秧後數日，如人工有暇，卽用脚耘一次，將早稻禾頭踏沒土中，并施以廐肥，再越十餘日中耕一次，施以石灰。如土質鬆爛，則不用中耕，祗用脚耘。至霜降後，可有收穫，每畝收量約二三石云。

（2）菸草　該縣栽種菸草者，於長江爲最多，扶溪次之其品質則以長江之遇週產爲最有名。其栽植時期，普通於寒露節後播種育苗。其法先整土爲畦，淋以人糞尿水作基肥，然後將種籽畧和以草灰撒播之，并用杉木葉搭矮篷蓋之，以避霜害。播後半月許始發芽，在未發芽之前，多不淋水，迨發芽後，每十日至半月之久，淋以稀薄尿水，至苗高寸許後行間拔一次，至清明前卽可移植。其植法先整土作三尺闊之畦，用穴植法，每株距離約二尺，在未植之先，每穴淋水則必淋水三天，至一星期後，施以稀薄尿水，又以後三星期間，每星期淋尿水一次，淋後每株再施糞灰肥半斤，施後覆以土，俗曰頭次點脚。又以後三星，期間每星期施以較濃之尿水一次，施完後每株又施糞灰肥一斤半，亦覆之以土，俗曰二次點脚．再越一星期後，復施濃厚尿水一次，此時苗之分蘖殆已定竣，遂收其幼弱者除去，每叢約留七八根爲度，以後一個月內．又平均施以尿水三四次，施後每株施糞灰肥三斤半，以畦頂之土覆之，俗曰平行，以後又一月內亦如前次施濃尿厚水三四次，施後每株又施糞灰肥二斤，花生麩十二兩，覆土至三四寸厚，自此以後，每隔十天，施尿肥一次，計施三次，即行止肥，遂將由下及上之破葉，隨時摘去。至霜降節後，即可刈收，每畝收量約二千餘至三千斤許除本地銷食外，多運往江西之大庾，湖南之桂陽境內發賣，每元約二十餘斤，年產總額約數百担云。

## (十)特產

(1)草菇　草菇之栽培，於第五區董塘爲最多，次爲附城，概用稻草栽培者，其栽培草菇之地勢，以背陰向陽之南面爲佳．因草菇性好溫濕而忌北風雨也．該縣栽培草菇，年可二次，一在三四月間始，一在六七月間始．其在三四月間栽培者，概用晚稻稈；六七月開栽培者，概用早稻稈．其栽草菇用之稻稈，務須新鮮晒乾，方能耐久發菇云．至栽培之法，與各處大畧相同，先整起闊約三尺高約三數寸之畦，畦傍開溝貯水，栽培時將溝中之水和泥攪成稀糊狀，收栽培用之草把，放入溝中，以脚踏濕之，然後收踏濕之稈把，每二把之尾端，互相紐住，通疊於畦上，疊好一層後，其中間卽二稈把互紐之處，蓋以散草稈一列，是謂蓋龍骨，於是疊蓋第二層，亦如法行之。至第三層則不用再蓋龍骨，惟上面以散草覆之而已，遂告完竣。過後七天始淋水一次，淋水後其周圍又以散稈襯覆之，謂之蓋龍被．以後須時時考察稈之乾濕，如抽出中間之稈少許，用手擦之，倘微有水分溢出，是卽濕度適中；不然，過於乾燥，必致蒸熱酸酵相俗謂火燒心，須淋之以水。每次淋水之際，須先行除去所蓋之龍被，淋後又復蓋面之培通常有菇稱者，堆草半月後，卽有菰發生；如無菇種者，則須二十餘日至一月左右，方能出菇，每日早晨與午間收菇一次，其菇多行乾製發賣．其乾製之法，先將生菇剖開晒之，約乾至七成上下．用炭火焙之．其焙法係用一方灶，灶底置炭火，炭火之上，棚一稀孔竹笪，將菇放於笪上，菇上又以竹笪壓之，使所焙之菇形扁平．又其焙菇時之炭火，須用草木灰覆之，使作陰熱之勢，則所焙之菇，方能潔白；不然，炭火直昇，則菇變黃色，甚不美觀．通常草菇每斤可焙得乾菇一兩八錢左右；如壯大者，或在氣溫較低時所出之菇，則每斤可焙二兩以至二兩餘云．每斤乾菇值約二元餘以至三元餘，常不一定，該縣年產總額約四千餘斤．

（2）冬菇　冬菇於第四區出產較多，第五區亦有少數．其栽培冬菇概用五六尺周莖之楓榴等雜木，於立冬後將樹伐下，削去枝葉，然後將樹之表皮用斧斲花，斲好後仍將原樹枝葉覆之，至翌年八九月間，將所覆之枝葉除去，使受霜雪．如其天候值霜雪下降之後，卽天氣晴明，繼之有大霧，大霧之後，又值晴明，更有北風吹掃，則必多生花菰，質良量多，最有利益云．通常栽培冬菇者，於伐木後之第二年，卽有少數菇收，此年謂之初花，至第三年謂之頭欄，第四年謂之二欄，第五年謂之三欄．就中以頭欄二欄之收量最多，迨三欄以後，則收量甚少，或竟至於無．其收量之統計，以伐木斲花時所費之人工多少爲準，大概言之，如當時費人工一日，則每年平均可收乾菇一斤左右云．其菇皆乾製後發賣，焙法與草菇相同，每斤乾冬菇普通稱爲香信者卽下等菇，每斤約值一元左右；通稱冬菇者卽中等菇，每斤約值二元餘；花菇卽上等者每斤約值四元云．

（3）茶葉　該縣第五區之雌鷄山產茶頗多，黃嶺產者品質較佳，但產額極少，皆於山地種之，樹勢頗壯，高約四五尺，統計年產總額約萬餘斤，供本縣之用並無出口．

（4）蘭花　該縣所產之蘭花，頗有名於時，從來作官該邑者，莫不視爲奇珍異寶，購以贈諸朋友，咸詡爲雅舉，因之該邑人士專事栽培者，亦頗不乏人．查其蘭之品種，有大瓜子玉，細瓜子玉，賀春蘭，山白蘭，麻姑爪，麒麟尾，四季蘭等，就中以瓜子玉爲最佳，每盆可值十餘元；其次爲賀春蘭，每盆可值五六元；其餘皆屬通常價值不過二三元耳．茲將其各品種之性狀及一般栽培方法紀述于下：

性狀　瓜子玉，葉色深綠，厚而光滑，生勢稍弧曲，不甚灣垂，其花形如瓜子，其色潔如白玉，惟下部之花，有時微帶青色，及凋殘時，畧呈黃色，每年花發二次，第一次常在五六月間，第二次常在八九月間，每枝花朶必爲奇數，以五七九十一等爲常．而其有大細之分者，因大瓜子玉之葉腹稍大，其花常出葉面；細瓜子玉則花與葉常並高故也，其花清而能沁人心脾．

賀春蘭　亦曰墨蘭，每年開花一次，逢春而發，故有賀春之名，其葉長尺餘，闊及七八分，色濃綠有硬性，其花每枝有十餘二十朶，高出葉面，花片赭黑而有黃脈紋，香氣亦濃．

麻姑爪　葉色深綠，厚而畧粗，帶硬性，花色亦白，瓣較長．每年花發二次，時與瓜子玉同，其花亦極清香．

麒麟尾　又名鳳尾蘭，葉色淺綠，薄而柔軟，皆灣曲下垂，花白色，瓣長而薄，每年亦開花二次．氣亦清香．

山白蘭　多生于山谷之石上，葉色淺綠，薄而粗澀，不柔軟，花色極白，惟中有紅點，每年開花二次，時與瓜子玉等相同，亦甚清香．

四季蘭　葉色濃綠，其葉片大於瓜子玉等，而小於賀春蘭，但其粗硬則如之．花白色，似帶隱黃，氣亦清香．

栽培法　於立春前一星期，行將分蘖之時，即可分植，倘在立春以後，則蘭已分蘖，此時分植，每致幼芽損弱，是當留意也．分植時將母盆之蘭，先撥鬆其周圍，然後將全盆取出，於地上拍擊數次，則附根之土鬆散，遂順其生勢，將之分開，繁殖各盆．其栽蘭之土，須用燒過之塘坭，燒泥之法，頗有講究，將濕潤塘坭做成餅塊，或直取塘中之表坭乾已成塊者，先於地上放乾草一層，後舖穀壳一層，再叠塘坭其上。如是依法層叠，不拘多少，至叠畢之後，將最底層之乾草燃着，遂再將穀壳滿覆於堆面之上，使絕不透露爲宜．若透露通風，則坭色變紅或至於白，便不佳矣。通常乾坭燒一日夜卽可取出，將其敲開，見土塊呈烏黑色者爲良。若將燒好之塘坭用茶麪水浸過數小時，則不生蛆虫云。浸後堆置地上，任其陰乾，以愈久而愈妙云。栽培時將燒製過之塘坭碎成礫塊，其花盆之底，先墊置瓦片數塊於底孔之上，俾能滲透過量之水，然後放入塘坭，先以半盆爲度．於是將分植之蘭剪去其老弱之根，每盆放入三本四本或五本，植成三角四角或梅花點形，可悉由人意，放置好後，過滿塡以土，幷彈實之。植好後土面可被以棕絮，放小石壓之，使其表土生靑苔後，遂將棕絮小石除去，旣屬美觀，復能含蓄水分，被護表土，法洵盡善。又蘭性喜通凉，故宜置於陰凉通風之處，詠蘭詩云：「空谷產幽蘭」，其意可深長思矣。灌漑蘭花，須用淸淨之水，間有浸製鴨毛水爲肥料者，聞可使生勢壯旺，但施用不宜過多，如十兩之水，祗可冲二兩之鴨毛水云。

## （十一）蔬菜

（1）白蘿蔔　各區皆有栽種蘿蔔者，惟於第二區爲最多，次爲三區，皆本地種，形長圓不甚大，以種於稻田或菸草跡地爲多．寒露時播種，先將種地耙鬆，不必起畦，施人糞或畜糞爲基肥，將種籽直接散播其上，播後用牛耙之，卽使之薄覆以土也。於是栽培之能事遂畢，不復管理矣。至大雪後，卽行收穫，去其苗，洗淨之，用鐵刨刨成厚約一分餘之長條絲狀，晒至六成乾燥上下，卽置於竹笪上，用脚擦出其水分，再晒乾之，名曰菜條普通每百斤生蘿蔔可製菜條七八斤，惟第二區之恩溪產則可製十斤左右云。年產總額約數萬餘斤，多運銷於廣州各地，每百斤約値十二元以至十七八元云。

（2）油菜　油菜乃冬耕作物，各區皆畧有種之，惟於第五區爲多。其栽植時期，於晚稻收穫後，將其跡田犂起耙鬆鑿平之，再用犂分開淺溝，然後將種籽混以牛糞灰，散播於消內，復用牛耙過，使其薄覆以土，遂任其自然生長．至翌年清明前即收穫，每畝收量約可十餘斤云．

（3）其他　葱，韭，蒜，茄瓜，蔬豆角以至芥菜，白菜，莧菜，通菜，椒薑之類，莫不有之，然皆普通品種，產額無多，栽培方法，亦無異處，故不詳述．

## （十二）果樹

該縣各地畧有散生之桃，李，梨，柿，柑，柚，黃皮，紅棗等果，但品種多非優良，產額極少，無栽培方法可述者．

## （十三）畜牧

家禽以雞鴨爲主要，祗供本地之用，極少出口．家畜以養豬爲多，然年中出口祗有三數百頭而已．至養牛者多爲耕田役用，而一般佃農自養有牛者，殆不過三分二之譜，耕田時租借田主者，數殊不少，故該縣牛之出口更屬無幾．各種飼養方法，查無異處足供紀述．

## （十四）森林

該縣山嶺約有四百餘萬畝，而有森林之面積，不過約佔五分之二．蓋其縣之中部以南，東由扶溪，西達黃塘，雖有樹木散生，實無面積可計．自中以北至長江城口一帶以至湘贛之交，頗多稠密之混成之森林．其樹種以松爲多，次爲竹杉，又次爲柯楓樞等雜木，其他散生於村落及河邊者，則以樟木爲多．該縣木材柴炭之出產，年中不過二萬元左右云．

## （十五）輸出品

米——每年輸出約六七百萬斤

紙——每年輸出約二萬餘担

菸——每年輸出產約三萬餘斤

草菇——每年輸出約四千餘斤

冬菇——每年輸出約千餘斤

紅瓜子——每年輸出約六千餘斤

菜條——每年輸出約萬餘斤

苗竹——每年輸出約十餘萬根

木材柴炭——每年輸出約二萬元左右

猪——每年輸出約三數百頭

(十六)農林前途之觀察

查仁化地廣人稀，計每農戶平均耕地面積統在十畝以上，故農業粗放。其水田多數祇種一造，雖與土質及旱患不無關係，然由於地廣人稀，勞力不足者實多。且全縣曠野岡陵以至山嶺，莫不草長如茵，畜牧種植，隨處皆宜，乃以地多人少之故，而任令地力未盡，正所謂滿地黃金，無人拾取，殊可惜也！

（出自《广东农业概况调查报告书续编》上卷，一九二九年）

# 乳源縣農業調查報告

林純煦
何慶功　調查

## (一)位置及區域

乳源爲北江流域，舊屬韶州府轄治。東北界樂昌，東南界曲江，西北界湖南邊境，西南界連縣及陽山，南界英德。縣治在北緯二十四度五十二分，經度距京師中線偏西三十度五十分。劃分全縣爲五區：第一區爲附城及東南一帶，轄打鼓壓洞，九仙洞，大塘洞，雲門地，大溪洞，小溪洞，大布洞等處；第二區爲縣之西南一帶。轄南水洞，深洞，坪溪洞，黃洛洞等處；第三區在縣之北，接連第一二區，轄龍溪地，均勻地，武豐地，清源地，西山地等處；第四區亦屬縣之北，在第三區之上，轄梅花地，雙橋地，雲巖地，遼水地等處；第五區爲縣之極北，在第四區之上，轄共八甲。查全縣地形，東西狹窄，南北延長，腹地山脈錯綜，四境尤有高山圍繞，地勢西北高而東南低。計全縣面積約三百七十四萬七千一百四十九畝，但平疇之地，至多不過百分之八九而已。

## (二)氣候

該縣氣溫，以小雪大寒間爲最低，夏至立秋間爲最高，而年中冷熱時期，則各約有三個月，其雨量於仲春，至孟夏間爲最多，秋深後及冬則最少。每年下霜時，常在小雪以後至翌年春初雨水時節，方見收霜云。

## (三)耕地狀況

(1)地勢　查第一區之耕地，平均平原約佔百分之五十五，山嶺及傾斜各約佔百分之十五，岡陵起伏約佔百分之八，山嶺約佔百分之七，就中旱地約佔百分之三十五，多種以襍粮作物，其水田皆種早晚水稻二造，冬耕時其排水良好之水田及旱地，栽種油菜或小麥等。

第二區之耕地平均平原約佔百分之五十，山谷及斜傾地各約佔百分之二十，崗陵起伏與山嶺各約佔百分之五。其中旱地亦約佔百分之四十五，多栽種雜糧等作物，其水田則植早晚水稻二造，其排水良好之稻田及旱地，則種油菜或小麥。

第三區之耕地，平均平原約佔百分之三十，山嶺約佔百分之四十，山谷約百分之十，崗陵起伏約百分之五，傾斜約佔百分之十五，就中旱地約佔百分之六十五，水田祇佔百分之三十五。其旱地栽種雜糧，以甘薯包粟黃粟爲最多，其水田每年祇植中稻一造，冬耕時多種油菜或小麥。

第四區之耕地，平均平原約佔 分之四十，山谷約佔百分之十，崗陵起伏約佔百分之五，山嶺約佔百分之二十五，傾斜約百分之二十。其中旱地約佔百分之五十五，皆栽種各種雜糧。其水田年植中稻一造，冬耕田地皆種油菜或小麥。

第五區耕地，平均平原約佔百分之五十，山谷約佔百分之十，崗陵起伏約百分之五，山嶺約百分之十五，傾斜約百分之二十。其中旱地有百分之四十五，皆係栽種各種雜糧，其水田年植中稻一造，冬耕田地多種油菜或麥。

（2）土壤　一般土質皆屬半輕鬆，顏色以黃灰爲多，　之，砂性皆中幼，以壤土爲多。粘土約佔百分之二十五左右，概定積之土也。

（3）水利　各區鄉皆有山溪或河流，其在平原或山谷之耕地常能作坡，灌溉。高於河床者則設自動小車，法極妥善，惟工事頗巨耳。查第一區之耕地灌溉多賴此法，至高亢之旱地，則全賴天然雨水矣。

## （四）荒山情形

該縣荒山各區皆有，就中以第一區爲較多。但查其荒山非絕對全無樹木生長，不過稀少而散生，或僅密生於一小部，而大部無林木耳。一般荒廢之原因，多由於樵採任便，無定時之砍伐，或由於地勢有河流等障礙之隔絕，天然傳播種子不易，兼之土質乾旱，表土瘠薄，遂不易成林也。所有荒山以民有居多，惟從少買賣無價值之可言，荒廢年期，亦難考述，統共全縣荒山約有一百萬畝左右。

## (五)運輸交通

該縣交通極不方便，行李往來多係循陸步行，除城東至曲江之龍歸四五十里路，可由乳源河行駛民船，及第五區接近樂昌坪石亦有河流直達韶州，俱能用民船輸運貨物外，餘則悉用肩挑。且境內交通道路，惟縣城沿乳源河東至曲江稍為平坦，其餘西南至二區北至三四五區，皆須越山逾嶺，崎嶇難行，恐有甚於蜀道矣。

## (六)耕作情形

(1)冬耕　於秋收後十月間，其排水良好之稻田多行冬耕(乾耕)，將土犂轉耙鬆，播種以油菜或小麥。

(2)春耕　一般旱地於清明谷雨間行春耕，將土犂起耙鬆後，播植黃粟，玉蜀黍，芋頭，花生，青豆等雜糧。其水田在第一二區者，亦於谷雨前後春耕(水耕)，插植早稻；第三四五區者，則多於立夏前後始行春耕(亦水耕)，因其插植中稻，(俗稱大禾每年祗一造者)故也。

(3)秋耕　水田行秋耕者祗在一二兩區地方，普通不用犂轉，用耙將早稻跡田橫直耙爛後，插植晚稻，其餘一部旱地，有栽種甘薯等者。

## (七)農民經濟狀況

(1)農戶　農民中田主約佔百分之十，半佃農約佔百分之三十，佃戶約佔百分之六十。每農家之田塲面積，平均田主者由二十畝至三十畝，半佃農者，由十五畝至二十畝，佃農者由十畝至十五畝左右，是為通常。

（2）田地價　該縣自民國以來，地方治安無日寧靖，因之田地價格較之十年以前，每畝水田低減約十元左右，旱地每畝減低至約五元左右．現在水田每畝上等者約六十元，中等者約四十元，下等者約二十元；旱地每畝上等者約二十元，中等者約十五元，下等者約七八元．

（3）肥料價　有買賣之肥料惟石灰與豬糞二種．其石灰每元約三百斤，猪糞每担約二毫四分云．

（4）農產價　黃牛每頭約三十元，水牛約五六十元，猪生每元約三斤，鷄每斤約四毫，鴨每斤約二毫半，魚類每斤約三毫，薯芋每毫各約五斤，黃豆每百斤約十元，麥每百斤約六元，菜油茶油每百斤約三十餘元，蔬菜類普通每毫約三四斤，果類每毫梨約一斤，桃李各約一斤半，柑半斤，蔴每斤約四毫，猺山茶葉每斤約二毫，柴每百斤約四毫，木炭每百斤約一元餘．

（5）人工價　長工每年約四十元，短工閒時每日男工約二毫，女工約毫半；忙時男約二毫半，女約二毫，每日供膳食三餐，約需費毫半至二毫，每日工作約十小時左右．其長工須供給簑笠草鞋汗巾等物，每年約需五六元．一般雇主雇工間之情感頗好．該縣農工不甚充足，雇工者不多，雇外工者尤少．蓋經濟困難實爲該縣普遍之情形，故惟有農業行粗放經營而已．

（6）田地租　無各種分租之制，惟有納租之法，就中以納租穀者爲最普通，納租金者惟少數之旱地有之耳．通常水田每畝年納租穀上等約一百五十斤，中等約一百二十斤，下等約八十斤；少數旱地有納租金者，每畝由一元二元以至三元爲多，卽依上中下等不同之旱地而有別也．

（7）租田制　租田祇由佃戶立批田帖於田主，其批田帖之程式如下：「立批田帖人某某，今因無田耕種，特來問到某某先生承應批出田種若干埇（按一埇卽約當一畝）．坐落土名某處，計田大小若干坵，係某坡之水灌溉，當日言明，遞年納租穀若干百斤正，六月一半，十月清完，不敢少欠，今欲有憑立批帖爲據。承批之時間，有先納押租者。或曰批頭，每畝約三元或五元，至脫佃時始如數發回。田主對佃戶除供納土地之外，別無他物，卽間有給耕牛與佃戶養者，每年亦須按牛納穀，通常黃牛一百八十斤，大黃牛或水牛二百斤大水牛三百斤。

（8）農產貿易　該縣無大宗農產品，亦無所謂貿易中心地，其一二三區附近縣城之處，在縣城買賣，下山一帶，則有赴陽山縣者，其四五區或接近樂昌之坪石，或接近曲江之桂頭，則多就其地貿易，因縣內各區鄉之市塲無一繁盛者，卽就縣城街而言，其正式商店亦不滿十間。該縣商務之衰落，概可知矣！年中輸入貨物以油鹽雜貨布匹等爲主要，約值三數十萬元，其輸出之產物，當民元以前亦頗豐富，迨民國以後，則日就衰落，及至今日已達極點矣。玆將其民元以前，與現在之輸出情形，大畧比較如下：

| 民元以前輸出數 | 現在輸出數 | 附註 |
|---|---|---|
| 木材柴炭年約三數十萬元 | 約三數萬元 | 猺民產佔大半 |
| 花生年約百餘萬斤 | 約十餘萬斤 | |
| 乳猪　未詳 | 約萬餘頭 | |
| 肉猪　未詳 | 約六七千頭 | |
| 棕繩　未詳 | 約五六萬元 | 皆猺民產 |
| 竹器（糞箕籮笪等）未詳 | 約三數千元 | 同上 |
| 冬菇年約三數千元 | 無 | |
| 篛竹葉約萬餘元 | 約三數千元 | |

鼓筒槳板篙桿等山貨約數萬元。　約數千元

(9)借貸情形　該縣甚貧瘠，經濟極困難，無繁榮商塲，無大宗出產，人民亦少有搖會標會等組織。全縣無一當店，金融枯竭，周轉無由，農民中須借貸者，在百分之八十以上，但其月利率通常每月每元，亦在五分以上，高至十分，低者一分半。其高利貸之原因，金融短絀有以致之，通常小農借欵少者三數元，多至數十元，其少數借欵多不用抵押品物，大宗借欵則須以自己不動產業爲之抵押，並要親屬在塲見証以便追取，而兎瓜葛，年中農民經濟最困難之時期爲四五月與十二月間，因其時青黃不接及度年關故也。

(10)農具　犂　形如乜字，犂弓用木製，犂頭以鐵礦鑄成，係本地製造。全副犂值一元三毫，爲犂起土塊之用。

耙　形如而字，重約十四五斤，用鐵打成，共十六齒，多由湖南人製造，每張約值三元左右，爲耙碎土塊及覆土之用。

鐵札　卽齒耙，通常爲五齒，用鐵打成，每張值約六毫，多由湖南人製，土人亦能之，爲鋤碎土塊及中耕之用。

鋤頭　用熟鐵和鋼製成，每張值約五毫，湖南人及本地人皆有製者，凡鋤土作穴等用之。

脚踏扦　形畧如丁，用鐵製成，爲扦崩土壤之用，扦時除用手壓插外，仍以脚踏助之故名。湖南人及本地人皆有製者，每張值約七毫。

鐵銛　用鐵製成，每件值約一元五毫。湖南人本地人皆可製之，爲培土整畦之用。

鐮　用熟鐵和鋼製成，每件約值二三毫，割草割禾割麥等皆用之。

(八)畜牧

家畜以養猪爲多，第三區養母猪者最多，出產乳猪合全縣計，每年出口約萬餘頭，肉猪則各區皆有養之，平均每家年中可養大小猪二只左右・該縣肉猪出口，年約六七千頭云・養牛者概多爲耕田役用，農家養牛者約可百分之七十，其中黃牛約佔十分之七，水牛約佔十分之三，其牛猪之飼養管理與他縣相同・

家禽以養鷄爲主要，農家養者，可佔百分之九十以上，養鴨者祗佔其大半耳・但每家禽群之數不多，約每群鷄以四五羽，鴨以一二羽爲通常也・除農家養爲卵肉用外，出售甚少，故該鷄鴨出口殆無幾也・

## （九）作物

（1）水稻　該縣栽種水稻祇有三分之一，其山居之人概以蜀黍黃粟甘薯芋頭小麥等爲粮食，故常有十年八年而未嘗一餐飯食者云・玆將其水稻栽種情形紀之于下：

早稻　有馬塤粘，絲苗粘，赤壳白粘，白壳赤粘，紅頭糯，紅壳糯，白壳糯等，該縣第一二區水田多種之・通常於春分時浸種二日，起水屯芽二日，卽撒播於秧田，其秧田先施以石炭及人糞畜糞等爲基肥，播後三數日，排去其水，撒施以篩過之畜糞粉肥，施後不須多灌浸，惟能保持其土之濕爛已足，至谷雨前後，收秧劖起，分挿於稻田，其稻田多先施以廐肥爲基肥，至挿秧後廿餘日，施石灰一次，施後用中耕器或脚耘之，耘後復撒施家畜糞爲補肥，如肥料足而有人工者，則再後一星期許，又依前法施肥耕耘一次，至大暑前後可有收穫，每畝收量約三百斤左右，

中稻　通稱大禾，其品種有白壳粘，赤壳粘重陽禾，花壳糯等，該縣第三四五等區水田皆種之，每年祇植一造，聞因水土較冷故也，通常於淸明後浸種二日，起水屯芽二日，卽撒播於秧田，其秧田多施以畜糞石灰等爲基肥，播後半月許，又施碎糞一次，以後有淋以人糞尿水一次者，至立夏前後拔秧，分植於稻田，其稻田亦多先施以廐肥石灰等爲基肥，至分秧後一月許，又施以石灰，施後用中耕器或脚耘之，耘後復施以家畜糞肥一次・至寒露時節收穫，每畝收量約可三百餘斤云・

晚稻 其品種有矮脚油粘，高脚油粘，細米粘，重陽大糯，石子糯，雪糯，紅糯等，該縣第一二區皆種之。於芒種後浸種約二日，起水屯芽一日，卽撒播於秧田。其秧田及播後之施肥管理，一如早稻，惟其秧田土質可畧使晒硬，非至爆拆不須灌溉。至大暑後拔秧分植，分植後二十餘日施石灰，或石灰和糞肥一次，施後卽用中耕器或用脚耘之，至寒露時見稻近靑熟遂行排水，至霜降前後，卽可收穫，每畝約二百餘斤。

(2)小麥 該縣各區鄉冬耕種麥者，約有三分之一，種於排水良好之稻田，或甘薯襍粮等之跡地。普通於立冬前後將田地犂轉耙鬆後，麥種用水浸過，和以碎糞，用散播或條播之。播後用耙輕覆以土，卽事工完畢，至翌年春淸明節後一星期許卽可收穫，每畝收量平均約可一百五六十斤，爲農家粮食用，無出口。

(3)油菜 各區鄉皆有栽種油菜者，其種地與小麥同。普通於小雪前後將晚稻跡地，或其他襍粮跡地犂起耙鬆，用犂開淺溝，每畝用種籽二斤。先以水浸濕，隨注以菜油少許，擦拌勻之，再和猪糞粉肥條播於淺溝中，播後用耙輕覆以土，以後則不須管理施肥，倘播後半月間天候晴明，則生長必良云。至翌年淸明節時可有收穫，每畝約二百斤許，概爲搾油食用。

(4)雜粮 該縣雜粮可佔農作物之大半，其山居者長年皆食雜粮，食米飯者爲稀罕。其雜粮以甘薯，芋頭，玉蜀黍(土稱番粟)，黃粟等爲主要，各區皆有種之，尤於三四區爲最多，此外各山猺民亦純以此爲粮食，其次花生靑豆各區皆有栽種，惟現在出口甚微矣。

## (十)園藝

該縣園藝殆無足述，在果樹方面桃李柑柚枇杷等，皆稍有出產，但皆非關園種植，或着意經營者，皆屬隨意拾取天然實生苗木，散植於家屋前後，或園圃之旁，以三五株者爲普通，就中惟桃李稍多。在大塘官溪南廠嶺頭等處，每年產桃約有百數十担，嶺頭一帶產李約數十担，皆分銷於縣之境內各地，毫無出口。品種亦窳劣，誠無足取。此外柑柚枇杷雖各區皆有，但爲數更少。至於蔬菜方面，祗有農家栽種些少以爲自己食用而已。蓋境內無一繁盛市塲可以銷賣，是以專業經營者，亦絕無其人。

## （十一）森林

全嶺山嶺面積約可六百餘萬畝，森林佔有之面積殆近五百餘萬畝。其中人工林約可佔百分之三十左右，而於一四五區爲多，此外猺民居住之山嶺，亦屬不少，多屬杉木之林。至天然林則首推第二區下山一帶之雜木林綿延數十百里，皆稠密蔭蔽，道路經其間，行人不見天日。其樹種以檀，栗，樻，橡，椆，苗竹等爲多，且多老年之拱木云。其次第三區亦屬不少，在民元以前，該縣木材柴炭之出口，年可三數十萬元，且第二區之苗竹亦多造紙，洎乎民國以來，地方多故，賊匪如毛，對于山林之利，多不敢告問矣。查現在年中杉木板料及雜木圓器鼓筒槳桿等出產，倘有三數萬元，但屬猺民產者，殆居其過半。

## （十二）農村教育狀況

該縣敎育極不振興，查民國初年曾辦高小一間，嗣以地方多故，賊匪如毛，各區鄉來學者，常被中途擄掠，因之遂停辦多年矣。現正籌辦恢復，然亦當在土匪肅清之後也。現查該縣學校祗縣城有初級小學四所，學生人數共約一百四十人；其餘則概爲私塾，或已改良，或仍舊「子曰學而」，不一而足。計全縣私塾第一區約二十間，第二區約五間，第三區約四十間，第四區約六十間，第五區約四十間，統共學童，二千餘名，平均失學兒童約佔百分之八十以上。其初小敎員每校有二人，多係從前之高小畢業者，私塾每間有塾師一名，多係八股先生或高小畢業者充任。小學之經費年約二百元，私塾之經費則全賴學童所奉之束修。該縣曾設一教育局，亦祗有其名，從未負視察指導與設法振興之責，然查其教育進行上之困難亦多，其主要原因，則經費師資缺乏，及治安不良是也。

## （十三）農林前途之觀察

該縣耕地價格較之十年以前為低廉 農產數量較之前清之末為減少，可知其農業之日就衰落。查其原因由於地方多故，兵燹時遭，農村經濟之基礎破壞，居民遂挺而走險，流為匪類。而該縣人民，性本頑悍，聞家庭父母妻子之間，常有以其子其夫不能作匪為懦怯者，因之匪風日熾，盜賊如毛，以致農業日益粗放。其稍偏僻及遠涉之農地，且任其荒廢焉。故欲該縣農業，恢復舊觀，首宜肅清盜賊，深願政府注意及之！

## （十四）附該縣猺民生活概況

### （1）猺山及人數

該縣猺山有齋公田，黃坑坎，烏坑，樟木坑，茶地腳，上散坑，下散坑，坪坑，蛇坑，上老屋塲，下老屋塲，楠木坪，計竹園，圳尾，丹板坑，溪頭，中心坑，賴大石，圳頭，射水坑，茅坪，磜下，柑子坪，公坑，南坑 黃斜 青石等坑，計男猺約七千餘人，女猺約五六千口。另特別區域大東山，坳頭，東山下等處，約有男猺三十餘人 女猺二十餘口。

### （2）猺民之農工業出產品

猺民耕種，皆在山嶺旱地，其農產有甘薯番粟（玉蜀黍）黃粟芋頭陸稻等雜粮，皆為其主要食粮、養猪亦頗多，養牛則甚少，其猪多為自己宰食，或婚喪應用，極少出賣。其林產則有木板（棺木），棕繩竹器（糞箕籮等）及茶葉等，皆其自已所種，兼行製造者。每年出產計棕繩約值五六萬元，木板約值萬餘二萬元，竹器茶葉各約五六千元云。

### （3）猺民之交通運輸及其貿易

猺民居住之地，皆深山峻嶺，所有道路皆狹隘崎嶇，普通人殊不容易登越，惟猺民輕捷如猿，日行百數十里亦自如也・其運輸，女猺用布袋盛物以背負爲多，男猺則用肩挑爲常。其貿易與漢人相通，有赴樂昌，坪石，或由江桂頭等處者，有來乳源縣街者，各因所居地之相近爲依歸也・而漢人亦多入猺山貿易焉・

（4）猺民之衣服裝飾

皆質樸而簡陋，男女衣服概用粗布，衣衫背面皆以絨線綉一四方花紋・普通之女猺皆不穿褲，祗圍以節裙・，但特別區域者，則穿長褲，且女猺頭妝亦微有不同・在普通各山者，年稍老大之婦，皆梳二角髻，年輕者則多束髻，戴以尖帽，其帽用竹匡做成以頭巾圍之，幷綉以花紋；在特別區者，則頭頂一疊花布，再覆以頭巾，與漢人妝束比較近似・其男女皆戴耳環，每重約三四錢以上，間有一耳繫二三環者・男猺普通皆留半頭髮束爲髻，未留之部，則剃去之，在特別區者，則多不留髮矣・又鞋襪永不穿着，衣服亦不替換，由新穿至舊破，雖污垢亦不洗濯，冷天亦無棉襖以禦寒，惟着二三件單衣卽可越冬・

（5）猺民之飲食嗜好

猺民不喜煙賭，惟嗜燒酒及食豆腐・普通膳食皆係雜粮，卽番粟，甘薯，黃粟，芋頭等類，無米飯食，間喝稀粥，菜蔬亦極罕用・

（6）猺民之居住設構

猺民房屋多在山腰背風之處，地勢多峻狹而不廣平，坭牆瓦屋居多，間有用樹皮茅草搭蓋者・其寢室類多無床，但有矮小之几桌陳置而已・

（7）猺民之婚喪儀式

猺民與漢族尙無通婚者，其與同族中異姓或同姓五代以外相結婚，或憑媒介紹，或自由結合，頗合現代潮流・其娶親亦需身價禮物，聞其所費少者十餘元，多至百餘元，一隨貧富而別，但訂婚之後，可先行擇日于歸，身價不足可容俟後續交。其于歸之日，由女家男婦數人或十數人送之，並有少數妝奩箱櫃之屬着三數人抬之，而新婦則手擎一油紙雨傘，其傘之邊沿貼以五色紙樣，步行歸室以當花轎；間有用鑼鼓樂器及請親朋宴飲，惟酒席則用豆腐及猪肉云。至猺民身故，富者擇日入棺，開吊還山安葬，並請本坑道士禮懺，親友皆携香燭致奠，一如漢人，惟無軸聯軸帳之屬，至于貧者，死後則卽日入棺收殮，家人畧致哀悼而已。

(8)猺民之歲時祭祀

每年以元旦端陽中秋等節爲重要，每家必整糉粄磨豆腐，並用香燭紙爆等拜奉天神云。

(9)猺民之疾病醫藥

猺民疾病鮮有延醫者，惟用自採之山藥服之，不愈則延請道士用香燭紙錢驅邪送鬼而已。

(10)猺民之教育及娛樂

猺民多不受教育，在北山一帶猺民中，間有一二稍識之無者，曾倡辦私塾三四間，請漢人爲教師，但風氣閉塞，未嘗習慣，求知向上之心甚薄。故其教讀亦多無定時，三月五月讀輟靡常，卽在教讀之時，亦祗於早晨讀書一次，飯後又往山嶺工作矣。又猺民實無娛樂可言，惟閒暇之時，夥同三五猺民手持鳥槍，往深山打獵，以爲消遣，或唱山歌互相答和而已，

(11)化猺之政制

該縣猺民，早已歸於政化，雖無特設之猺官，而縣長亦得統治猺民。查猺民於數家之中，第一猺甲，於數十家之中，又舉一猺總甲，此外立一撫猺目，選漢人而熟悉猺情幷得猺民信仰者任之，月支薪水九元云。當猺民內部發生爭

爭執時，初由甲處辦，不服時，再由總甲處辦，又不服時，則由撫猺目處辦，如再不妥，遂由撫猺目呈報縣長，或猺民自行控告．但聞其內部爭執則極易調解，倘與漢人爭執，則每多失虧云．現猺民尚有與漢人涉訟縣案二宗．前據撫猺目丘璧聯所述者附紀於下：

一爲墳山涉訟事．係漢人某見猺山風水甚佳，頗爲垂涎，遂故與猺民交結，及至相熟，懇得猺民允許葬墳一穴於猺山，此乃數年前事也．及至今年該漢人又葬一墳於其下，於是猺民謂其履霜堅冰，恐從事日益霸佔，遂不許其再葬，乃投報縣中縉紳．聞當時曾限該漢人將墳遷葬，而漢人不允，又令漢人補回多少山價與猺民，准其安葬，而猺民不允．於是猺民控諸分庭，待傳訊後，雙方扣押，嗣經撫猺目保准釋放後，該猺民與該漢人私自和解，彼此無事已有數月．但因未呈請撤銷存案，又被分庭傳之拘押在獄，至今仍未釋放云．

又一宗爲殺斃人命案．緣因有一漢人木商常與一猺民貿易，諗該猺存貯現金頗多，遂起不良之心；一面約猺飲酒，一面串通匪類，俟飲酒時賊匪將猺擄去．行至中途，該猺老以爲擄去亦死，不如死在猺山，則其子孫仍得將其尸身收殮之爲愈，遂於懸崖之處，翻身墜落，因此不特未死，且已脫險，遂歸報其猺衆，謂該漢人木商引誘謀害，於是群猺憤激，將木商漢人打死，幷匿不報官．後由木商家屬報案，遂傳訊兩方，該猺則絕不認有打死木商情事，而木商家屬方面，亦否認有引誘謀害之舉，故懸案不決，該猺仍拘押在獄．聞該猺現年已八十四歲矣，其猺子猺女每來探看，必作楚囚對泣，狀甚可憫云．

（12）猺民習俗雜誌

在數十年前猺民甚兇悍，隣居之漢人多畏之，後一面籠絡與之交結，一面猺民自身受天然淘汰，無法以制勝漢人故現在對于漢人頗覺馴服矣，但其對待外族仍極團結一致云．猺性忠實，在猺山有遺失物件，或放置於路旁壓以一石，則永無人拾取，殆有路不拾遺之風。其與漢人交，多稱呼爲同年。長者稱同年哥，同年嫂，幼者稱同年弟，同年妹；漢人稱彼亦如之。此外男女之間，極尙解放與自由，猺婦在猺山中常不穿衣，雖袒胸露乳，亦習以爲常，夫婦同浴於一盆，絕不遮護，雖任人觀看，亦不知羞，惟訕笑則慍然不悅。其男女交際，多尙公開，當夜晚時候，各猺婦可持一松脂火把走往別處猺山尋其所歡，彼此皆然，不甚爲怪；但有時被其丈夫捉獲姦情，則罰以燒酒豆腐了事云。

（出自《广东农业概况调查报告书续编》上卷，一九二九年）

# 英德縣農業調查報告 民國十年

鄭振周調查

## (一)位置

縣屬全境居北江中流。位於北緯度二十三度零九分。京師中綫偏西三度十八分十秒。北界翁源曲江。南界清遠。東北界新豐。東南界佛岡。西南界陽山。西北界乳源。成一西北與東南向之長方地形。全縣自治選舉共分九區。

## (二)地勢

北江自北而南。直貫域中。分全屬爲東西兩部。地勢亦因而各殊。茲特分別言之。東部西南兩方。除近江數十里之平原外。多大山嶺。儼如屏障。其餘雖山嶺綿亘。然均不甚高。且多坭土。概可種植。故東部全境。以地勢高低言。則自東向西南。以山勢言。不啻由西面趨東也。西部則西北多大山。東南較平坦。故其地勢之傾斜。概由西北向東南。

## (三)氣候

風　根拔折木之風災、間有之。然均係一時之暴風。不久則歇。能接續一二日如省地懸風球之風災者。殆全無。

雨　通常陰歷二三四等月雨最多。八十九十一等月雨最少。

氣溫　全年氣候溫和爲多。熱度可與省地相同者。祇六七兩月而已。其餘均比省城較涼。冬天亦比省城爲寒。蓋雖無棉花大雪。然降冰粒、則每年均有數天。且高山之巔。常有冰塊堆積、至數天而不溶解者。

霜下　霜期十月尾起至二月止。以全縣計。則東南較暖。西北較寒。

## (四)耕地狀況

水利　北江自北而南。直貫全邑之中部。河道不可謂不大。水量亦不能謂不多。然對於田園之種植。不惟無利。且有害焉。此因其流域之地勢。傾斜太急。每遇霖雨。水流直冲而下。而屬內南部邊地水流出口之處名曰盲子峽。兩岸石壁巉岩。河面忽狹。有急流。無勇退。以故屬內北江兩岸之水患。無歲無之。第一二兩區之地。最其受害也。然此惟近北江兩岸之處則然耳。近江而外。則又多獲灌溉之利。如東部石山以內之地。即第七八九等三區所管轄。其八九兩區地方。平原少而山谷多。所有田地。除資山坑水以供灌溉外。且有可通舟楫之翁江。支流瀰布。或作攔河水陂。或造竹筒水車。以爲取水灌溉之用。旱乾之患甚少也。第七區內亦山谷較多。水利頗足。獨區中板舖鄉內陳姓。原有田約二千畝。用陂水灌溉。不虞旱魃。十年前陳林兩姓因隙械鬥。陳姓之陂近林姓村。乃被林姓將該陂毀去。迄今仍未交涉清楚。以致陳姓之水田。變爲旱地每年收入。減少數倍。鄉民無識。殊堪浩嘆。東部石山以外之南方、一帶。屬第三區。水利亦甚足用。西部全屬。則西南半部第四六兩區等處。有連州水經過其間。可通小舟及灌溉之用。且山谷不少。又得資小坑水以利用。旱患因亦不多。西北與乳源陽山毗連等處。屬第五區。因大山重叠。悍匪充斥。來到其地。不詳其情。然山多田少。(山十分之九)旱田多水田少。則耳所嘗聞者也。

土質　英邑耕地之土質。附近北江沿岸一帶。以冲積之砂壤土爲多。質甚腴美。倘無水患。收獲常豐。第一二三等區之地是也。東部第七八九等區地方。除翁江幹水及其大支流之兩岸略有冲積砂壤土外。其餘水田。概在山谷之間。質屬壤土者多。粘土腐植土亦常有之。旱地則有兩種。其缺乏水利之平地。作旱地而耕種者。壤土及砂土均有。其在岡陵之地拾級墾闢而耕種者。概砂壤土也。西部之西南方面。水田較多。土質多屬壤土。其旱地之情形。與東部無大異。至西北方面。則大山多。平地少。然土質亦多壤土。頗屬腴美。特面積甚少耳。

交通　沿北江兩岸地方。交通向稱便利。近且有粵漢車路。沿江直上。運輸尤爲敏捷。東部則不然。除翁江可行約載萬斤之帆船直通北江與車路外。無他江河直接運輸。內地雖有數河可行小舟。亦必經翁江。始能出口。至陸路則更形困難。東部西南方面。概多高山。雖有路徑可通。然必越山過嶺。困難已屬萬分。加之悍匪攔途擄掠。障碍益難言喻矣。西部第四區交通頗爲便利。除連州水及其支流可資輸運外。道途平坦。肩挑亦較易。第五區一帶。則萬山重叠。幾無交通之可言矣。

耕作情形　英邑局內各區之耕作。因上述各種及其他情形不同。而互有差異。在一二三等區。附近北江。春季常發水患。除種撈篙竹收成較穩當外。種水稻遇無水災之年。雖甚豐收。一遇水患。則全無收成。亦常有事。故上造各區種稻者甚少。頗多栽植短期蔬菜。期速於收成。而避免水災。且各區均近城市。不虞銷售阻滯。由是遂可彌補水稻之缺憾焉。第四區全無水患。旱災亦稀。故除種上下兩造禾稻外。花生糖蔗油菜大小麥等均植之。第五區水不足用。旱田約佔十分之八。農民耕作。以包粟番薯大小麥等爲主。此項作物。多在山斜之地而栽培。水田之能植稻者。每年祇耕大禾一次而已。蓋因田在山谷。氣冷水寒。雖欲多收一造不能也。第六區水足用。田腴美。因居連州江下流。春間略有水患。農民除種上下兩造之水稻外。芋及番薯均多植之。冬耕作物。則全無。豆粟花生等僅有而已。第七區旱地雖不少。但仍以水田爲多。故農作物以上下兩造之稻爲主。大小麥油菜花生番薯芋頭黃豆等亦甚多。其中板舖一鄉。且有糖蔗產出。冬耕產物之數量。全邑各區比較。以本區爲最多。蓋因其冬耕之風較盛也。第八區耕種之地。旱者約占其半。除水田可種上下造之水稻外。餘以植番薯花生大小麥芋豆類爲多。然冬耕之風。除青塘一鄉較重外。均不甚注意。故冬耕作物之產量。亦遠遜于七區。第九區之耕作。亦以上下造之水稻爲主。薯芋花生豆粟等次之。種煙葉者亦不少。若冬耕之大小麥油菜等。則又遠不及八區之產量矣。但荷蘭豆麥豆二物。則植之頗多。統觀全區。冬耕之地。不及全數百分之一二。農民怠惰。可概見矣。

上耕作情形。各區微有差異。然其耕作之時期法術等具以及普通所有肥料之種類。不特邑內各區皆相仝。即與省地情形。亦無大異。惟蔬菜瓜果等物。則不若省地耕作之集約與管理之周密也。

## （五）農民經濟狀況

田地租價　因人民之貧富、戶口之多寡、地方之治亂而不同。故上田每畝價銀四五十元者有之。百五十元以上兩百元以下亦有之。每年租價。每畝三四元者有之。九元至十元者亦有之。旱地租價。亦因上述之情形。每畝價銀最貴者五六十元。最平者六七元不等也。租則每畝年值二三元或數毫而已。

長短工價　長工概男人充之。因地方不同。上等工價每年二十五元至四五十元不等。但此純爲工金。膳宿等費。仍歸僱主打理。下等工人祇可充牧牛除草之用者。每年工值不過十元。其膳宿規例。一如上工。而春秋社節等日期。需供足酒肉。亦上工下工無異也。短工男女均充之。男工日值二毫至三毫。女工日值一毫至二毫。此指常時而言也。若在忙時。每日男工須四毫至五毫。女工亦須三毫至四毫。而僱主之供足食用至少三餐或至四五餐。此爲各區所同者。

大宗產品價　表列如左

| 物名 | 數量 | 價格約數 |
| --- | --- | --- |
| 穀 | 百斤 | 四元 |
| 麥 | 百斤 | 四元 |
| 花生油 | 百斤 | 十八元 |
| 片糖 | 百斤 | 七八元 |
| 生麵 | 百斤 | 五元 |
| 菜子油 | 百斤 | 十五元 |
| 菜脯 | 百斤 | 五元 |
| 柴 | 百斤 | 五毫 |

| | | |
|---|---|---|
| 炭 | 百斤 | 一元 |
| 松板 | 每塊 | 二丈長以上者六元<br>三丈長以上者十四元 |
| 撑篙竹水竹 | 百斤 | 三毫 |
| 冬筍 | 百斤 | 三元 |
| 筍乾 | 百斤 | 自十二兩至二十兩銀 |
| 藍靛 | 百斤 | 七元 |
| 紅瓜子 | 百斤 | 三四十元 |
| 冬菇 | 每斤 | 二元五毫 |
| 草菇 | 每斤 | 一元五毫 |
| 南華李 | 每斤 | 五元 |
| 沙梨 | 每斤 | 七元 |
| 鷄 | 每斤 | 四毫 |
| 鷄蛋 | 每百隻 | 一元五毫 |
| 黃茅草 | 百斤 | 二毫 |
| 黃豆 | 百斤 | 六元五毫 |
| 煙葉 | 百斤 | 二十五元 |

**大小農及經濟情形**　農戶可分三種。一耕自己所有之田地者。曰自作農。二全耕租人之田地者。曰佃戶。二者之外

。尚有一種自己有田。尚嫌不足。再租人之田地而耕者。曰兼作農。三者之中。耕田畝之最多者。以第三種爲多。然所耕面積。能過百畝者。全邑不及十戶也。自作農有富戶與小康之不同。小康之家。常耕自己所有之田而已。耕作之面積。十畝左右爲多。若富戶之作農。田畝雖多。常批與人耕作。以取其租。自己則擇附近村庄者若干畝而耕之。以爲作業而免游閒耳。其耕地之面積。以十畝八畝爲多。佃戶則全耕租來之田地。其面積以五畝左右爲最多。全邑各種農戶。平均約算。耕二十畝以上者。百分之十。耕十畝以上者。百分之二十五。耕五畝以上者。百分之四十。耕五畝以下者。百分之二十五。此作業大小之概況也。若夫經濟之充否。則因各地之水利交通情形而不同。其地水利足用交通便捷者。農民經濟多充裕。如四六七九等區是也。反之大山重叠。水田稀少。農民經濟常困難。如第五區及第三區之東南部、第八區之西南部是也。第一二兩區之經濟。原甚充裕。祇因水災侵害。不無微械耳。總之僻壤窮鄉。相因而至。隨處皆然。固不獨英德如是也。

## (六)作物

英邑之主要產物。略如前述。無甚奇異品種與特別之栽培法。大約均與省城同。然集約之法。則多有不及省城者。茲將主要作物之名稱種類。依次述之。至栽培法中有特別或爲省城所無者。始另紀述。否則從略。果蔬類亦準此。

### (1)穀類

上造有嘉應早、紅谷、糯谷、油粘、絲苗粘，六斗白、紅早、白早、等種。下造有黃冬、白冬、矮脚、兩造熟、鉄谷、黑糯、青禾、西粘、等種。其中以第四區內美村鄉所出之油粘米爲最有名。價值亦較高。本揭第一次農品展覽會時。曾獲壹等獎章。或謂其米質從前較爲輕鬆。且甚適口。近則較爲重實。味亦稍遜。蓋由于多用石灰所致云。誠如是也。須急速改良。方能保存固有良種而免變劣也。

（2）麥類

有大麥（土名谷麥）小麥（土名油麥）蕎麥（土名角麥）燕麥（土名花麥）等種。大麥多供食糧及飼料。出口者概小麥。蕎麥燕麥產量極少。鄉民之于蕎麥。祇供做糖之用耳。燕麥除供飼料外。無他用也。

（3）油菜

有黃花白花兩種。土人名黃花者爲小菜。白花者爲大菜。小菜結實多。油分較少。大菜結實少。油分較多。然鄉人强半均種小菜。謂其受肥不多也。

（4）蔗

有兩種。一曰臘蔗。土人名曰糖蔗。以第四區爲最多。製出之糖。亦以區內冷光所出者爲最佳。第一次農品展覽會時。固曾獲一等獎章者。一曰青蔗。供食用者也。短而肥。可供食用之部分。四尺而已。此種以第九區潭頭所出者爲最爽脆 甘甜云。

（5）蕃薯

種類甚雜。無正式種名。以皮肉之色澤而名爲紅心薯、白心薯、紅皮黃心、紅皮白心、等爲多。此物全無出口。但補助食糧。此爲最要。故農家無論貧富。作業不論大小。一概植之。以爲副糧。

（6）芋

種類亦多。檳榔芋、紅肉芋、壘芋、鉄芋、南芋、狗爪芋、等其最著者也。此亦補助食糧之要物。特以其在田需水最多。管理較繁。故種之者。比蕃薯略少。

（7）薯

有大薯黎洞薯、馬卵薯數種。大薯形大而扁。每只有重七八斤至十斤者。黎洞薯長棒形。每只重四五斤。馬卵薯如倒卵形。每只重二三斤不等。中以第六區之黎洞薯爲最有名。

（8）花生

花生共分兩種。一曰黃蜂腰。土人名爲細豆。一曰大豆。即滑殼肥壯者是也。十年以前。細豆較多。近則大豆勝矣。蓋後來之種收穫較豐也。然近年則立枯病常有發現。有傳染性。鄉人名曰發瘟。各區均同。無法防治。是斯業之失敗者。減少植之。花生前途。誠可危也。

（9）煙葉

祇大牛利一種而已。栽培者雖有數區。然以第九區產量爲最多。質味亦較良。清遠源潭煙商常購之。

（10）藍靛

屬豆科之山藍一種而已。野生者各區均略有。以此爲作業者。則第五區爲最多。

以上之作物。均直接與農民有經濟關係者。餘如黃豆、青豆、綠豆、紅豆、扁豆、包粟、鴨瓜粟、高粱粟、狗尾粟、苧蔴、青蔴、黃蔴，黑芝蔴、白芝蔴、樹棉、草棉、薄荳等。以及其他各種作物。均有些少。惟無經濟關係。故略之。

（七）園藝

純粹之園藝作業。英德屬內殆全無。花卉園藝。不惟未見。並且未聞。果蔬兩種則各區均有。然成專業經營之規模者亦甚稀。茲將果蔬兩種情形分述之。

（甲）果樹

各種果樹植於村庄前後左右者多。初無營業之目的。祇圖美觀而已。如橙、柚、柑、橘、香橼、檸檬、黃皮、龍眼、番石榴、(土名鷄屎稔)桃、梅、羊桃，石榴，羊梅、枇杷、菩提、蒲桃、柿類等是。獨二七九三區內之沙梨。種名為黃皮密梨。㽞子梨。青皮梨、三種。味香甜。質鬆脆。可與淡水梨相匹敵。而肉質之幼細。則又過之。又第二區內之扁李。形狀之大小。質味之香脆。均與南華李同。殆屬南華李中之一種。其繁殖法。截分樹脚有根之不定芽而植之。而第七區內有嫩梨一種。大若荔枝。狀同山楂。皮靚無星。用沸水漉過。味香而甜。能助消化。增食慾。斯三者為邑中有名之果品。始有以專園而種植也。西瓜一物。九區內之一部分有植之者。紅瓜子則第二區內較多。其種法每田一畝。可種三百株。若地不甚濕。則無須起畦。每掘一小坎。即可播種二三粒于其內。發葉以後。須於朝露未乾時。捕殺害葉芽之小黃虫。繼續捕捉數天。待出葉至六七片時。始可少間。若結果後雨水太多。須貼起其觸坭之果。以防腐爛。一株之內。結實過多時。宜相弱者摘去。俾總其肥氣。大約每株最多但留七八隻為度。肥料則無容多施。略用灰類足矣。每隻瓜之仁量。好者有四兩。但通常多在二兩之內。至瓜仁之色澤。則在解剖後乾晒時之技術巧拙而分美劣云。

(乙)蔬菜

以此為專業者。比果樹尤少。惟第一區近英城路多耳。邑中蔬類之品種。如芥菜、白菜、芥蘭、蕹菜、莧菜、芹菜、菠菜、同蒿菜、生菜、苦蕒、矮瓜、苦瓜、黃瓜、絲瓜、南瓜、白瓜、葫蘆瓜、冬瓜、蘿蔔、蓮藕、茨菇、馬蹄、茭筍、青豆角、紅豆角、五月角、八月角、蒜韭、葱、薑、芫茜、等等無不備。均農婦栽植些少。以供家用而已。其中出產間有較多而有名者。如第一區內之矮瓜苦瓜。第七八區內之蓮藕。第九內區之薑與蘿蔔是也。九區之蘿蔔。有醃後而售者。其法將全隻蘿蔔晒一二日。用鹽搓搓之。然後叠置於預先掘好之黃色粘土小窖中。以草覆之。

再用泥蓋之。至明年三四月間。疏菜不足用時。取出應市。每斤約值四五十文云。

## (八)畜牧

英邑畜牧業。向不發達。馬牛羊豕鷄鵝鴨等雖備具。然除豕鵝羊兩種外。殆無專事經營者。

### (1)馬

在英邑屬內。祇供騎乘。耕作無用之。然非中等以上之富戶。鮮畜之者。故對於農民。獨與糞肥略有關係耳。

### (2)牛

凡屬農戶。無不畜之。間有貧困無資購買者。亦必租人之牛而應用。但農戶之畜牛。均計自己耕幾畝之田。須幾牛之力而畜之。初無以牧業視之者也。租牛之例有多種。其有耕田不多無須全牛之力的小農。適遇較大之農戶。所畜之牛。比其所耕之田。尚有餘力。則小農戶租其有餘之牛力而耕之。此種名曰搭牛脚。不納牛租。訂明農忙之際。帮牛主作工若干日而抵銷者爲多。其耕田較多。須牛一頭或幾頭。而已無資本。懇富戶購買。租與己用者。此種名曰稅牛。因牛身之大小。訂明每年納谷若干斤。計最大之水牛。年租不過納谷三百斤。而對于牛身之損益的規條。則有兩慣例。如所稅者爲母牛、產出仔牛時、全屬牛主所有者。則遇有天災致損牛身。稅戶不負責任。損失全歸牛主。一也。若仔牛之利、爲稅戶有份均分者。則遇天災損失。亦歸兩家負担。二也。但無論所訂何例。若屬盜竊等事而情節可疑。均惟稅戶是問。邑內每年須用之牛隻。概由北鄉之翁源曲江乳源等縣運來。販牛商每年分三季。爲大帮買賣之期。卽三月帮六月帮九月帮是也。屠戶對于屠牛。亦有定期。大約自六七月起至十一二月止。若過此期、而市猶有牛肉見面時。則大抵受疫病者爲多。但鄉人仍多嗜食者。以故每遇疫症。必遍延各鄉。無法救止。蓋屠食病牛。不啻爲疫菌帮助其分布繁殖之力也。間有禁屠死畜者。如第六區之樓原等鄉是也。因此之故。其受牛疫之害亦較輕。然則屠食病畜。可不厲爲禁止哉。

(3)羊

英邑之荒山曠野。無處不有。以爲牧羊。亦無地不適。宜乎其牧羊業之發達也。乃事實上、祇第一區內有五群。最多頭數在二百之內者。不過兩羣。除三羣每羣一二十頭。第二區有一二羣共數十頭。第三區內不足十頭。第八區內有四五羣。每羣約二十頭。第九區內有兩羣。每羣亦不過二十頭。統計全縣羊數。不過一千頭而已。詳查其不發達之原因。雖由牧畜之學不精。對于病害防治無法。（如第四區內美村鄉。從前亦有牧羊者、卒因發現腹脹病症、傳染全羣。完全失敗。以致現時不敢牧養）然火車收費奇昂。實爲羊業不發達原因之大也。查火車對于運羊收價。向例不論羊之大小重輕。均作野獸計算。每羊一頭。運至省城。收銀二元。鄉民以所收運費。太過苛刻。由是裹足不前。相繼停業。嗣後雖曾與粵漢路局。再四力爭。乃遞次減至每隻收銀八毫四仙。另備五仙。然加之厘金關稅夫力等費。仍須一元以上。始可到省。費用太重。無利可圖。牧者漸少。遂使斯業終於不能發達。可慨也矣。

(4)猪

除酒米店養有多隻可以成群外。無專業之者。然邑民習慣。無家不畜。雖少至三口之家。亦必有猪一頭。故家畜之數。以此爲最多。頗補農民經濟。亦最得力。種類無特異之點。飼養法極簡單。農民所養者。以米糠及蕃薯藤水爲主要飼料。酒米店所養者。則以米糠酒糟爲主。間有用豆腐渣餵之者。與省城無大異也。

(5)鷄

全邑無專業者。然亦每家必畜之。有一二羽至百數十羽不等。農民養之之目的。除款待親戚朋友及年節自用外。有餘始將之以應市。在火車未通以前。每斤值二毫左右而已。稔近則須三毫以上至五毫不等。無特別種類。閹鷄之最大者六七斤。鷄行則斤餘二斤者多。肉質幼緻。味亦香甜。勝于水東產者數倍。

（6）鵝

業此者有兩種。專業公母鵝取蛋孵化以售子鵝者曰鵝廠。向鵝廠購買子鵝養大而賣之者。曰鵝羣。每群自數十至數百羽不等。鵝廠則最少亦有三百羽以上。鵝群之飼養法頗簡。除放牧外。幼時以小蘿蔔葉及半熟之飯供之。長大時則祇餵粗糠混粥及些少之谷而已。鵝廠之管理則較繁。其飼養法因月份而不同。尋常飼料。以谷麥等混餵之。每鵝一隻。每日需谷麥共五六兩。若在二月尾至五月尾無卵生時。須將雌雄鵝之翼。於一晚間盡行拔去。此後即要增大飼料。每日每羽共需八兩。如不拔翼。不加飼料。則復行生卵之期不速。拔翼之法。公鵝先行半月爲佳。在伏巢孵蛋之母鵝。隔日餵一次足矣。放牧之時候。因季節而不同。若生卵之際且遇著天時。須早晨晚間放牧。若在田水尙熱時而放之。小害則卵失其孵化能力。大害則卵在腹中產出艱難。常致母鵝之命。而產卵鵝之放牧。切勿急遽遠行。否則產出之卵亦不能孵化。公母鵝之配合。每雄一隻配母三四隻雌雄之年齡。最老不可過六年。母鵝產卵。全年可分四次。平均每次產七八只。每母鵝一隻。可孵蛋十二只。所孵之旦。平均計算。普通可出仔鵝六成。每仔鵝百隻。值銀十八元至二十元。零沽則每隻二毫至三毫。孵化室之構造甚簡陋。僅築一高可站立之黑室。其中密置尺餘高尺餘濶口之竹笠若干。笠底用禾草墊之。放卵其中。即使母鵝孵之。孵化室之一邊。則開一小矮之門。于近地處。以通側旁之產卵室。此室之高。與前無異。惟地下多舖禾稈。使鵝產卵於地下。不至破損。光綫亦以不强爲宜。產卵室之一邊。宜爲餵養室。配好之飼料。均置其中。亦開矮小近地之門。以通于產卵室。使母鵝之欲產卵者。可自由出入。餵養室一邊。必近河水。且開小門。以爲種鵝游泳出入之戶。此爲第九區鵝廠構造之大畧情形。其餘各亦無甚差異也。

（3）鴨

祇有鴨羣。而無鴨廠。蓋邑內無稱用鴨之飼養家。所購之鴨仔。均由鄰縣運來。牧之者。自一二百羽至千羽不等。飼養之法。以放牧爲主。晚間回舍後。乃始餵以飼料。其飼料幼時。則以半熟之米及舂碎之蜆或螺與黃蜆等餵之。長大時則以粗糠混粥或穀而餵之。與鵝畧相同。

（九）森林

有天然林人工林兩種。天然林之能成立者。多在大山之間人路罕到之處。如東北部之滑水山、西北部之大南山等處御也。人工林可分兩種。一爲天然下種、人工保護。二爲人工下種人工保護。前者名爲風水林。後者名爲衣食林。然人工林之能成立者。又必附近村庄之處。蓋不近村庄。必被侵害。不能保護成林也。故全縣森林之狀態。以最近村庄及最遠村庄之兩種山嶺爲多。其餘與村庄不即不離之山林。非被盜竊。即受火災。能蔚然成林者。未之見也。天然森林之樹木。種類繁多。不能盡識。縷數亦難。其能供人之採用且有出口者。約有左列各種。

| 樹名 | 用途 |
| --- | --- |
| 樟木 | 板供舟車及建造之用枝葉及木質俱腦亦用之 |
| 松木 | 供傢私什物製造之用薪炭亦取用 |
| 杉木 | 建造及什物傢私用之 |
| 柯木 | 仝上 |
| 森樹 | 傢私什物之製造用之 |

椎木　建造及傢私什物均用之

鴨腳木　造屐及小什物用之

刨花木　女界飾髮用之

赤梨木　建造及傢私什物用之

石斑木　仝上

上述各種。就其出口者言之耳。其餘有用之種類。尚屬不少。因其產額無多。故畧之。人工林樹木之種類。則因風水林與衣食林而異。風水林係天然種子。種類甚雜。但以松林爲多。樟林亦不少。衣食林在第一區以撑篙竹水竹等林爲多。供蓬廠用。第二三七八九等區以松林爲多。(供薪用十年前後伐一次)第六區除松林外。更有一種名牛包生樹。植者亦多。(供薪用五六年伐一次)第五區除松林外。取笋製乾之竹林甚多。取葉製茶取子搾油之兩種茶林亦均有之。第四區內除松林外。以取笋製乾之竹林爲多。此爲人工林種類之大畧情形也。

英邑森林之產物。如松杉薪炭等。出口雖甚多。然屬內森林所佔之面積仍有限。以全邑山嶺之面積約計之。實不足十分之一。無樹山嶺。觸目皆是也。不過山嶺既多。故所產林木。不見其少耳。全縣山與地平均計算。山嶺佔十分之七八。平地佔十分之二三。但荒山雖多。如牛山之濯濯者則甚少。蓋所有山嶺。概甚肥美。雖無林木。亦必茅草叢生也。

（十）輸出品

輸出品物之名稱。與前列大宗產品表畧相仝。至輸出之數量。則因無統計機關。而各行商亦無聯行。殊難得其確數。其中約畧能知者。則每年出口穀米約五千萬担以上。柴壹萬萬担。花生油及麩五百萬担。片糖四五百萬斤。炭數千萬斤。松板等萬餘塊。杉條數十萬枝。竹數千萬株。此外品物輸出之数雖甚多。第其數量。無從懸揣。故暫闕疑。

## （十一）特產

英邑產物。比之各縣。無甚特出之處。但就邑內言之。則第一區內之扁李。第四區內犀牛地方之筍乾。滘洸之片糖。第五區內大南山之茶葉。第七區之坪塘嶺梨、溪頭草菇、充古山沙梨。第八九區之珍珠米。第九區之米粉、土名曰白沙麵。潭頭之番子梨等。可謂爲邑內各區之特產。筍乾之製法。將竹筍剝去其籜而縱剖之。洗淨筍內之衣膜。然後因筍質老嫩而分段截斷。截後隔水蒸熱而焙晒之。即得。筍干之名稱。分爲筍尖、筍蝦、筍排、金針筍四種。品質亦因而互異。筍尖質最嫩。筍蝦次之。筍排又次之。金針筍則質最老。更有筍衣一種。則去籜時取出者。各種筍干色香味之美劣。全視晒焙時之手續如何而差異。故晒焙手術頗爲緊要也。珍珠米之製法。用上好粘米。舂至極白。然後將水浸之。數日後味臭水濁時。乃用淨水沖洗之。至水不濁而止。即趁濕磨之成漿。加水浸之。待澄清後。取其沉澱而陰乾之。約至半乾程度時。用篩及簸箕等頻頻搖動之。則米粉因搖動之故。自成圓珠小粒。再以長大之鵝毛左右頻掃之。則堅靚而美觀矣。白沙麵之製法與省城及其他各處相同但其色澤之美觀質味之適口則較別處時者爲優草菇之栽培法本場現有專本詳述茲不贅。

## 十二）農林前途之希望

英邑全屬。縱一百三十里。廣一百五十七里。荒山曠野。所在皆有。其前途之最大希望。且易舉行者。莫造林若。蓋英邑森林狀態已如前述。其離鄉村稍遠之山嶺。俱極荒廢。但查其荒廢原因。大半由於防護未周。盜竊火災。常發現之故。倘此後能設法防護。則森林前途。未始無發達之希望也。防護之道。最良莫如設立林業公會。擇適中地點先行造林。以爲模範。有餘力則擴充之。並設防護之規則。對于會內境域人民之侵害者。以會內之規則嚴治之。遇會外境域人之侵害時。則全會人民合禦之。防護已嚴。樹自成林矣。一鄉成立。別鄉無不倣傚。行見全縣普及。山嶺少荒。材木將不可勝用矣。至于造林之法術。與樹木之種類。在英邑胰美廣袤之山嶺。一不侵害其天然下種發生之幼樹。自可蔚然成林。增多無數之收益。尚似無須研究。此所謂以最大希望。而最易舉行者也。次爲畜牧。邑內因缺乏水利。而荒廢之地。各區皆有。以爲牛羊牧場。無不適宜。乃牧牛之利。邑人未知。向無專業者。牧羊則殘專業。祇以車路運費過重。雖利可圖。改營別業。屢見不一。若能以牧牛之法術與利益勸導鄉民。使其咸知。及與粵漢路局交涉減輕運羊車費。則數年以後。收入當可大增。餘如推廣。冬菇之作業。（培養法。詳本場農林月報。）節省本地運輸木材之費用（大山之內。常有五六尺徑之樹不取分文。無敢運省求售。運費多無利圖也）亦爲要圖。外則樹油業也。茶葉業也。以及現有之良好果類也。果能爲爲[illegible]導鼓勵。則其前途均有希望者也。

（出自《广东农业概况调查报告书》，一九二五年）

# 翁源縣農業調查報告

林純煦
何慶功 調查

## (一)位置及區域

翁源縣屬北江流域，東界連平，東南界新豐，西南界英德，東北界江西省虔南縣，西北界曲江，北界始興．縣治在北緯二十四度二十八分三十秒，經度距京師中線偏西三度八分四十秒．全縣地形為橢圓狀，面積約一千八百二十方里，合約五百四十八萬二千八百畝，人口約一十五萬，境內多山．全縣劃分為七區，每區設立民團局，辦理地方自治事宜，另設聯團總局，以總管全縣團務．查第一區在附城西墟，轄在城，縣前，巖前等三舖；第二區在周陂墟，轄陳篠，九牛，周陂，藤山，崑山，篠頭等六舖；第三區在塓子墟，轄芙蓉，茶園，巖頭，上庄，貴塘等五舖；第四區在新江墟，轄新塘，江鎮，太平，鐵塲等四舖；第五區在龍仙墟，轄英村，李村，龍仙，藍青，鍾南等五舖；第六區在南塘墟，轄茶潭，牛崗，南塘等三舖；第七區在六里墟，轄九龍，利陂，龍頭等三舖．

## (二)氣候

該縣氣候，溫度於小暑後至立秋間為最高，而於小雪後至翌年雨水間為最低，年中冷熱時期，各約四個月左右．其雨量於清明谷雨間為最多，寒露後至冬末為最少．至於下霜時期，常於冬至前後起，每於春分時節方收．又年中十二月至翌年二月，常有雪降云．

## (三)耕地狀況

(1)地勢　全縣農地面積共約三十餘萬畝，其地勢大概平原可佔百分之五十六，山谷可佔百分之十，崗陵起伏地可佔百分之五，山嶺可佔百分之四，斜傾地約佔百分之二十．就中有可種早稻之水田約二十五萬畝左右，可種晚稻者約一十五萬畝左右，其餘高亢旱地及不能栽種水稻之田地，皆栽種花生甘薯及其他雜糧。在第二七五等區之旱地，栽種糖蔗頗多，第二區三華鎮一帶，則多植李果。各區農地，皆於冬間栽種大小麥及油菜，大概此等作物約各佔農地面積百分之二十左右。

（2）土壤　該縣土壤大概可分爲三種。一爲農村中之耕地，多爲墾熟之土，含腐植質稍多，顏色屬灰，肥度較好土質亦鬆，爲砂壤土也；一爲距離農村較遠之耕地及山谷間之田地，腐植質缺少，顏色多黃，表土淺薄，質稍堅韌而瘠瘦，殆屬粘壤土也；一爲高亢之旱地及沿河之垻地，色多赤黃，或黃白，質雖輕鬆而不肥沃，屬砂質土也。一般土壤之由來，概屬定積而成者，在農村中之耕地，多能栽種早晚水稻二造，距農村較遠或山谷間之耕地，則有能栽種早晚水稻者，有祇能栽種早稻而不能栽種晚稻者。其不能栽種晚稻者則多種以甘薯或少數之蕎麥，其餘旱地垻地，則悉種花生甘薯糖蔗之屬。

（3）水利情形　關於水利上之設備，祇有水陂及高車二種，前者殆有百分五十之農地藉以灌溉者；後者則不及百分之五，除此之外賴山間小水及山塘灌溉者，可佔百分之二十。全縣賴天然雨水灌溉者，亦可佔百分之二十五左右。

（四）荒山情形

該縣山嶺面積殆有一千五六百方里之多，而荒廢山嶺則約佔百分之四十左右。查其荒山皆有草生，其位置多不在農村附近，或極偏僻之區域，而在距離農村稍遠而與陸道交通相毗接之地方。故知此等荒山實非因樵採濫伐之所致，乃由無人保護，易引野火焚山而成也。至其荒廢年齡殆不可考，亦無崩毀現象，而質性並佳。

（五）運輸交通

境內交通多循陸道，其道路多半崎嶇，故肩挑步履，亦感奇困。現該縣商正着手進行籌辦開闢公路，以達韶州，預定翌年竣工，以後陸道交通運輸或較便利。至於水道方面，惟有羅水江，自該縣第五區之南舖起經龍仙，從第二區之三合渡入三華鎮，與周陂河相會，再西流入第七區，經利龍，出官渡，而入英德與大北江會合。其所經過各地，悉可行駛帆船，惟河床多石，水流湍急，每每發生危險，人民交通，多不由此，惟物產運輸則賴之耳。

## （六）耕作情形

(1)冬耕　該縣冬耕栽種大小麥及油菜者，各約佔耕地面積百分之二十左右。通常於小雪前後，收晚稻或甘薯花生等跡地犂轉耙鬆後，播種大小麥及油菜；其餘則祇將其土犂轉，使其越冬，謂之轉霜田。但因農工缺少，不能轉霜者，亦屬頗多。

(2)春耕　普通於清明前後將種大少麥及油菜等之跡田，及所有未行冬耕之田地，將其犂轉，如栽種水稻者，則灌水浸之，俟谷雨前後再行犂過耙鬆，以便栽種早稻；其不能者，則不須灌水，於清明前後將其犂轉耙鬆，直行播種花生或其他荳類雜糧等作物。

(3)秋耕　於早稻收穫後，將其跡田用牛耙，橫直耙過至田土爛後，用轆軸輾平，插植晚稻。至其空間旱地，或水利不足之水田，則多種以甘薯。

## （七）農民經濟狀況

(1)農戸　農民中田主約佔百分之二十，佃農約佔百分之五十，純佃農約佔百分之三十。其耕地面積以田主之田塲爲最小，平均約二三畝左右，半佃農及純佃農，則可在十畝內外。但混合的平均在十畝以下者，可佔百分之八十，在十一畝至二十畝者，可佔百分之十五，而二十畝以上者，則不過百分之五左右。

(2)田地價　上等水田每畝約值一百六十元，中等水田約值一百元，下等者約值四十元，旱地每畝上等者約值四十元，中等約值三數元，下等者值約二三元云。

（3）肥料價　普通所用而有買賣者爲石灰，每元約一百斤，菜麵每百斤約三元半，花生麵每百斤約值六元餘。

（4）農產價　能供役用之水牛每頭約值八十元，黃牛每頭約值三十元，豬肉每百斤約三十六元，羊肉每斤約四毫，馬每匹約四十元，雞每斤約四毫半，鵝鴨每斤約三毫，魚類每斤約二毫，薯芋每毫約五斤，葛每斤約半毫，泥濕花生每百斤約五元，乾淨花生每百斤約八九元，穀每百斤四五元，黃豆每百斤十二三元，麥每百斤約五元，花生油每百斤約三十四五元，甘蔗每毫二三根，黃糖每百斤約九元三，華李每百斤約四五元，三合渡桃每百斤約三元，沙田柚麻油柚每顆一毫半，黃麻每百斤約十元，烟草每百斤約二十四元，茶葉每斤約四毫，乾柴每担約五毫，木炭每百斤約一元二，草每担約三毫，苗竹每根約二三毫，木菇（冬菇香信）每斤一元餘至三元，草菇每斤一元餘至二元左右。

（5）人工價　長工每年約三十元，另須全年膳食及供給草鞋雨笠剃頭等費，共約五十元；短工農忙時每工男約六毫，女約三毫；尋常時每工男約二毫，女約一毫，均供膳食三餐。大概忙時每天膳食費約二毫，尋常時約一毫半。該縣在農忙時之農工不足敷用，須由連平新豐等縣雇用。

（6）田地租　不論水田與旱地悉用納租穀法，通常田租多以該田生產之總額作四六分租爲原則，例如有一畝之田可生產五百斤穀，則佃戶可得三百斤，田主可得二百斤，但不過畧本此種原則爲標準，並非行實地之分租也。查該縣每畝水田上等者年約租穀約三石，中等約二石，下等約一石，旱地每畝上等約一石，中等約三斗，下等約斗半，如遇荒歉之年，則酌量減少，或主佃平分。其收租方法，在近處者多由佃戶送到，在遠處者多由田主往收，收租時期爲七月及十月二次。

（7）租田制　一般租田制度多由主佃自行商洽，以口說爲憑，並無預租押租或介紹等手續，至於須立租約者，間亦有之，其程式，亦與各地相同。其租期限多無規定，倘能年年清租，又非田主欲自耕種，則可繼續永遠佃耕云。

（8）農產貿易　農民出售農產，多挑至附近市場，其米穀一宗，於第五區南舖米商收買出口爲多，蔗糖則於五區之龍仙商人收買爲多，境內出售農產品多由肩挑輸送，惟輸出外境，則多用帆船。至外處與本地貿易之大市場，有英德，新豐，連平，及始興之清化等處。茲將其大宗農產之種類及其數量臚列于下：

| 種類 | 總產額 | 出口數 | 附紀 |
|---|---|---|---|
| 米 | 一百萬担 | 五十萬担約值三百五十萬元 | 每担一百斤值銀七元計 |
| 花生油 | 一萬零五百担 | 五千担約值十七萬五千元 | 每担百斤值三十五元計 |
| 花生麵 | 一萬二千担 | 八千担約值五萬元 | 每担百斤值六元零計 |
| 蔗糖 | 二千担 | 畧有出口亦畧有輸入 | |
| 麥 | 三萬餘担 | 畧有出口 | |
| 油菜子 | 二萬担 | 無出口 | |
| 草菇 | 百餘担 | 百餘担約值二萬元 | |
| 竹紙 | 千數百担 | 數百担約值千餘元 | |
| 三華李 | 三千餘担 | 二千餘担約值萬餘元 | 每担五元計 |
| 牛 | 三萬餘頭 | 七千頭約值二十餘萬元 | |
| 猪 | 六萬頭 | 萬餘二萬頭值約二十餘萬元 | |
| 鷄 | | 千餘元 | |

（9）借貸情形　農民中借貸者可有百分之八十，普通小農借欵多係十元八元，通常月息為三分，低者二分，高至五分，借穀以一二百斤為常。借期半年每百斤加息五十斤，借錢還錢，借穀還穀，為一般通例。大宗借欵則須以自己田地屋宇等不動產業抵押，亦須借欵人之親屬在塲簽押，始得成交，借欵時並多有中証人，須抽借欵數百分之三至百分之四為酬金。農村中有標會組織，為經濟上互助儲蓄之良好方法。全縣有當押舖十四間，春夏間月息三分，秋冬季月息二分。農民周轉利賴頗多。

## （八）畜牧

家畜以養猪為最多，年來尤盛，因從前該縣農民習慣糶穀，年來則多糶米以故米糠甚多，可為養猪飼料，且各地有水臼裝設，尤不多費人力，是以養猪之業，比較從前年有增加矣，現計全縣每年出口猪額約二萬頭左右。養牛亦屬普遍，就中以黃牛為多，除農家養為耕田役用外，間有養畜大群者，計年中出牛數約有七千頭左右。惟自去年冬以來發生牛瘟，至今未已，計全縣斃牛不下萬餘頭，故今年牛之出口，殆無幾許矣。

家禽以養鷄為多，養鴨次之，皆屬農家之副業，年中亦有出口，值約千餘元云。其飼養法與各處相同　現在亦發生鷄瘟，無法消弭。茲並述其家畜病害之情形如下：

牛瘟　自去年冬起發生牛瘟，遍及全縣至今仍烈，計斃牛不下萬餘頭。所斃之牛多在各區市鄉塲寮賣　農民亦喜其便宜而嗜食之。因而轉相傳染，無法防弭。查其牛瘟發病之初，不反蒭，不食草，鼻唇乾枯，無汗，兩耳冰冷，繼之排洩稀糞，筋脈頻頻縮動，且大便洩血，及至牛尾骨骼有七八寸鬆軟時，即為將死之徵。症重者經過四五日而斃，輕者可達十餘日云。

鷄瘟　最近數月來始發生鷄瘟，現各處或有或無尚未普遍，亦不甚劇烈。該縣往年亦常發生鷄瘟，但多屬急性症，每不見鷄之病徵突然張翅震動而斃，斃後尸肉立呈紫黑色。至於現在所發生者，則多屬緩性，初見其食慾減少，繼之不食，終至羽毛鬆豎，頭頸收縮，作聲一若有鯁在喉病者，經過三數日，以至六七日而斃，斃後尸內多不變色云。

## （九）作物

（1）水稻　該縣栽種水稻年可二造，其可栽種早稻之水田面積，約有二十五萬畝之多，可栽晚稻者約十五萬畝左右。全年出產穀額約有一百七十萬担，足供本縣二年之食用。故該縣水稻爲其主要之作物，其所佔農地面積亦有百分之七十左右。茲將其水稻品種及栽種土法畧紀于次：

早稻　其普通品種有嘉慶早，黃穀子（八十日有收），百日早，川禾，早赤，兩季禾，早糯等，就中以嘉慶早爲最多。普通皆於清明前後浸種，三日起水後屯芽二三日，乃撒播於秧田。播後十日許淋以人糞尿水一次，再一星期左右用剷秧法分植於稻田。分植後半月許，每畝施石灰百餘斤，施後用脚耘一次，以後除注意灌溉外，不須他項管理，至大暑前後收穫，每畝收量約可五百斤許，全總產額，約一百二十五萬担左右。

晚稻　普通品種有油粘，白冬，赤冬，下季糯，香粳等，就中以白冬及油粘爲最多。通常皆於夏至前後浸種二三日稍見甲拆時起水，不用屯芽，卽行播種。其秧田先施以人糞肥，然後播種。播後一日行排水，以後不須水浸迨極乾旱時灌水蔭之。至立秋前後行拔秧法分植於稻田間，有於小暑前後播種者，則行剷秧分植。植後十日許，施人糞一次，施後卽用脚耘之。至立冬前後收穫，每畝收量約可三百斤許，全縣總產額約有四十五萬担左右。

（2）麥　該縣所種小麥居多，統計大小麥栽種面積約有五六萬畝，皆爲排水良好之水稻跡田，或附近農村之上等旱地。通常於小雪前後將種地犂轉耙鬆後，復用淺犂由外而內爲螺旋進行，開爲淺溝，其麥之種籽與人糞尿灰和好，另由一人跟後用手點播於溝中，俟淺溝犂好後種籽亦可同時點播完竣。播後用牛耙薄覆以土，有肥料者撒施廐肥其上，或淋以糞水；但不施肥者，亦屬不少。至翌年清明節時收穫，每畝收量約可七十斤，全縣產額約三萬餘担，

（3）糖蔗　該縣第七區六里之南，門坪一帶第二區三華鎮對河沿岸，及第五區三合渡附近南舖等旱地，多種之，普通留頭連栽二年至三年後，用花生甘薯等作物輪栽二三年，始再新種糖蔗。其新種方法，概用蔗梢於二月間種植，其法與各處無異。種後中耕除草培土，及夾殺蚜虫等，亦與各處相同，惟其施肥多行二次，第一次於苗高六七寸時施以人糞水，第二次於苗高尺餘二尺時，施以菜麵，每畝百五六十斤。通常於十月間收穫，至十二月完收，每畝收量約可五十担，全縣產額約二萬担左右，由十餘處之糖寮搾製黃糖出品約二千担許。該縣之糖實際不敷本縣之用，但亦有出口連平新豐等縣者，而一面復由英德輸入不少云。

（4）花生　亦為該縣出產之大宗，各區旱地莫不種之，年產總額約可三萬餘担。通為搾油之用，計年中搾油有一萬坊左右。每坊須乾淨花生三百四十斤，得花生米二百四十斤，可搾油一百零五斤許，生麵一百二十餘斤云。

（5）甘薯　為該縣之主要雜糧，每個農家莫不栽種。其法與各地無異，茲不備紀。

（6）油菜　為各區之冬間作物，其栽種面積與播種時期及方法，畧如麥作相同。全年產額約二萬餘担，皆搾油為點火之用，其麵為肥料悉無出口。

## （十）特產

（1）草菇冬菇　草菇各區皆畧有栽培，而於三四區為多。冬菇則惟第三四區有之耳，年產總額共約百餘担。多運銷於廣州，其栽培法則與各地相同。

（2）茶葉　於第五區李村爲大宗，年約三萬斤左右，品質畧佳，除本縣銷用外，畧有出口英德及連平境者。

（3）竹紙　於第三區魯溪一帶爲多，次爲第四區之金竹坑，又次爲第五區之李村，皆有製造，惟出品粗糙，祗供包裹及奉神之用，年中出口約千數百担云。

## （十一）園藝

該縣蔬菜無特別品種　亦無大宗產量，惟農家栽種爲自己佐餐之用，及供給區鄉市場少數之需而已，故無足述，第查果樹方面，有畧成園藝規模者，如第二區三華鎭之三華李頗有聞名。該處旱地頗多，除栽種糖蔗攬旱作物外，多栽植李果，連綿六七十畝，皆爲李樹，據云。皆爲百數十年前所植，現在確有少數增植，但老種因年代久遠，仍不足補其枯死之數，且結果量與數十年前相比較，則已減少太半云。推原其故，實因連栽太久，不能維持其肥力之所致也。其李之品種，傳自何方，現不能攷，其果形比曲江之南華李爲大，皮肉皆紅，成熟果皮着帶霜白質，甜酸而畧爽，結果年齡，約須十年左右。槪用株根分蘗之幼苗繁殖　先移植於圃地二三年後，再行定植，俱於春季行之，每株距離約丈餘，植後甚少中耕，間有於落葉後剷草一次，幷有畧施以菜麩者　但普通多不施肥。至剪枝及其整理方法，均不甚講究，雖寄生極多亦不剪除，果熟期，在芒種夏至間，多由船運至廣州發售　年約二千餘担，每担值三四元以至六七元云。其餘第七區六里之廠油柚，及第二區三華劉家園之沙田柚，品質亦佳，惟栽植不多，統共不過數十株耳。其廠油柚果形渾圓，皮較粗糙，味清甜多汁，不如沙田之清爽甜爲可口也。年中產量統計不過千數百顆，無出口，祗在就地零沽，每顆一毫半。又三合渡之桃第四區和坪之枇杷，均爲該縣有名之果品，但出產量不多，祗供本地銷售而已。其他各處散生之龍眼，枇杷，柑柚等雖有，亦不足述矣。

## （十二）森林

該縣森林面積約有八九百方里，殆可佔山嶺面積百分之六十，就中以人工林及天然生長加以人工保護成林者爲多，此種森林位置多在鄉村附近，其成林之相，則以純粹松林爲多。其性質則保安經濟兼而有之。此外在偏僻之區，人跡罕至之處，如縣境邊陲之山嶺，則多雜木林，或竹林，尤於第三四六等區爲多。其雜木林，除供少數薪炭用外，畧有栽培冬菇者，竹林則供造紙及竹器之用，至於杉木林，殊不多見。查該縣森林材木鮮有出口，究其原因，實由於運輸不便，所有河道均屬水流湍急，且多亂石不能放行木排故也。

## (十三)農村教育狀況

### (1)學校數

中學　全縣有縣立初中一所，設在第二區三華鎮內。

高小　第一區有縣立高級小學一間，第二，三，五，六區各有區立高級小學一間，計全縣共有高級小學五間。

初小　第一區有初小七間，第二，四，七區各有二間，第三，五，六，區各有一間，計全縣共有初級小學一十六間。

### (2)學生數

初中　縣立初中學生一百一十名。

高小　第一區八十名，第二區三十名，第三區四十八名，第五區四十名，第六區四十名，計全縣共有高級小學生二百三十八名。

初小　第一區二百七十名，第二區五十六名，第四區四十二名，第五區四十八名，第六區四十八名，第七區一百一十四名，計全縣共有初級小學五百七十名。

### (3)教育經費

初中　一所，經費約六千元。

高小　五間，共經費約五千八百元。

初小　十六間，共經費約二千餘元。

## （十四）農林前途之觀察

查該縣農業之主要生產，厥惟水稻，一年之產，足供二年之食。蓋因其年可栽種二造水稻之外，復能於冬間種麥，所謂旱地亦莫不栽種雜糧等物，在農工不足之縣，而尚能地盡其利，亦可謂難能者矣。但土地多而勞力少，經營方法自不免流於粗放，故該縣農業欲圖改進，似宜減少此項須勞力資本較多之農作物，而增進其他畧能粗放之經營。查該縣之旱地及半旱地所佔面積不少，此等土地以之經營農藝作物，則所費勞力與資本多，而所得利益則少，若能改植果樹如桃李甘桔楓栗烏欖或油桐等，則勞力資本自能減少，雖收穫之期，稍爲延長，而經營果樹之利益，則必倍蓰於栽種普通作物，此爲最適合於該縣糧食有餘，農工缺少之情境，願翁邑人民起而圖之可也！

（出自《广东农业概况调查报告书续编》上卷，一九二九年）

# 連縣農業概況調查報告

林純煦 何慶功 調查

## (一)位置區域及形勢

連縣地居小北江上游爲粤省之西北邊界，東界乳源，西界連山，南界陽山，北接湖南邊界。縣治在北緯二十四度四十七分十秒，經度距京師中線偏西四度十三分。全縣劃行政區域，爲四大區：曰河東區，共轄保安，梅田，松柏，六廟，流沙，水口，洲水等堡，及良江，惠安二甲；曰河西區，統轄高良上，高良下，河西，上山，九陂上水，九陂中水，九陂下水等堡；曰附城區，卽在城廂內外統轄興賢，餘慶，聯璧，德政，昇政等坊；曰星子區，統轄州前，觀前，后塘，滂塘，上庄，潭源洞，浦上，十字舖，山洲，東岑塘，唐家，安田，滑塘，黃村等堡；曰東陂區，統轄東陂，西岸，冲口，朱岡，洛陽，石馬，東村，豐陽，夏湟等堡及江塘一甲。至其敎育學區，則分全縣爲十，其第一八九十等區，乃屬於行政區河東區之範圍，其四五六七等區，則屬於河西區之範圍，第二區則屬於星子區之範圍，第三區屬於東陂區之範圍。全縣面積約三百一十萬零九千四百三十六畝。地形東西畧窄，南北稍長。地勢則以北部爲高，境內多山嶺，且每成秀麗之峯巒，居民村落則在沿河處爲多，其耕地亦以沿河爲夥也。

## (二)氣候

該縣氣溫於小暑至處暑間爲最高，而於小雪至立春間爲最低。年中冷天時期，約有四個月左右，熱天則約三個多月，每年下霜多在立冬後起，下雪則常在十二月間，至收霜時期須在春分之後。其年中雨量最多之季節，係在孟春與仲夏之間，其最少時期，則在寒露以後至季冬之間云。

## (三)耕地狀況

(1)地勢　全縣農地面積，約有二十五六萬畝，其地勢平均平原，約佔百分之六十五，山嶺約佔百分之六，岡陵起伏約佔百分之五。山嶺約佔白分之十，傾斜約佔百之十四。就中以水田爲多，在東波河東，河西等區者，殆可佔百分之八十，惟星子區屬，則水田旱地各約參半。所有水田除星子區屬，年中多祇種中稻一造，及馬蹄外，其餘皆種早晚二造。至其旱地，則以栽種花生甘薯或其他種雜糧爲多，在星子區屬，則植草棉者亦不少也。

(2)土壤　所有水田殆以灰黑色之壤土爲多，亦屬肥沃，;旱地則爲竇色，或黃褐色之沙土，雖不甚肥，亦不極瘠。一般土質多屬輕鬆，並皆爲定積之土也。

(3)水利情形　在河東，河西，東陂等處之農田，多能在河床築陂灌漑，水利頗方便而充足，惟邊沿之處，地勢較高者，陂水不能灌達。以故在水田方面，於晚造之際，亦每有乾旱之患，然至多不過佔水田面積中百分之二十左右而已。至於星子區屬之農地，高亢者爲多，灌漑設備自較爲難，故除沿河或山谷得有水利者外，餘皆栽種花生，草棉，甘薯，及其他雜糧等旱地作物爲多。

## (四)荒山情形

全縣山嶺面積，約五百餘以至六百萬畝左右，而荒山面積，則可佔百分之三十五左右。此等荒山非絕無林木，亦非從來荒廢。查該縣年中自八九月，直至十一二月，每月必發見有野火焚山之事，一處以至數處，雖其所燒之面積，有大有小，所燒之時間，有久有暫，然年中統計，則爲害不鮮。在經燒過之山嶺，其森林或完全燒枯，或未全枯而生機已窒，迨至翌年春間仍能萌蘖茁茁更新，然完全燒枯之森林，則更新爲難矣。至其荒山皆無崩壞現象，土性亦屬鬆軟，而不甚瘠劣也。

## (五)運輸交通

連州江爲該縣巨津，係由東北部之星子埠水與保安水，在塘村會流入城西北角，及西北部之東陂水流入城西與之會合而成。此江又名小北江，向南流入陽山境，達英德屬與大北江水相合，經淸遠三水流入廣州，可通民船。在春夏水漲時，常能駛小電船直達縣城。此外由縣城以達保安墟，星子埠，及東陂埠，則祗容小艇或細小之帆船，而行駛亦多不便，惟木材柴炭等，則多賴以輸送無碍。至於境內之陸道交通，則多由官路（卽大路闊約三尺至四尺泥質或石砌），其官路多與各大鄉墟相通，路頗平坦，行李往來或用肩輿，或用步行，均不困難。此外星子埠，東陂埠，與縣城均設有半官用之電話，傳達消息頗爲便捷，此洵爲北江各屬特別優異之點也。

## (六)耕作情形

（1）冬耕　該縣耕地，以水田爲多，其水田大半不行冬耕，因其多已播種紅花子（係綠肥用之荳類植物），蓋於晚稻抽穗之後，排去田水，將紅花子種撒播於晚稻行間，至晚稻收穫後，則已萌發。故在冬季春初之間，平疇皆綠，一望如茵，亦農村之一美景也。

（2）春耕　春分或淸明時節，着手春耕。所種之紅花子亦正在花實未熟之際，遂將之犂轉，至早稻分秧時，再用鐵耙耙之，使其田土鬆爛，同時施以廐肥人糞等爲早稻基肥之用。

（3）秋耕　於大暑後，其早稻跡田爲土質堅實者，先行犂過，土質輕軟者，則直行犂爛，以轆軸輾平之。普通不施基肥，卽行種植晚稻或甘薯。

## (七)農民經濟狀況

（1）農戶　農民中田主約佔百分之五，半佃農約佔百分之三十，佃戶約佔百分之六十五。其耕地面積平均計之，其田主多由二十五畝以至四十畝，此種約可佔百分之十五至二十；半佃農多由二十畝以至三十畝，約可佔百分之二十至二十五；佃農多由十畝以至十五畝，約可佔百分之五六十。

(2)田地價　該縣田地通稱之爲若干工，（每一工半等於一畝）其每工水田上等者約五六十元，中等約三四十元，下等約十五元以至二十元；每工旱地上等約八元，中等約六元，下等約四元云。

(3)肥料價　其通用之肥料，如花生麩每百斤値約六元，石灰每元約二百斤，人糞每元約二百五十斤。

(4)農產價　可供役用之水牛，每頭約六十元以至一百元，黃牛每頭三十元以至五十元，猪肉每斤三、雞毫半每斤四毫至四毫半，鴨鵝每斤二毫半至三毫，魚類每斤約三毫，香芋每毫約三斤，乾花生每百斤約七八元，穀每百斤約四元五六毫，豆類每百斤約十元以至十一二元，油每元約三斤，烟草每百斤二毫半以至四五毫，嫩茶葉每斤約五毫，去籽棉花每斤約六毫，乾柴每元約二百斤，木炭每元約一百斤。

(5)人工價　長工每年約四五十元，另全年膳食及供給草鞋，手巾，帽笠，並衣服一套，共須五十餘元。短工在尋常時每工男約二毫，女約一毫半，每日供膳三餐，値約二毫；在農忙時每工男約四五毫，女約三四毫，每日供膳三餐及點心，約値三毫。每日工作十小時左右，農忙時之農工多由就地僱用。

(6)田地租　所有水田皆用納租穀法，旱地則甚少出租，間有則納租金爲多，每畝約數毫以至一元內外；其水田每工每年納穀，上等田約二百斤，中等約一百五十斤，下等約六十斤以至一百斤，如遇荒歉之年，則酌量減少，或對半均分。其收租法，遠者由田主到收，近者多由佃戶送來。

(7)租田制　祗由佃戶立一承批字約于田主，其程式與樂昌乳源等縣大致相同，惟租田每工須交押租一元以至二三元，至脫佃時始償還之。其租賃年限，多無限定，除田主將田另賣於人，須任憑別主脫佃或續批外，如能年淸年租，則可永遠耕種，田主除供給田地之外，即可坐收租潤矣。

（8）農產貿易　農民出售農產品，多在就近鄉墟販賣，由商人收買，運至縣城或再由大商賈彙買後，分別轉運出口。故該縣貿易之中心地點，似屬於縣城，其餘外地少有與農民直接貿易之市場。年中由外境輸入之貨物，以食鹽及雜貨布疋為多　其本縣之大宗出產，及有出口之種類，約畧紀之如下：

| 農產種類 | 本地賣銷或出口約數 | 備巧 |
| --- | --- | --- |
| 米 | 百餘萬斤 | 完全出口 |
| 包麥（玉蜀黍） | 三數十萬斤 | 同 |
| 木料（杉木為多） | 三四十萬元 | 同 |
| 柴炭 | 百餘萬斤 | 同 |
| 花生油 | 三數十萬 | 同 |
| 茶油 | 三數萬斤 | 同 |
| 桐油 | 萬餘斤 | 同 |
| 菸葉 | 十餘萬斤 | 完全本地銷售 |
| 棉花 | 三數萬元 | 稍有出口 |
| 葱頭 | 十萬斤 | 同 |
| 蒜頭 | 萬餘斤 | 同 |
| 生薑 | 萬餘元 | 同 |

| | | |
|---|---|---|
| 香芋 | 三數萬斤 | 完全出口數 |
| 肉猪 | 六千餘頭 | 同 |

（9）借貸情形　農民中約有百分之六十，須行借貸錢欵或糧食，以維持生活者。通常月息三分，高至三分六，低者一分半。放債者多係田主，或殷富商人等。借債手續大致與各處相同，惟大宗借欵，其所請之介紹人，每百元須酬謝金四元云。通常小農之借數以一二十元或二三担穀為多，借銀還銀，借穀還穀，大概借期以三四個月至半年為度。年中農民經濟，最難之時期，農民之借債亦愈多，即在臘月底及三四五月間，一為年關需用，一在青黃不接之時也。但農民素有信用者，或有殷實担保，亦可按通常利率借得之。村中亦有標會搖會等組織，惟不甚普遍耳。

（10）農具　該縣通用之農具有犂，多自湖南運來，每張價約二元六毫，為犂起土塊之用。耙每張約六元，為耙鬆田土及覆土之用。鋤每把五毫，為鋤土整畦等用。钁鉀每把一元，為鏟土及作基之用。草鐮每柄四毫，割草用之。禾鐮每柄銅元十枚，割草用之，皆由本地製造。轆軸每方約一元五毫，為輾平水田表土之用，多出自連山。

## （八）畜牧

家畜以養猪為主要，平均每家年中可養肉猪一頭至二三頭，除供本地宰賣外，每年出口者約有六千餘頭。其次養牛，則多係耕田役用。居山者養黃牛為多，村居者養水牛為多，除本地宰賣外，少有出口，所謂連州江每年輸出牛隻甚多者，皆湖南產也。至於養羊雖有，而極少數，因其除供祭祀用外，為用甚少故也。至其畜舍構造，多用住家房屋用木棚製之。一般放牧管理飼料等，多與他處相同。

家禽　以養雞為普通，養鴨次之，俱為本地卵肉食用。聞年中亦有少數出口，但無統計。其飼養上之諸種方法，亦無有異處，茲不詳紀。

## (九)作物

(1)水稻　該縣水田甚多，栽種水稻亦極普遍，故該縣亦為餘米之地也。查該縣之河東，河西，東陂各區屬地，皆栽種早晚水稻二造，在星子區屬，則年中多祇種中稻一造而已。茲將其各造水稻之品種及栽種方法，畧紀如次：

早稻　普通品種有六月黃，紅皮穀，紅粳糯等，其六月黃苗較軟弱，宜於瘠田，紅皮穀苗較粗壯，極能受肥，種於愈肥沃之田而愈佳。通常於春分前後浸種三日，起水後屯芽二日至三日，撒播於秧田。其秧田多先種有綠肥植物，土稱紅花子，乃豆類植物也。至播種整地時，復施以人畜糞等為基肥，播後三數日排水露芽，迨苗長寸餘至二寸時，施以花生麩與草灰和混之粉肥一次，至苗育一月左右，在谷雨前後，即可拔苗(水拔)分秧，其稻田亦先施以廐肥人糞等為基肥，分秧後二十日許，用手中耕除草一次，再五六日施以石灰，施後又用小齒耙中耕之。此後亦不再施補肥，惟將四圍田基之草割去，以免野鼠窩藏為害。通常早稻在大暑時可旺熟，每畝收量約可三百餘斤云。

中稻　即每年栽種一造者也。其普通品種有觀音粘，鐵管粘，湖廣粘，香禾糯，大糯等，多於清明時浸種三日，起水後屯芽二日至三日，遂撒播於秧田，播後約十二三日施尿肥一次，至立夏前後即行拔苗(水拔)分秧。分秧後約三星期許，畧排去田水，行中耕除草一次，並施以石灰直至苗葉轉呈濃綠色，然後復灌以水。再過二十日左右，又行中耕除草一次。查其栽種此種水稻，除在未分秧前施以廐肥，或人畜糞一次基肥後，多不施用補肥。普通於處暑時節旺熟，每畝收量約可四百斤以至四百餘斤云。

晚稻　其普通之品種，有油粘，冬白，二造紅皮穀及冬糯等，就中以油粘之品質為佳，分蘖力亦大，冬白則抵抗風旱性強，二造紅皮穀亦然，惟分蘖絕少。蓋二造紅皮穀種乃由早造紅皮穀刈收後所抽出之穗實，留為二造種用者也。通常皆於夏至後播種，其法將種籽稍為浸濕，不用屯芽，即行撒播之，播後三日左右出芽，遂將水排去，任其生長，不施肥亦不必灌溉，迨立秋時節乃拔苗（乾拔）分秧。其種田即爲早稻之跡田，如土質堅靭者，則須先犂而後耙，如土質輕軟者，則直行耙爛可矣。至分秧後二十日許，亦用手中耕除草一次，過後一星期施以石灰，施後用小齒耙中耕之，與早稻相同，中耕後如有肥料者，則再施以畜糞或花生麵等肥，但無者亦實不少，普通於霜降後五六日可有收穫，而旺熟時期，則多在立冬時節也。每畝收量約二百餘斤至三百斤左右。

（2）蕎麥　蕎麥亦稱三角麥，該縣各區畧有栽種，惟於星子區屬爲多。皆種於旱地，在星子區屬者，則每種於排水良好之水稻跡田。通常於白露時節播種，行直接點播之法，先將種地整鬆後，用鋤開淺溝，於溝中每距離六寸許，點播種籽七八粒，於至十餘粒，同時施入糞尿灰一勺於其上，然後用牛耙薄覆以土。如播後三日內無雨水下降，必能生長良好，不然則不能萌發云。又萌發後如天然雨水均勻，則定有豐收之望，如天候過旱，用人工灌溉，則多腐根之病云。在生長期間，絕不施肥，至立冬後可有收穫，每畝約一百斤至百餘斤云。

（3）馬蹄　星字保安一帶稍多種之，每種於表土深厚而肥沃之水田，普通於十一月間所收取之馬蹄，用坭蓋住，至翌年正月間取出換用細砂藏之。栽種馬蹄有遲早二者。其早者於三月間播種育苗，遲者則於夏至前後，將種用之馬蹄平密插播於苗塲（其苗塲不用水浸），播後不須管理，其早者在芒種夏至間，遲者則於大暑之後，將苗挖起分植於田；早者種田不能栽種早稻，遲者則可種於早稻、收穫後之跡田，其田皆用牛糞人糞及草灰爲基肥，絕對不可施用猪糞，因其施以猪糞者，必發腐莖之病云。其分植方法，有如水稻，每株距離尺許，及分植後不用中耕，亦不再施肥，惟須注意灌溉，不使乾旱爲要。通常在大雪冬至之間，可以挖收，惟土質乾後，收者則多，不耐久藏云。平均每畝收量，早者約可三千餘斤，遲者約千餘至二千斤。

（4）香芋　香芋或曰檳榔芋，因其肉色類似檳榔紋也，該縣附城及河西區產爲佳，亦於該等地方栽種爲多，皆種於排水良好之肥沃水田。通常於二月間種，將種地整起條畦，揀取大小適中而無病害之芋仔，切去下截，以草灰塗其切口。種時於條畦上每距離一尺至尺餘，用木錐作穴，施腐熟之糞尿其中，然後將芋種穴植其中，再施草灰其上，并覆之以土，至發葉後，淋以污水或人糞尿水等，以後每隔二十餘日淋以糞尿污水等肥，計共四五次。又於四五六日間須中耕培土。間或覆以堆肥及青草等。在天候過旱時，并須灌水蔭之。通常於八月間可小收，九月可旺收，每畝收量約十二三担，多為熟食之用。每年出賣於鄰縣及連江一帶船戶者，亦有三數萬斤云。

(5)草棉　該縣星子區屬及各排猺民多種之，普通種高亢旱地，猺民則植於山嶺。在星子區屬種者多在二月二日播種，蓋依其農諺也。播時先將種籽用人糞尿灰及泥沙和混擦勻，然後撒播於種地平畦之上。播後十日萌發，迨葉生數片時，中耕除草，同時行間拔一次，以後有草生時，再行除草二三次，多不再施肥料及淋水矣。在猺民種者，聞亦同此粗放，惟其地土多先燒過耳。通常於六月至九月均有收穫，每畝地之產量，可約五六元。其品質則以猺民產量為佳云。

(6)花生　各區皆有栽種，而於星子區及河西區為多，其次猺民出產亦屬不少，除製熟食用外，皆為搾油。計年量油額約三十萬斤左右。

(7)甘薯　各區旱地莫不種之，作雜糧食外，無特別用途。

(8)生薑　於東陂及猺排產最多，年產總額值約二萬元左右，稍有出口云。

(9)玉蜀黍　土稱包麥，與陽山接近地帶多種之，其餘各處山地，亦畧有種者。惟該縣為餘米之區，對於此種雜糧不甚慣食，故多出賣於陽山境地及船戶。計年約三數十萬斤云。

## (十)園藝

（1）果樹　該縣果樹種類，有：桃，李，沙梨，楓栗，紅棗，柑，柚之屬，但無專事闢園種植，亦無廣大面積。除沙梨用接木繁殖外，其餘則概用實生。其果類中，以桃之品種爲最佳，所謂連州蜜桃者，殆可與曲江之南華李相媲美也。其果形似櫻桃而畧扁，味甜而有蜜香，在河西區之小水南坪一帶，及星子埠等處皆有出產，但產額不多，祗供就地銷售而已。其柑柚李等皆產於河西區屬地，紅棗產於星子，楓栗沙梨多產於猺山。所有品種皆無特色，產量亦無大宗，故不能輸出於外境也。

（2）蔬菜　普通之各種蔬菜，各區屬地皆有栽種。其黃芽白，芥菜，蘿蔔等類種籽，多由潮州購入，餘皆本地所產。一般蔬菜園藝之經營，多專爲縣城及各區鄉繁盛市塲之銷用，惟生薑及葱頭蒜子較爲大宗，年中可畧有出口。其生薑多產於猺山與各區山地，及東陂之清水楊屋觀等一帶，其葱蒜，則各區皆有出產。

## （十一）森林

該縣森林面積約有四百萬畝左右，殆可佔山嶺面積百分之六十五。就中以天然林爲最多，約森林面積三分之二。至其森林樹種人工林以杉木爲最多，松木次之，楓樟木又次之，此種則植於家屋附近，屬保安林也。至天然林，則以松爲最多，其次爲雜木杉木等。查其杉木出產最多之區域，以西南部之猺山及西北大隆山一帶爲最多，其次則爲星子保安等處至東南之部，是爲最少，統計年中輸出杉木材不下三四十萬元云。至於柴炭之出產雖多，但因連年之治安不良，水道交通梗阻，故出口之數年，不過百餘萬斤耳。

## （十二）農村敎育狀況

該縣敎育雖因時局多故，屢遭影响，但近年以來，地方不乏熱心之士，銳意整頓，故該縣敎育在北江各屬中，實可居其第一位也。茲將該縣十個學區之敎育情況，分別紀之如下：

（1）學校數

中學　全縣有縣立初級中學一間。

高小　查第一區有男女校各一間，第二區有二間，第三四五區各有一間，計全縣共有男女高級小學七間。

初小　第一區十五間，第二區三十九間，第三區三十四間，第四區五間，第五區十一間，第六區五間，第七區十四間，第八區二間，第九區六間，第十區三間，計全縣共有初級小學一百三十四間。

私塾　第一區九間，第二區二十間，第三區五十五間，第四區五間，第五區四間，第六區三間，第七區九間，第八區四間，第九區七間，第十區二間，計全縣共有私塾一百一十八間。

平民夜學　第九區有一間。

（2）學生數

初中學生　縣立初級中學學生一百七十六名。

高小學生　第一區一百九十一名，第二區一百〇三名，第三區九十九名，第四區五十二名，第五區三十二名，計全縣共有高級小學學生四百七十七名。

初小學生　第一區八百六十八名，第二區一千二百四十九名，第三區一千二百〇二名，第四區一百九十六名，第五區六百三十五名，第六區一百三十八名，第七區四百二十五名，第八區八十八名，第九區二百四十名，第十區一百三十六名，計全縣共有初級小學學生五千〇七十七名。

私塾學童　第一區二百五十名，第二區三百五十六名，第三區八百四十四名，第四區七十二名，第五區五十八名，第六區三十三名，第七區一百二十五名，第八區五十六名，第九區一百二十六名，第十區三十名，計全縣共有私塾學童二千〇五十名．

（3）教員數

中學　縣立初級中學，共有教員十一名．

高小　第一區十一人，第二區十人，第三區七人，第四區六人，第五區五人，計全縣高級小學校教員共三十九人．

初小　第一區四十五人，第二區一百〇六人，第三區一百〇四人，第四區二十一人，第五區三十二人，第六區十五人，第七區四十二人，第八區六人，第九區十八人，第十區九人，計全縣初級小學校教員共三百九十六人．

私塾　第一區九人，第二區二十人，第三區五十五人，第四區五人，第五區四人，第六區三人，第七區九人，第八區四人，第九區七人，第十區二人，計全縣私塾師共一百一十八人．

平民夜學　義務教員二人．

（4）其他

失學兒童　統計全縣平均約佔百分之五十．

教育經費　第一區一萬九千一百八十元，（內縣立中學佔八千四百元，縣立女高小佔三千二百元．）第二區九千六百九十元，第三區一萬三千二百六十一元，（內學校私塾所收學費六千〇二十一元．）第四區三千八百四十六元，（內學校私塾所收學費二千〇〇六元．）第五區三千五百六十八元，（內學校私塾所收學費九百六十八元）．第六區九百二十五元，（內學校私塾所收學費一百三十二元．）第七區二千七百二十元，（內學校私塾所收學費七百七十元．）第八區九百五十二元，（內學校私塾所收學費二百二十四元）第九區一千六百七十元，（內學校私塾所收學費五百〇四元．）第十區六百八十元，（內學校私塾所收學費一百四十元）統計全縣教育經費共五萬五千四百九十二元。(內所收學費一萬〇七百六十五元，常年費四萬四千七百二十七元。)

經費之來源　係由書膳廟會等產租提撥，暨屠牛生猪竹木等捐及收學費。

私塾存在原因　係因科舉時代積習，相沿日久，陳舊思想尚未改變，故猶昧乎今日之學校爲無用也。

敎育進行上之困難　其最困難者，厥惟經費問題，其次則因風氣尚未十分開通，不免少數頑固者流，從中破壞耳。

指導敎育辦法　由縣敎育局每年上下學期派出督學巡視考察，並加派巡廻敎員爲之指導。

小學敎員之資格　多係師範及中學畢業，或曾在中學修業若干年者，但前淸員生間亦有之。

## (十三)農林前途之觀察

該縣農業以水稻爲其主要生產，而一般水田地勢土質以及耕作灌漑情形，並能於冬間栽種綠肥等等，均尚能適合農法。惟林業方面，因焚山之積習未除，復受時局之影響，治安不良，以致近年林產出口額數，較爲銳減，此卽希望賢有司之有以整頓之也！

(出自《广东农业概况调查报告书续编》上卷，一九二九年)

# 連縣農業概況

何守基

## （一）緒言

連縣氣候溫和，雨量充足，農業發達，自戰後生產突飛猛進，粮食豐富，素稱餘粮縣份。近幾年省農林機關遷連，加緊推動增產工作，暨指導改進農業技術，農產突增，尤以優良稻種經推廣而分佈全縣，爲增加粮產因素之一。且以本縣農業特產發達，在經濟上佔相當地位，現在本縣農業輪廓：大抵分農藝；園藝；森林；等三類。農藝作物概括而論；水稻佔本縣生產首位；落花生，紅薯；玉米居次位，亦爲本縣什粮作物，在增產聲中，實屬重要。棉麻等特用作物在本縣生產量並不多。並無大規模繁殖。園藝作物；果樹類；有柚子，柑橙類甚酸、梅、桃、李、枇杷之類。然以分佈不廣，供不應求。蔬菓類：白菜、芥菜、黃芽白、菠菜之類瓜類、如茄子苦瓜、黃瓜、絲瓜等。森林方面：以松、杉、苦楝最普遍。而賦有經濟價值者爲油桐、油茶、烏桕之類。均爲外銷特產。關于藥用作物中之黃精爲連縣著名特產產于東波落陽鄉一帶；野草中之野生作物如金艮花，夏夫草產量亦多，爲本縣地方經濟之源。本人在連工作越二載。對于本縣農業環境，及氣候變遷，作物分佈情況，畧爲明瞭。据調查所得畧述其概況，聊充篇幅，以供各界參考。

## （二）地勢與氣候

本縣位小北江上游，居東經一一二度，北偉24度至25度間，氣候溫和，入冬較寒，以處本省北部，地勢高峻 拔海高達一四六〇公尺。山嶺重疊，綿延起伏。又以本縣位于本省西北，氣候變動振幅較本省南部爲大。但其西北東三面邊境均有高山屛障，大陸氣候影响少。比之湘南各縣氣候溫和，且每當春暖，雨水豐沛，空氣濕潤，入冬較寒，間驟降霜雪。每年以十月至明年二月爲乾旱期，全年降雨量平均達一二一、四公釐（卅五年度統計），對于農作物生長賦與優良環境。（附卅五年度連縣雨量曲線表一）

## （三）水利與灌溉

本縣水利灌溉情況，以接近河流區域，陂圳，水車等灌溉工具設備週全，蜘蛛分佈，故農田水利灌溉極爲發達。引水排水均稱便利，適宜于稻作。故粮產充足。近山高峻地帶，開闢梯田，利用山陂構築山塘，儲備山雨兩水，引導農田以資灌溉，入冬乾涸，灌溉不利，年僅一造。查本縣水利，大抵因地勢迴異，多依山爲水，溪流密佈，依山迴轉至縣治合流成湟川，與小北紅銜接。故在湟川上游分佈數條河流而下，發源于東北之鳳頭嶺經星子，稱星子河。；發源于西北之南風坳經東陂，稱東陂河

：發源北部之黃洞山經保安稱保安水。此外尚有三江河發源于連山。此數條河流皆爲本縣農田灌溉之主流實造成本縣農田水利發達之區。然以此種河流河床淺狹，無舟楫之利，且水流湍急，故農家利用其水力爲灌溉及工業水用。所患夏天雨水過多，山洪暴發，洪水横流，廬舍橋樑爲之摧毁，禾田受其浸沒。故防洪實爲目前最重要工作。現政府方面提倡督促各鄉修建水利工作，去年山洪暴發，鑒于三江河爲患，數鄉農田爲之浸沒，損失奇重。前車覆轍，各鄉急于申請救濟總署以工代賑，以救濟米貸輔助修建工程之資金，現紛紛申請中，修建本縣水利工程得以解决，對于粮食增產，增加很大効果。在增產聲中，實屬美舉。

## （四）農作物分佈

本縣農作物分佈情况，大概因地勢氣候水利，而分佈區域畧爲不同。而農作物栽培技術異車同轍，無大差異。食用作物類；水稻分佈區域較遼濶，佔全縣耕地面積十分之八。而稻穀產量最多爲東陂各鄉及附城區各鄉，可稱爲本縣粮倉，年中均兩熟。而星子區穀米生產稍遜，年僅一熟。此因氣候，水利，地勢諸因素影响其差異。顯然劃分爲兩造區域。麥類生產區域以九陂小水上水鄉質量較優，餘分佈並不廣，產量不豐。特用作物方面：棉作產區以星子區及三江一隅爲最優。即俗稱星子棉及三江絲棉，然以分佈區域並不廣。故植棉事業只星子及三江，而軋花事業以星子四方城一帶地方較發達。實爲本縣棉產加工之良好現象。考棉品質並不優，棉色素潔白，但纖維長度短屬短絨棉型。對于紡織價值不大，只宜紡土粗紗之類。若計劃引進優良美棉品種，行風土試驗，及改進質量，或能引起植棉興趣。蔴類作物如黃蔴，苧蔴，青蔴在本縣分佈區域零星。無大規模繁殖。實屬可惜。甘蔗生產區域以附城各鄉種植較多均爲食用蔗，並無糖蔗栽植。然以天氣旱寒，生長受抑制，爲對于本縣植蔗事業一大打擊。倘能引進優良抗旱耐寒品種，可能改進本縣甘蔗作業，與以發展。種植什粮作物在本縣亦相當注意，玉米，紅薯，落花生之類在連產量亦優，分佈面積，相當普遍，在荒年亦能補給粮食一部分。烟草在本縣因土壤氣候適宜，且農民嗜烟習慣極爲普遍，故種烟事業亦相當流行，著名產烟地方爲尤坪鄉之孔塘烟，烟區並不大，產量亦少，惟烟色澤，氣味均醇郁可口，其餘各地均樂種烟，但不及南雄烟之出名，關于烟葉加工，在連縣頗爲流行，故製烟廠亦不下十餘。東陂馬蹄，黃精之類均爲本縣名產，爲外銷物產之一。園藝作業在本縣分佈並不廣，果樹類之柑，橙、柚、棗、栗、枇杷、酸梅、亦有出產，然以果品氣味不佳，量亦少，亦在市塲上供不應求。蔬菜類之白菜、芥菜、君達菜、菠菜、韮菜、相當普遍、瓜類中之苦瓜、絲瓜、南瓜、節瓜、冬瓜、在連分佈亦廣只蒲瓜稍稱爲連縣瓜類之特色。故一切品種與珠江三角洲無太差異。但冬季作物以種蒜及甘藍類如黃芽白類蔬菜爲最盛。關于造林事業，在本縣分薪炭林及經濟林二種。薪炭林以松杉類爲多分佈于西南，西北角一帶，即石角，三江東陂區域較茂盛，星子方面畧遜。次爲經濟林之油桐，油茶，賢烏桕之類，均分佈于山嶺地帶。尤以石角、三江、東陂、尤坪、及附城各鄉種植此種油類作物較盛。年中出產非少，故榨油業亦旺，小規模油榨工業均分散于附城及各鄉中。爲本縣農產加工之小型工業。綜上以觀本縣農作物分佈狀况大既如斯。

## （五）耕作制度

本縣耕作制度泛論大既以氣候、地勢、水利、習慣之迥異而劃分異殊。在耕作制度上區別爲輪栽制，及單作制或連作制。而輪栽制多利用于土壤瘦瘠，地勢稍高，及水利不便之地帶，故旱作多利用此種輪栽辦法，以減少土壤細菌之侵害及土壤養分易于吸收等作用，以希求在經濟方法中獲得增加產量如烟草與紅薯輪栽，花生及木薯山芋等作物輪栽烟草與玉米輪栽等制度，在連極爲普遍。單作與連作制在連劃分區域極爲顯著。在稻作來講，因地勢，氣候水利因素方面差異區別，在星子七鄉一帶稻田區域採單作制，即一年一造，晚造放棄，間有近水地方則驅水浸田，及改種紅薯。在附城東陂區氣候較温和，水利充足，地勢稍低平坦，則多行連作制，故此一帶稻田區域，稻作雙造，年爲兩熟制，佔本縣耕地面積三分二皆爲雙季稻。故本縣顯然因各種條件而劃分單造及雙造兩種區域，農民耕作習慣亦稍爲差異，耕作制度亦有不同之處。

## （六）農推近况

本縣農推近况，自戰後幾年，經省農林機關之輔導，積極展開推動增產工作。協助農業推廣。達到顯著効果爲推廣優良稻種，當時運用貸種，指導留種換種，及特約示範等推動方式，用漸進方法淘汰土種，改種良種，幾遍佈全縣，及今調査良種面積幾達本縣耕地面積百分之七十强統計全縣達廿一萬畝餘（据稻作所調査數字）均種良種，計早造有茶占，305選占，白谷糯16，東莞白18，晚造有大剛占。經風土試驗結果比較土種增加產量達百分之二十頗得一般農家信仰，有不推而廣之勢，全年估計增加粮產約達五萬担左右。現今尚繼未竟之功，希冀全縣全達良種區域。

但目前發現東莞白一個品系異花什交關係而現顯著退化，產量減低爲農家所不願種。次爲推廣木薯工作，經卅三年度擴大增加什粮生產，曾推動廣種木薯，當時貸放種苗達數十萬株，然以一度經霜雪冷壞，發芽力損壞，故面積驟減。故當時與推種六十日薯等作物同稱爲救荒作物。關于畜疫防治推動工作，前經畜疫防療所舉行注射血清及疫苗防治牛瘟及猪瘟收効亦著。並設東陂牧場以爲改良畜牧及改良畜種並借助農家畜力以維持其耕作力，收効亦大。次爲指導作物病虫害防治，遇有稻作禾虫及螟虫發生，則指導梳殺及毒殺法，並宣傳各種防治法，頗得農家信仰。推廣綠肥作物在連尤爲普遍，夏季綠肥不及冬季綠肥之得農家愛好，且冬季綠肥中，如蘿白靑，紅花草皆爲連縣農田中肥田草，對于農田肥効增加極大尤利于稻作生長。復員後，各關機還回穗，本縣農推驟形縮狹，且縣推廣所方面因人員，經費之裁減緊縮，故推廣業務不能開展倘能加以充實，定能按照理想推動實現。

## 結論

綜上所述一般概況，歸結而論，本縣農業環境及條件，均稱適宜，且粮產、林產、特產、均發達。對于地方經濟佔有重要地位。但童山濯濯荒地亦不少，倘能計劃開發，必能充實本縣經濟富源，及建設本縣新農業。目前已設立縣實業促進會，並有發展本縣農工實業之計劃，倘經相當月日，資本，人力定能按步實施，逐漸改進。但簡陋之見尚望一般專家指正，俾能檢討過去，策勵將來，俾能改革今後農推工作實有厚望焉。

（卅六年六月三日寫于連縣）

（出自《统计月刊》第二卷第四期，一九三六年）

# 陽山縣農業概況調查報告書

（一）位置區域及形勢

陽山縣地居小北江上游，舊爲連州屬，東界英德，東南界清遠，東北界乳源，西界連山，南與廣西懷集接壤，北與連縣相毗。縣治在北緯二十四度二十七分，經度距京師中線偏西四度六分，分全縣爲六區，統屬二十鄉：其第一區轄地爲附城大崀，高峯，水口，菁蓮，江口等鄉；第二區轄地爲小江，朝天橋，西江，嶺背，黃岔，黎頭，秤架等鄉；第三區轄地爲七拱，太坪，杜步，白蓮，東山等鄉；第四區轄地爲黎埠，寨崗二鄉，但其警察區署之位置，則在第一區之城南，及菁蓮，第三區之七拱，第四區之黎埠，寨崗，共設五區，而第二區則缺如。計全縣面積約五百四十六萬九千六百六十七畝左右。境內山巒層叠，且多突兀巉巖之山峯。

（二）氣候

該縣氣溫於小雪後至翌年春初爲最低溫時期，而於小暑後至秋初爲最高溫時期。年中天冷時期約有四個多月，天熱時期則約三個月左右。至雨量於春初至中夏間爲最多，秋後及冬皆少。每年下霜常於十月中起至春初始收，但二三月間仍常有冰雪下降，且厚及尺許云。

（三）耕地狀況

（1）地勢　全縣耕地約二十餘萬畝，至三十萬畝左右，其地勢平均平原約佔百分之四十，山嶺約佔百分之二十五，傾斜者約佔百分之二十三，山谷約佔百分之七，崗陵起伏約百分之五。所有耕地以旱地爲多，水田極少，查各鄉水田所佔耕地面積在第一區之高峯，江口，則全無水田，菁蓮，水口約佔百分之二十，附城，大崀約佔百分之三十；第二區之嶺背，黃坌，秤架約佔百之三十五，西江約佔百分之五十小江，朝天橋，黎頭約佔百分之三十；第三區之東山約佔百分之五，杜步，白蓮約佔百分之三十，太坪，七拱約佔百分之六十；第四區黎埠，寨崗約佔百分之七十。但以全縣平均計之，則水田可居其三，旱地實居其七。所有水田，多係栽種早晚水稻二造，惟晚造每有缺水之患；其旱地除第二區秤架一帶及第四區黎埠沿岡冠水一帶頗多，種糖蔗外，餘則以玉蜀黍爲主要作物，其次爲花生黃豆紅豆芋頭甘薯等。

（2）土壤　一般旱地土質皆屬輕鬆之中幼砂土，顏色多黃赤而瘠瘦；水田多爲半輕鬆之壤土，顏色多黃灰肥度中等；山嶺以半輕鬆之紅赤土爲多，新墾時肥度稍好，種植——三年輪栽，第一年第二年爲薯芋，第三年爲花生——三數年後必行休耕七八年。因耕種時多不施肥，致不能維持其肥力故也。

（3）水利　各區鄉之水利皆不充足，其高亢旱地固無論焉。即就佔耕地面積約百分之三十之水田，亦祇黎埠，寨崗，七拱，大坪，黃坌，秤架等鄉，多能設陂灌溉，比較旱患稍少，然其水尾之田，及其他各區鄉者，則於秋冬之季雨量稀少，水源短乏，鮮有不患旱者。蓋該縣山嶺雖多，而森林甚少，水源雖長，而流則不能持久也。

## （四）荒山情形

全縣山嶺面積約有六百餘萬畝，而荒山殆佔有十分之七，就中又以第一區屬各鄉爲多，所有荒山多有茅草叢生，或有灌木小林。其荒廢之原因，約有二端：第一該縣農民耕種山地頗多，每於冬間習慣放火焚山，謂山不燒地不肥，因之焚林易而成林難矣；第二該縣山嶺殆有三分之一爲顯現之石山，至其隱含石底而被以淺薄之表土者，諒亦不少，則此種山嶺當然不易長林，尤其是深根之喬木林更爲不易。但關於前者，尚可加以禁令杜絕燒山焚林之弊，惟關於後者則屬天然障碍，非人事所易爲力也。

## （五）運輸交通

該縣河流四達，水運原屬便利。查第一區之湟水，又名陽溪者，爲該縣巨津，第二區之菁蓮水，第三區之通儒水，第四區之同冠水，皆可通帆船，所有輸運出口貨物，莫不賴此水。惟秋冬之季，常致淺擱難行耳。各區鄉墟皆五日一期，境內交通多趁坐墟船來往，或循陸步行，但其道路則多狹險不平耳。

## （六）耕作情形

(1)冬耕　排水良好之水田，於秋收之後，用犂犂翻其土塊，使曝露於霜雪，是謂轉霜田，間或砌窰燒土，但冬耕多種肥田子（野蘿蔔），則其田地皆須犂耙鬆其泥土後，方能播種。

(2)春耕　於清明前後將去年冬耕所種之肥田子拔起斬碎，撒回田中，或直接將之犂反埋入土中，如水田栽種水稻者，則用水耕，其旱地栽種各種雜糧者，則用乾耕，其耕具不外犂耙而已。

(3)秋耕　水田多不用犂，祇以鐵耙撕碎其早稻禾根及整爛其土壤後，畧灌以水，使强烈之日光薰蒸以促其腐爛，至插植晚稻時，以轆軸輾平之。至於旱地則須犂起耙鬆，然後栽種玉蜀黍或甘薯等雜糧。

## （七）農民經濟狀況

(1)農戶　農民中田主約佔百分之十，半佃農約佔百分之五十，佃農約佔百分之四十，每農家耕地面積約畧平均田主由三十畝至四十畝左右，半佃農由二十畝至二十五畝，佃農由十五畝以至廿畝是爲通常。

(2)田地價　該縣田地面積不稱若干畝，係稱若干担租穀田，其每担租穀田，以畝計算，約合六分左右。據此伸合畝計，其田地價格則每畝水田上等約值八十餘元，中等約六十餘元，下等約五十元。每畝旱地上等約值二十餘元，中等約值二十元，下等約值十五六元云。

(3)肥料價　花生麵每百斤約七元，石灰每元約二百五十斤，人糞每担四毫，豬糞每担二毫半。

（4）農產價　大黃牛每頭三十元至六十元，大水牛每頭六十元至百元，猪肉每斤三毫半，羊生每斤二毫，雞每斤五毫，鴨每斤三毫，魚類每斤三毫。芋頭每毫二斤半，花生每百斤約五元左右，穀每百斤約五元，生油每斤約三毫，豆每百斤約十二元，玉蜀黍每百斤約五元，砂糖每百斤約十一二元，蔬菜類每毫約三四斤，柴每百斤約四毫餘至五毫，木炭每百斤約一元二毫。

（5）人工價　長工每年工值約三十元，短工忙時每工男二毫半，女工二毫，閒時每工男一毫半，女一毫，每日供膳三餐，値約二毫至二毫半，長工年中並須供給雨笠草鞋手巾等物，共値約三數元，每日工作十小時至十一小時，本地農工畧可敷用。

（6）田地租　水田多納租穀，旱地多納租金，無覇工分租糧食分租等法，計每畝水田年納租穀上等約二百斤，中等約百五十斤，下等約一百斤；每畝旱地年納租金上等約四元五毫，中等約三元五毫，下等約二元五毫。

（7）租田制　租田祇由佃戶立一承批字於田主收執，其程式與樂昌乳源等縣，大畧相同。承批時佃戶除立承枇字之外，每担租田須送四毫，租禮於田主，間或租田少者，則送猪肉一塊亦可。按此種租禮不同預租押租性質，蓋其將來脫佃時亦無扣算抵還也。

（8）農產貿易　該縣之城南，菁蓮，小江，秤架，七拱，黎埠等墟，皆屬境內繁榮之商塲，各區鄉之農產即多由該等處之行商彙買轉運出口。至外境與本地貿易之大市塲，則爲連縣及英德。茲將該縣輸出農產品之種類及其數量臚列于下。

| 農產種類 | 每年出口約數 |
|---|---|
| 花生油 | 七十萬斤左右 |

| | |
|---|---|
| 桐油 | 二十餘萬斤 |
| 茶油 | 一十餘萬斤 |
| 各種油麵 | 百數十萬斤 |
| 黃片糖(砂糖) | 一百萬斤左右 |
| 豆豉及醬油 | 百餘萬斤 |
| 刨花本料 | 二十餘萬斤 |
| 香粉(白膠粉) | 一百五六十萬斤 |
| 柴炭 | 三十餘萬斤 |
| 木材 | 三數萬元 |
| 草紙 | 千餘担 |
| 棕皮 | 三數百担 |
| 肉猪 | 三數千頭 |
| 牛 | 二三百頭 |

藥材——黃精厚朴紫背天葵…………

(9)借貸情形　當地之小農佃農因衣食不給，須行借貸者，約有百分之八十，通常月息三分，高至三分六厘，低者二分。其借貸之一切情形，與各縣無異，惟村中有銀會穀會之組織。銀者多屬標會，穀者多屬搖會，其組織法亦與各縣相同。縣中有按押舖四間，皆月息三分，一年當絕。就農民而言，其所按押之物，多係農具衣服等類。

（01）農具　查該縣普通所用之農具有犂，耙，轆軸，鐵札，鋤頭，中耕器，鐵劉，鐮刀等件，其構造用途及其價值，與各縣大同而小異耳，茲不詳紀。

## （八）畜牧

家畜以養猪爲主要，農家養猪者可佔百分之八十以上，年中每家可養大小肉猪一頭以至二三頭，除本地宰賣外，每年出口約有三數千頭，其次養牛則多係耕田役用。養牛之農家約有百分之六七十，就中以黃牛佔十分之七，水牛佔十分之三。其牛除耕田及搾糖役用之外，供本地各墟宰賣，年中出口，則不過二三百頭而已。此外間有養羊者但極少數，亦無出口，至其所有家畜之飼養管理方法，均屬普通。

家禽以養鷄爲最普通，其鷄種較通常畧大，惟其雞之羽毛極難豐滿，常有斤餘二斤重之雞，其羽翼尚不生者。風聞此種之雞，於寒天飼養，則不如普通之容易云。其次養鴨雖稍有大群者，但無如養雞之普遍，蓋養鴨之地須有河流池澤及水田等，方較適合。該縣多山嶺旱地，是亦養鴨不能普遍之一因也。該縣雞鴨除農家自已食用及就地銷售外，鮮有出口，

## （九）作物

（1）水稻　全縣栽植水稻面積約佔農作物百分之三十，所產米穀不敷民食甚多，全賴玉蜀黍（土稱包粟），甘薯，芋頭等以維持其糧食，故該縣糧食，完全以雜糧爲其主要，如高峯東山江口等鄉，則全無水稻栽種，故有數十年而未常食米飯者亦甚多云，至該縣栽種水稻區域已在耕地狀況中紀及，茲僅將其品種及栽培方法畧述如次：

早稻　品種有早白，早赤，遲白，嘉慶早，六月白，六月黃，湖廣白粘，湖廣赤粘，矮脚油粘，早糯，紅糯等，就中以早白，湖廣白，遲白爲最普遍。一般播種時期，多在清明前後三日內外，先行浸種二三日起水，屯芽二三日，

然後播於秧田，其秧田多先施人糞廐肥或草灰爲基肥。播後三日許排水，露芽三數日後，畧灌以水，再後一星期左右苗高寸許，卽淋以人糞尿水，或撒施以家畜糞灰一次，施後又一星期許，復施以燒過之花生麩粉，至谷雨後一星期左右，卽可分秧。在未分秧之前，排乾其水，撒施生麩和草灰肥，然後用秧剷剷起。分揷於稻田，分揷後約半月施石灰一次，施後卽行中耕或用脚耘，再過數日，有再行點施以人糞尿灰，或淋人糞尿水者，但無肥料者，則於施肥之後，遂行止肥矣。普通至大暑前後成熟，每畝平均收量，約可三百餘斤云。

晚稻　品種有白米油粘，赤米油粘，黄粘，扇尾早，冬白糯，冬赤糯等，通常於夏至前後播種，其法先將種籽畧爲浸濕，不用屯芽，卽行撒播於秧田，播後三日排水，以後非有太旱不須灌溉，除在未播種前施一次畜肥爲基肥外，多不施補肥，至立秋後可拔秧蒔田，蒔後二十天左右，施石灰一次，施後卽行中耕，再後一星期許，點施糞灰，或撒施廐肥一次，遂從此止肥，迨霜降後可旺熟，每畝收量平均約可二百斤許，惟晚造患旱者，有十之三四云，

（2）玉蜀黍　玉蜀黍土稱包麥，多係黄粒種，皆種於高原旱地，佔該縣糧食之重要位置。每年栽植二造，或連栽，或與甘薯豆類輪栽及混栽。其播種時期，早造於春分前後，晚造於大暑前後皆用直接點播。其法先將種地犂起，耙之鬆爲高約七八寸濶尺餘之條畦，畦上用鋤開一淺溝，每距離尺許，點播種籽五六粒。播後施畜糞，或畜糞灰於種子鬆上，然後覆土，至苗高尺許，卽播後二十日左右，用犂犂開畦側之土，同時施糞灰於株間。施後將犂開之土培上畦上，此時幷行間拔一次，每叢祗留强壯者二三株，再過月餘又行中耕除草一次，幷施以花生麩和石灰肥，每叢約施一大匙羮許，但亦有祗施以石灰者，因限於經濟故也。至山嶺種者，則施肥更少。通常早造於大暑前熟，晚造於霜降後熟，每畝平均收量約得黍米一百五六十斤云。

（3）糖蔗　糖蔗多產於第二區之秤架一帶，及第四區之黎埠一帶，就中以黎埠產爲最多，皆種於沿河堪地。其種

法普通留頭者，可連栽二年至三年，其新種法多用十月或十一月間所刈收之蔗，截取其梢長約五六寸許，然後掘一地窖深約尺許，將所有蔗梢直堆窖中，幷灌滿窖水浸之，任其滲透自乾，窖之上面覆以蔗葉，幷整實之，以免霜雪侵害，至翌年驚蟄起至淸明時，皆可種植，種須剝去葉鞘。其種地整理，則須起條畦，畦上用繩印一中心線，然後循線每距一尺五寸許，用鋤作穴，每穴斜插蔗梢一根，插後以脚踏實之，俟苗高五六寸時，每株之斜向內邊，穴施以生麵和石灰粉，（須和石灰者所以防蚯蚓食麵也），約一大匙羹，同時將畦旁之土犂起，覆於畦上，幷用小齒耙（中耕器）疏解平之，過後二十日許，則於每株之斜面背邊，施與前次同量之生麵石灰及依法培土，再二十餘日至一月左右，每株間又挿施生麵角塊，重約七八錢至一兩許，同時將下部殘老之葉摘去，及將弱苗除去，每叢祗留七八根爲度，然後又將畦間之土犂起，厚培於畦上，是謂上大行也。此後又經月許遂於每日上午九時以前，或下午二時以後（因中午蚜虫不聚集），用松葉箒，或草根箒，與母指套一竹筒夾殺其葉上之蚜虫，每日如是以至於無。普通早者九月半後可以刈收，至十二月間收完，皆爲搾糖之用。其品名曰砂糖，卽黃片糖。計該縣第二區年產糖額約十餘萬斤，第四區約八九十萬斤，總共產額年約一百萬斤左右，多運至連縣轉銷於湘南一帶云。

（4）花生　各區皆產之，惟於第四區爲最多，次爲一區，又次爲三區，再次爲二區，皆種於高亢旱地或山嶺，每與玉蜀黍甘薯芋頭等輪栽，間或與紅豆黃豆混栽，每百斤值五元內外，多爲搾油之用。計全縣所搾生油總額，年約七十餘萬斤云。

（5）甘薯芋頭　亦爲該縣主要雜糧之一，各鄉之旱地及山嶺皆有種之，多與花生黃豆紅豆等輪栽，其甘薯且常與玉蜀黍混栽。在平原地種，多起條畦，施肥中耕除草捲苗培土等，工事稍爲周到；在山嶺種者，則簡單粗放，並不起條畦，除挿苗種植時畧施草灰或廐肥外，卽不行諸種管理矣。

（6）紅豆黃豆　其栽種地勢與甘薯芋頭等相同，查第一三區種紅豆爲多，第二四區種黃豆爲多，全縣年產總額約百餘萬斤・除各區鄉就地銷用外，供給菁蓮墟及七拱墟三數家製造豆豉醬油之用，並無出口・查該等豆豉醬油舖，每年所需材料約七八十萬斤・其製造品，多運銷於連州屬地及湘南云・

其餘黃麻芝麻苧麻等皆有栽種，惟產量無多，尚不敷本地之用・

## （十）園藝

（1）果樹　桃李　各區皆有種植，而於小江合頭黎埠等處爲多，但非闢園種植及專業經營，殆皆散植於山嶺，並用實生繁殖・品質亦不優良・計該縣年產桃李總額各約五六百担，除就地出售外，間有運銷英德屬地大灣浛洸等處・

沙梨　其品種大別之可分爲青皮，赤皮二種，青皮種質多嫩脆味淡，又不甚甜，果亦不大，每斤約值一毫零；赤皮種其果大有如雞卵者，有如茶杯者，質多粗而味澀，每斤值約半毫・此外尙有同冠梨，則品質優良，頗有馳名，因產於同冠地方故名也・皮色青黃，果肉雪白，雖剖開數日而亦不變，其質味脆嫩香甜，入口無渣滓一經墜地，則破碎無遺・每果重在一斤以上，常至二三斤・故其果必須用竹籠套住，以防其蒂落，同冠梨每斤值七八毫以至一元餘，在市上不易購買，必須預定・蓋此種沙梨本來原種祗有三數株，亦不知植於何時，傳自何方，但今已枯死，現有所謂同冠梨者，即由原株繁殖者，亦不過數株而已，且其質味重量均已稍遜，惟譚家一株，聞與原株當相彷彿，在稔熟之年可有二三百斤云・

楓栗　多產於第二區之嶺背黃坌秤架等地，悉用實生繁殖，種於山嶺，年產總額不過數十百担云・

此外黃皮柑桔枇杷等果，各區鄉亦有散生，但產額甚少，即本地市場亦無大宗發賣・

（2）蔬菜　近緊盛墟市之地，栽種蔬菜較多，四時品種無論根莖葉果等菜用諸類，莫不有之，惟未嘗有特別者，且限銷於本地無有出口。

## （十一）森林

該縣森林面積約可二百餘萬畝，殆祗佔全縣山嶺百分之三十左右，因該縣山嶺石質居多，深根喬木不易着生，故大半石質山嶺多祗着生多少之灌木叢林，在西南之部，由第三區之白蓮，第四區之寨崗蜿蜒，與廣西懷集縣交界之處比較土質山嶺稍多，以故松杉之林，亦在該處始有稠密廣大之面積，惜交通不便，致材木之價值稍減。至于雜木之林，則於第二區之黄坌秤架一帶爲多。統計全縣近年出口柴灰，總額佔約三十餘萬斤左右，較之十數年前祗得十分之一云。聞因境內連年治安不好，省佛鐵路亦滯，兼之河道梗阻，匪徒勒抽，柴商屢致虧本，是以出口日減至於木材板料則在第三四區爲多，年出口數約有三數萬元云。此外第二區之秤架及四區之寨崗出產之苗竹每年製造草紙約千餘担；二二四區之油桐，年產油額約二十餘萬斤，及油茶年產油額約十餘萬斤；又第四區黎埠寨崗之刨花木料，每年出口約二十餘萬斤，又香粉（白膠粉）約一萬五六千担，此種刨花木多由人工種植，利益甚大，茲特將其種植方法特記于次：

刨花木別名黄沙，又曰棱柴，皆土稱也。爲高大之木本植物，其葉有類似玉桂葉之形態，樹幹多直，皮層亦不厚。通常於五月間開花，十月果熟，卽可收其實，播種於苗塲。其苗塲不拘肥瘠，播時稍和以草灰，播後薄覆以茅草，二年生之苗木，高可三數尺卽能移植，通常於正二月間，擇山嶺或山麓土較陰潤之處植之，每株距離約丈餘，同時其株間點播以三年油桐，其餘空地，則栽種各種作物，大抵初年多種薑，第二三年則種大薯甘薯或玉蜀黍等雜粮，至第三年後則刨花木與油桐之桐葉已多，遂不能栽種農作物矣。而三年油桐，相繼結實，此時每年之霜降前後，行剷草一次，收將剷之草皮培於油桐之根部，而刨花木則須將根際之表土，年年剷去，使其根基浮起，否則刨花木不易長大，且葉呈黄色云。其三年油桐結實三數年後，果已漸少，卽將其折去，祗留植刨花木，任其独自發育，其刨花木植後十年，遂能砍伐，聞以十年之木，即可獲十元之利云。一般刨花木商人，皆講採，山價，每百斤（單取無枝之幹部）由一元左右以至二元，每因時價不一，砍伐後將其幹部栽約二尺餘三尺許爲一截，運銷廣州，製造刨花爲婦女櫳髮之用其樹枝及根，則用水碓臼樁爲香粉（又名白膠粉）之用，亦多運往廣州及隣縣銷售，又刨花木聞有雌雄之別，其雄者表皮較粗糙，而葉亦較細尖，幷無主幹，直梢分枝甚多，含膠質甚少，祇適於製造香粉之用云，按？花木年中出口約二十餘萬斤，香粉出口年約一萬五六千担云。其香粉每担值約一元二毫左右。

## （十三）農村教育狀況

該縣教育與其謂不發達，不若謂爲無基礎。查全縣尙無中等學校，即初級小學雖第一四區屬各有二所，第二三區屬如有一所，亦僅具雛形而已。無充裕之經費，不能賡續的招生，平均每校教員約可二名，多係該縣從前所辦之六月師範畢業者充任，每校學生約三十餘人，多由私塾之學童進昇者。因無一照章辦理完善之初級小學，即無教育基礎之謂也。現該縣民政長官正着手提倡及行強迫教育，經將全縣私塾取銷，欲改爲新制之初小，但經費師資均屬困難，雖一時欲達到吾人理想中之教育，恐非易事：第望其從此得一循序漸近之機耳！

## （十四）農林前途之觀察

該縣農業尙留古代農業經營之痕跡，尤於山居者爲然，所種多雜粮，且極粗放，每行燒山以作耕地，亦不用人工惟持其肥力，祇行休耕之法，因其習慣燒山，遂影响於森林之存廢極大查其所以行粗放的經營之原因，乃純屬旱患使然，蓋有旱患則不能不利用玉蜀黍甘薯芋頭……等抗旱性強之雜粮以爲補救，而此種雜粮，質劣而價賤，欲行精密之經營法，則與經濟原理相悖，因之愈粗放，愈燒山，而森林遂歸烏有，而旱患亦愈甚，循環因果，益感其困而不知，故該縣農業之改良與振興，首在水利問題之研究。竊意一面當積極造林，禁止焚山，其山嶺較多石質者造以灌木林，其土層較厚之山嶺則造喬木林，如是水源可以蘊蓄，山間小溪遂得源源長逝而不涸。此種山間小溪之水，利用最大，因所有高亢旱地，亦可得資爲灌溉也。此外經過各區之大河，因低於田疇，欲行截河設陂，實事勢不能，故非用水力火力電力等水車不可，然工程浩大，農民個人，當然難以興辦，似應聯合農民組織合作機關，幷由政府補助之，庶易有成功之希望也！

（出自《广东农业概况调查报告书续编》上卷，一九二九年）

# 連山縣農業概況報告書

何慶功
林純煦　調查

## (一)位置及區域

連山縣位居粵省西北邊隅，東界陽山連縣兩縣，西南界桂邊，北界湘邊。經度距京師中線偏西四度三十分，緯度在北緯二十四度四十三分。行政區域分六區：第一區為附城，所轄有茅舖，禾洞，兩鄉；第二區所轄有上吉，沙田，兩鄉；第三區所轄有和睦，大富，上草，三鄉；第四區所轄祇沙坊一鄉；第五區所轄有楓，良，宵，鎮，四鄉；第六區所轄有省鄉，小三江，石田，高帥，上帥，五鄉。全縣地形如長方形，北部畧高，境內山脈綿延，岡陵起伏，平原之地甚少，就其城市村落多居山脚，田地梯級為多。全縣面積約二百八十四萬八千零二十畝云。

## (二)氣候

氣溫於夏至後至處暑為最高，小雪至雨水為最低。年中天冷時期約四個月，天熱時期約兩個月。每年霜降節後有霜，十一二月下雪，翌年春分節左右收霜。其雨量最多在春夏之間，最少在秋冬之間云。

## (三)耕地狀況

(1)地勢　全縣耕地面積約二十餘萬畝，其地勢平均第一區平原佔百分之二十，山谷佔百分二十五，岡陵起伏佔百分之五，山嶺佔百分之二十，傾斜地佔百分之三十；第二區平原佔百分二十，山谷佔百分之二十五，岡陵起伏佔百分之五，山嶺佔百分之二十，傾斜地佔百分之二十五；第三區平原佔百分之二十五，山谷佔百分之二十，岡陵起伏佔百分之五，山嶺佔百分之十五，傾斜地佔百分之三十五；第四區平原佔百分之二十，山谷占百分之三十，岡陵起伏占百分之五，山嶺占百分之二十，傾斜地占百分之二十五；第五六兩區平原占百分之十五，山谷占百分之三十五，岡陵起伏占百分之五，山嶺占百分之二十，傾斜地占百分之二十五。全縣植稻祇植一造，其他甘薯芋花生麥等雜糧，均有栽植云。

（2）土壤　該縣水田土壤色澤，有灰褐，灰黃，灰黑，灰白等色。土質較肥者，爲第三區，較瘠者第五六區，不肥不瘠者第一二四區，其土質皆屬定積土也。

（3）水利　該縣山山相連，農田多在山脚之處，如地勢較高者，則起坡引水而灌溉，較低者則引山谷之水而灌溉。旱災之患甚少，但其中水利最不便者，則祇栽植包麥陸稻花生等，能抗旱之作物而已。

（四）荒山情形

全縣山地約八百餘萬畝，而荒山面積約占百分之六十。查其所以致荒之原因，據該處士人稱，年中自八月至十二月，時有放火燒山之事發現，所燒時間恆有一二月至七八月不等，故其山雖有樹木亦被燒去無餘云。但查荒山中崩壞現象甚少，而其土質亦非瘠劣也。

（五）運輸交通

該縣交通不便，因重山峻嶺，道路彎曲，河道又不能行舟，運輸一事，均由陸路肩挑。其運出境外之孔道，第一二三四區則至連縣三江，第二三區間有出廣西賀縣或湖南者，第五區則出賀縣，第六區則出懷集，至於杉木一項，非人力可能運輸，乃由溪水運出境外，其交通之困難，可想見也。

（六）耕作情形

該縣耕地以水田居多，其水田不行冬耕，每於九十月間收穫後，至翌年正二月間，將稻田之殘餘禾頭，及收穫後之稻桿用火燒之，至清明節前後，始行着手春耕，計先犂耙一次然後灌水浸之，至届分秧之前數日，再行犂耙一次，即行插秧，並不施基肥。至其秋耕惟有少數，在早粘穀（即七月粘）收穫之後，將土耙鬆，整地爲畦，而植甘薯者。

## （七）農民經濟狀況

（1）農戶　農民中田主約佔百分之十，半佃戶約佔百分之四十，半佃農約占百分之五十。農家每戶平均農業勞動者二三人，每農戶耕地面積，約十畝至二十餘畝左右。

（2）田地價　上等水田，每畝約百元；中等水田，每畝約六十元；下等水田，每畝約四十元，其旱地則甚少買賣云。

（3）肥料價　其耕作常用之肥料，人糞每担一角五分，柴草灰每担約一角。

（4）該縣供役用之水牛，每頭約六十元，至百元，黄牛每頭三十元至七十元，猪肉每斤四角，雞每斤四角，鴨每斤二角五，鵝與鴨同價，薯每角四斤，香芋每角二斤，葛每角一斤半，乾花生每元十一二斤，穀每百斤四元五角，豆每百斤十二元，茶油每元二斤半至三斤，沙梨每斤半角至一角，桃李每角二斤，棗每角二斤，烟葉每斤四角，茶葉每角六兩，棉花每斤八角，柴每元三四百斤，木炭每角四五斤，草每角一担，苗竹每條五角，草菇每斤一元六角。

（5）人工價　長工年約三四十元，另供膳食及草鞋手巾笠帽等，約銀四五十元；短工忙時男工二角半至三角，閒時男工二角，均供膳三餐，女工無論忙閒之時，無人僱用，所僱之工人，均須土人。

（6）田地租　上等水田，每畝納租穀二百五十斤；中等水田，每畝納租穀二百斤；下等水田，每畝納租穀一百斤，如遇荒年，則由田主酌量減少，或平均照分，其旱地則甚少出租云。

（7）農具價　犂約一元二角，耙約五元，鋤約一元，草鐮約三角，轆軸約一元五角。

（8）借貸情形　該縣農民耕種，祇收一造，至青黄不接之時，糧食不敷者，借貸困難。如能借得者，其利率亦頗高。最高者每元每月一角。最低者二分，通常者三分；且有不以月計，而限於淸明節淸償，加本銀十分之三作爲利息者，縣中有百分之五十。如借欵額在十元以下可不用抵押，其大宗欵項，則須不動產爲抵押品，並須担保人，方能借得，但担保人須百分之三謝金云。

（9）農產貿易　農民出售農產品多在本縣就近墟場販賣，年中由境外輸入之貨物，以食鹽布匹等雜貨爲多。由境內輸出之大宗農產種類及數量，茲約畧述之如下：

| 農產種類 | 年產約數 |
| --- | --- |
| 米 | 約百餘萬斤 |
| 杉木 | 約十餘萬元 |
| 草菇 | 約萬餘二萬元 |
| 桐油子 | 約十餘萬斤 |
| 茶葉 | 約十餘萬斤 |
| 龍鬚草 | 約二三萬元 |
| 藥材 | 約三數千元 |
| 菸葉 | 約萬餘斤 |
| 雞 | 約萬餘隻 |
| 鴨 | 約二萬餘隻 |
| 茉莉竹 | 約三數千元 |

## （八）畜牧

該縣人民純粹業農，畜牧以牧牛役用爲主要。年中於春耕時，且有宰牛之禁。縣中畜牛之戶，占有百之九九，所牧之牛，以黄牛爲多，水牛次之。農戶年中所販賣之牛，除本地秋冬之時，在墟塲宰賣外，運出境外者，三數百頭而已。肉猪農家均有畜養，其銷路除在本縣各墟塲販賣外，年中稍有出口云。

家禽　以雞鴨爲多，農家均有飼養三數十隻爲卵用或肉用，以備不時之需。惟鴨有專業經營者，就中一三兩區爲最多，年中五六月時買鴨子百數十隻以至數百隻飼養。其禽舍多在河溪，或山塘附近，田竹籬圍之，上面蓋以禾草或樹皮枝葉等，日間放其在河溪塘池及稻中覓食，專須一人看管。至十月後其鴨羽毛豐鮮，卽行陸續運至連縣銷售，計年中約可二萬餘隻云。

## （九）作物

（1）水稻　該縣稻作，每年祗種一造。稻種有大粘穀，黄殼粘，花殼粘，金包銀，湖廣粘，早粘穀（分七月八月二種），大禾糯，香糯，大禾糯等。普通於淸明節前後浸種三日，起水後屯芽三日，遂行撒播於秧田，不施肥料，至芒種節分秧於稻田。其稻田在淸明前後犂耙一次，以水浸之，至分秧之前一二日，再犂耙一次，亦不施基肥。旣分秧之後，約一日許，施人畜糞或草灰一次，施後用有齒中耕器具除草耕耘，越二十日左右，再行中耕一次，不再施肥，至處暑節時，早粘穀一種可以收穫，其餘各稻種，要至寒露節前後方能收穫，每畝收量，在第三區之田可收五百斤左右，第一二四區之田約收四百餘斤，第五六區之田則收二三百斤，每百斤値價約四元五角云。

（2）猺稻　查猺民所種之稻，有水稻陸稻兩種，玆將品種及其栽植方法，分別記之如次。

水稻　有大禾糯及大禾粘二種，幷有有芒無芒之別，均於谷雨時播種，不用浸種及屯芽方法，其秧田之整理，通常於清明後數日，卽行犂耙一次。犂耙之後，揀取草木之柔枝嫩葉，踏入秧田土中，以爲綠肥之用，於是過後數十日，又行犂耙一次，此時已屆谷雨，卽行播種，播後不須管理，至四十日左右，拔秧蒔田。其稻田則不用冬耕，祇將其殘留禾頭及穫後稻草放火燒去，至翌年清明節前後，始將其犂起耙過，至芒種前後，再犂耙一次然後分秧。迨分秧後四十日許，用山齒形小耙，中耕一次，再二十餘日，又中耕一次。普通多不施用肥料，但人工周到而有肥者，亦間有於分秧時，施以草木灰等裢肥一次，至寒露霜降間收穫。

陸稻 有地禾粘，地禾糯，及黑米糯，就中以黑米糯爲最佳，但收量較少，皆種山嶺旱地。將地鋤鬆之後，於芒種節時，直接點播之，同時間有施以灰糞者，至播後則絕不施肥，惟行一二次除草而已。通常比水稻較早成熟，於寒露時收穫爲多。

（3）猺棉 概屬草棉種，各地猺排，皆有種之，亦頗馳名。查其種法，極爲簡單，亦與普通法無大差異，於谷雨時點播於旱地，播時將種籽和以糞灰擦勻，每頭點播七八粒，至十粒左右，播後畧覆以土，並不再施肥料，惟行除草一二次而已。通常於白露時有收穫，年產總額無統計，多販於連縣之三江城市墟商店，該商脫籽後發售。其脫籽法，悉用新式綻棉機。

（4）菸葉 該縣農民多有種之，惟所種面積多不廣大，惟就中以第三區地方爲較多，除零沽於各墟市，供本地生切食用外，年中稍有出口多由連縣三江商人收買之。

（5）草菰 在第三區出產，悉用稻草栽培，年產總額值約萬餘二萬元。

（6）甘薯包麥大薯芋頭等，該縣各地亦多種之，惟祇供就地之食用。其種法亦與連陽屬地無殊。

## （十）園藝

（1）果樹　該縣果樹無成園栽植者，不過三數株在居屋附近而已。如桃李枇杷柑柚棗梨等果，均有販賣於本縣各墟塲，但品質不佳，殊無足取，其運出境外則絕無也。

（2）蔬菜　蔬菜農家均有種植，所種者爲自己需用。就墟塲中稍有販賣者，則農家之有餘而賣於墟市，若專營此業者則無矣。

## （十一）森林

全縣山嶺面積約有八百餘萬畝，而有林木者約佔百分之四十。但其森林之分佈情形，約畧言之，在第一二三四等區可佔森林面積百分之二十，第五六區可佔百分之四十，餘各地猺山可佔百分之九十，其中以杉木林佔百分之七八十。杉木林純粹以人工栽植，其種植方法，先將山土燒去茅草，於雨水節至春分節之間種植，採伐杉笋，將幹斲爲斜面，插於山中，距離約六七尺至丈許，越三四年剷土一次，以防野火。其砍伐時期，在第五六區者約十五六年，其他各區非二十餘年至三十年則不可砍伐。蓋因第五六區之山嶺土質較肥，其他各區之土則較瘠也。至於松樑等樹絕無栽植，任其自然生長，蓋本地以此種樹祇爲燃燒料而已。

## （十二）農村教育狀況

該縣教育，極爲不振。查全縣有高級小學三間，學生共約一百七十三人，教職員十人；初級小學十二間，學生共約三百五十八八人，教職員十九人；私塾有八十七間，學童二千一百一十人，職員八十七人，其中失學兒童，占有百之七八十。其教育落後之原因，以交通不便，籌欵困難故也。

## （十三）農林前途之觀察

查該縣萬山重叠，交通阻塞，人民墨守古法，以爲種植豐歉均委於天命，絕不改良。如所植稻作，年僅一造，若能將其稻田多施肥料，使其土質肥美，則未常不可種植二造，以增加收入，又如各山嶺，能禁絕野火，實行植樹，亦爲大宗之富源，此卽深望有敎養之責者，急起而圖之也．

## （十四）附連陽猺民生活狀況

小北江屬連縣，陽山，連山三縣猺民不下十萬之多，而連山居其大半，卽在農業上之地位，亦極爲重要，如猺山杉木及其稻作棉花等，均頗有名，經在上面作物欄中畧爲述及，茲復將連陽化猺局李成希局長報告之猺民生活狀況．及編者調查所得附紀於下，以備將來實施農政上之參攷焉．

編者附識

（1）猺山及人數　連陽三屬猺山大排，共八小排共二十一小冲，約二百餘；屬於連縣者，三大排：曰油嶺，曰行祥，曰橫坑，曰小排，曰頭塘，曰橫山頭，曰增板田，曰浪家坪；屬於連山縣者五大排：曰軍寮，曰大掌嶺，曰火燒坪，曰馬箭，曰五更八洞，四小排，曰帶源，曰盤血太坪，曰中爐坑，曰犂頭嶺；屬於陽山縣者三小排：曰大禾根，曰下坪寨，曰六暗冲，各排之下均有小冲，地名太多不備載．猺民之人數，三屬中男猺女猺共有十萬左右丁口云．

（2）農業及工業　猺民勤力耐勞，耕種可能自給，所種植者，山嶺旱地爲多，水田則須在居屋附近者始有之．其旱地所種者，陸稻米麥草棉等雜糧；水田所植者，乃水稻年中祗植一造．其種植各作物，以草棉爲最佳，林產以杉木爲大宗，其餘担杆及農具之轆軸等，均有製造，販賣於連縣三江等墟塲云．

（3）交通運輸及貿易　猺民住所均有山嶺，道路極險，猺民不畏難苦，來往運輸，能負物以登，可見猺民之忍耐性也．貿易多在連山保安及連縣之三江墟等處，與漢人交易．

（4）衣服裝飾　猺民男女皆束髮梳鬆，頸帶銀圈，耳穿大環，露胸赤足，男則頭裹紅巾，插雉鷄尾；女則戴三角白布帽，以示分別，衣服皆用粗布．

(5)飲食嗜好　現在猺民貧富不等，富者日食米飯三餐，貧者兩餐粥，一餐飯，其極貧窮者，食包麥甘薯芋頭等雜糧充饑。惟性嗜酒，無論貧富日不可少，而所飲者多是水酒，在猺山附近墟墇之商店，有專釀此種酒，以供猺民購買者，其他不良嗜好則無之。

(6)居住結構　房屋多在山腰，用杉木或坭磚爲牆，上蓋以杉樹皮者爲多，間中有用大磚爲墻，上蓋以瓦者，惟屋宇極低隘，又汚穢不堪，其厨房臥室均在一處云。

(7)婚喪儀式　猺民結婚，不用媒妁有絕對自由之風，每年三月三日，爲賽飲節，六月六日爲賽土神節，十月十六日爲賽耍歌堂節。屆時男女同飲共食，擊鼓鳴鑼，齊集荒郊，唱歌跳舞，與高彩烈，苟能㖿腔合調，感情濃厚之時，女猺以手巾一條，掛在男猺之臂上爲訂婚之憑証，隔日男女成婚，親友往賀者，有紅對聯及雞酒肉等禮物，主人則以雞鴨猪肉豆腐酒等食品，大嚼一餐而散。猺民身故，富者亦有開喪之舉，親族往吊者，則持米肉香燭等祭品，貧者則草草棺斂而已。

(8)歲時祭祀　猺民年節，與漢人無異，所食者酒肉豆腐云。

(9)疾病醫藥　猺民有疾時，延醫診治者甚少，所療治者，採山中樹葉燒水洗浴，倘不見效，則請猺民中之道士，燒香燃燭，迎神驅鬼而已。

(10)敎育及娛樂　猺民讀書識字者甚少，就其中有讀書者，讀猺民之書籍，其字母與漢書相同，其讀音解法則異也。娛樂於每年歲首，則唱歌跳舞，遊行各處，元宵則男女往附近城市，向各機關歌舞，有吹簫者，有手持竹筒者，有持竹籤者，有負鼓者，跳舞時一齊吹打，有一種興趣，舞畢賞以酒及油豆腐，聚食而去。農閒之時，持鳥鎗往深山打獵云。

（11）治化制度　治理猺民，前清時設有理猺同知，自民國之後，改爲猺務處，後又改猺務科，屬於連山縣公署，現改爲連陽化猺局，每排設有猺長一人，猺練數人，處理猺民糾紛。

（出自《广东农业概况调查报告书续编》上卷，一九二九年）

# 澄海縣農業調查報告 民國十年 張國基調查

## (一)位置

澄海據韓江下游。爲潮州門戶。位於北緯二十三度三十一分至四十八分。東經八分至西經九分。東臨大海。西跨桑浦山。界潮安揭陽。北枕蓮花山。界饒平。南瀕汕頭灣。與潮陽對望。東西廣三十餘里。南北長八十餘里。分爲七都。曰下外都。即城區。曰中外都。曰上外都。(現中外上外共設一警署)曰蘇灣都。(現分設三警區、即蘇南蘇北東隴、)曰蓬洲都。(現分爲上蓬下蓬二區)曰鮀江都。曰鰐浦都。

## (二)地勢

地勢平坦。冠於他縣。北部與饒平分界有蓮花餘。五峰聳立。高二百餘丈。其脈東南行。羅列於西北境。而爲三磐、仙門、獅子、管隴、南峙、鳳山岡、等峰。山若中外都之獅山、龜山、象鼻山、許石山、觀音山、水吼山等。或斷或連。蜿蜒起伏。然高均不及三四十丈。西南有桑浦山。嶙岩磽确。東南沿海多新漲沙地。低窪鹹濕。河皆東南流。曲港四達。潮汐通咸

## (三)氣候

澄海東南濱臨洋海。且少山嶺。夏天海風時吹。清爽宜人。冬季北風直至。頗覺寒涼。秋季時有颶風。雨水均勻。

常有濃霧。

## （四）耕地狀況

土質　地居韓江下游。土質皆由沖積而來。平時廣衍。盡屬壤土。鬆軟宥腴。土色帶赤。表土深厚。河流沿岸多係細砂壤土。蓬洲區臨海一帶。盡爲新漲沙田。壤土與沙礫夾雜。土質較爲磽瘠。鷗汀區濱海多鹹水田。低窪塞濕。

水利　韓江由潮安分流入縣境。一經由尾溪、程洋岡、南洋、繞縣城。東北流至北港。一由南界至冠隴。復分二派。其一派由大梅溪經龍尾鷗汀至汕頭出海。其一派由上窖東行。經沈洲外砂至南港出海。交錯貫澈。各鄉均設水閘引水。灌溉甚爲便利。惟近來河身淤淺。農民築堤禦水而耕其地。故水患頻仍。農民苦之。

交通　地勢平坦少山。故往來甚覺利便。且河流縈迴汗曲。貫澈全縣。上流可通饒平、潮安、豐順、大埔、梅州。下流通於洋海。汕頭爲通商口岸。潮梅貿易。以此爲出入門戶。近年建築輕便車。由縣城直達汕頭。交通尤便。

耕作情形　上外區多植果樹雜糧。中外區下外區蘇灣區鷗汀區鮀江區水田十古八九。但所產不足本縣食用。必仰給南洋及長江之輸入。蓬洲區多植雜糧及蔬菜種子。沿海各地。魚鹽之利亦溥。甘蔗以鴻溝一帶爲最多。蔬菜則以尾塘、埔尾、港口、浮隴、沙尾、崎碌、爲最發達。近港鹹田。因土質尚未饒熟。每年僅得蒔稻一次。山多岩石。林木絕少。

## （五）農民經濟狀況

田地價格　田地價格。每因地位之不同而有貴賤。附城及南陽樟林東隴等處左近爲最貴。海濱水田則較廉。平均上等水田畝二百五十元至三百元。中等田及沙園、畝約二百元。海濱鹹水田畝百數十元無定。水田概納租穀。或主佃均分。上田每畝年收租穀約四百斤。中田年收租穀約三百五十斤。鹹水田則年收百斤或數十斤不等。沙園則多納租銀。

上園畝年收十一二元。中園年收七八元。下等園則年收一二元或數角。

長短工價　長工概用男人。其工價因工作之優劣並地方經濟狀況而有差等。每年工價高者六七十元。低者三四十元。均供膳。短工在忙時供膳者。日約三毫。不供膳者。日約四毫。閒時短工日約二毫。概不供膳。或僅供午膳。

大宗產品價格　表如下。

| 品名 | 價格 |
|---|---|
| 穀 | 百斤四元至四元五毫 |
| 小麥 | 百斤五元 |
| 黃糖 | 百斤八元 |
| 花生 | 百斤五元 |
| 甘薯 | 百斤一元二毫 |
| 芋 | 百斤四元 |
| 柴 | 百斤一元 |
| 炭 | 百斤二元五毫 |
| 雞 | 每斤四毫至五毫 |
| 鴨 | 每斤三毫至三毫半 |
| 鵝 | 每斤四毫 |
| 猪 | 百斤二十七元 |

| | |
|---|---|
| 牛肉 | 每斤二毫 |
| 羊肉 | 每斤四毫 |
| 雞蛋 | 每元五十五枚 |
| 鴨蛋 | 每元四十枚 |
| 塘魚 | 百斤十八元 |
| 蘿蔔乾 | 百斤六七元 |
| 早花蘿蔔種 | 石六七十元 |
| 晚花蘿蔔種 | 石二百餘元 |

肥料價格

| 品名 | 價格 |
|---|---|
| 人尿 | 每元六七担 |
| 堆肥 | 每元五六担 |
| 大豆餅 | 每元十八九斤 |
| 草木灰 | 每元四五百斤 |

大小農及經濟情形　耕作狀況。盡屬小農制度。每農戶普通耕種六七畝或十餘畝者爲多。耕二十畝至三十畝者。不過十之二三。耕五十畝以上者。十不及一。惟海濱鹹水田。耕作甚爲粗放。則每戶耕百畝以上者。間亦有之。西北部居民稠密。東南部近海多新漲沙地。僅有草寮。未見鄉庄。人民多從事工商事業。出洋最衆。幾占全潮三分之

一。所至多能獲大利。故其富庶。甲於全潮。民國以來。資本家創設織布廠多處。工作概用婦女。現時潮屬所用土布。大半爲該縣織造品。鮀江都蓬洲所、婦孺皆以綯繩爲業。其繩用以結網。每年出產約二十餘萬元。由汕頭分銷南洋各埠。

## (六)作物

### (1)水稻

水田占全縣耕地十之八九。而所產尚不足供本縣食用。稻之品種不一。早造以有芒大早、無芒大早、烏殼粘、大葉烏、銀魚、爲普通。晚造以白脚赤、紅脚白、徙種、截頭種、白殼仔、埔粘、快種、大粒種、銀魚粘、南公種、爲普通。截頭種生長極爲強健。恒患莖葉過茂而產穀不多。故於移植後長及尺許時。須將稻莖截剪以抑制之。其剪去度數。以距地面五六寸爲宜。據一般農人言。剪去之莖。另行插種。亦能分根生長。因是得名。肥料以豆餅人糞尿爲主。少用石灰。收穫上田每畝五六百斤。而大概之種植法。則與潮安無異。可弗贅。至若沿海塭田。則僅于早造或晚造種稻一次而已。耕作情形。甚爲粗放。故弗述。

### (2)甘藷

甘藷爲農民第二要糧。資海地方。更以此爲主要糧食、而反以米爲副者。且其栽培容易。產量豐富。價復不賤。所有各村庄休閒田地。無不種之。而沿海之新漲沙地。廣衍平坦。土質鬆軟。更爲適宜。故植者亦特多。外沙一鄉。每年產量多至七八千萬斤。除自己食用外。年輸出值銀約四十萬元。他如鴻溝、鹽灶一帶。產量亦多。種類不一。大概以形狀色澤品質之差異而命名。其中有大蕊種、齊心種、甜粿種、香種、接芋種、接冬瓜種、接秋瓜種、藤仔種、番虎種、等名稱。四季皆可種植。而大多數則分二次。一在驚蟄穀雨之間。一在夏至處暑之間。香種接芋則宜植于春季。甜棵種則宜植于秋季。植後百日至百二十日。便可收穫。每畝收量多則五六千斤。少亦二三千斤。收後除食用及銷售外。間有切片晒乾。俗名番藷乾。貯以備荒。至于栽培及管理法。均甚普通。可弗贅。

(3)花生

各處沿江之沙壤土、及海濱之新漲沙地。栽培頗盛。就中以外沙仙隴渡頭洲仔寮爲多。其品種有大粒種細粒種早稈稜種蜂腰種等。栽培時期。在雨水清明之間。栽培時先將土地鋤鬆。起三四尺濶之平畦。每距離六七寸處開一穴。每穴播豆仁二三粒。播後施草木灰。然後覆土。一般老農則量適宜之距離。誌以足跡。即于足跡之間播種。播種後即行淋水。越十餘天即能出芽。經二三十日後除草中耕。并施水肥一次。開花時再補肥一次。早種在六七月即可收穫。晚種八九月間收穫。每畝收量三四百斤至六百斤不等。外沙一處。每年輸出額約有十五萬元。

(4)大小豆

各處稍高地方不能蒔稻者。多栽培之。品種以黃豆、黑豆、赤目豆、綠豆、爲最多。種植期在清明前後。種植法皆用直播。每于距離八九寸處。用鋤角掘一小穴。每穴播種子二三粒。施以草木灰。然後覆土。發芽後經二三十日。即除草中耕一次。多不施肥。海濱沙田。土質較瘠。則施水肥一二次。植後五六十日。即陸續開花結莢。赤目豆綠豆其成熟不齊。見莢已肥滿變黑色。即行剪摘。晒乾之。則豆莢自爆裂。其不爆者。用足蹈之。莢亦自脫。黑豆黃豆則見豆莢成熟過半。即連株拔出。晒乾後用連耞打脫之。每畝收量。黃豆黑豆約百五十斤至二百斤。赤目豆綠豆約百斤至百二三十斤。

(5)蔗糖

沿江埔地。多種植之。其最發達者。爲下埔外沙鷗溝三處。全縣產額。甚難總計。若就其糖寮概計之。則有糖寮五十餘家。每宗平均作工七十天。日產糖六百斤。當有二三萬担。其品種以竹蔗爲大宗。栽培法與潮安無異。經詳于該縣調查報告中。茲不贅。

### （6）玉蜀黍

以上產區之大牙鄉栽培特盛。該鄉地勢高爽。土質沃潤。多屬植質。最適宜于玉蜀黍之生長。其餘各區。則間或有之。播種期在春分前後。先起三四尺濶之平畦。作爲兩行。于每行距離尺餘處。掘一小穴。以堆肥或草木灰爲基肥然後播種。每穴播下種子二三粒。播後覆土。越十餘日即發芽。芽長三四寸。即行中耕培土間拔施肥一次。前後施肥培土。須要三四次。植後百天至百二十天。即可收穫。每株一包。多則二包。

### （7）藍

凡高爽地不宜於水田者。間有種植。而以外沙一帶爲最多。該處每年出產額三萬餘担。值銀十七八萬元。栽培法甚簡普通。收穫後或自己製造。或逕行出售。每莖葉百斤。約值銀九毫至九毫半。全鄉計有製藍處二百餘家。其製造法。概用浸出法。製造器具。惟用木桶木桿而已。桶之大以能容二十担水爲度。桶之傍下部離底一尺高處。鑿一徑濶一寸之小孔。用木栓塞閉。滿注清水。乃將藍縛成小束。浸入桶中。每桶約浸百三十斤。經一晝夜。見藍已拆出。即將莖葉撈起。欲知藍質是否完全拆出。可觀察其葉及水。在涼爽時。見葉變灰色、水現白色爲合度。在炎熱時。見葉變黃色、水現橙黃色爲合度。莖葉撈起後。徐徐加入熟石灰。每桶約七八斤。用木桿攪拌二三十分鐘久。任其沉澱。至沉澱已定。上部水甚澄清。拔去桶旁木栓。流去上部清水。用粗麻布袋濾過。即成藍靛。每桶可得三十斤至三十二三斤。

## （七）果樹

全縣多爲水田。即高爽地方上宜水田者。亦多栽培雜糧蔬菜。故業此殊少。比較言之。當以上外都爲多。樟林亦見些少。其他各村庄。雖有多少。但皆無果園式樣。但非有營利目的。就中產量多而有名者。爲荔枝楊桃林檎。分述於下。

（1）荔枝

以上外都之夏塘東林頭洪橋等鄉爲最多。夏塘皆植于堤外塥地。因有越年結果性質。不能年年開花結實。又怕霧怕雨開花時遇霧三日。則花不能結實。果實成熟時。遇雨三日。則果墮落。有此數因。故經營日見衰落。夏塘地方。現已伐去大半。其繁植法。皆用駁枝。于春季擇二三年生枝條。刮去表皮。用草泥束縛。旱天則宜淋水。務使草泥常保濕潤。五六月後。見有根鬚穿出泥外。即可切斷。用禾草包裹樹幹而移植之。株間距離約二丈半。植後至四年。即能開花。但初時須要摘花二三年。以助其發育。摘期於在六月。每畝收量多則五六十元。少則十餘元。摘果後施肥。肥料費畝四五元。多用堆肥豆麩。

（2）楊桃

楊桃爲楮隴鄉特產。果形大。每顆重者半斤。斂肥滿。色橙黃。斂綠色青。多汁甘甜。每斤價一毫至毫半。從前種植頗爲發達。每年產額不下五萬元。近來發生害虫。不能結實。大半斫伐。另植荔枝龍眼芭蕉。或藝栽雜種。故現時年僅得三千元而已。繁殖法概用接枝。砧木用酸楊桃。接生後移植。亦有移植後接枝者。定植距離約丈半至二丈。植後四五年。即能結果。十五六年後。結果最多。畝可收千餘斤。年結果四次。以八月爲正造。摘果後施肥。肥料費畝約五六元。自發生害虫後。以收穫減少之故。多不注意施肥。因之品質漸劣。產量銳減。良可惜也。害虫長約一分。色紅。俗稱紅絲虫。開花時發生。隱藏花間。吸食汁液。而花枯死。不能結果。

（3）林梧（即廣州之番荔支）

樟林鄉官路一帶。植此最多。該處數十年前。柑樹甚爲發達。因被病虫害。相繼枯死。後雖仍植。亦難生活。廿餘年來。始改栽林梧。現時經營日見發達。繁殖法概用實生。將成熟果實。取出種子。播于苗圃。一年後苗長尺許。即可移植。移植多在春季。株間距離七八尺。植後三四年。可以結果。收果時期。在八九月之間。每畝產量三四十元至六十元。全縣產額年在萬元以上。管理簡易。僅于摘果後或春天除草中耕施肥一次。

## （八）蔬菜

該縣蔬菜甚爲發達。浮隴之蘿蔔。形最偉大。潔白清甜。蘿蔔種子以該處爲最佳。暢銷于廣州上海福州等處。外沙之西瓜甜瓜。出生亦多。餘如大、衙尾塽、埔尾、港口、砂尾、鮀隊處。經營亦盛。惟祇供鄰近食用而已。

### （1）蘿蔔

蓬洲區沿海皆新澱砂地。土質鬆軟。最宜蘿蔔之生長。故該處一帶。種植甚多。除供給汕頭食用外。多淹漬爲蘿蔔乾。俗名菜脯。每年均有大幫輸出南洋各埠。此外栽作收集種子用者。亦復不少。蘿蔔種子。原以浮隴產爲最佳。但其產量甚少。各處所賣。大概皆其鄰近鄉所產，外沙一鄉。年輸出晚花種子二千五六百石。早花種子六七百石。共值銀約二十萬元。茲將種子栽培法列下。

品種　分爲早花晚花二種。晚花葉似菘葉而長。葉柄爲圓形。葉邊多缺刻。葉背密生細柔之茸毛。葉長約五寸餘。闊約二寸餘。根莖爲長圓形。肥大多汁。食味清甜。自寒露至冬至之間。皆可播種。早花之葉邊無缺刻。根莖長細。食味亦佳。宜于立秋秋分之間播種。

種植期及法　無論早花晚花。皆于立冬前後播種。種植法與供作蔬菜用者無异。惟宜移植。所以促其開花結實也。

管理施肥　管理法與供作蔬菜用者無异。惟宜移植一次。早花種之移植期。在播種後六十日。晚花種之移植期。在播種後百日。肥料則于播種時。每畝施堆肥七八百斤。發生有三四葉時。施糞尿水一次。移植後十餘天。施稀尿一次。移植之法。將蘿蔔掘起。切去其葉。僅留葉柄一二寸長。然後移植。每株距離約五六寸。

收穫　移植後三四十日。即抽花結莢。俟其莢成熟過半。乃連株拔起。晒乾後用足蹈之。莢自爆裂。再用篩篩出種子。即可以出售。早花種每畝約收種子石餘。每石價二三十元至六七十元。晚花種每畝約收種子五斗。每石價八九十元至二百元。

（2）西瓜

以外沙鄉爲最多。該鄉每年產額二三百萬斤。輸出者值銀五六萬元。銷售于潮汕一帶。

品種　西瓜葉有深缺。如掌狀。濶大有茸毛。呈深綠色。莖蔓延于地上。長約數尺。種類有四。即烏皮種、東湖種、蛤蚪線種、白皮種。烏皮種皮色濃綠。瓤肉深紅。瓜子色黑。東湖種皮色淺綠。瓤肉淡黃。瓜子色黑。尖端稍現赤點。蛤蚪線種皮色畧與東湖種同。而間有白紋。瓤肉亦淡黃色。種子黑而尖端呈赤色。白皮種皮色青白。瓤肉淡黃。種子色紅。四種之中。以東湖種爲最佳。蛤蚪種次之。白皮種又次之。烏皮種較劣。

栽培法　于驚蟄前後播種。概用直播。先將土地犂耙鬆細。起五六尺濶之高畦。于畦之兩旁。每距離六尺處掘一小穴。播下種子三四粒。覆土宜薄。覆土後用禾草束成一小圓圈。放于其上。據農民言。該處近海。朝夕間時有海風。此圈可以護幼芽及減少水分之蒸發。

管理　播種後見土壤乾燥。即宜淋水。一星期便能發芽。芽長三四寸。即行間拔培土施肥一次。芽長七八寸。再行間拔施肥二次。每穴只留一株。其藤蔓延。須整藤一二次。結果後每株只留瓜二個。其餘盡行摘去。

肥料　播種時先施基肥。每畝約千五百斤。發芽後日施水肥一次。逾十餘天。再施濃厚糞尿一次。苗長一尺至二三尺時。施豆　一次。每株約一斤至斤半。

收穫　夏至至處暑之間。瓜自陸續成熟。先後收摘。每畝收量三千斤至五六千斤。如見豐大之瓜。即割開取出種子。晒乾後留作越年種子。

（3）芥菜

芥菜獨宜于南洋各鄉。用鹽醃漬為鹹菜。為農家食用要品。故全縣農民。多有栽培。蓬洲都一帶。于水田收穫後。即行栽植。成為冬耕重要作物。商外銷一宗。每年輸出值銀五六萬元。其經營之發達。可概見矣。

品種　有哥籬笛、歪尾、赤葉、缺刻、等名稱。哥籬笛種內葉易于抱合。結球最大。每株重四五斤至七八斤。栽者最多。歪尾赤葉缺刻形狀較小。結球力亦弱。栽者較少。

栽培法　立秋至霜降之間先後皆可播種。先將種子播于苗圃。一月左右。發生有三四葉時。即可移植。每株距離約尺半。移植後初五六日須用禾草遮蔽日光。夜則撤去。見土壤乾燥。即宜灌溉。雨後中耕培土三四次。有害虫發生。即急驅除。

肥料　多用人糞尿豆麩。移植後十餘天。即施稀薄水肥一次。月餘施濃厚糞尿水一次。以後再施豆　一二次。每畝須糞尿千餘斤。豆　二百餘斤。

收穫　移植後約百天至百二十天。見外葉黃萎。心球捲結。行將抽花。即可收穫。每畝收量四千斤至六七千斤。每百斤值約一元五六毫。若留種用者。則任其抽花結莢。至莢大半肥滿成熟。即將花梗剪下。曬乾然打其莢。使種子脫落。藏為越年播種之用。

病虫害　病害以根腐病根瘤病爲多。現尚無法防治。虫害以蚜虫爲多。農民將菸葉浸水。用毛帚刷之。頗有效力。

（4）甜瓜

葉如掌狀。葉緣有淺裂。葉面有茸毛。色濃綠。莖細長。蔓延于地上。開黃花。瓜實長如弓形。皮青白。充作蔬菜或醃漬之用。外沙鄉栽培頗盛。年輸出可值四五萬元。栽培管理施肥各法。與西瓜略同。于春分前後播種。播種後四五十日開始收穫。每畝收量千餘斤至三四千斤。

## （九）畜牧

馬牛羊猪雞鵝鴨等皆備。但馬僅汕頭及縣城有之。專供坐騎而已。羊亦非普通家畜。外沙鄉有飼養多少。爲數亦屬無幾。牛猪雞鵝鴨等雖飼養普及。然皆屬副業。全縣殆無專事經營者。

（1）牛

凡屬農民。無不飼養。以供耕作役用。不業農者不飼也。有黃牛水牛二種。黃牛毛色赤黃。幼短而密生。皮膚柔軟而薄。有肩峰。角短而小。惟性質溫和。宜于山地。水牛毛色灰黑。毛粗長而疏。皮膚堅寔而厚。無肩峰。角甚長大。性質粗暴。宜于平原。兩者耕作能力。差不上下。强壯者每日可耕水田四五畝。

普通飼養及管理法　牛之飼料。不甚選擇。稻藁蕃藤蔗葉野草等均宜。平時多用童子牽往雜草叢生之地覓食。或縛于樹陰之下。給以禾藁。聽其自食。夜間則牽入牛舍。牛舍無一定式樣。于屋旁隙地。建蓋矮小草屋充之。構造粗簡。不足述也。

（2）猪

猪爲食用要品。並可用廢物爲飼料。故普通數口之家。必飼養一二頭。品種有二。曰黑猪。曰花腳猪。黑猪體質强健。身格偉大。發育完全時。重可三百斤。花腳猪腹部及腳色白。背黑耳大。性質溫和。較易肥大。而食味則不及黑猪。通常人家飼養黑猪者較多。

普通飼養及管理法　猪之飼料普通以米糠、豆腐渣、番葛頭、(俗稱、即甘薯製粉所餘之渣)甘薯、及厨房之渣滓為多。每月喂三次。幼時須日餵。五六次。管理飼養。概屬婦女担任。鄉村間多不另設猪舍。日間放牧室外。夜則任擇於前廊隅之隙地以處之。

(3)雞鵝鴨

雞之飼養。甚為普及。幾乎無家不養。而所養無多。自三五羽至十餘羽為普通。飼養管理。概屬婦女担任。鵝與鴨則養者較少。養鴨者多養成群。每群少者百餘隻。多者四五百隻。以四五月間養者最多。養後六七十日。重可斤餘。即行出售。鵝則冬季養者較多。鄉村農民。每家飼養三四隻或十餘隻不等。無養成群者。飼養目的。多在肉用。品種以鮀浦都之月浦鄉產出者為最佳。發育充分時。重可十五六斤。雞之飼料。以米糠雜殘飯喂之。日喂二次。鵝之飼料。幼時以半生熟之豆或米為主。長大時、則以穀為主。養鴨群者。每日必放牧于水田及池塘中。鴨之飼料。幼時以香蕉葉蘿蔔葉為之。長大時則穀和蘿蔔葉餵之。幼時每日須餵七八次。夜間亦餵三四次。長大時則日間餵三次。夜間餵一次。鵝仔幼時。體質柔弱。甚怕寒濕。故飼養地方。務宜乾燥。並注意鵝仔腹部羽毛勿受水濕為要。

(十)森林

全縣地勢。概屬平原。無崇山峻嶺。惟北部與饒平分界之蓮花山。西部與揭陽分界之桑浦山。頗為巍峨。。餘若蘇灣都之三路、獅子、管隴、南峙、等山。及中外都之獅山、鷄山、象鼻、觀音、等山。蜿蜒起伏。高不過三四百尺。盡是地骨岗露。礫石叢集。僅見些少天然發生之矮小樹木。由人力栽培之林木。惟蓮花山麓及桑浦山麓見有多少由松而已。本縣所產林木。不足一月需用。所有薪炭。皆賴輸入。其荒廢情形。可概見矣。

（十二）農林前途之希望

腹部人口稠密。農業已趨集約。沿海新漲沙地。廣衍平坦。土質鬆軟。宜於園藝。因人口稀少。當有勞力不足之感。可利用機器耕種。鹹水田時被海水淹浸。年僅耕作一次。宜築高堤圍。以防範之。並引淡水灌溉。則良田千頃。可立得也。另朝夕間每有海風。爲害不淺。宜於海岸地方。多栽林木。既可防風患。又可供薪炭。效大易舉。以上數端。倘能漸次經營。則該縣農林前途。正未有艾也。

（出自《广东农业概况调查报告书》，一九二五年）

# 惠陽縣農業調查報告 民國十年

鄭振[illegible]調查

## (一)位置

惠陽縣居東江之中流。位於北緯二十三度零九分十秒。經度距京師中線偏西一度五十九分四十秒。全周廣一百二十七里。縱一百一十四里。東界海豐。西界東莞博羅。西南界新安。東南濱海。北鄰紫金。西北界河源。全縣共分十三區。

## (二)地勢

東北部高山重疊。形勢崎嶇。西北部東江沿岸一帶及南部濱海之處。地形平坦。平原頗多。其餘內地各區。河流瀰布。雖有山嶺。亦不甚高大。且生石之山極少。概可利用以種植者也。

## (三)氣候

南部濱海較和煦。北部枕山較寒冷。以近海之故。南部常有巨風。雨水以四五月為最多。霜則十月以後始下。正月乃收。雪則極少。間或有之。亦冰粒而已。若棉花雪則永不見。平常溫度與省城無大異。蓋自四月至九月均覺甚熱也。

## (四)耕地狀況

土質　惠陽之耕地。土人分為三種。水田、斜地、塌地、是也。南部濱海之水田。多灰黑色之粘性壤土。東北部山谷間之水田。多砂性壤土。色灰白。中部及中南各處附近丘陵之斜地。則多黃紅色之幼砂鬆壤土。其餘各處一望平

原之瑙地○則灰白色之幼砂壤土爲多也○

水利　邑內河流滿布○水利似甚足用○然田高水低○能得實用者不多○所可實用者○多係山坑之水○故各區水田旱地之多少○槪以坑水之有無爲衡○如第五區第十一區等有海水灌漑者無論已○若第三、四、七、九、十、等區之水田較多者○均賴小坑及支河之水以足資灌漑也○餘如第二、六、八、十三、等區○坑水有限○可得水利灌漑之田甚少○故其旱田所在多見○總而觀之○全邑耕作田地○以苦旱者爲多○

交通　第一、二、三、六、七、八、等區○均有東江幹水及支流經過○可行舟楫○第二、五、十一、十二、等區○均濱海○輪船來往○尤稱利便○其餘第四、八、拾、拾三、等區○河流較少○交通略形不便○然地方不甚崎嶇○單輪人力車隨便可以往來○則與極阻碍者有別○總言之、全邑交通尙甚利便也○

耕作情形　在水利足用之區○上下兩造以種水稻爲多○冬作則以大小麥、薯、蘿蔔、等爲主○其第七區及六十兩區之一部分水利特別充足者○則冬作多植梅菜○此外旱田之斜地○則除種沙梨李等果外○上造以花生、陸稻、粉蕉、黃豆、等爲主○下造及冬耕則以番薯、蘿蔔、大小麥、白菜○(多用以製菜乾)等爲主○旱田之瑙地耕作狀況○槪與斜地同○惟不種果樹○是其異處○

## (五)農民經濟狀況

田地租價　水田最上等者○每畝價銀約值一百五十元○租頗貴○每畝每年租谷三四百斤○下等水田每畝價銀二三十元○每年租谷一二百斤○旱地最上等者○每畝約值五十元○年租四五元○下等旱地○每畝値十元八元不等○租亦一元或數毫而已○

長短工價　長工槪男人充之○每年工値最貴者約五十元○平者二三十元○短工男婦均有○男工日値、忙時約五毫

○閒時約三毫○女工日值、忙時三四毫○閒時二三毫○然無論長短男女工人○每日三餐或四餐之膳費○均是僱主供足●

大宗產品價　表列于左

| 品名 | 價格 |
| --- | --- |
| 片糖 | 百斤約十元 |
| 沙糖 | 百斤約十五元 |
| 生油 | 百斤約十六七元 |
| 梅菜 | 百斤約四五元 |
| 穀 | 百斤約三四元 |
| 大麥 | 百斤約三元 |
| 小麥 | 百斤約五元 |
| 菜脯 | 百斤約五六元 |
| 沙梨 | 百斤約四元 |
| 烟葉 | 百斤約十五元 |
| 生麵 | 百斤約五元 |
| 李 | 百斤約三元 |
| 荔枝 | 百斤約六元 |

茶葉　百斤約三十元
黃麻　百斤約十一二元
番薯　百斤約五六毫
番薯絲　百斤約八元

上所列者，均爲大宗產品且有出口者也。其中番薯一物。雖無出口。然與農民則有極大關係，蓋爲糧食之第二主要物也。其餘豆類猪鷄及其他各物畧有出口者仍不少。以其不成大宗。故畧之。

大小農及經濟情形　全邑人民約一百萬人。除二八等區出洋謀生者較多外。其餘概業農。大小不等。大農之耕地、最多不過百畝。全邑亦無幾家。小農則耕十畝八畝者多。約占農戶十分之三四。其耕三二十畝者爲中農，數最多。約占農戶十分之六七。至經濟情形。則各區不同。三、四、六、十、十三、等區多困乏。一、二、五、七、八、九、十一、十二、等區較充裕。蓋一、二、五、七、八、九、十一、十二、等區。或則有魚鹽之利。或則多外出謀生。（男人出洋謀生，婦女居家耕種。）或得土質之腴美。或因交通之便利。故其農民經濟。較爲充裕。三、四、六、十、十三、等區則否也。

## （六）作物

### （1）蔗糖

種類以竹蔗爲多。選强壯之蔗種有三芽以上者。於春季種之。通常畦距二尺八寸。株距約一尺二寸。肥料以攪搓土糞（燒草皮爲肥之名稱）爲基肥。補肥則每斗種地（每斗十二斤，每斗種地即言可播穀種十二斤之地。）用猪糞百斤。花生麩七十斤。石灰亦畧用之。管理之法。則間淋水及除草而已。甚粗放也。約至立冬前後。即可收穫。每田一畝，上等者約可出糖四五百斤。蔗渣約二千餘斤。均供薪用。茲將全邑蔗糖業之情形述之於左。

糖名　縣內之糖名。共分五種。一曰片糖。二曰砂糖。亦名青糖。即黃砂糖。糖廠則名爲之紅糖。三曰正糖。即普通白糖。四曰熟白。亦名吉白。（吉白色白而質輕、正白色較黃而質重。）五曰吉糖。尚有殘物一種。名曰吉水。即製白糖時最後濾出之水也。

製法　分述如下。

（A）片糖　製片糖之法。與廣東各處均相同。惟用石灰之多少、則因地而異。其用量頗難查悉。而糖片之形狀亦因各地而不同。有片薄而狹短者。有片厚而長闊者。前者色多呈紅黃。後者色多呈赤褐。後者不如前者之美觀。

（B）砂糖　即將煮結之糖水。傾注于木槽內。頻頻攪動。不使成片之淡黃色糖末是也。

（C）正白及吉糖　正白又細分尖白二白兩名稱。其製法、將煮結之糖水（比煮片糖者稍嫩）注於瓦漏中。冷後、以濕透之禾稈覆於漏中糖面。漏之下端。用瓦盆盛之。以載濾下之液。遇晴天移往曬之。將糖之上層攪鬆。則其色白白。取出。是爲尖白。再用濕透之禾草如前覆濾。天晴再曬如前。則所得者名曰二白。因其色較遜於前者也。其瓦漏下部所餘者、混入瓦盆所載之濾液中。再行煮結。如製砂糖法、不使結片。則所得之鬆糖砂。名曰吉糖。如是則無吉水矣。

（D）熟白　將製正白後瓦漏之餘糖及瓦盆之濾液煮結。注于瓦漏。覆濾曬攪如造正白法。則所得之糖質。輕鬆而幼緻。色極白。名爲熟白。亦曰吉白。其濾出之水。不再煮糖。即作吉水而問市。

糖質及產地　惠陽產糖之種類。既如上述。然各區皆有專產。或以製片糖名。或以製白糖砂糖名。非一區之蔗、而能兼製數種之糖也。如八二兩區以片糖名者。若改造別種。則其質必不佳。六、七、等區以白糖砂糖名者。雖仿造片糖。其質形亦必惡劣。且貯藏不能過春季即溶化云。曾問業糖家所以如此之故。據云、純係土質關係。蓋土質既殊。則蔗之內容成分。不無少異。因而製出之糖。自各有其所宜云。其言如此。證以振周所到各區觀其土質概況。大略相符。茲述如左。

惠陽旱地。原分二種。一爲斜地。即丘陵起伏附近之旱地是也。一爲塌地。即一望平原而乏水灌溉者是也。業糖家曾謂斜地之蔗宜製片糖。塌地之蔗宜製白糖砂糖。準是以觀。則二八等區雖以丘陵附近之旱地爲多。六、七、等區雖以一望平原之旱地爲多。而其土質爲鬆砂壤土。雖兩處相同。然其色澤則大差異。蓋二八等區之斜地色多黃紅。六七等區之塌地色多灰白也。總言之。惠陽縣南中部（極南多海）之產片糖。因斜地多。惠陽縣北部產白糖砂糖。因塌地多也。

各種糖業之盛衰　淡水地方。五年前業白糖者較多。現時極少。片糖則有增無減。原因不甚詳悉。平山橫瀝等處。向以白糖爲盛。現亦日漸減少。砂糖則日增多。推其原因。蓋由小糖家致大糖家壓抑太甚。均不願將糖賣與大糖家。而自造砂糖。以求便利而自由所致。蓋造白糖須資本多。（購漏盆等）費時久。非資本家不能。而現時小糖業家正與大糖家決鬥。所以造白糖者日少。而造砂糖者日多也。

糖之產額　欲得確數。殊覺其難。即知大概。亦非甚易。蓋鄉紳不知實情。商人不肯說真。而出口之地。淡水等處多往香港。捉摸無從。橫瀝等處。雖由東江而下。有釐廠可稽。然由河源紫金博羅上部來者殊多。且釐廠之單據。對于來去兩處。（祇有上水下水而已）均缺而不填。則亦無從檢索。然約略計之。縣全各種糖類。合共不下六七百萬斤云。

## （2）花生

各區均不少。故油之出品甚多。種類現時祇有硯壳豆一種而已。晚近數年。每至五六月間。發現一種藤蔓乾枯之病。土人名爲發瘟症。有傳染性。各區均畧有。鄉人迷信者。有用舊棺材板削成木刺。插入花生藤以防除之者。該病年多一年。無法調治。將來業花生者。誠恐日益衰落也。其栽培法與本省各地均相同。惟用石轆轆過地面而後播種。此與別處異者也。

(3)稻

稻有水稻陸稻兩類。陸稻之種不多。祇雷公早、赤穀、地赤、牛屎赤、等種而已。水稻則有苗粘、白壳粘、糯托、紅頭赤、矮苗、冬白、青稿粘、油米粒、芋勾白、絲羅白、加歷早、川早、烏霸赤、大閘、是子、油粘、等。種類頗多也。

(4)番薯

番薯之品種亦多，土人命名。均以皮肉之紅黃白等色及薯之形狀而名之。此物爲土人食糧之第二要物。又爲畜牧之惟一飼料。出口甚少。製成薯絲或薯粉以出口者則有之。其薯絲之製法。將生番薯用牙盆(瓦質)擦爛。用布袋榨之。去袋內之薯渣。晒乾供飼料之用。將搾得之薯水澄清。去面上清水。所得之沉澱。用大而淺之盆薄蒸之。待熱時取出。晒於竹箋上。至半乾時。切使成絲。再晒之，至七八成乾時。即凝結成絲團。復晒至極燥。即得矣。在未蒸之先。須下白礬末。約每薯絲百斤。用礬末二兩。如是、則將來調食時較爲爽口云。此法每生薯百斤。可製薯絲十三斤。渣約二十斤。餘均水份云。其食法、本地婦人生產時。多用此物煮酒以欵來賓。此外煮甜品作點心用者亦常有。除本地銷售外。運往南洋各埠者亦不少。去年因有兵燹。防禦饑荒。縣知事曾示禁之。然番薯爲惠陽豐產而價賤之物。現雖有禁。諒必易弛。蓋產薯最多。非製造之。殊難出口。且難得高價也。薯粉之製造。概如前法。取沉澂面晒乾之即得矣。

（5）麥

祇大麥小麥兩種而已。小麥直接出口者多。本地亦有用以製線麵者。然爲量無多。大麥除供本地之食用外。多充飼料之用。

（6）黃豆

分黃豆青豆兩種。外更有大豆中豆小豆等名稱。此物属內鮮多種植。尙無出口。因本地製造豆腐、豆腐乾、腐竹、醬皮、等業甚盛。故豆之產量雖多。仍間有不敷所用之患也。其栽培法。專田種之者頗多。於夏歷二月間。在旱地作三尺濶之長畦。畦面作八寸濶之小橫溝。每距約五寸。點播强壯之豆種二三粒。待發芽數寸後。汰弱而留强。肥料用拉撻爲基肥。補肥則用尿水。分數次施之。防禦其有虫害者。加用石灰些少。管理属簡單。於高至五六寸時。行中耕除草一次而已。待至夏歷五六月間。豆已成熟。則全株割斷。向日光晒乾之。然後行打脫之法。以收豆粒。此栽培之大概也。

（7）粟

種類頗多。高粱粟、鴨瓜粟、狗尾粟、黃粟、等。無不備。土人造餅及酒用之。

（8）棉

分木棉草棉樹棉三類。木棉之品有二。即紅花白花是也。多属野生。無栽之者。用途祇供製椅墊、舊式馬鞍、睡褥、等用而已。草棉與樹棉可供製紗及衣被等用。然栽培者亦不多。產量甚少也。

（9）蔴

二八十等區之一部分有之。種類有苧蔴黃蔴兩種。苧蔴之產量較少。黃蔴較多。

(01)煙葉

亦三兩區內有之。種類極少。祇有牛利一種耳。

## (七) 蠶 桑

惠陽氣候溫和。本宜蠶桑。乃查其歷史與現情。僅如下述之狀耳。第一區前清光緒初年間。官紳曾設一蠶桑局。因辦理未善。且地方風氣未開。每蠶多桑少桑多蠶少之弊。因而失敗。影响所及。業者遂少。宣統三年。官設農業學校。開辦蠶科一班。民國後。李君元和接任校長。至民國二年學生卒業者三十餘人。以後惠陽、博羅、河源、陸豐、各縣。均有學生。開辦成績不無可觀。嗣因惠屬無蠶桑繭市買賣。諸多不便。三四年間。亦遂停輟。現時第一區業蠶者。殆全無矣。第二區有鄧君仁楷。熱心蠶桑之學界也。六年前曾以身作則。提倡養蠶業。將成功。旋因絲價低跌。以致虧本而歇業。乃再厠身學界。兩年以前。見絲價較增。復棄學界。再行提倡。集一公司植桑二十餘畝。附近人民仿行者四五家。現時共有桑地四十餘畝。每造可養卵紙壹百両。均到省城購種。所用工人。上等者，每名月工九元。(食在內)蚕桑價每斤二文。據云，蠶之成績有六成。而繭價每斤值銀九錢以上。則可維持。且能希望此業之發達。蠶造每年可有七造。頭造夏曆二月半起。末造至九月止。桑葉則每畝每造可採五六百斤云。外此則第七區之一部。尚有業之者。而第六第十兩區。從前亦有。祇因同業人少。不成桑市。蠶失敗者無可補救。卒至歇業。由是觀之。惠陽之於蠶業。其適宜與否。固無俟研究。惟業者之增加與擴大。則似宜早日從事設法也。

## (八) 園 藝

### (甲)果樹類

果樹以沙梨爲最著名。且產量亦多。其次爲李。再其次爲荔枝龍眼。茲分述之如次。

## (1)沙梨

惠陽之沙梨。以第三區淡水所產者最有著名。而第二區中。又以砂坑地方爲最多。其種類有香水梨。紅皮梨。酸公梨數種。香水梨質味最佳。惜產量較少。紅皮梨亦甚好。產量最多。市上所見者。均此種。酸公梨最劣。無出口。土人醃鹹梨用之。此外青皮梨亦有出產。惟產量不多。砂坑之石隙庵有香水梨數株。剖開之後。雖自晨至夕。均不變色。爲餘處所不及云。其繁殖法。概用插接。以棠梨爲砧。植秧二三年徑約盈寸時。於冬春間。離地面數寸。割斷剖開。接以沙梨枝兩枝。接後用竹籜包裹而緊紮之。過插接處有蟲時。以鉄線刺之。待接口癒合後。即於春間移植。每株距離約五丈。管理之法頗簡。每年中耕除草二次。剪枝法則全無。灌溉亦甚少。肥料則每年施猪屎水二次。每次每株施一桶。分夏曆正月九月兩期行之。土人習慣。均種後五六年始留花。果之成熟期。自夏曆六月至八月尾均有。收穫之數量無定。據土人云。每年第二區內梨之價值。約有二十萬元云。統計難得。該數不識真確否也。種梨之地。在土質輕鬆而色紅黃之丘陵。闢墾成級之處爲多。株間混植包粟，波蘿，旱禾，花生，黃豆，薯，及各旱物均無定。園內野草。可云絕跡。因園中必混植他物也。與李混植者。間亦有之。園基均種簕作圍不能隨處出入。頗美觀。與省城花地之楊桃園比較。實不少遜。近十年來。收量漸覺減少。土人歸之氣數。謂梨有去來之運。十餘年前收穫較豐。是梨運來也。乾近十年。收穫較歉。是梨運去也。其愚真不可及。余曾爲之窮其緣故。蓋十餘年前。梨園種植未久。地下養分可供吸收。施肥雖少。亦無不足之患。故收穫稍豐。近則梨園種植較多。地力漸盡。而人民施肥又不加多。(每年祇下猪屎水二桶)則梨樹無物營養。自必遞年減少其結實之數。倘能于施肥一事。增多次數及重量。則屏鈴紮鈴。梨運雖曰去。仍可復來也。

（2）李

亦以第二區爲最多。種類有金線李•亦名南華李，紅心李，臘李•竹李，低子李，等種。產量之多。不遜於梨。而其名不彰者。以其質不甚美也。其形狀品質。金線李色紅。中滲有黄色線。形圓質美。臘李形大色黄。葉狹而長。質不甚好。紅心李次于金線李。好于臘李。形圓細。葉狹而短小。竹李亦好于臘李。色青形扁•葉短而濶。數者之中。以竹李紅心李兩者產額爲最多。其蕃殖法。多用揷接。以種後三年之桃苗爲砧。冬春間離地面七寸零鋸斷桃樹•剖開。以李枝兩條揷接。而用竹籜裹之。待接處吻生後。即於春季移植。每株距離六尺左右。種後約五年。即可留花結實。管理法甚簡。每年祇中耕除草二次。剪枝全無。灌漑亦少。施肥年施二次。於夏曆正月九月間行之。係用猪屎水。每株每次用量半桶而已。若遇雨足之年。夏曆三月。即有收穫。其收量不亞沙梨。惟價較低耳。此物亦如沙梨均植於丘陵之地。土質顏色•亦與沙梨地同。蓋該處之地。非種梨則種李也。其園內混植之作物。概與梨園無異。

（2）荔枝

向來以第三、十、兩區爲多。有兩種。一曰仙婆果。形大肉多。質美。產額頗少。因其隔年結實之繁極大。六七年結實一回不定。一曰小河山。產額較多。形少味劣。價常低。近來栽植荔枝者。各區均有增加。品種由東莞增城等處購入之黑葉桂味懷枝等爲多。

（4）龍眼楊桃

均無佳種。亦鮮有專意栽培者。但因天然發達之樹甚盛。故產量頗多。除生食外。供製乾者不少。（龍眼遠莞晒、楊桃糖製、）幾無一區不有。間有運往河源等縣者。

此外如桃、梅、波羅、柚・橙、柑、橘、檸檬、黄皮、枇菓、番石榴、烏欖、等類。均於近屋空地。或庭園間植之耳。專以之作業者。殆至無也。各區對于果樹栽植之趨勢。大爲果類中在本地植之未久者。有日漸增多之狀。如荔枝烏欖等是已。植之較久者。則有日漸衰落之勢。如沙梨是已。此因近來梨樹發現寄生植物。結果漸少。而土人不於管理施肥等事加之意。咸謂近年天時不利於梨樹。由是舍此而種物殊不少。故梨樹有日漸衰落、而荔枝烏欖等物(有日漸增多之勢。

(乙)蔬菜類

(1)梅菜

此爲惠陽之名產。各處均稱之。即惠陽蔬菜之產量。亦以梅菜爲最多。其產地雖第六、七、十、等區均有。然以第七區橫瀝產量最多。質亦較佳。種類有三。最有名者曰土蕎種。莖高而大。葉潤少纖維。次曰猪尾種。莖短大而葉頂平。次曰煙葉種。莖葉高長而纖維多。而土蕎(係第七區內之地名)地方。又有數升種田(即能夠播致升穀種之田)所出者。全無纖維。爲其他各地所不及云。其栽法於秋分節。將田再三犂耙。使之極幼。而作平畦。更以石碌碌之。使畦平而緻密。然後撒播種子。播後三日。即須淋水。且宜每日續淋之。至秧高及二寸時。乃用稀薄尿淋之。每五日一次。繼續至一月後。即可移植。本圍之地。亦須再三犂耙。然後作潤六尺長任意之平畦。畦溝約深一尺。以供淋水灌溉之用。畦溝之水。不可須臾缺乏。由是每一平方尺。移植一株。約計每斗種田(九斤穀種)可移植一千頭。移植後一星期。始可下肥。每頭約用糞水半斤於側傍施之。每四五天淋尿三水七之合水一次。植後半月。於株間作溝。再淋糞於其中。四五天後。每斗種田(九斤穀種)用生蔴末七十斤。施於溝中。即時覆溝。待菜高至八寸時。再於舊溝痕處淋糞水一次。如是約一百一十日。則高及尺餘。葉頂周圍之徑亦盈尺矣。此時視菜心有花蕊者。即可

○大約一斗種田可得梅菜乾六百斤云○其製乾之法○視菜成熟時○用刀於田面菜頭下割採○略洗其泥砂○晒之○約一日○菜頭軟時○用刀割開○使成大塊○(如藥店剖生地然、左右各連割三刀、)割開後再晒四天○約八成乾時○卽可醃矣○每菜乾百斤○須鹽四十斤○醃時在地下掘成方圓任意之池○內用石灰敷過○使不滲水○如是將梅菜逐層叠入○每叠一層○卽放鹽一層○放時莖端多而葉端少○至池滿後○用足踏實○以石壓之○雨天則蓋之○約醃四五夜○池內菜汁浸過菜面時○(屆時不浸過者風味必劣云)乃拾起晒之○若晴天約曬五日○則堆伏一日○以後再曬一日○(不堆伏則不呈黃臘色云、)逐叠堆于屋內之一隅○其四圍上下○以黃草圍之○叠堆之際○葉須外向○損壞較少○若從遠運售者○則用竹笪裝載○四圍上下亦用黃草遮之○每六十斤成一笪○梅菜出產數最多者第七區○年約值五十萬元○(每百斤四元至五元、)十區年約百餘萬斤○六區年約二百萬斤云○

(2)蘿蔔

有大水蘿蔔、金鈎菜、雪菜、等三種○大水種供新鮮蔬菜之用爲常○醃漬者亦有之○金鈎菜雪菜兩種○俱供製脯之用○其形狀、金鈎長約六寸○徑大約二寸○雪菜則如倒錐形○直徑一寸○長約三寸○其栽培法○均於夏曆八月尾播種○若霜降以後播者○則頭不大○概行點播法○隔離寸餘一穴○金鈎離三寸○播種三四粒○以候汰弱留强○植後六十日○或可收成○此指雪菜而言○若金鈎則須九十日○但無論何種○過期而收○其心必白○在期之中耕除草一次足矣○灌漑則因天時不一定○肥料每斗種地(一斗穀十二斤)用猪屎乾百斤、麩十斤、爲基肥○屎水則發育後用爲補肥○其種子則由潮州購來○因本地種抽心早而蘿蔔亦不爽實云○其產量未詳○但知金雪兩種○於第二區內○共用種子約三千五百斤○其製脯之法○將收採之蘿蔔○去其莖葉及根鬚○每百斤用鹽三斤○(金鈎脯六斤)醃之○每日起曬一次○連行三日○金鈎脯須多一二日○以後則洗淨而乾曬之○俟乾至七八成時○即用竹笪叠實而貯藏○以待販賣○用鹽之量。若遇雨天必須加多。否則風味劣矣。此製法金鈎脯一百斤須原料五百斤。雪脯一百斤則須原料八百斤。其銷路除本省外。以南洋爲多。大羅蔔之醃漬者。將蓮葉之羅白曬之。至三日。則去葉。再曬二日。即用竹篁作稽團。將蘿白與鹽逐層疊醃於甕內。約醃二日。起曬一日。再疊醃之。約二月後。即起曬至乾爲度。此法蘿白百斤用鹽三十斤。於兩次疊時分用之。其有用鹽較多而脯較濕者。質味必較劣也。

（3）菠菜

形狀矮小。長不盈尺。葉濶約一寸。色深綠。本無可觀者。但其質極嫩滑。與省地各處所產者相差甚遠。故特記之。

（4）包心芥菜

形狀葉綿莖短而濶。高不盈尺。葉向內捲。但結球頗鬆。不如黃芽白之堅硬。纖維甚少。而質味均美。省城雖有亦不及之。

（5）沙葛

現以第八區爲最盛。然從前無栽之者。本地所用均由石龍輸入。五年前始有人提倡。至今不惟本地足用。且有出口矣。其栽培法。於夏曆二月間。將預先選留之精實種子。點播於田畦上。每穴距離約五寸。高至三尺時。插引竿以扶之。隔二三日須摘去橫蔓一次。否則蔓枝雖多。葛實不大。中耕除草。則共行一二回。施肥每畝用生麩百斤。及些少拉𡏖。幼時宜常淋水。防有害虫。須施石灰若干。待至五六月。即可收穫。每畝收量約可值四十元。（每窖約五斤）在第八區內每年約可產四五千担。（每担百斤）

此外各種葉菜類・瓜類・豆類等。均無不備。但多婦人種之以供家用而已。專業之者甚少也。

## （九）畜牧

（1）馬

乘用者間有畜之耳。不足道也。

（2）牛

農家役用始養之。無專業之者。農家畜牛之種類。大約糖蔗較多之地。多養水牛。若小農家。則黃牛爲多。邑內丘陵岡嶺之荒地雖多。然土質不美。草種不良。天然之大好牧塲。除第九區之洞湖地方外。不多覩也。其餘第一區馬鞍地方附近。有一望平原之草地。縱橫約二三十里。草長三四尺至五六尺不等。然均硬骨茅草之種類較多。不盡宜於飼養家畜之用也。但該地之草。仍非廢物。每年至白露節前後。草將開花時。即可刈採。地主每以此爲營業。由地主出批與人。鄉人則與批承人批割。謂之典草。出銀若干。即批若干方丈。統計第一區每年約產三四百萬把。（每把重約斤半）在本地銷售。每千把約值銀三元五毫。銷售外地。價則倍之。因運費多也。此外平原地勢甚低。春夏水浸。秋冬乾燥。故無人墾植他物。其草之種類甚多。土人約別之爲七種。（一）係茅草。長可二三尺。適於燃燒。價最貴。（二）赤草。莖色赤。起節。有叉。價次之。（三）欄草。又名牛草。莖有節。叉少且柔軟。作牛飼料最佳。馬鞍地方附近放牧。全賴此草。（四）橡草。高五六尺。花多。可供造箒之用。（五）蔗仔草。略似橡草而大。葉微有甜味。故名。（六）過塘蛇草。蔓地而生。長可六七尺。（七）鴨嘲草。各種草中。以此草爲最劣。身短而燃火不亮云。

（3）羊

邑內羊群極少。間有三兩區有之矣。因土人不慣用羊。非甚大之喜慶事及祭祀罕有用之。且無天然優良牧塲。以供專業家放牧之用。故羊業殊不旺盛。

(4)豬

除酒米店所畜豬數較多外。無專業者。然每家必畜之。一頭至數頭不等。則其豬數亦不少。邑內之豬。約分兩種。形狀不同。色澤各異。而質味亦相差甚遠云。在縣東南各區之豬。毛色俱黑。身長足高。膀尖腹緊。間有白足者。名曰下江種。在縣城東北各區附近之地。其豬之毛色。多黑白相間。身足俱短。膀縮腹寬。側觀之似成長方形。名曰上江種。(即河瀝種)據飼養者云。上江豬易大而肥肉多。瘦肉色淡黃。味不甚甜。下江豬則難大。肉薄。瘦肉多。色較紅。味較濃。價亦微高。特太難大。非至九十斤以上。殊難得其體格偉大。而肉質豐滿云。是二者均各有所長。管理之法。概不足述。飼料則以糟。薯籐。薯渣。米糠。蘿蔔葉等爲主。在縣城附近者。除普通飼料外。另有豬菜一物。乃產於惠城西湖中之水藻也。每年採用不絕。爲養豬之天然良好飼料。

(6)雞

全無專業者。農家各養若干羽。除自用有餘。乃赴市求售。但無家不畜。故在家禽中。爲最重用而數亦最多也。特無優良種類耳。

(6)鵝

非農家必畜之禽。間亦有購數羽子鵝養之者。以收鵝群爲業者。邑內約共有數十群。群之小者數十羽。大者亦不過五百羽。業此者、均養大即盡售之。以鵝乸(即母鵝產卵孵子者)爲業者。數尤少。全邑僅十家左右。而母鵝之數。亦僅二三百羽也。其牧鵝之術不甚精。茲不述。

(7)鴨

祇有鴨群多少耳。亦養大即盡售者。以種爲業者全無也。所需之鴨子。均由石龍或深圳運入。本地間有畜母鴨若干羽者。亦祇供產卵之用而已。

家禽之飼料。以糠爲主。鷄鴨群幼時。則有以米及青菜等並飼之。鷄廠之母鷄。則有用穀麥以餵之者。至鷄鴨群則均以放牧爲主也。

## (十)森林

第三區在縣屬之東北部。深山茂林最多。林產物亦最富。東南部之二五十一等濱海之區。平原多。山嶺少。幾無森林之可言。其餘各區。平原之地雖多。然山嶺仍屬不少。且石山甚稀。土質以粗砂黃色或赭色鬆土爲多。高斜之度不大。二三十丈者爲常。但此等山嶺。有樹木者不過十分之一二。求其滿山有樹者。殆全無。蓋每山之中。均一小部分有松樹些少而已。而此等松林。樹株均極疏。樹之直徑殊不大。經過各處所見之樹。除村庄前後之所謂風水樹畧大者外。平均計之。直徑逾五寸者。亦少數也。此因其砍伐太急。樹齡無過十年者。而人民向無造林之思想。現時所有之疏株松林。亦屬天然者多。其爲人工者。百無一二。以故無論何地。舉目皆是荒山。不特此也。以山嶺土質均屬粗砂鬆土不毛者多。每逢雨時。冲潰必甚。故自山巔而下至山麓。多現溝形。準此推之。濯濯童山。必日見加多。如此狀態之最甚者。第一九兩區交界之處。山嶺綿亘。約二十方里。舉目瀏覽。山嶺之色。無非紅黃。崩潰情形。不知伊于胡底也。

林產物以第三區爲多。竹木器具、茶葉、筍乾、山鹽、磨菌、柴炭等均有之。中以磨菌茶葉爲有名。第二區之一小部份名桔壟地方。有茶葉頗著名。年出萬餘斤。茶水色青黃。味甚香。特產額少、出口不多耳。該處之山。泥色黑而質鬆。山上之草。以手拔之。則全株均起。其餘各區。有大用之林產物者極少。不過畧有柴炭耳。

## （十一）输出口

兹将惠阳各地大宗产品经过惠城出口之约数。表列于左。（各地由海运往香港及别处之数不在内）

| 物名 | 数量（约计） |
|---|---|
| 沙梨 | 八九十万斤 |
| 糖（片糖白糖黄糖等） | 六百万斤 |
| 菜（各种在内） | 二百万斤 |
| 梅菜 | 一千万斤 |
| 荔枝 | 二十万斤 |
| 番薯丝 | 四十余万斤 |
| 李 | 二十万斤 |
| 横坑茶 | 五十余万斤 |
| 吉明茶 | 数万斤 |
| 黄蔴 | 一百万斤 |
| 烟叶 | 数十万斤 |
| 生油 | 二十余万斤 |
| 谷 | 数百万斤 |

鱼盐之利甚薄。数不详。

## 附錄東江農產物經過白沙釐廠數量表（自民國九年十二月起至十年四月止、共五個月、以前之得宗因失去、故未查、）

| 物名 | 數量（東江屬內產出間有非惠陽所產者如松香茶 等是） |
|---|---|
| 包皮紙 | 八萬餘把（每把約重六七十斤） |
| 頂包紙 | 十一萬五千餘把 |
| 糖 | 三百萬斤 |
| 竹 | 四十萬竿 |
| 茶麯 | 六百餘萬斤 |
| 松香 | 二百餘萬斤 |
| 梅菜 | 百餘萬斤 |
| 杉木 | 二十萬條 |
| 桔水 | 二十餘萬斤 |
| 粗砂 | 十五萬餘斤 |
| 柿餅 | 十四萬餘斤 |
| 麟牙 | 十七萬餘餅 |
| 聲頭大板 | 一萬塊 |
| [illegible] | 四萬餘斤 |

| | |
|---|---|
| 小麥 | 數百萬斤 |
| 薯莨 | 數萬斤 |
| 菜脯 | 數萬斤 |
| 草菇 | 數百斤 |
| 酒餅藥 | 萬餘斤 |

與農業經濟無關係者概未及。其有不及惠陽一縣出產之數者。因係五個月內之數而已。非全年合計也。

## （十二）特產

以沙梨梅菜菜脯爲最著名。（詳前）海產之種類頗多。鹽田之收益亦薄。

## （十三）農林前途之希望

惠陽農地。平原多於山谷。旱地廣於水田。其足資研究而前途甚有希望者。自應從旱作物而着想。（一）種蔗、現白糖者雖各區均有。狀似甚盛。然平坦或傾斜可種糖蔗之荒地尚甚多。則現時糖蔗之產額。距其極度之程尚遠也。如能設法引起人民種蔗觀感。鼓勵種蔗之農家。則將來蔗糖之出產。誠難預料其數也。政府對糖業如欲振興之者。則惠陽糖業。實有經濟問題之價值。幸無臘後獻之。（二）馬鈴薯、邑內向無植之。但番薯則甚盛。土人以爲食糧之第二要物。去年兵燹後。勸導東江災民冬間所發之馬鈴薯種。今春查其成績。頗有可觀。蓋旱地之土質。幼砂壤土爲多。且氣候溫暖。冬不見雪。既宜於番薯之蕃殖。亦必適於馬鈴薯之發育。若土人信仰今春之勸導。於秋冬間。再行種植。逐年傳播。至與番薯同等產量時。則惠邑人民之收益增多。定當數倍於番薯之價格矣。（惠邑番薯每百斤六七毫。省城馬鈴薯每百斤約五六元）、（三）花生、以多旱地之故。花生之產量頗鉅。數年來花生常發現一種有傳染性之乾枯病。遍地蔓延。各區皆是。因之產量頓減。而農家鑒於前車。則栽培之面積均縮小。倘能設法以防除該病。稍爲提倡。則發達可期矣。之三者、是爲惠陽農業前途之有希望者也。蠶桑之業。邑內氣候。水土相宜。乃查養蠶家之所以屢起屢仆者。非蠶桑之種子不良。人民之飼育不精。實由於同業者少。無蠶桑市以爲之換補救所致。如能將同業太少之問題打破。則蠶桑之利。亦有無限之希望者也。至林業之前途。其希望尤大。然提倡鼓勵之善法。亦較難得。蓋以現狀論之。除第三區有多少天然林外。幾無林業之可言。今欲提倡而振興之。不啻爲創舉之事。除強制執行外。難得善法。然造林之風一開。則材木不可勝用。山嶺不致潰崩。人民之獲益。正自不淺也。

（出自《广东农业概况调查报告书》，一九二五年）

# 博羅縣農業調查報告民國十年 鄭振周調查

（一）位置

博羅縣位於東江之中下流。東北界河源。西南界東莞。東江繞其東。與惠陽縣相望。羅浮山障其西北。與增城龍門南縣毘連。縱七十六里。橫七十二里。居於緯度北極出地二十三度零六分五十秒。經度距京師中綫偏西二度零六分四十秒。全邑共分十三區。

（二）地勢

羅浮山脈依其西北。萬山重疊。東江幹水繞其東南。河流滿布。故全邑地勢。西北高亢。東南低窪。西北多岡陵起伏之傾斜旱地。東南多一望平坦之寬廣水田也。全邑平均。山約十分之七。田約十分之三。而水田較多。約十分六。旱田較少。約十分四。

（三）氣候

在廣東省言。屬於溫和。全邑各區。亦無大異。全年計二月尾至十月均屬熱。惟十二月及正月較寒而已。給則十月

尾至正月略有之。旱則極少。當終年不一見也。風災間或有之。大風災則甚少。雨水適常以四五六等月爲多。、

## （四）耕地狀況

土質　東南部東江沿岸一帶。多冲積之砂壤土。西北羅浮山附近。則壤土及腐植土爲多。西南部第十一區九子潭附近。位於東江支河下流。概屬壤土之水田。東北部第四（派尾）五（石埧）六（公庄）等區地方。亦以砂壤土爲多。至坭山之土質。則在西北者。色多灰黑。質幼而鬆。在東南者。色多紅黃。質粗而枯磽。此其土質之大較也。

水利　由羅浮山脈發源之小河甚多。均向東南行趨會東江者。此等水道。或作陂頭。或用水車。均可得灌溉之利。惟東江沿岸各地。春夏常有水患。秋冬又發旱乾。以是之故。大河雖近。受其灌溉之益反少也、

交通　除東江繞其東南可通輪船外。其餘向東南來會東江之二三小河。亦可行舟。故全邑交通。以水道言。頗爲便利。惟陸路則多用肩挑。利用人力車及牛車。均極少也。

耕作情形　西北西南一帶多山谷。及小河下流之水田。農民種植。除兩造水稻外。其餘多不注意。故冬耕者甚少也。對於旱作物。則用傾斜之丘陵爲多。東南各地。春患水。冬憂旱。所植作物。因之較雜。如水稻旱禾竹蔗黄豆薯桑等物。或因耐水而種植。或因旱收而栽培。相地因時。均無一定。中部各地所植者。比南尤雜。蓋於水旱均不甚爲患。各種作物甚相宜也。

## （五）農民經濟狀況

田地租價　田價以第一區及第十第十一等區爲最貴。上等水田。每畝値百元左右。年租每畝租谷二百五十或三斤百。其餘各區。則三四十元一畝上田者亦有之。旱地最貴者。每畝二三十元。年租每畝約二元。

長短工價　長工每年工價自二十五元至四十元不等。短工每日工値。忙時三毫至三毫半。閒時一毫半至二毫半。食

用則均僅王供足。此指男工而言也。若女人則充長工者極少。惟作短工而已。工值較男人畧低。且多包食用者也。

大宗產品價　邑內大宗產品與約價。表列于左。

| 產物名 | 數量 | 價格 |
| --- | --- | --- |
| 米 | 百斤 | 約八元 |
| 穀 | 百斤 | 約四元 |
| 片糖 | 百斤 | 約十元 |
| 生油 | 百斤 | 約十二両 |
| 搽油 | 百斤 | 約二十両 |
| 黄豆 | 百斤 | 約八九元 |
| 麥 | 百斤 | 約六元 |
| 炭 | 百斤 | 六七毫 |
| 柴 | 百斤 | 三毫至五毫 |
| 茶葉 | 百斤 | 四十元 |
| 棯樹根（染料用） | 百斤（皮莖濕秆） | 五毫 |

大小農及經濟情形　統計全邑自作農較少。佃戶較多。而二者之中。以耕十畝左右者占最多數。十畝以下者次之。二十畝以上又次之。三四十畝以上者。則雖有亦僅耳。而耕田畝廣者。多屬旱地。耕田畝少者。概是水田。至經濟情形。困難者多。大約近水而交通便利之地較充裕。荒僻之區較困乏也。

## (六)作物

### (1)穀

本縣作物。以穀爲最重要。產量亦最多。確數雖未詳。然縣城舖戶以舂米爲業者。其比例成數。實可爲各縣城之冠。而專造犁頭柄及專造穀磨開設店舖者。或亦於博羅城始有之。此足見其穀米產量之多也。其穀之種類。上造有短苗・長身早・石隙粘・西粘・烏蔦粘・馬尾赤・擔竿糯・絲羅白・長樂早、等種。下造有油尾早・矮脚赤・陽江赤・西粘・黃粘・泉水粘・味水粘・(水浸過面三日不死)烏莞糯，黃莞糯・細絲苗・油粘。冬白・冬赤・香耕粘・時糯・大糯・等種。其中米質最佳者。以細絲苗爲第一。本場開第一次展覽會時。曾獲一等獎章者也。

### (2)蔗糖

以竹蔗爲最多。西北部多植于丘陵之斜岡。東南部概種於平坦之塔地。栽培法則各區均無大異。且與惠陽等縣相同、。茲略之。專述其糖業之狀況如下。

糖質　可分全縣爲三部。上部第五區(石塔)第六區(公庄)第七區(柏塘)等處屬之。多製片糖。其色烏而不起砂。糖片不能經過潮濕而不溶。然其質則甚甜。大概八兩糖可抵別處之糖十兩云。中部第三區(七女湖　第八區(响水)第九區(横河)等處屬之。亦製片糖較多。其色黃紅。其質鬆爽。頗美觀。但甜味不及上部之糖云。下部第十三區(蘇村第十一區(九子潭)第十區(福田)等處屬之。第十第十一兩區甚少出產。十三區則較多。以製黃砂糖及白糖爲主。片糖極少。因製出之片糖。其質每劣。故少製也。

經過情形　十年前糖業極盛。五年前因糖價低跌。種蔗因之衰落。近數年糖價較高。業此者逐復增多。然亦僅及十年前五分之三四而已云。

數量　殊難查悉。因博邑之運物出口。原分三部。三・四・五・六・七・等區。多在惠城門市。往河源城者亦有之。八・九・十・十一・十三・等區。則概直運至石龍。查察甚難。到博城者。祇一・四、十二及八區之一部分而已。

(3)麥

以大小麥蕎麥等爲多。中尤以小麥爲最重要。蓋士人運往出口者。均是小麥。大麥則概供自用。其栽培區域。西南部甚少。以其冬耕之風不盛也。東北部較多。蓋有患水旱之平原。不冬耕無以彌補糧食也。

(4)番薯

邑民除米食外。以番薯爲第二要糧。故無人不食。亦幾於無家不種也。種類約有六七種。但其名稱。因地而異。不能確定。難以詳述。惟有皮肉色澤及形狀之辨別而已。其栽培區域。亦西南少而東北多。又東部第四區地方。有著一種。皮紅而肉白。形頗大。性耐寒。秋冬可種。種後八十日有收云。

(5)黃豆

種類亦多。有黃豆・白豆・早種・遲種・青豆・中豆・等名稱。栽培法無甚特別者。產量除本地用以製豆腐腐竹腐皮及豆豉醬油外。略有出口而已。

(6)花生

栽培者亦頗多。種類祇有大豆及黃蛉殼等二三種而已。產量則從前多而近少。士人云。因數年來。常起發瘟病症。每致莖葉枯槁。全田淒黃。愈染愈廣。年甚一年。業此者停止栽培不少也。

(7)芋

亦爲副糧之重要物也。種類頗多。香芋・狗爪芋・紅芽芋・等是其著者。邑人除直接煮食外。切絲或片。與米混合造飯而食者甚多。飼料亦常用之。出口則極少。

(8)棉

博邑人工栽培之棉花甚少，但天然之木棉花(紅花喬木)則殊多。間有人于四五月間出價採收赴省求售者。每百斤連花苞二三毫。

(9)粟

有高粱粟、狗尾粟、鴨爪粟、等種。此爲混合用之食糧耳。

(10)蘇

有黃蘇苧蘇兩種。苧蘇之種類極少。黃蘇則有黃皮青皮等之分。均供本地之用。全無出口。

此外熟烟葉、綠豆、赤小豆、烏豆、草蘇、萊菔、以及其他各種作物。均有多少出產。惟與經濟無甚影响。玆故不述。

## (七)園藝

(1)果類

黃皮、龍眼、荔枝、沙梨、桃、李、枇杷、番石榴、橙、柑、桔、烏欖、白欖、柚、香櫞、羊桃、柿、以及其他各種。無不備。其中以博城之白糖黃皮爲最有名。以其皮薄仁小(或無仁)肉厚而味清甜也。但無專業種植者。祇發見於庭園空地而已。種植時概就本地用駁枝或實坐二法以蕃殖。非若其餘各種樹苗之多由東莞增城兩縣運來也。果樹專業成園藝形式者。十年以前幾全無。近則較多矣。經營數十株至數百株者。約及百家。而尤以第四區石湖鄉張和景之果園爲有名。其栽培面積。約二十餘畝。以種荔枝與桔爲最多。番石榴桃柿等次之。全年用長工三名。現已設立十年。去歲祇柑果一項。已沽銀六百元。約計每年可沽出果銀約千餘元。而第八區雨水坳方陳友初君。亦有果園二三十畝。栽培荔枝李柑桔等物。現亦畧有出產。於此可見其果樹園藝之漸盛也。

（2）蔬類

各種蔬類雖具備。然無甚奇別者。惟土人云。第九區羅浮山酥醪觀附近。有菜類一種。製乾後。質柔嫩而纖維甚少。色褐黃而美觀。風味甚佳。可與惠州梅菜相伯仲。因產地近酥醪觀。故以酥醪名之。但產量不多。流行未遠云。

## （八）畜牧

（1）馬

馬匹甚少。乘用者亦極稀。全邑共計。或不足百匹之數。

（2）牛

全邑無以牧牛爲業者。均供役用而已。全邑均平計算。黃牛較多。約佔十分之六七。水牛約佔十分之三四。價亦頗昂。耕牛自二三十元至七八十元不等。即牛肉之價。每斤亦値二毫。牛租亦不低。每年水牛租銀自三元至六七元。黃牛自二三元至四五元不等也。其來源由江西省運入爲多。

（3）羊

只有山羊一種。色黑而形小。最重約五十斤。牧者極少。全邑約有十群左右。每群最多者亦不過五十頭。五六頭一群者佔最多數。全無出口。間供內地祭祀之用耳。

（4）豚

無家不畜。除供本地用外。運往石龍賣售者亦有之。其體格無特別之點。毛色均黑白相間。大小之程度不一。自百斤至百五六十斤爲多。無專業之者。惟酒米舖及豆腐店之猪群較大。然亦畜十數頭者爲常。其餘則各家均一二或數頭而已。飼料以米糠蕃藤爲主。蕃芋糠粕等副之。管理簡陋。猪舍亦無一定。豚肉價值。每斤約銀三毫。

(5)雞

家禽中以雞爲最重。每家均畜有數羽或數十羽不等。然專業之者甚罕見。因其每家均有飼養。故供其數多耳。無純粹種類。亦無特異之點。通常雄雞最大者。不過六七斤。雌雞最大者不過三四斤。價值每斤自三毫半至四五毫不等。飼料則概利用家中之廢物。

(6)鴨

非家家均畜者。概購買幼鴨自數十至數百羽牧養五六十日而售賣之。每斤約值二毫半。飼料幼時以飯，及半生熟之穀粒與打碎之螺蜆或黃蜆等而飼之。較大時則以糠混粥及穀粒餵之。若夫放牧。則自幼至大。均無異也。以孵蛋爲業者。殆全無。其幼鴨多自東莞運入。間有畜母鴨一二十羽者。則專爲收卵而供食用者也。

(7)鵝

博邑人民。年節間用鵝之習慣頗盛。故以鵝爲業者亦較多。此業分爲兩種。以購買子鵝養大而販賣者一也。其飼料與管理無特善之處。茲不及。以養種用鵝取蛋孵子而求售者二也。其法畧有可取。茲據專業者之言。述之于左」。據業鵝者言。孵卵之鵝。以毛薄頭細身如瓦筒者爲佳。每母鵝一年約可得子鵝十八隻。（除壞者外）其孵卵年齡。通常五年左右。最多者不過六七年。以在三年時產出之子鵝爲最佳。其雌雄之配合。大抵一雄配七雌。產卵期普通分四季。六月至九月爲第一季。此季每鵝平均約生七蛋。九月至十一月爲第二季。此季每鵝平均約生九蛋。十二月至正月尾爲第三季。正月至三月爲第四季。此兩季每鵝平均亦約生七蛋。產卵必在產卵室地方。如非在產卵室所產者

・宜指起扭孵。否則少能孵化。又熱天所產之卵。不堪久藏。倘貯藏過五日。則孵化之成數必低。孵卵之卵巢。係用高六寸徑潤一尺容五分之木盆。入以柔軟之禾草。每巢用草約十二兩。天寒時。老鵝之蛋。以嫩鵝孵之。嫩鵝之蛋。以老鵝孵之。每母鵝大概孵十七蛋。孵卵之鵝。兩日放一次。放時餵以飼料。並令其洗身。候晾乾乃使再伏。伏後二十分鐘。須將其卵反轉。以後隔數點鐘必反轉一次。每日夜約共六次。以免溫氣不勻之弊。放巢時之卵。則用棉胎蓋覆。如是約經二十餘天。則又出卵矣。大概先出世者。多爲雄鵝。（雄子之下顎，有長坑線路一條，透至頂嘴，又其殼無毛，甚易識認，）出世後三日赴市。每對價銀五毫至七毫半。業此者多僱工人料理。主任工人年薪一百二十元。食物僱主包足。至母鵝之飼料。尋常多用谷混老糠（即穀殼）飼之。五月尾起。每鵝一餐。約飼谷兩二・至七月初近產卵時。飼料應供給充足。惟仍注意混以老糠。以免太肥。結脂無卵。其混糠之數。約得谷之四分一・若伏巢之鵝。則祇兩日餵一次。於放巢時行之。此時所飼之谷。必須多潤以水。免其思渴。時思出巢覓飲也。平均計之。每鵝一年約需谷五十五斤。除此之外。則放牧時。任其覓食青草水菜。惟放牧切要有草地。輪流分區放之。否則母鵝易至病死。又熱天放牧。午時必須近住坑邊。否則少卵。不可不注意也。各種病害之治療。甚爲簡單。受風寒之子鵝。腹下發熱。用如意油搽之。受污穢之子鵝。（俗名曰秣）身溫毛硬。用白醋噴之。不消化病用蒜頭灌之。受熱病。毛帶白色。脚燥。用雲霧茶灌之。受寒病。疴白屎。用必得勝丹灌之。有蝦症病。用柚葉搽粥强之食。誤吞老草。不能下咽。用生油助之。無油時用唾液灌之。凡皆有效。又子鵝於出世後。炒芝蔴飼之。可免寒病。每百子鵝。用數錢芝蔴足矣。

## （九）森林

博邑全屬。南部荒地極少。北部略多。荒山則擧目皆是。各區均同。以山之形狀言。則西部山脈連絡。高低不一。

東部岡陵起伏。大小殊形。大約西部山之高度。在百數十丈。而斜度頗大。東部則在五十丈以下爲多。斜度略小。以土質言。除石山外。西部之山。色當灰黑及灰黃。質幼而鬆。頗肥美。東部則以淡黃之色爲多。有粗砂混雜。質鬆脆。屬瘠磽。以故西部山嶺。表面常生柔嫩之草。東部山嶺。則童山濯濯。雨水冲刷。自山巔至山麓。成溝條之形者頗多。其森林狀態。玆分天然人工兩種述之如次。

(1)天然林

全屬山嶺。成森林者約十分一二。其中以天然林爲多。概雜屬木。無甚名材。故供柴炭之用爲當。此種森林。僅斜綫面高度在五十丈以上之山始有之。若在三四十丈以下之山岡。則連孤立之樹亦極少。此非由於土質惡劣不能資生。寔因人事澆漓。爭相盜伐之所致。高山則砍伐不便。故能成林。

(2)人工林

有規則者甚少。大約成林者。均極近村庄屬於風水之松樹林也。其用人工以種植而略有規則者。亡清光緒三十一年。第一區內李子永君等數人。集資數千元。於第三區南坑徑地方。墾植樹茶油樹林約三十方里。曾於省縣立案。至宣統末年。樹已有開花結寔者．及民國初年。土人侵害。而賊匪又以該林內地爲巢穴。因此不敢前往管理。卒至砍伐殆盡。終歸失敗。殊爲可惜。厥後凡有倡議森林者。均引該事爲前車而不敢與辦矣。

(3)林產

山嶺間之產品頗多。如第八九等區之茶葉。每年出產約值數千元。(每斤中價四毫)前多而現少。此因十年前有美國人在該地收買茶種。繼續二三年。以後增補栽植者少。故茶葉業逐漸衰落也。茶樹及搽油樹．則全山植者有之。桐則各家有多少而已。桐之栽法。據土人云．移植時去其主根。則將來結子甚遲年歲少之緊云。第八區內有用人力以榨桐油者。即用濶一尺二寸之水轄，厚四寸之水力，以轉動鉄轄之大小石輪而壓榨。每榨用蒸熱桐子肉八十斤。可得油二十一二斤。油值二十五元一百斤。麵值一元五毫一百斤云。棕樹根亦甚多。供染料用。每年石龍商家到該邑收買不少。此外天然之山中產物。如土茯苓，金銀花，獨脚師茅，白蘞，石菖蒲，春根藤，薯莨，以及各種雜物。有出口者亦甚多。

羅浮山在第九十兩區之西邊。綿亘數十里。前清禁令森嚴。樹木參天。民國後。土人乘隙盜伐。賊匪則佔寺觀爲巢。佛道兩家。均遠避別地。無人管理。荒廢日甚。現時參天樹木。雖非全無。然存者無多。風穀已非早時之比矣。其產物除柴炭外。藥材亦甚多。最有名者。如黃精，七葉一枝花。獨脚蓮、紫背天葵，風姜、金耳環、雲霧茶、二數者。觀中道士常貯藏以供遊客之購買。

## （十）蠶桑

向來均有經營。祇以作業者不多。無蚕桑之市以供交換。故失敗者不知凡幾。第一區內。有李君子永。業此者一𡩋十年。時常失敗。然再接再厲。百折不囘。現仍苦心經營。志不少衰。據云。每年約養蠶四造。自二月尾起至六月尾止。每造約養蠶紙六両。得繭可九十斤。每年約得繭三百餘斤。常用專工一人。司任飼養，採桑等事。則家人助之。蠶將熟時。則另用一二人幫理。平均計算。蠶無病時。則有利可圖。否則均屬本虧爲多。至所飼之蠶。則多用大造種。因其比輪月種較易養也。其言如是。亦足以見獨力經營之困難。而李君之熱心提倡、爲難得也。

## （十一）輸出品

輸出品物。表列于左。至各物之數量。則殊難詳確。茲不過舉其約略之數耳。

| 品物名 | 數量(約數) |
| --- | --- |
| 蔗糖 | 一二百萬斤 |
| 穀 | 千餘萬斤 |
| 米 | 數百萬斤 |
| 生油 | 不詳 |
| 搽油 | 不詳 |
| 黃豆 | 不詳 |
| 炭 | 數千萬斤 |
| 柴 | 數千萬斤 |
| 茶葉 | 數千斤 |
| 棯樹根 | 數百萬斤 |

各種山嶺天然藥材、均有出口、數亦不詳、

## (十二)特產

博屬特別名產殊尠。惟普通之米質。均輕軟可口。易於消化。較爲特別也。其餘黃皮一物。皮薄肉厚。仁極少。(或無仁)味淸甜。亦屬佳品。其製造物。則以綠豆餅與酥糖爲有名。酥糖一物。惠陽亦有製造。省地間亦有之。但土人云。不及博城。所製出者之鬆脆而無韌骨也。其原料之配合分量。商人諱言。殊難查悉。但原料則不外用麥芽糖與芝蔴粉混合。如造麥麵法。數次輾薄打鬆。切開、用火焙之。至爽脆爲度。即得云。此物質味甚佳。如能改良裝載。用罐頭密封。形式美觀。可希望外人喜用。而達出口之境地也。

（十三）農林前途之希望

邑荒地。比惠陽等縣畧少。山嶺狀態。則旣如前述。倘能設立森嚴禁令。雷厲風行。則林業甚有希望。將來獲利亦最穩當。不然、闢于西便之山嶺。土質腴美。柔草叢生。用爲牧塲。亦最有利。尤以養羊及黃牛爲宜。水牛較不適。蓋少平原草地也。東部沿東江一帶。除有石山障阻外。餘多冲積土之平原。水波激激。常見崩潰。春夏水漲則尤甚。且此等田地。非旱災、即水患。栽培各種作物均不佳。若改用之以種竹。則不惟可以防禦崩潰之害。而每年收獲數量亦較穩。當非似別種作物之一經水災、則收獲無定也。

（出自《广东农业概况调查报告书》，一九二五年）

# 新豐縣農業概況調查報告

林純煦調查

## (一)位置及區域

新豐縣在東江上游，爲惠州所屬，東界河源，東北界連平，南界龍門從化，西界佛岡英德，北界翁源，縣治在北緯廿四度六分，經度距京師中線偏西二度三十六分。地形一如人之脚腿伸出於東部，全縣面積三百七十二萬零一百六十二畝左右，人口號稱十五六萬云。境內山脉盤旋，除中部及邊陲較爲平坦外，地勢悉屬高峻，全縣劃東西南北中五個行政區域，以中區爲第一區，東門約，南門約，西門約，黃陂約，塘肚圍角陂約，横坑約，雙長約，諸家鎮梅坑約，秀長江，秀長坪，魯古等十三鄉屬之，以東區爲第二區，巖層大席黃京牙等三鄉屬之，以西區爲第三區，沙田約遙田約新南約腊溪約乍坪約等五鄉屬之，以南區爲第四區，櫸林約立溪約錫塲約藍溪約等四鄉屬之，以北區爲第五區，秀溪約磜頭約黃茶埔等三鄉屬之。

## (二)氣候

該縣氣温以小暑處暑間爲最高，大雪後至翌年雨水間爲最低，年中冷熱時期，各約三個餘月，至雨量通常於谷雨至大暑間爲最多，秋分後至冬至間爲最少。下霜時期多在十月起至翌年二月間止，雪則較霜遲一月降，而早一月止云。

## (三)耕地狀況

(1)地勢　查全縣農地約有二十萬畝左右，其地勢平均大概平原約佔百分之五十，山谷約佔百分之十三，岡陵起伏地約佔百分之六，山嶺約佔百分之五，傾斜田地約佔百分之二十六，就中水田約有十三萬畝，凡平原山谷及傾斜之農地大部分屬之。除山谷水田年中祇種水稻一造外，餘皆種早晚水稻二造，至於旱地則多在岡陵起伏及山嶺傾斜等地，大都栽種花生甘薯黃豆及其他雜糧等類作物。

（2）土壤　一般平原或稍傾斜處之水田，多爲砂壤土質，較輕鬆，顏色多屬灰黑，肥度亦較好；其在山谷間之水田，則多屬粘壤，土質較堅韌，肥度中等，色多黃灰；至於一般高坑地，乃屬於砂質乾土，雖輕鬆而性瘠瘦，顏色多爲黃赤。

（3）水利情形　灌溉田地用陂水及水車者約佔百分之六十，用山溪小水流注者約可百分之三十，用山塘湖池者約可佔百分之十。就中中區沿西北一帶地方用水車灌溉者較多，餘則不外陂水山溪水山塘水而已。

## （四）荒山情形

全縣山嶺面積，約有八百餘萬畝，而荒廢山嶺，殆佔半數有奇，此等荒山土質均不甚劣，其交通亦非盡不便，實有造林之價值與可能。其荒廢之原因，大都因無人保護，每年冬季任令野火焚燒所致，其所以致此之原因，係由地方治安不良，無人從事經營故也。

## （五）運輸交通

該縣在民十以前，所有出入貨物之輸運，多從水道，與帆船自城南直達河源而通省城，嗣以境內土匪猖獗，河道梗塞不通，故至今出入口貨物之輸運，悉用肩挑。查第一區屬貨物多運銷于龍門，第二五兩區貨物多運銷於河源，第三區屬貨物多運銷於英德，第四區屬貨物多運銷於翁源，其交通往來，概循陸路道途頗崎嶇也。

## （六）耕作情形

一般耕作情形，均與翁源連平等縣相若，惟冬間栽種作物甚少，各區雖有少數種麥，但亦不過佔農地百分之一二而已，茲不備紀。

## （七）農民經濟狀況

（1）農戶　農民中田主約佔百分之五，半佃農約佔百分之三十，純佃農約佔百分之六十五。其每戶所耕田畝，田主多在六七畝之間，半佃農在十畝左右，佃農亦以三四畝至六七畝爲通常（俱指水田而言，未計旱地），平均每戶之耕地面積，約可五畝左右。

（2）田地價　上等水田每畝値百餘至二百元，中等者約値一百元，下等者約値五十元，至旱地每畝上等約値三十元，中等約値二十元，下等約値十元云。

（3）肥料農具價　石灰每元約二百斤，花生麪每百斤約六元餘，牛骨每百斤約五六毫，人糞水每担約六十文，犂一張約元半，耙每張約五六元，鋤鐮甲鐵札每張各一元，草鐮每張三四毫，禾鐮每張約一毫。

（4）農產價　可供役用之水牛、每頭約五十元，黃牛約二十餘元，猪肉每百斤約四十元，鷄每斤四毫，鴨鵝每斤三毫、魚類每斤約二毫半，甘薯每百斤約二元半，芋頭每毫二斤半，葛每毫二斤，花生（濕秤）每百斤約四元，白穀每百斤約四元八毫，黃豆每石（百五十斤許）約十五元，大麥每石二元餘，牛油每百斤四十元左右，甘蔗每毫約三根，蔬菜類每毫二斤至四斤，沙梨每斤約一毫，桃每毫約二斤，李每毫斤半，桔每斤毫半，荸蔴每斤九毫，黃蔴每斤三毫，烟草每斤約二毫半，上等茶葉每斤四毫，中等三毫，下等二毫餘，棉花每斤九毫，藍每百斤約五元，乾柴每百斤四毫，木炭每百斤六毫至七毫，草每担二毫，苗竹每根約二毫，草菇每百斤約一百五十元。

（5）人工價　長工每年四十餘元，散工平時每天男女各一毫，忙時每天男約二毫半，女一毫半，每日供膳三餐，需費約一毫半。每天工作約十小時。該縣農工過多，常受僱於境外云。

（9）田地租　該縣田租，概納租穀，通常上等水田每畝年租穀約四石，中等三石，下等二石二斗，旱地則多納黃豆，上等旱地每畝年納豆六升，中等四升。下等二升，旱地租多一次納清，水田租則分上下兩季，但下季如不豊收，常有減租之事，倘遇荒歉，則主佃折半平分。其收租方法，在良好之田，或道途不遠者，多由佃戶送到；反是則須田主到收云。

（7）租田制　佃戶承耕田地，多與田主直接商洽，不用介紹手續，亦不寫租約，祇以口說為憑。通常每畝水田，於承佃之始，須繳押租銀十元。其租田年限，普通以十年為期，如有少欠租穀，則不在此限。

（8）農產貿易　農民出售農產，多係自己挑赴鄰近市場出賣，其大宗者，另有商人收買，如草菇之類是也。其與外地貿易之市場，在第一區則為龍門，第二四兩區則在河源，第三區在英德，第四區在翁源。當民十以前大宗農品輸出，多用船運，後因土匪猖獗，河道不通，遂用肩挑，今年冬，大舉清鄉，匪氛漸息，想不久可以恢復水道交通矣。

查該縣出口大宗之農產，有如下列：

| 種類 | 每年出口約數 | 出產地 |
|---|---|---|
| 杉木 | 三十萬元 | 一四兩區最多 |
| 草菇 | 十餘萬元 | 各區皆有惟一區最多 |
| 生牛 | 一千頭左右 | 各區 |
| 雞 | 三數千元 | 各區 |
| 鵝 | 五六千只 | 第一區 |
| 穀 | 五六千石 | 第三四區 |

（9）借貸情形　普通農民借貸，皆以糧食為多，計當地農民，中常借貸糧食者，約佔百分之七十，但放債者——

地主殷富——多借與錢欵，至新穀登塲時，再行折伸穀數，然後每石加息五斗，其所以如此者，因農民借欵時，多在靑黄不接之荒月，係穀價昂貴之時候，迨新穀登塲時，穀價低廉，若直接借與穀數（雖直接借穀亦須伸算銀欵），則放債者無利可圖矣。故一轉移間，農民之損失甚大，因借錢糴貴米，還債糶平穀也。一般借債期大都在一年期內，早季還本，冬季還利，乃其定例也。縣中金融周轉機關，惟第三區有當店一間，及鄉村間有穀會之組織而已。

## （八）畜牧

（1）家畜　家畜以牛猪爲主要，田主及半佃農，每家養牛可一頭以至三數頭，至佃農養牛者，不過百分之六十而已。至於養猪情形，亦大畧與養牛相同。其猪槪爲本地肉用，極少出口，其牛除供耕田役用及少數肉用外，年中尙有千百頭出口云。

（2）家禽　以養鷄爲主要，鴨次之，鵝又次之，就普通之農家，莫不養鷄數翼，養鴨則不能普遍，但有作半專業之經營者。至於養鵝，惟城區有專業經營之鵝廠二家，皆以孵雛爲利，每家所養母鵝約二百餘只，專僱童工，放牧於水草之地，特別給與之飼料甚少，年中孵鵝三次，悉用母鵝或母鷄伏孵，第一次在五月名頭造，第二次在七月名二造，第三次在九月名雪造，每次伏孵須三十日方能出雛。聞頭二兩造之鵝容易飼養，尤於頭造爲有價，因能飼養屯肥，趕供過年之需用故也。其雪造則飼養較難，而且無價云。查其所養之鵝，除供本地銷用外，年中尙有五六千只出口云。

## （九）作物

（1）水稻　查該縣水田，共約十三萬畝左右，除山谷之處，年中栽種一造外，餘皆可種早晚水稻二造。年來因土匪猖獗，山田荒廢頗多，查其每年所產之穀，實際祗堪供給本縣之食，但一般貧農每多食甘薯芋頭雜糧數月，因之該縣米穀亦可畧有出口。現查該縣西南兩區因出口較便之關係，年中輸出穀額約有五六千石左右。茲將該縣栽種水稻情形，紀其一般於下：

早稻　普通有花羅粘，兩季早，早赤，八十日早，及瘦田糯等品種。其栽種方法，通常於春分清明間浸種三日，屯芽二日，然後用手撒播於秧田。其秧田多係先施以人糞水爲基肥，至播後十日許始施以補肥，約淋人糞水二三次，計播種後有十七八日可剷苗分秧，在未剷苗之前，有施以草灰石灰等者，又其育苗三十日而後分秧者，則行拔苗分秧，一般稻田多用廐肥爲基肥，至分秧後半月許，用脚耘一次，以後亦不再施肥，迨小暑後及大暑時收穫，每畝收量約四石餘至五石。

晚稻及中稻　晚稻有油粘冬白冬赤花糯及清水糯等品種，中稻有大禾冬白大禾冬赤大糯等品種。晚稻皆種於早稻跡田，中稻多種於山谷間水田，年植祗一造，通常皆於立夏節後浸種二三日，至稍萌芽時，播於秧田，其秧田亦用人糞爲基肥，播後半月許淋以人糞尿水，或施以草灰等肥一次。其中稻於夏至後拔苗分秧，晚稻於立秋前後拔苗分秧，皆於分秧後半月許，用脚耘一次，間有山田施以牛骨灰或石灰等者。其中稻於寒露霜降間收穫，每畝收量約三石餘至四石，晚稻則於立冬前後收穫，每畝收量約二石餘至三石。

（2）花生　各區旱地皆有栽種，皆爲搾油用。年中所搾油額畧敷本地需用，出口則無云。

（3）甘薯　各區皆種之，爲農家之重要雜糧。一般貧農年中藉此爲糧食者至三數個月，皆於收穫後切片，晒乾儲藏，以備食用。

（4）黃豆　各地亦有栽種，供本地製豆腐用，無出口。

（5）蕎麥　多種於各處之山麓旱地，但產額不多

(6)大麥　各區畧有栽種，統計該項作物面積，約佔農地百分之五左右，爲糧食及飼猪用。

(十)特產

草菇　各區皆有栽培，惟於第一區爲最多，計全縣年產總額，可值十餘萬元云。

茶葉　於第一區之古魯地方，及第五區一帶畧有出產，多供本地銷用，少有出口。

藍靛　第五區畧有出產，尙不足供本地染料之用。

棉麻　各區皆畧有栽種，爲農家自己家織之用。

竹紙　在第一區板嶺及何木山等處，畧有製造，惟其竹紙原料，係用小桿竹，大不盈寸者製，出紙品質極粗黑，祗供本地奉神之用。

(十一)園藝

該縣無園藝經營，對于蔬菜方面除農家自種爲佐餐用外，稍有供給市場需用而已，四時菜蔬各種皆有，惟屬通常，而無佳產。至於果樹，則完全爲零星散植者，如桃李柑桔梨柿枇杷楊桃等類，各農村中皆有少數散植於家屋前後，但可作庭園樹，觀耳。所產之果各市墟均有零賣，幷無出口，或大宗之批發云。

(十二)森林

該縣森林面積，約可佔山嶺百分之四十有奇，大半係屬人工林。一般言之，則以松林爲多，殆佔森林中百分之六七十，其杉木林於第一四兩區屬地較多，其他各區原亦不少，惟因水道交通不便，價値不高，故未能見其發達耳。現在全縣之杉木及少數之松柴出口者，每年約三十萬元左右，皆由水道經河源出口。聞近年因土匪猖獗，水道多梗，對於杉木出口，遜色頗多，在民十年前或更溯至淸末，杉木出口較之今日，實不啻倍蓰云。

## （十三）農村教育狀況

新豐縣實無敎育之可言，查全縣祗有國民小學三數間，城區高小一間，學生約一百人，第二區有高小一間，學生約三數十人，第四區有高小一間，學生十餘人。今年秋季創辦縣立初中一校，招生一班約六十餘人，所有敎育經費，皆無常年的欵，多係臨時籌撥移挪及捐抽附加等法維持之。敎育當局，亦虛有其名，從未負提倡督促指導之責，致令敎育之落後，一致於此。但推厥原因，第一爲土匪猖獗，社會紛亂；第二爲師資人才缺乏，無以着手提倡；第三則經費困難不能開辦學校。而槪括言之，則民智錮塞，社會腐敗有以致之也。

## （十四）農林前途之觀察

新豐縣山嶺多而田地少，人民職業除耕種之外，又無工商業可圖，實一純粹之農業邑也。而該縣水田面積，統有十三萬畝左右，依現在號稱十五六萬人口，平均每人可得水田面積八分之譜，兼之旱地襍糧，可供數月之食，故全縣糧食，可不虞有缺。矧查該縣農工，常有出雇外境，則對於農業經營，尙有施行集約之可能，倘今後治安能臻於良好，其農業進步，亦尙有望。惟其一龐大面積之山嶺，大半仍屬荒廢，此等山嶺，皆未升科抽稅，其爲政府公有自無疑義，則於振興該縣林業，自不能用普通方法，任令人民自己經營。據管見所及，宜採公營之制，其公營性質，不必屬諸全縣所有，當劃分於各區，凡屬某區地界者，則歸某區人民公共經營，其將來利益亦還諸區民公享。至其經營進行，則應由縣政府，負其全責擬定辦法，分期着手造林，如某區統有荒山面積若干，查其居民共有多少，然後劃分爲若干時期（以每年爲一期，限三年完竣。）造成全林。其造林人工之支配，至好責令區民（除五十歲以上，十六歲以下之老少。）無論男女每人每期須植樹若干株，幷定於植樹節前後三月內，爲植樹造林期，到期須將某戶植樹地點劃定，及將植樹方法，預爲宣傳，於植樹期後由縣政府派出視察員，巡查各區各戶所植之樹，有無足額，如不足額者，每少一株罰欵若干，如植而不活者應於下期補植，如是三年之間，全縣森林自有蔚然可觀之象矣。又按此種辦法，實不祗限於新豐爲適，卽其他有官荒山嶺之縣，亦可仿照施行而有利，願地方官民起而圖之。

（出自《广东农业概况调查报告书续编》上卷，一九二九年）

# 新豐縣調查報告

郭詩文

位置 新豐縣居我粵之東北隅，舊屬惠州，東與連平河源爲界，西接英德佛岡，北界翁源，南毗龍門，東西袤廣約一百二十三里，南北縱長約八十七里，面積約七千二百七十華方里，（見廣東通志館修誌）境內崗巒高聳，蜿蜒起伏，迤邐數百里，平原絕少。耕地面積，據田畝調查，共五萬一千八百九十五畝有奇，劃分爲五個自治區，統轄七十四鄉。第一區公所設於縣城南街，轄一十二鄉。第二區公所在馬頭墟，轄十四鄉。第三區公所在沙田，轄一十五鄉。第四區公所位於錫場市，轄一十九鄉。第五區公所在梁家壩，轄十四鄉。

沿革 秦南海郡龍川縣地，漢至劉宋爲博羅縣地，南齊蕭頤永明三年，析置新豐縣，屬南海郡，梁陳因之，隋文帝開皇十年，更名休吉縣，煬帝大業元年，省休吉縣入河源縣，至明穆宗隆慶三年，以地在萬山中爲盜藪，乃割河源縣之長吉都，英德縣之象岡甘棠二都，翁源縣之清貴都，置長寧縣，神宗萬歷元年，移治君子峰下，（卽今治）屬惠州府，崇禎六年，割本縣之長吉圖以置連平縣，民國三年，內務部改長寧曰新豐縣，因與四川，江西兩省縣名重複，故仍沿用舊名也。

戶口 本縣戶口調查，於民國廿二年調查完竣，計第一區戶數爲四千一百九十七戶，人口爲二萬六千四百一十四名，第二區戶數一千九百四十六戶，人數一萬一千八百七十八名。第三區戶數二千六百九十戶，人數二萬一千七百零四名，第四區戶數二千九百九十四戶，人口一萬九千三百九十名。第五區戶數二千四百七十五戶，人口一萬三千八百三十七名，合計戶數一萬四千三百零二戶，人口爲九萬三千二百二十三名。

交通 甲、水道 本縣水流密佈，惜均淤淺，不適航行，其得以通舟楫，利運轉者，僅新豐河之下游而已，新豐河發源於荆竹園，南下經縣城，春夏水漲，深可數尺，秋冬須細小民船，始得以往來，東流至青龍潭，合連平水，至雉溪合忠信水，直下合錫場立溪二水，出河源，民船可通行無阻，本縣及連平出入口貨物，均賴此河以運輸。

乙、公路 公路有二，新從公路，由縣城至從化，路綫已劃定，惜因經費支絀，現僅築成二十餘里，新連公路，由縣城通連平，亦因經費告罄，未能繼續興築，橋樑涵洞，均未興建，通車須假時日。

丙、電話 電話總機設縣政府內，除各區及各機關裝有分機，得以通話外，東北至連平各區，東至河源，北至翁源之三華鎮，南至龍門之平陵，均得通話，鄉村交際，尚稱便利。

丁、郵政 縣城及錫場馬頭等墟，設有郵政代辦所，因公路未成，函件投遞，頗需時日，困難之處，均有同慨焉。

物產 甲、植物 農產以穀爲大宗，除供本縣用外，豐收時，年可贏餘數萬担，杉木草菰產量亦不弱，此外柴炭，竹排等，均運銷廣州各處，爲本縣出口之大量產物，近年以來，物價跌落，銷路疲滯，營業比前，大有遜色。

乙、動物 家畜如雞、鴨、牛、羊、馬、猪各類均有，價值不及交通發達市鎮之昂貴，本縣雖崇山峻嶺，惟山禽野獸，則不常見。

丙、礦物 石灰隨處多有，村人取之以作肥田料及建屋之用，第二區之磨抗出產，質尤精美，連平各處，不少到此購買。

商業 縣屬商業，除縣城商店，畧具規模外，餘如交通較便之錫場墟馬頭市，誠無有超出千元之資本者，其他如沙田，梁家壩，遙田，下埔，等墟場，其冷落情形，更不言可喻。

金融 廣東銀毫通用劵，祇錫塲得以通行無阻，其餘各處交易，均賴翁源之築路工金支票及連平當押店所發紙幣，現在固十足通用，惟商人向外購貨，須經一番轉換，其受虧則不淺也。

敎育 縣屬敎育幼稚，質的方面，姑舍不論，卽就量的方面言，祇有初級中學一所，上年度學生五十餘名，本年度則增至七十餘名，完全小學一十所，學生五百四十五名，初級小學五十五所，學生二千三百餘名，民衆學校三所，學生一百零六名，本年度敎育廳撥欵增辦短期學校四所，入學者甚見踴躍，社會敎育如民衆敎育館等，均未舉辦，圖書館亦付闕如，其爲籌欵未易使然歟！

民俗 縣民崇尚儉樸，勤於耕種，惟多幼婚及官訟，與夫禮佛拜神等事，曩昔有大刀會諸名稱，藉神力以號召，加入者大不乏人，近來此風稍殺，惜敎育不發達，科學思想，猶未能深入民衆頭腦，故迷信之風，仍未能澈底改除，僻壤山陬，風氣閉塞，文化尤落後。

中華民國二十四年十月十五日

（出自《统计月刊》第二卷第五期，一九三六年）

# 紫金縣農業調查報告 民國十四年 李翘芳調查

## (一)位置

紫金縣居東江左岸。位于赤道北二十三度三十九分。北京西一度十六分二十秒。縱一百里。橫九十二里。東界五華。北西兩部。皆界河源。南界惠陽。縣治分八區四十二約如下。

第一區　在城三約　禾田約　樟村約　黄花約　温子約　烏石約　岩前約

第二區　鳳凰約　龍頭約　上石約　下石約

第三區　龍窩約　雙下約　松坑約　南嶺約　清溪約　彭坊約　横坑嶂下約　寶岡約

第四區　古竹約　橋田約　月角約　青溪約　圓墩約

第五區　排年約　梧桐約　平潮約　柏與約　嚴石約　黄塘約　埔尾約

第六區　上鎮約　中鎮約　秋溪約　賀岡約

第七區　上黄沙約　下黄沙約　湯里約

第八區　上義約　下義約

## (二)地勢

縣地山嶺叢錯。平原極少。大抵山占全面積十之七八。而平原僅得其二三耳。其山頗多高峻。如雞冠嶂、烏禽嶂、鉄爐嶂、大砂嶂、石鍋嶂、雞公嶂、等。皆約離地二三百丈高。平地則除第一區之縣城烏石、及第二區之甓塘下石、第四區之古竹義容、第五區之石公神、柏埔、第六區之中心埔附近，頗爲平坦外。餘則概屬山谷間之狹小地也。

## (三)氣候

西部古竹石公神一帶。地瀕東江。氣候較爲和暖。其他中北東各部。冬間降霜常多。實比廣州爲寒。抑晝夜氣溫。

相差亦較甚。雨水以夏歷四五月爲多。

## （四）耕地狀況

土質　一曰塥地。多屬淤積之砂壤土及壤土。以近東江沿岸之石公神至古竹一帶爲多。次爲第三區之秋香江沿岸。又次爲第六區之中心塥地方。此等地土質雖佳。而或灌溉不便。或水浸堪虞。不免略損價值者也。二曰斜地。即岡嶺邊地。土質多瘠。以定積之砂壤土爲多。俱患旱少澇。而類皆零星散在。非如塥地之輒有一大段聯在一處者。三曰水田。即尋常栽種水稻較易得水之田。在東江沿岸數里內者。以淤積之粘壤及壤土爲多。但水旱不常。故亦未見佳處。除此之外。則大概屬山谷間之田。表土四五寸至六寸。色灰白或帶黄。土質粘壤爲多。而核其各處之産稻成績。比較河源。平均收量固有遜也。

水利　以東江沿岸第四區之古竹。第五區之石公神左近。受旱最多。次如第二區之鳳陽上石下石一約。第四區之義容。第五區之排年梧桐平湖柏埔四約。第七區之下義約。受旱者殆居十之一二。其他則無論山谷間田。或平野之田。類皆有坑水以資灌溉。旱既甚少。水尤不妨也。

交通　比較當然以在東江左岸之石公神古竹等處爲便。至其他則多屬困難也。貨物之轉輸。水路缺之無論矣。即陸路亦必用肩挑。舊式之人力車。尚往往無能行駛。蓋其陸路。常要穿山越嶺。或狹小如羊腸。或高低而不一。舍肩挑固無法子也。然其間亦有數小流，有時略可藉以運轉貨物者。如向西流之公神、義容、秋香、三小江。向東流之北琴，南琴、二小江等是。茲分別言之。一、秋香江。此江之上游。自縣城左近起。祇合放流杉木。以達第七區之久禾市。由久禾市以下至第二區之藍塘墟一段。當夏間水盛時。尚可行載重三四千斤之舟。若水涸時。則仍祇合放流杉柴。不能舟運也。惟自藍塘以下。則水涸時。可行載重數千斤之船。水盛時可行三四萬斤之船。以出東江。

頗稱利便。二、義容水。此水于夏秋水盛時。尚可通小船。惟因多淺。常感不便。故由義容至古竹。大抵仍靠挑夫運物爲常也。三、公朝水。此水自第五區嚴石約之錫口墟起。下至東江邊。計水程約六十里。年中水盛時。可行載重二三千斤至五六千斤之船。惟自錫口墟而上。則常不能行船。祇可放流杉木耳。四、南琴江及北琴江。此二江可通五華。以抵梅縣潮州地面。第因于縣内之段。流狹而淺。輸運困難也。

耕作情形。第二區第八區之秋香江。沿岸壩地。及第四五區之東江沿岸壩地。大抵種竹蔗花生甘薯爲常。頗除此之外。其他旱糧。無論壩地斜地。大率零星散在。無十分大段。所種者爲甘薯、粟、黄豆、綠豆、芝蔴、陸稻、花生、等物。水田兩造。一般以種水稻爲普通。但在第一區者。則除水稻之外。栽種辣椒亦頗多。第二區之秋香江沿岸。第四五區之東江沿岸。其水田于收稻後。接種大小麥者亦頗多。至於植果。惟古竹有漸多之勢。森林則各處皆甚日衰之象。大抵該縣農林事業。以比河源。尚多遜色。其詳容後述之。

## （五）農民經濟狀況

田地租價　上田每畝價銀六七十元。每年租穀三百斤。中田每畝價銀三五十元。每年租穀二百斤。大抵租穀多少。以該田向來種稻收穫平均約數之多少而定。譬如每畝平均約年可收五百斤者。則年可值租穀二百五十斤之譜。至下等水田與旱地。每畝價銀數元至一二十元。每年租銀數毫至四五元。

長短工價　長工概用男人。每年工谷千斤。或工銀二十五元。短工忙時。男人日值二毫至二毫五仙。與近東江沿岸者較貴）女人日值一毫。閒時男工日值一毫。女工則五六十錢耳。以上均另供膳。

大宗產品價　表如下　（均以出產當造時中等價計）

| 品名 | 價格 |
| --- | --- |

| | |
|---|---|
| 稻穀 | 百斤二元至二元三四毫但照內地言若在東江岸邊之古竹公神等處則較貴些下同 |
| 松柴 | 百斤一毫五仙至二毫 |
| 柴炭 | 百斤四毫 |
| 雞 | 每斤三毫 |
| 大豬 | 百斤十八元 |
| 子豬 | 每斤二毫 |
| 甘藷 | 百斤六毫 |
| 鮮辣椒 | 百斤三四元 |
| 辣椒醬 | 每斤一毫五仙 |
| 茶油 | 百斤十八元 |
| 茶麩 | 百斤八毫 |
| 片糖 | 百斤七八元 |
| 花生 | 每石一元八毫(約七十斤) |
| 茶 | 嫩者每斤六毫至八毫老者每斤五六仙 |
| 紅米 | 每石約十元(一石當廣州量約二石) |
| 杉 | 因幹有大小價不能一律 |

大小農及經濟情形　居民類多業農。而以小農爲大多數。大抵一戶耕十畝至十五畝者占十分之七。耕二三十畝與不及十畝者。各占十分之一二而已。至經濟則多屬貧民。類非充裕也。

## (六)作物

### (一)水稻

該縣爲餘米之地。計每年中均有輸出者。大抵有五六成豐熟。便可足本地之食云。其品種爲早造者。爲早絲苗，早、白早赤、鐵屎早，倒種穀。爲晚造者。爲冬絲苗、烏苗、降粘、鼠頭鐏、鼠牙粘、江西赤、椰降赤、石菓子、黃殼糯、大黑糯、等。而倒種穀一種。實早晚二造均可種。故名。蓋其早造成熟期早。約夏至後十日便可收。收後即施行播下。又可供晚造時秧用。但收量常比其他各種爲少云。其種法與本省各處大致相同。無甚特述。肥料大抵早造施桐油麩、豬糞、火灰、或人糞尿、晚造施花生麩、至石灰則惟早造施之。晚造則否。且類皆施之于平陽田。而山谷間田往往無有也。其收量上田每造每畝可收五六百斤。中田三四百斤。稻之種植。實無特別可紀。惟其對於收稻後之調製。則實與他處異者。蓋所謂泡穀泡米是也。

縣屬各處。從前山林極密。氣陰而水寒。居民常多黃腫之疾。明時有陳子輝者。福建之漳州人。適宰是邑。諗知其故。乃教民以食泡米之法。有從之者。疾果幾已。由是相率效之。現今除東江沿岸外。內地各處。大率以食泡米爲常。即推而至于河源東部與紫金鄰近之藍禾，龍溪，藍溪，三約。亦傳此風。顧余又聞諸土人云。近日林樹已少。水性質不似前時之寒。則泡米之食。殆爲無可無不可者。惟相沿徧習。一般未易廢革耳。

泡米之調製。不過先將穀煮熟。取出曬乾之。是名泡穀。用此穀以造出之米。即泡米也。泡米粒形比普通生米爲大。故煮成之飯量亦較少。且甚粗糙難食。異方人新蒞是地者。殊不取之。惟本土人固安之若素耳。

然除泡米外。又有一種名紅米者。則固爲該縣輸出頗大宗之品而較有研究價值者也。今述如次。

## 紅米(稻米之製品)

紅米者，用白米製成。其外皮及內質均紫紅褐色。與普通赤穀之米迥異。據土人云。能滋補益人。用以製酒。或和米粉作餎。或作藥。均佳。產地以五華縣爲多。次則紫金縣第六區之中心壩地方。此外則河源博羅增城三縣亦有多少製造者。

中心壩製紅米者有數十家。一家年製四五十石或至百餘石。(一石當廣州量二石)計全地年中所出約有數十萬元交易云。製造之原料及米倉。

麴種。製麴種時。有不可少之一物。曰砂蒸米。此米由福建來。年中輒有該省人携到各製紅米家所在處發售。其米實非天然產出。而由人工製成者。至製法如何。不得而知。米粒質鬆。色暗褐淡紅。儼若發過霉之紅米焉。每升價銀六七元。(一升當廣州量二升)先取白米四斗蒸成飯。次以砂蒸米一升混和之。放置令發酵後。再和以四斗白米之飯。復如法令發酵適度。陰乾之。則得暗紅褐色之飯米八斗許。是名麴種。即製紅米用以作種者也。

白米。即尋常白穀之米。但須加意精舂。否則內質不能紅透云。大抵每白穀一石。僅舂得適用之米四斗五升。

米倉。製紅米之家。必建米倉一間或數間。倉四周用磚築成。分上下二層。中隔以板。上層名燥倉。設有窗若干口。以通空氣。爲陰乾紅米之用。下層名暗倉。上下四旁。均裝設周密。不通風氣。爲放置紅米令發酵之用。

製法　將白米蒸熟另將麴種水浸數時。搗至濃爛如酒糟。乃散落白米飯而混和之。放置暗倉內。密閉倉門。約經七八日許。察其醱酵合度。乃取出設上燥倉陰乾之。則得所謂紅米矣。

每一斗白米之飯。加入麴種三合許便可。故砂蒸米一升。可製麴種八斗。而麴種八斗。可製得紅米約三十石云。但製法亦頗精。初業之家。常要特延工師監製。

銷路。省內，惠州，潮汕，石龍，新安，香山，順德，等處爲多。更有運出南洋者。

（2）其他

大小麥　產地以第二區自籃塘墟以下之秋香江沿岸、第五區自柏塘以上之公牌水沿岸、第四區之古竹約及義容墟左近爲多。其他則極少。又大麥多種于瘠地。小麥多種于水田。

花生　亦以前項所述各處爲較多。餘則甚少。但第五區之石公神墟、實爲該縣及河源下半部，博羅上半部，所產花生之總銷場。

蔗糖　以東江沿岸之石公神古竹，及第一區之籃塘左近爲多。次則第六區之中心墟、第八區之下義約。計合其糖寮可百餘間。其種蔗及搾糖法。與河源無異。經詳河源農業調查報告中。茲不贅。

紅瓜子。十年前第四區古竹約種者頗多。近以水災多。故漸少。種期前從分春夏二季。今以春種者常受雨水之害。故概于大暑後播種。收量上者每畝百餘斤。中者六七十斤。

其他甘藷、陸稻、黃豆、綠豆、芝蔴、粟、等。亦以第二、四、五、區爲較多。因其旱畑多也。而據第五區柏塘約某君謂。該處廿年前。種黃豆頗多。即山麓傾斜較緩之地。墾除雜草。即種黃豆。亦甚好收成。其種法連作或間年一作。後竟收成漸劣。以至今日。種者比前蓋大減云。不知豆科植物。大抵宜行二年或三年以上之輪作。若彼之種法。未免耗奪地力。難怪其收成漸劣矣。

## （七）園藝

### （1）果樹園藝

該縣果品出產。殊無佳品。無大宗。除第四區之古竹尚有可紀外。餘則果樹蓋寥寥甚少也。古竹因北部有茅竹山障遮蔽。故冬時霜不甚大。殆全縣中比較最溫和之處。又濱東江左岸。土質頗佳。其所植果樹。以荔枝爲多。蓋從前種者。一家最多不過十數株。近則有數十株至數百株者。統計全約株數。可有三千以上云。次則爲木瓜，黃皮，圓眼，番石榴，(土名茇)等。荔枝多屬灌枝，概用壓折法育成。沙梨用棠梨砧簽接育成。其他則均實生繁殖者。銷路爲本地及石公神河源縣城等處。

(2)蔬菜園藝

蔬菜種類亦甚少。無多可紀之處。蓋縣地交通既難。居民頗尚儉約。對于菜食。向少講求。故殊不見其發達也。惟余到第五區柏與約調查。聞該處有一種豇豆名長年豆。因其自夏歷五月起收。可陸續收至九十月止。故有此名。豆莢形似五月豇豆而較小。色亦較淡青帶白。惟質味則尤勝。人家多種之于園邊。以作夏秋間常蔬云。此種固有可取爲種之處。惜余到時。已屆初夏。經盡播無存。悶由搜採也。又有辣椒醬一種。爲紫金縣城附近之特產。年中輸出頗多。今畧述其種植及製造法如次。

甲，辣椒種植法

品種　名牛角椒。果形圓而尖長。味頗辛辣。

經營狀況　產地爲縣城第一區各約。每種者一家以千數百株爲多。全區年產約共百數十萬斤。歷來如常。無甚進退。

種法　以地勢稍高無水浸且燥濕適中之壤土及粘壤土種之爲佳。秋間選紅熟之椒。全顆晒乾。貯藏作種。翌年正二月播下。二月末至三月間移植。作畦。依品字形每距一尺植下一株。用火灰爲作基肥。以後每隔十日許。淋人尿一次。要入尿足方味辣云。苗高八寸時。摘去正莖。令多生橫枝。四月初培土一次。除草隨時行之。收穫自四月起至九十月止。或紅熟乃收。或青時即收。均視用途而定。若供製醬用者。必須紅熟時乃收也。收量每畝約千餘斤至二千斤左右。

銷路　以該縣城爲總銷場。

乙，辣椒醬製造法

經營概況　製造店俱在縣城。計十餘家。每家年製醬三五百担至千担。

原料　牛角椒，蒜頭，八角，小茴，胡椒，花椒，生鹽，等。

採集及整理法　牛角椒採紅熟者。蒸過。去蒂。晒乾。舂成粉末。蒜頭搽去外衣。晒乾入缸。加鹽踏實待用。其他八角小茴等。亦均舂成粉狀。

製造　依每椒粉二兩生鹽四兩蒜頭一斤之比例。另酌加花椒胡椒小茴八角等。入石坎混和舂爛即得。

每担所需原料　生辣椒百斤。約晒得乾粉廿五斤。而每製辣椒醬百斤。約需乾辣椒粉九斤。生鹽十八斤。蒜頭七十斤。另花椒八角小茴胡椒等三四斤。

品質優劣　在該縣推爲著名製品。但色澤淡紅而帶黃白。質亦頗粗。味甚辛辣。而辣椒原味。幾爲蒜頭氣味所混奪。似不若順德廿竹莊之色鮮紅、質粉幼、而宛具辣椒原味也。其裝置通常用冬葉包之。惟辦洋庄則用瓦盅。亦欠美觀。

工料價值　每月製辣椒醬五千斤。要用工人二名。每名月工四元。另供膳食。合之原料辣椒粉蒜頭生鹽等。計每製辣椒醬一斤。約成工本銀七八仙至一毫。

銷路　本省外省及南洋各處。

## （八）畜牧

畜牧事業。以養猪爲普通。且頗推大宗。至鷄雖人家每養之。而頭數甚少。鴨則尤稀。鵝更全無。牛則農家但養一頭或數頭以供役用。山羊間有專畜之以營業者。而家數無多。又一家不過看三五十頭。無大宗之產出也。故茲節述其養猪業焉。

### 種猪及子猪之飼養

經營概況　該縣養猪之家。大抵養肉用猪者。居十之八九。養種用猪者。居十之一二。而肉用猪之養法。與本省當處大概相同。可參觀之河源縣農業調查報告。茲且不贅。惟養種用猪。則殆北比較鄰近各縣爲特盛。蓋如河源博羅人家。率有不喜養種猪之習慣。故其所需子猪。每賴紫金之供給。即遠而至于惠州城石龍及海豐陸豐等處。亦各需紫金子猪之輸入焉。抑余嘗到該縣第七區久禾市調查。據商人某謂。該市連商店居民不過三四十家。而現共畜有母猪四十六頭云。則斯業之頗盛可知矣。

種猪之選擇　猪豭並無十分之選擇。但購入時。其價値倍貴于普通之子猪。因縣間風習。凡將子猪賣與人作猪豭時。則要并其本生母猪而亦沽之。意謂恐日後誤令亂交。乖其母子之倫。實于家門不利云。而母猪則要頭大而嚴緣、咀長而蹺起、腰部平直、肚囊豐潤、奶部平大而色白、脚開撐間直、後臀圓滿尾長大者爲上。

### 飼養及管理

猪豭　概係貧寒單丁畜之。日飼以青菜鹹魚等。普通養至四五十斤大。方令其交配。經二三年至四五年。則易之。每日令交配一二回至四五回不等。總之子猪之强弱。半原于種猪。而吾國習慣。凡猪豭俱係卑賤愚民畜之。管理無方。交配無限。雖怪子猪之日趨于弱矣。

母猪　姙孕時、日飼二次。哺子時、日飼三次。姙孕時、大抵日給以甘藷蔓乾四斤。米糠一斤。哺子時、則除甘藷蔓乾米糠外。日加米四合。（當廣州量八合）壯大之母猪。養至卅餘年。尙有生殖能力。中等者、則約十四五年。便衰老無用。

子猪　出世後廿日。始喂以米粥。由少加多。連喂四十日。斯時每頭可重十斤至十二斤之間。即行出沽矣。計平均每頭全期飼料。約米四升。（當廣州量八升）至子猪形狀。可參觀之河源農業調查報告云。

銷路　除銷流本地外。其他東部第三區第六區所產者。多銷流于海陸豐。北部第一區第五區所產者。多銷流于河源縣城及藍口墟。中部第七區、南部第二區、第八區、西部第四區、所產者。每銷流于博羅惠州城及石龍。

## （九）森林

從前野生之森林甚密。後乃漸趨于荒廢。至今日則北部之縣城附近。南部之藍塘一帶。西部之東江沿岸。濯濯者蓋數數寓目矣。據一般土人謂。林樹以第五區爲較盛。然未立木地面。亦殆古十之三四。其他各區。則荒山且古十之四五或至六七云。蓋縣地交通困難。縱有林產。殊不易輸出于外處。若就地發沽。則銷場狹。價格低。所獲之利蓋微。因之居民視造林爲非甚有利事業。坐令荒廢者有之。且邇來盜賊縱橫。山僻居民。殊難立足。迫得避而之他。因而無人管理。日就荒蕪。或被盜斫伐。或燒于野火者又有之。然就今日而言。其林業固多荒廢而非發達矣。茲取其現存之林木述之。亦有可資研究者在。

樹種　用人工栽植者。以松爲多。次油茶及衫。次桐木。天然野生者。以千年桐香樟、石斑、土梨、三角楓、爲多。其餘雜樹。不復贅述。

（1）山松

法與省內各處無異。且不贅。惟用途從前大抵作薪柴用。近年則採取松香之風漸盛。如第四區年出松香約十餘萬斤。其他未詳。要合全縣各區計之。當有百數十萬斤也。至其採製方法。概自河源傳來。經詳于河源調查報告書中。運費則陸運多用人力肩挑。每十里百斤給工值一毫。水運由縣內小江放流。每十里百斤約給工錢十五至廿文。例如第五區由錦口水運柴至石公神水口、計程約六十里、每把柴重十二三斤、給運費十三文、平均計每十里百斤、給錢十七文。）又自第四區古竹墟雇船。由東江運柴至廣州市。每萬斤運費約十七八元。

（2）油茶之種植及製油法

甲、種植法

經營概況　各區均有種植油茶者。蓋因除東江及縣屬各小江下游沿岸外。其他落花生之產出甚少。由是生油不足以資供給。遂乃各植油茶。取其子製油。用佐日常食用矣。顧考其概況。雖似較河源爲盛。而所產之茶油。除供本地食用外。年中輸出者殆無幾。聞東江茶油桐油出產。均以龍川與江西省鄰界處爲最多。又聞一般土人謂、近來林樹之荒廢者。以油茶爲最。因他種林樹。無人管理。尚自能生長。惟油茶則否。彼山民以避匪故。管理不及。茶樹乃日就衰凋。抑被匪焚燒者亦不少。故前十餘年。茶油百斤不過八九元。近則貴至十六七元。皆茶樹荒廢之證云。

品種　油茶。又名白花茶。

種植管理。多種于山嶺下半部傾斜稍緩之處。霜降時、選種陰乾。於十一二月播下。株距五六尺。每年七八月間除草一次。

收獲　種後三年有收。五年高四五尺。每株可收果十數斤。十年至廿餘年。可收二三十斤。卅年後漸衰老。收獲期每年霜降前十日間收一次。後十日間又一次。該處向例。如不依上定期間而加早收穫者。由行家處罰云。

茶果要霜降前後收穫方多油。又最忌者爲夏歷六月多雨。因是月雨多。則致果未熟而遂相率墜落。

茶子可製油及麩。果壳可製梘沙。木作薪或炭。均良。

乙、製油法

採果後曬之。則外壳自裂開。去壳取子。再曬至乾。乃放入研盆。以水車轉動輪板研之成粉碎。更入木甑蒸之。後乃入槽搾之。

每槽淨子茶一石。可搾得油廿斤左右。大抵霜降前十日收子一石者。可搾油十七八斤。前五日收者。可十八九斤。霜降後十日收者。則可得廿斤至廿三四斤左右。

工料價值　各地有水車廠。承搾茶油桐油等。計用工人四名。日可十搾至十二搾。每搾收回器具租及工值二毫。茶麩四餅。或茶油一斤、茶麩四餅。

（3）千年桐

千年桐以天然野生者爲多。其用人工種植者。實屬少數。據土人謂桐樹忌七月間之大風雨。植地宜在南山之麓。或山坑邊稍潤處。若植在山之西北部。或旱濕地。每不結實云。而其分別雌雄種之法。則不一其說。有謂果形扁而大者。其子爲雌。否則雄者。有謂一果有子四粒以上者。其子爲雌。不及四粒則爲雄者。有謂子扁而大者爲雌。圓而小爲雄者。究竟未知孰是。但桐樹品種中。以千年桐結實爲多。而其株有雌雄。必雌者乃結實。雄則否。然若待其樹至長大察看結實與否。乃决別雌雄。而定去留。未免多費手續。果能據其子以定雌雄。則殊屬便利。上述各說。應有試驗研究之價值也。

十年桐植後七八年有收。廿年後每株可收百數十斤至數百斤。樹大者高可三四丈。徑二尺餘。

搾桐油法與茶油無異。每桐子百斤。約得油廿五斤至卅斤。工人四名。日可十搾至十二搾。每搾給器具租及工值二毫。桐麩四餅。(每餅重約三斤半)或桐油一斤，桐麩四餅。

桐油百斤價十七八元。桐麩每餅價錢五十文。農人每用桐麩作水稻苗肥。(秧頭糞)謂有治蟲之效。又培柑桔亦甚佳云。

(4)香樟

香樟以大葉種爲多。俱野生。故無種法可言。第述其製腦法焉。

如下圖，甲、冷却器。即鉄鑊。置于上屋。乙，沸煮器。即二龍槽鑊。置于下屋。丙，木甑。上無蓋。下無底。高三尺五寸。上口徑一尺五寸。下徑二尺。先作灶。置乙鑊。加丙甑。以泥粉密封鑊與甑之相接處。次入水。入樟葉。更于甑之上口沿緣加布條。乃置甲鑊其上。滿貯冷水。然後燒火煮之。當水沸時。常留意査甲鑊之水。若變熱。則撤去。更換冷水。至復熱則止火去水。揭起甲鑊。取出原葉。另換新葉。又如法煮至甲鑊冷水二次變熱時。則如前止火去水。幷揭起甲鑊。向其底部刮取樟腦。

大抵每甑煮葉約廿五斤。需半小時許。每煮二甑葉。則

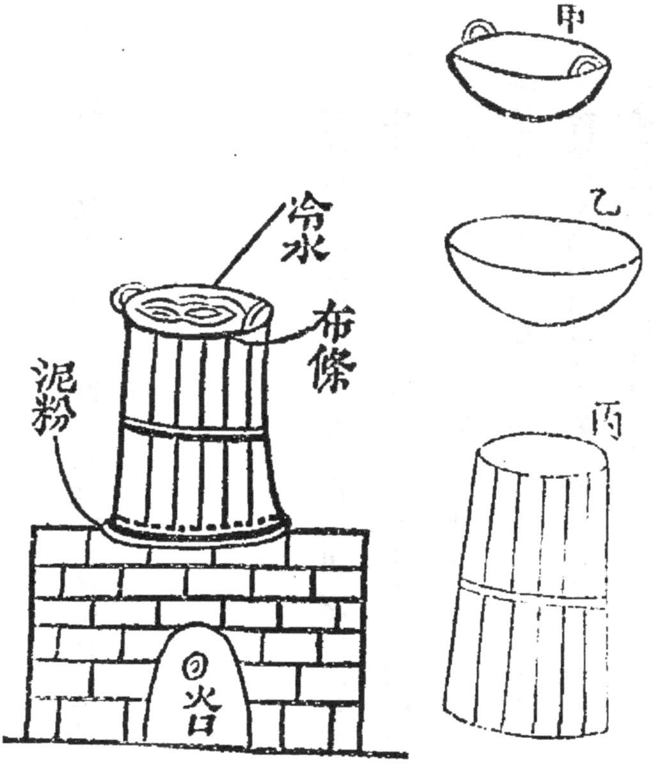

剎腦一次。一人可管二灶。連入葉換水燒火剎腦在內。

## (十)輸出品

此類以穀、紅米，辣椒醬，子豬，柴，炭，杉，爲多。次茶葉，松香，片糖，桐油，樟腦，及其他山產藥材。惟數量則未詳。

## (十一)特產

除辣椒醬外。以崖婆吼茶及庄子茶爲有名。

辣椒醬已述如上。至茶則據土人謂宜種于高山之頂。愈高愈良云。計縣內產茶之地不一。而以崖婆吼庄子二處爲佳。崖婆吼山在縣城東北廿里許。甚高峻。土質黃赤色。間混砂石。庄子在第四區之羲容墟附近。其山亦高。傳聞此二處産茶均消化力强。如沖庄子茶時。置米其中。可化爲飯。若崖婆吼茶。更可令米融爛云。未知是否。

種茶法。當夏歷八九月間。取茶晒乾。至翌年立春節下種。下種時。先將地去草鋤鬆。每距一尺五寸作穴。下子三四粒。以土覆之。至清明發芽。是年及第二年八月。祇剷草一次。勿鬆土。恐傷根也。至第三年後。方可除草。而得行鬆土。種後三年有收。每年春分至小滿。共收四次。白露至秋分。又收二次。收回時。先用熱鍋焙乾。後用竹托擦之以日晒之。然後再入熱鍋炒之。以手擦之。至青白色爲度。炒茶之鍋。不宜太熱。一工人可採嫩葉二斤。乾製後。可得細茶半斤許。每年十二月間。盡採去其老葉。是爲老茶。俾明年多發嫩葉。

## (十二)農林前途之希望

縣屬山嶺叢障。水陸交通。均感困難。是爲農林難發達之大原因。欲希望平前途。自應于交通上。加以注意。玆就所希望者述之。

Ⅰ林業　關于薪炭用及製器用之樹木。宜擇交通較便之地。（如東江沿岸諸山嶺）多種之。否則祇圖所種者足本地之用而已可。因此等用材。類係體積大。輸運難。在交通不便之地。運費與沽價。常不足以相償也。惟如油茶千年桐香樟三者。則仍宜提倡多種。蓋三者平日已有產出。則可知對於氣候土質。己甚相宜。抑油茶與桐之大效用。在取其菓。繼則去其果殼。而但取其子。終且榨其子而主取其油。雖似加工較多。然將其體積愈縮而愈小。價值反因以高。輸運費亦益以省。其爲利也。例之作薪用之松、製器用之杉、要全材運出者。殆不可同日而語矣。至於香樟。則似尤適種。日本自得台灣後。由政府銳意提倡種樟。至今大著其利。據日人桑田氏謂種樟一町步。（約當廣東十一畝餘）六年便可收葉。假定至四十年止。平均一年可收葉五萬七千餘斤云。由此推之。是換算廣東一畝地積。年可收葉約五千斤。假定每葉百斤、可煮腦一斤、得值一元計之。是一畝地之樟葉。年可煮腦十斤。得值五十元也。此五十元中。即除去造林製腦各費。所得之純利。當亦甚鉅。可想而知。且種後六年有收。則收穫期速。百斤之葉。變爲一斤之腦而後輸出。則運費省。故此物應大有提倡價值矣。其他如[illegible]蔴、烏臼、橘樹、等。當亦適種。總之、交通既難。自宜擇其將來產出之品轉運容易者種之爲妥。

二農業　農業亦似宜多種綠肥。改良土質爲首要。蓋山谷間田。類缺乏有機質。故表土磽薄。而常有坑水以資灌溉。則利用冬間農閑時。種植綠肥。以圖改良。實甚便利。此節及油糖業之改良。可與河源調查報告相參觀。

（出自《广东农业概况调查报告书》，一九二五年）

# 海豐縣農業概況調查報告

民國二十年十一月

卓正豐

## (一)位置

海豐縣位居粵省之東距省垣約六百八十餘里縣治位於北緯二十三度二十四分經綫距北平中綫偏西一度零五分北界紫金東界陸豐東南連海西南西北與惠陽爲界南北長約二百里東西廣一百三十里人口約四十二萬餘全縣分爲九區如下表

| 區別 | 所在地 | 位置 |
| --- | --- | --- |
| 第一區 | 城內 | 附城 |
| 第二區 | 公平墟 | 城北二十里 |
| 第三區 | 梅隴墟 | 城西二十里 |
| 第四區 | 赤石 | 城西南八十里 |

| | | |
|---|---|---|
| 第五區 | 汕尾 | 城西南六十里 |
| 第六區 | 青坑 | 城西南八十里 |
| 第七區 | 捷勝 | 城東南八十里 |
| 第八區 | 青草 | 城東南六十里 |
| 第九區 | 可塘 | 城東北七十五里 |

（二）地勢

縣屬山嶺層叠由西部惠陽界起北達紫金至東部陸豐界止山脈環繞爲全縣之屏障南部臨海平原坦地較他處爲多其間雖有岡陵起伏但多屬可耕之地統計全縣山嶺約占全縣地積十分之七

（三）氣候

縣屬南部濱洋海西北部多森林年中寒暑之差不甚懸殊炎熱時期在六七月間最高溫度約在華氏九十一二度左右其他氣候多與廣州相似惟氣温低降之期常在十二月正月間因有海風調劑不甚寒冷結霜甚少全年雨量最多季節則在四五月間但六七月間則常有颶風爲災

（四）耕地狀況

（1）土質　縣屬南部濱海之區平原低窪之地多闢爲水田栽植水稻土質爲黏質壤土色黑而富於有機質間有砂質壤

土有機質亦富除植水稻外亦有栽植蔬菜者畧高之地因灌溉不便水量缺乏故皆以之栽植甘蔗花生及菓樹等作物

（2）交通　全縣交通南部較北部爲便利因南部濱海海灣紆曲且有小河由汕尾直達縣城然衹可行駛三四千斤重量之小舟而已但舟楫之運輸總較陸道肩挑爲便利也西北部山嶺重叠交通頗感不便近巳有開闢公路之舉由汕尾至縣城東達陸豐縣北抵公平而通紫金將來完成全縣交通當較前便捷也

（3）水利　縣屬水田以地濱洋海故排水甚佳絕不受水災之患除間有旱災外鮮有氾濫之害

## （五）農民經濟狀況

田地租價　水田價格每畝上等約百餘元年納租約七石中等約八九十元年納租約五石下等約六七十元年納租約四石旱地價格每畝上等約三四十元年納租銀五六元中等約二十餘元年納租銀約四元下等約十餘元年納租銀約三元

長短工價　長工每年約四十元（供膳食）短工忙時每日男五毫女三毫閒時每日男三毫女二毫均另供膳至於產品及生活需要之普通物價則如下表

| 品名 | 數量 | 價格 |
|---|---|---|
| 穀 | 每百斤 | 六元 |
| 豆 | 每石 | 十二元 |
| 生油 | 每百斤 | 三十元 |

| | | |
|---|---|---|
| 花生 | 每石 | 三元 |
| 甘蔗 | 每百斤 | 二元五角 |
| 松柴 | 每百斤 | 一元七角 |
| 炭 | 每百斤 | 三元 |
| 蒜 | 每百斤 | 六元 |
| 甘藷 | 每百斤 | 二元 |

大小農及經濟情形計全縣以佃農爲多每戶耕田在二十畝者約佔十之六七餘則十餘畝或數畝不等若在四十畝以上者則甚少居海濱者亦多業產漁鹽之利

（六）作物

（1）水稻　稻種分早晚二季其品種不一大概早造爲珍珠早烏壳仔花羅粘等晚造爲白谷油粘馬尾粘湖粘等栽培方法於春分清明之際先將穀種浸濕迨至發芽卽播之苗田經一月後苗長數寸便移植於本田而大暑前後便可收穫晚造則於夏至播種立秋移植收穫於立冬前後

（2）甘蔗　縣屬甘蔗各地均有栽植惟以一區及公平可塘青坑等處出產爲多栽植地方多在旱地栽法亦與陸豐縣相似

（3）花生　各區皆有出產惟公平爲最多多植於黏質壤土及砂質壤土之田地栽法亦與陸豐縣無異

（4）甘藷　爲農最普通之出產品全縣各區皆有種植性粗生富養分土人常取之以作糧食及供牲畜飼料有白肉紅皮及紅肉白皮之分栽植方法剪苗長約七八寸斜插畦上每株距離七八寸施用堆肥與草灰種後月餘苗長二三尺郎挑起其莖蔓勿使生根再以牛犂畦之兩傍隨施以肥復以所犂之土再覆畦旁此蓋施肥而兼中耕培土也自插苗後三四月便可收穫每畝產額約二三千斤不等以上所舉皆出產之大者其餘如梅隴之蒜出產亦多每畝年出千担以上餘如荳芋麥等各區皆有惟出產甚少

## （七）果樹

果樹有荔枝龍眼柑橙柿等惟柑橙以公平地方出產爲最多面積約六七十畝其餘果樹各區皆有栽植惟出產數量甚少故從畧

## （八）畜牧

（1）牛　牛分水牛黄牛二種因其習性不同各區飼養因而差異南部平原之區多水田故多飼水牛西北部山嶺重疊多飼黄牛因水牛不若黄牛之耐炎熱須常浴水故適於平原多水地方黄牛能耐炎熱適於山嶺生活至其管理方法則黄牛水牛亦大同小異日則牧之郊野夜則繫之牛房

（2）豬　猪爲日常肉食之品各區多飼之普通飼料爲糟水與藷苗其管理方法與各縣同

（3）鷄　鷄爲普通貴重食品家家都有飼養多肉用或卵肉兼用其管理不甚注意多在家屋附近放任行走覓食

（4）鵝鴨　縣屬鵝鴨之業不甚發達飼之者皆利用海濱溪澗之小動物爲日中放牧飼料間亦有以菜類穀甘藷等爲飼料者

## （九）森林

縣屬西北山脈綿延森林蒼鬱惜土人濫伐無度不能造成偉大森林區域惟每年材木輸出產額爲數甚鉅約達數千萬担爲該邑輸出品之大宗

## （十）特產及輸出品

縣屬特產甚少而輸出之最大宗者爲魚鹽次爲松杉蔗糖花生油蒜頭芝蔴蔴布柑橙荔枝龍眼梅菜蘿蔔乾等各物雖無總數可稽而輸出之價値約在百萬以上

## （十一）農村教育狀況

縣屬教育衰落在民國十六年前中小學校共六十餘所學生約七八千人共匪擾亂之後學校祇存二十餘間學生亦因之減少過半現查有中學一間學生約百五人職業學校一間學生五十人女子小學一間學生六十人完全小學十五間學生約六百人高級小學五間學生三百人初級小學二十二間學生一千人私塾百五間學生約三千人失學兒童約萬人有奇云

## （十二）農林前途之希望

縣屬山嶺重叠土質疏鬆表土深厚最宜造林但土人多未能利用山地廣栽林木致令童山濯濯舉目皆是且地濱洋海交通便利運輸非難其離海較遠者近又開築公路將來落成交通當無阻碍能及時造林則數十年後全縣林產當必有倍於今至於農產則果樹甘蔗極爲適宜從此擴充他日之收入斷不在惠屬各縣之下也

（出自《广东农业概况调查报告书续编》下卷，一九三三年）

# 海豐縣調查報告　　陳士光

海豐縣爲二等縣治，位于粤之東南，東界陸豐，西連惠陽，南臨大海，北接惠陽紫金，負山面海。縣治位于中部，全縣面積八千三百二十方里。分爲九區，第一附城區，第二公平區，第三梅隴區，第四赤石區，第五汕尾區，第六青坑區，第七捷勝區，第八青草區，第九可塘區，共轄二百三十鄉三十九鎮。現住人口：男爲二十三萬一千九百三十四人，女十七萬三千六百二十七人。南部濱海，謀生較易，人民咸趨往之，人口密度因之較高。北部地廣人稀，偏僻之處，輒無人耕植。

瀕海居民，多入海爲生，計汕尾，捷勝，馬宮，鮜門四處，年中所獲魚蝦，總值不下二百餘萬元。

五七兩區之城白鹽場，約有千九百堀，面積共九千餘畝，分爲香洲，東涌，潮前，花樹，白沙五廠，製法有曬水曬沙二種：曬水鹽町，約有千四百堀；曬沙不過五百堀左右耳。產量年約百萬担。惟自年來省方施行輪配，致未能盡量輸出，目下貨如山積，價亦因之低廉，每担僅值銅仙五十枚，非惟鹽戶窮困日甚，卽全縣金融，亦因之緊張。

至如粮食方面，五七八三區皆屬不敷，仰給外米。其他各區，則有盈餘，彼此約可抵消。而番薯亦爲主要粮食之一，產量甚豐，平均每戶可二十担。荒蕪山嶺，約佔百分九十五以上。至農田面積，因未調查清楚，確數一時無從知悉，據各方估計，約有四十四五萬畝。分爲水田墑地二種：水田約佔百分之五，以梅隴附近較爲肥沃，年蒔水稻二造。墑地約得八分之三，大部爲種番薯，蔗及花生之用。土糖年產約二萬五六千担，運銷汕頭，轉輸上海，製造花生油商店二十七間，年出油五六千担，運銷香港汕頭等地。

商業以汕尾爲最發達，次爲附城公平梅隴。輸出以魚、鹽、土糖、牲口、蛋、油等爲大宗，入口以布疋、洋貨、肥料爲多。市面銀根亦屬短絀，又無當押店，故借欵利率特高，貧苦小民，洵不勝其敲剝矣。政府若非設立農民銀行或借貸所，則雖日言禁止高利貸，亦屬無裨於事也。

縣屬敎育甚爲落後，各鄉里長，其中不識字者仍多，揆其原因，一爲謀生容易，毋須讀書識字，一爲受共匪摧殘後，經濟破產，地方元氣未復。計全縣初級小學二百四十

須讀書識字，一爲受共匪摧殘後，經濟破產，地方元氣未復。計全縣初級小學二百四十一間，小學十八校，學生共約萬七千人。初中一校，學生二百人，另附設初級織染科一班，學生三十五人。各校學生太過節儉，連課本亦多不願意購買，甚有赤足上課，亦爲他處所僅見。惟民衆敎育館一間，尙具規模。

該縣民性尙稱純樸，惟重男輕女，旣成爲牢不可破之觀念，溺死女嬰之事，時有所聞；蓋因初生女孩，若與他人撫養，照例須給五六元與承受者，貧苦鄉愚，一錢似命，毋寧將其置之死地爲快，現經縣府剴切禁止，並設育嬰堂以收容之，此風於以稍殺矣。鄉村婦女亦沾染自由風氣，大都不安於貧，而提出離異者，日有所聞，縣府爲正風化計，故有禁止區公所及公安分局受理此宗案件，使其投訴於法院，以受多方盤折而期減少於他日也。

交通方面，堪稱便利，計公路有省道東路第一幹線經過縣城一三四九等區，每日來往汕頭惠州各一次，縣道有海汕、海平、汕鯊、汕㟏、汕抗等路，共長百四五十里。而汕尾爲各路之中心點，統由承商恆德公司行車。水道則汕尾有輪船來往香港省城汕頭各地。縣城及汕尾各有郵政局一所。四九區外，各區公所所在地，亦有郵政代辦所，或郵櫃。電話各區可通，惟因器具過舊致聲音微細，幾不可辨，與汕尾電燈同有改善之必要。縣城有有綫電報一局，汕尾有有綫電報局及無綫電報局各一所，傳達消息，極稱靈敏。

該縣自民十七年匪共亂後，狡黠之徒，死亡殆盡，所餘惇良居民，久存厭亂之心，且什賭禁絕，故治安極好，幾有夜不閉戶之美風。而警衛隊現仍保有六中隊，實力足以鎭攝縣境而有餘。其經費則由田租捐項下征收二成，及入口貨物征收加三水脚(運費)以次資維持。

中華民國二十四年十月十五日

（出自《统计月刊》第二卷第五期，一九三六年）

# 陸豐縣農業概况調查報告

民國二十年十二月　卓正豐

## （一）位置

陸豐縣位居粵省之東距省城約七百四十餘里縣治位於北緯二十三度零三十五分經綫距北平中綫編西一度零四分東界惠來東南連海西南界海豐西北界柴金北界五華東北界揭陽南北長約一百六十里東西廣約一百五十里人口約四十萬全縣分爲四區

| 區別 | 所在地 | 位置 |
|---|---|---|
| 第一區 | 城內 | 附城 |
| 第二區 | 碣石 | 城東南六十里 |
| 第三區 | 甲子 | 城東南七十里 |
| 第四區 | 可田 | 城北百一十里 |

## （二）地勢

縣屬西北多山東南以次傾斜而東部之葵潭地方山嶺亦不少但不如西北部之多且大以故形成西北高而東南低平原地面以臨南海之甲子碣石博美等處爲最廣濶縱横約數十里其餘之平坦地至廣不過五六里統計全邑面積山嶺約占十分

之六彙以西部之西山以西地方多產杉木亦一造林最適之縣也

### (三)氣候

縣屬西北多山森林茂盛南部前臨海洋年中氣溫在六七月間約華氏九十四五度左右最低時在十二月正月間約華氏四十度左右但霜雪甚罕見惟以地濱洋海故每年六七八月間常受颶風之患田禾每被損失

### (四)耕地狀況

(1)土質　縣屬耕地低者多屬冲積之砂壤土色以灰黑灰黃爲多大半爲水田栽植水稻蔬菜之類高者如山谷岡陵起伏之地概屬砂質土色以黃赤爲多灰黑次之此等耕地多植甘蔗甘藷萊菔及菓樹之屬

(2)交通　縣屬地勢因西北高而東南低南部濱南海故河流皆向南流而入於海二三區位臨海濱貨物往來均可用輪船一區位在縣城雖離海較遠然有小河可通但僅能行駛三四千斤重量之小舟而已近且開闢公路東南至博美西部直達海豐縣交通稍稱便利其餘一分區四區離海較遠且無河流交通貨物往來須用肩挑甚形不便

(3)水利　縣屬沿河附近之平坦農地俱可賴小河之水以資灌溉山谷山麓之農地則多利用山澗小流或掘井汲水以供灌溉故該縣除高原之地外大都水利無缺也

### (五)農民經濟狀況

(1)農戶　縣屬人民除少數經營小工商業及海產漁鹽之利外概爲農業

(2)田地租價　水田價格每畝上等約百元年租約六七石中等約七十元年租約四五石下等約五十元年租約三四石旱地價格每畝上等約十餘元年納銀三四元中等約六七元年納銀二三元下等約四五元年納銀一元數毫不等

(3)工價　長工每年約三四十元(供膳食)係屬男工短工忙時每日男工五毫女工三毫閒時每日男工三毫女工二毫

所有短工俱祇供午膳至生活需要之普通物價則如下列

（a）肥料　人糞尿每担約值一毫黃豆麵每百斤約值六元花生麵每百斤約值七八元

（b）農具　犂每張價約三四元耙每張價約十二三元耡每把價約一元七角鐮每把價約七八毫

（c）農產　家畜—水牛每頭大者約值百餘元黃牛每頭約值七十元肉猪每百斤約三十餘元山羊每斤約六毫

家禽—雞每斤約五六毫鵝鴨每斤約四五毫

魚類—生魚每斤約二三毫鹹魚每斤約三四毫

作物—甘藷每百斤約一元餘穀五元麥十元蔗三四元花生約十元

菓類—荔枝每百斤約十元梨五元柿四元柑五元波蘿約五元

## （六）作物

（1）水稻　每年分早晚二季早造粘米有川赤種花羅赤種糯米有紅脚糯逡莖糯等晚造粘米有夜分赤鳳尾赤綏種大白烏殼粘等糯米有烏糯小糯等早造在驚蟄前後下秧清明前後插田收穫於六月間晚造插秧約在七月中旬收穫於十月間所用肥料則以猪牛糞草木灰及豆麵肥田粉等爲最普通

（2）甘藷　全縣栽種甘藷其爲普通其種類有海小種接芋種均富澱粉質統計全縣每年出產約有二萬担以上可值十餘萬元其栽種方法與普通法無異計每畝收量可得二十餘担

（3）花生　全縣各區皆有之惟以一區所屬爲多其用途除製花生糖花生餅外多爲搾油之用其栽種之地多爲高亢之砂土栽培時先整土成平畦每離尺許開一小穴每穴播種三數粒幷施草灰少許然後覆以薄土卽能萌芽生長播種時期多在二月前後播種後中耕除草三四次卽於五六月間可收獲登市間有遲至七八月者計每畝收量可三百餘斤

(4)甘蔗　該縣出產甘蔗亦甚爲大宗以一區爲最多有竹蔗白蔗二種總計每年產額約三四萬担栽植之地多在高亢之砂土栽法有新種及舊頭二種前者取蔗稍發芽於二月間斜插於曾經整理之蔗地成條列行每株距離約尺許後者則於收獲後將所留之蔗根即舊頭再加肥料任其發芽生長以上列舉皆屬該縣出產較爲大宗者此外樹薯豆芋麥等皆有栽植惟非甚主要且其種清亦屬尋常故從畧

## (七)果樹

果樹有龍眼荔枝桃李石榴柿柑橙波蘿等惟以波蘿龍眼柿爲最大宗計西山大安葵潭等處多產波蘿每年產額達數十萬隻與惠來縣交界之大坪多產柿數約數千株每年可出產六七百担西部可塘多龍眼數約千株年中產額約千餘担其餘菓樹各區均有出產但數量無多故從畧

## (八)畜牧

(1)牛　有水牛黃牛二種多用以耕田計水牛每日耕地約可四畝黃牛約可三畝其所用飼料爲藷苗稻草青草等日間多放牧於荒山草地多由老人及小童司之統計全縣約有牛萬餘頭

(2)猪　多爲肉猪色以黑白花者爲多純黑者次之普通飼料爲藷苗藷渣米糠酒糟豆壳菜葉等多混和煮熟飼之日飼三次計全縣年間產額約三四萬頭

(3)家禽　有鷄鵝鴨而以鷄鴨爲主要鵝次之每日飼養三次飼料鷄多用米穀或糠鴨以粟及甘藷爲多鵝則以菜類甘藷及穀爲多養鷄多在家屋附近放任行走鵝鴨則多驅於田湖草地及溪澗中覓食鷄鴨每年出產額數約數千担鵝甚少無可統計

## (九)森林

全縣西北多山故北部一帶森林蒼鬱杉山以一分區西安地方以西爲最多其餘各雜以松樹雜樹栽種杉木松樹方法與廣寧縣相同故從畧至於用途則杉木多作板樑及傢俬用品松木雜樹概作薪炭之用

## （十）特產及輸出品

縣屬無特別產品惟輸出最大宗者厥爲魚鹽花生蔗糖龍眼柿波蘿等杉木亦多年產額每種約可數十萬至百萬斤左右也

## （十一）農村教育狀況

縣屬教育未見普及中學僅得一間學生約二百人完全小學十二間學生約五百人高小五間學生二百人初級小學十六間學生六百人總共入學學生不足二千人私塾學校約百間以上學生約二千人失學兒童約萬人以上云

## （十二）農林前途之希望

縣屬沙流既少公路缺乏水陸交通甚形不便貨物運輸多用肩挑來往困難爲今之計急宜開闢公路以利運輸因北部山嶺重叠杉木松林頗多且面積廣濶以之造林最爲適宜但現在共匪散處山中非先行肅淸則林業無從進行此則有望於軍政當局之注意也

（出自《广东农业概况调查报告书续编》下卷，一九三三年）

# 龍川縣農業調查報告 民國十七年

林純煦 何慶功 調查

## (一)位置

龍川縣居東江上游，東界興寧，西界和平，南界河源五華，北接江西尋鄔。縣治在北緯二十四度零三十秒；經度距京師中線偏西一度二十分。劃全縣爲十一個行政區，統屬五十二約堡，茲幷舉列于次：

第一區署在縣公署內，統轄塔溪堡，亭田堡，澗步堡，坪埔堡，下廓堡，坪田堡等。

第二區署在老隆市，統轄鳳頭堡，豐稔堡，羅洋堡，水口堡，黃嶺堡，四都堡，黎塘堡，老隆堡，官坑堡，黃坑堡等。

第三區署在鶴市，統轄雅寄約，金魚約，登雲約，十三戶，田心屯，黃廟屯，嶺西屯等。

第四區署在鐵場，分區在龍母，統轄鐵場約，張坊約，用洋約，田心約，橫坑約，白佛約，下塔約，羅口約，長東約，與隆屯等。

第五區署在赤岡墟，轄有石圳約，駱岐約，藍田約，新田約，五合約等。

第六區署在貝嶺，分區在上坪，統轄百齊約，龍地約，石下約，青龍約，與良約，山地約，平越約等。

第七區署在犂嘴墟，與八區共轄有車田約，上莒約。

第八區署在犂嘴墟，轄有黃石約，犂嘴約。

第九區署在老隆，附於二分區，轄蓮塘一約。

第十區署在犂嘴墟，與八區共轄義都一堡

第十一區署在義都墟，轄湯湖一約。

## (二)地勢

龍川地勢北部稍高，南部畧低，其地形有如向西前步之水靴然。統計全縣面積約有三百六十一萬零一百八十六畝，境內山嶺綿亘，約佔全縣面積百分之八十七八，而平原土地，則不過百分之十二三耳。

## (三)氣候

龍川氣候，入冬至而潮冷，屆夏至而潮熱。年中冷熱時期，各約三個餘月，而最冷時期多在十二月正月間，其氣溫約降至華氏三十四五度；最熱時期多爲六七月間，約漲至華氏九十五六度。其結霜時期，常由九十月間起，至正月間而始收。年中雨量，春夏之交爲最多，秋末至冬末爲最少云。

## (四)農村教育狀況

第一區有縣立中學一所，及附設女高小一所，計四百二十五人；高級小學二所，計五十五人；初級小學十五所，共六百人；平民義學一所，計三十人，平均該區失學兒童約有百分之二十一云。

第二區有高級小學三所，計九十五人；初級小學十所，計三百五十人；私塾二間，約四十人，平均該區失學兒童約有百分之二十四云。

第三區有初中一所，約八十人；高級小學十所，計五百五十人，初級小學九十所，約七千二百人；平民義學三所，約一百五十人，平均該區失學兒童約有百分之十四云。

第四區有高級小學四所，計二百二十人；初級小學十四所，計五百人，平均該區失學兒童約百分之二十二云。

第五區有高級小學一所，約五十人；初級小學八所，約三百五十人；私塾五間，約二百四十人，平均該區失學兒童約有百分之二十四云。

第六區有高級小學三所，約二百人；初級小學十所，約四百人；私塾九間，約三百人，平均該區失學兒童約百分之二十五云。

第七區有高級小學三所，約一百二十人；初級小學二十所，約七百人，平均該區失學兒童約百分之十七云。

第八區有高級小學二所，約一百三十人；初級小學十八所，約八百五十五人；私塾十一所，約四百人，平均該區失學兒童約百分之二十三云。

第九區有高級小學一所，計四十五人；初級小學五所，約三百三十五人；私塾二間，約六十人，平均該區失學兒童約百分之十八云。

第十區有高級小學一所，約三十人；初級小學二所，約八十人；私塾八間，約二百人，平均該區失學兒童約百分之二十七云。

第十一區有高級小學一所，計五十五人；初級小學七所，約二百五十人；私塾四間，計一百五十六人，平均該區失學兒童約有百分之二十四云。

## （五）農民經濟狀況

（1）農戶　農民中田主約佔百分之二十，田主兼佃戶約佔百分之三十，純佃戶約佔百分之五十。每農戶平均有農業勞働者約四五人，每農戶耕地面積約二畝半。

(2)田地價　水田每畝上等者約值二百元，中等約值一百五十元，下等約值一百二十元；旱地每畝上等約值八十元，中等約值五十元，下等約值三十元；又近河低窪之田，約值三十元至五十元。

(3)田地租　水田每畝年租上等者約四石至五石，中等者約三石至四石，下等者約二石；旱地每畝年租上等約一石餘至二石，中等約一石五斗，下等約六七斗至一石。

(4)人工價　長工每年工資約三十元，短工忙時每日男工約三毫，女工約二毫；閒時每日男工約一毫半，女工約一毫，概供膳食三餐。

(5)肥料價　人盡每百斤約八毫，家畜糞每百斤約六毫，石灰每百斤約五毫，豆餅每百斤約八元，油茶麵每百斤約八毫，烟骨每百斤約三元，牛骨每百斤約十元。

(6)農具價　犂每張全副約三元，耙每張全副約十五元至十八元，鋤每把約一元二毫至一元五毫。

(7)農產價　水牛每頭約六七十元，黃牛每頭約四五十元，猪每百斤約二十元，羊每頭約五六元，鷄每斤約四毫，鴨每斤約二毫半，鵝每斤約三毫，魚類每斤約二毫半，薯每百斤約一元五毫，芋每百斤約二元，葛每斤約半毫，花生每斤約三毫，穀每石約六七元，豆每石約十六七元，大麥每百斤約四元，小麥每百斤約六元，花生油每元約四斤，茶油每元約三斤餘，蔗每百斤約三元，白糖每百斤約二十餘元，黃糖每百斤約十二元。

蔬菜——芥菜每毫約五斤，芥藍菜每毫約三斤，白菜每毫約四斤，蘿蔔每毫約六斤，荷蘭豆每毫約二斤，蠶豆仁每毫約二斤，葱每毫約二斤，蒜每毫約三斤，生菜每毫約二斤，茄每毫約三斤，冬瓜每毫約七斤，苦瓜每毫約二斤，潮州芥菜每毫約三斤，潮州白菜每毫約四斤，通菜每毫約五斤，莧菜每毫約四斤，黃豆每升約一毫七，節瓜每毫約四斤，酒埕瓜每毫約三斤，綠豆每升約一毫，菠菜每毫約四斤，絲瓜每毫約二斤。

果類——桃李柿黃皮等每斤各約三十文，龍眼每斤約四十文，橘每斤約六十文，梨每斤約五十文，柚每只約一毫。

特產——茶葉上等者每斤約　毫　中等者每斤約四毫，乾柴每百斤約四毫，炭每百斤約八毫，草每担約三十文，竹每百斤約四毫，大幅紙每百斤約五元，柿餅每百斤約十二元。

（8）借貸情形　當地農村中常借錢欵糧食者約有有白分之六十，借貸人以佃農爲最多，放債者多係田主及商人。普通借貸原因，多爲糧食不足或婚喪事宜，染不良嗜好而借貸者　間亦有之；就中以糧食不足者約佔百分之六十，婚喪事及因不艮嗜好者各約百分之二十。其通常利率爲月息三分，低者二分，高者至六分。一年中農民經濟最困難之時期爲四五月間，係在青黃不接之際，此時借貸常須許以高利，始能借得之．通常小農借欵以二三十元爲多。其還債日期則多不一定，還債之法，多係借錢還錢，借穀還穀，間亦有以產業抵還者。一般借貸手續，如自已無產業抵押，則須請公正士紳或殷戶商號爲之担保，借貸通常不需費用，惟以產業作押或以產業抵還債欵者，間有以百分之二三爲酬謝中人之費，因其產業爲有上手來歷不明，則中人須負其責也。又負債者如到期不能償還，則債主必追究担保之人，由担保人追問負債者。結果多典田賣業以償之，故該縣因欠欵糾葛而致訴訟者，殊不多見。該地農村中頗多組織起會習慣，與各縣無異。該縣有當舖五間：曰合生，曰永成，曰仁和，曰同德，曰長發，其資本各約四五萬元，概定三年當絕，月息三分　所當之物，以首飾服物農具爲多。

（六）交通

該縣爲東江上游，往昔東江河道通時，由老隆可駛電船經城南而入河源，直達惠博，而至珠江上，則由民船可駛至和平之東水，再折入縣境第八區，經五六十區至和平之貝不。其由陸大道東門出，沿東江經老隆秦嶺藍關入岐嶺至五華；一由西門出，經新搭高地裏至河源柳城；一由東門出，沿東江經老隆市豐稔墟鐵塲墟至興寧縣；一由東門出至渡船頭過梅村出石馬經藍口至河源；一由東門出，至老隆經四都墟入東水至和平縣；又由四都墟經黃石墟至楊梅洞，經新街官天嶺黃坭塘出和平境至江西省。

## （七）水利

該縣一般農地多賴溪流山澗以資灌溉，因其大河江水，每以河床變遷，忽深忽淺，忽寬忽狹，不易築陂；且沿河農地多接近山嶺，地勢不甚遼濶，而溪澗之水，常有可資灌溉者。且查其山谷之田，每多經冬不涸，故無須特別灌溉惟地較高原或居水尾者，於雨量少時，亦常呈旱患，但有此現象者，當不過百分之二十耳。

## （八）耕地狀況

全縣可耕田地約有二十七萬餘畝，其地勢土壤作物概況，約可分述於次：

第一區耕地平原約40%，山谷約15%，岡陵起伏地約10%，山嶺約5%，傾斜地約30%。土質屬半輕鬆者為多，其色多為黃灰，砂粒中等，壤土約60%，黏土約40%；其較平原廣大之處，多為定積之土，沿河及山麓多運積土及夾礫土，該區有東江之小支流五六條，可資灌溉。其作物除稻麥外，多產蔗糖，花生，蔬菜，黃皮，龍眼等。

第二區之耕地平原約35%，山谷約12%，岡陵起伏地約15%，山嶺約5%，斜傾地約33%，土質半輕鬆，以黃色土為多，灰白色者次之，砂性中等，壤土約55%，黏土約45%，除沿河稍有運積土外，餘多定積之土。區內有溪流三數條，作物除稻麥外，多產柿餅茶油楓栗等類。

第三區之耕地，平原約70%，山谷約5%，岡陵起伏地約4%，山嶺約5%，傾斜地約16%，土質甚輕鬆，土色以灰黑為多，砂性中等，壤土約70%，黏土約30%，概屬定積之土。境內有羅寄河及其支流八九條，水旱之患均少，產稻麥最多，為各區之冠。

第四區耕地平原約45%，山谷約10%，岡陵起伏地約8%，山嶺約5%，傾斜地約32%。土質屬半輕鬆多黃灰色，砂性中等，壤土約55%，黏土約45%，皆屬定積土。境內有練溪及其支流五六條，除產稻麥外，出竹具頗多。

第五區耕地平原約45%，山谷約15%，岡陵起伏地約8%，山嶺約10%，傾斜地約22%。土質多半輕鬆，砂質中等，壤土約40%，黏土約60%，概屬定積土。境內有赤岡河及支流三數條，除產稻麥外，甚少其他產物。

第六區耕地平原約45%，山谷約15%，岡陵起伏地約10%，山嶺約8%，傾斜地約22%。土質半輕鬆，顏色爲赤灰等，屬中性砂，壤土約45%，黏土約55%，皆屬定積土。境內有溪流八九條，分注於區東南之東河及區西南之東江，除產稻以外，以油茶柴炭竹紙爲多。

第七區耕地平原約60%，山谷約8%，岡陵起伏地約10%，山嶺約佔5%，傾斜地約17%。土質屬輕鬆，以黃灰色爲多，砂性中等，壤土約65%，黏土約35%，多定積之土。境內有車田河及其支流數條，該區除產稻麥外，甚少其他產物。

第八區耕地平原約50%，山谷約8%，岡陵起伏地約8%，山嶺約7%，傾斜地約27%，土質屬半輕鬆，以黃赤灰色爲多，砂性中等，壤土約45%，黏土約55%，沿河地間有運積土及夾雜土，餘則多爲定積之土，境內有東江縱貫其間，并有支流數條，該區除米穀外，以油茶柴炭爲多。

第九區耕地平原約55%，山谷約10%，岡陵起伏地約6%，山嶺約5%，傾斜地約24%。土質亦屬半輕鬆，顏色以黃灰爲多，砂性中等，壤土黏土各約參半，係屬定積之土，境內有東江及沿江東邊有澗溪小水數條。該區除產稻麥外，尚有少數蔗糖油茶出產。

第十區耕地平原約52%，山谷約10%，岡陵起伏地約12%，山嶺約5%，斜傾地約21%。土質屬半輕鬆，顏色多爲黃灰等，砂性中等，壤土約54%，黏土約45%，皆屬定積之土。境內有龍溪一條，作物除稻麥外，尚有竹木器頗多。

第十一區耕地平原約38%，山谷約15%，岡陵起伏地約16%，山嶺約5%，傾斜地約23%，係屬半輕鬆土質，顏色爲黃灰白等，砂性中劫，壤土約55%，黏土約45%。境內沿東江有溪流數條，除出產稻麥外，產楓栗陶器之類。

## (九)作物

(1)水稻　龍川爲產米之區，該縣人口號稱三十五萬，查其可耕田地約有二十七萬餘畝。當豐稔之年，產穀總額約可百七八萬石左右，除本縣糧食用外，每年出口當有數萬石以至十萬石之譜。茲將其水稻品種及耕作情形紀述于次：

早稻　各區普通所種品種有嘉慶早，長腰早，大肚早，橡樹早，早赤，早三粘，江西早，鐵梗粘，花羅粘，貓牙糯，紅梗糯等，俱於驚蟄節後播種。其法須將種子浸過，屯至發芽後始撒播於秧田，其秧田多用花生麵爲基肥。當種子播後二三日，須將水排去，使穀芽曝於日光，約二三日，則芽呈青色，復灌以水，再後十日左右，又須排水一次，幷施以人糞尿肥，過二三日後，又灌之以水，至谷雨前後，遂可分秧，分秧後約十餘日，排去其水，行中耕一次，幷施以草灰人糞尿等肥，再後二十日許，又耘田一次，此次施以廐肥石灰等。其耕耘皆用中耕器行之。至大暑節前後收穫，每畝收量約四石至五石。

晚稻　各區所種之普通品種有冬赤，絲苗，短苗，高苗青梗粘，矮苗青梗粘，金包銀，好命赤，海禾粳粘，大冬糯，黃糯，芙蓉糯，花糯，梗糯，籐繩糯等，多於小滿節前後播種。其種不用屯芽，於浸過後即撒播於秧田，播後二三日，即排去其水，以後則不復灌溉，亦不用基肥補肥，至大暑後立秋間分秧。分秧時其稻田多用花生麵草灰等爲基肥，分秧後每隔十餘日耘田一次，約共二次至三次，每次耘後，施人糞或烟骨灰或廐肥或石灰。至立冬節收穫，每畝收量約三石餘至四石。

(2)麥　該縣種麥除六八兩區較少外，其餘各區皆甚普遍，而以第三區爲最，其品種以小麥爲多，大麥不過十之一二而已。其麥多種於晚稻跡田或旱地，與豆作甘藷等輪栽。其播種時期在立冬前後，普通多用條播，亦有少數行點播者，播種時多施以人糞尿灰或廐肥爲基肥，以後則絕少管理施肥矣。至翌年淸明前後可有收穫，每畝收量約七八斗至石餘，多用於製麵或糕用。

(3)花生　花生各區皆有種之，惟第一區最多，屬大莢種，種於砂質旱地，與甘藷或豆麥等作輪栽。播種期普通在春分前後，概用穴播，播時用草灰或人畜糞灰等爲基肥，播後二十餘日中耕除草一次，幷施以石灰，如雨頻草多，則再除草一次。至七八月間，可有收穫，每畝收量四五石，除製鹹乾鹹餅食用外，多爲搾油之用。

(4)甘藷　該縣栽種甘藷，各區皆甚普遍，其品種有紅皮紅肉種有紅皮黃肉種及紅皮白肉種，多種於旱稻跡田或砂質旱地，當稻作豆類輪栽，三月間下種育苗。在育苗時期，施用肥料多係人糞尿水汚水等。其早種者在五月間移植，遲者七月間移種。其栽培各法，與他處無異，至九十月間收穫。

(5)甘蔗　品種有白臘蔗，紫臘蔗及竹蔗，前二種爲生食用，種者不多，竹蔗則爲搾糖用，年產約四萬餘元，於第一區種之最多，第九區亦有少數。其經營狀況，年來畧有遜色，聞因糖捐附加所致云。其種蔗地勢，多在沿河兩岸之砂土。其竹蔗多用留頭法，約至三年而後更新。其栽植方法，於十一二月間截取蔗稍，埋於土中，至翌年二月初取出，剝去其葉鞘，將蔗地墾起高畦，畦之中間開一溝，將蔗稍斜插其中，每株距離約尺許，薄覆以土，至出苗後，再覆以土，幷施人糞尿一次，至三月間，又施人糞尿或畜糞豆麵一次；至五月之頃，又再施石灰及麵類一次；同時培土，及兼行除草，以後則不復施肥矣。至十月十一月可有收穫。

## (十)蔬菜

(1)蘿蔔　該縣栽種蘿蔔，以附城一帶爲最多，其品種有白皮紅皮二種，而以白皮爲最多，其種籽多來自潮州。

播種期在八月，行撒播或條播於平畦，播時多用草灰爲基肥，至苗發二三葉時，行間拔一次，不用移植，幷施以家畜糞灰。在生長期間，如雨量不多，每隔一二日淋水一次，幷間施以人糞尿水汚水等爲補肥。由十月至十一二月正月俱有收穫，除煮爲菜食外，則多切爲薄片，鋪岡陵草地上，任其晒乾，是爲蘿蔔榆銷，售於河源惠州等地。

(2)潮州芥菜 該縣第一二區多種之，因其種出自潮州而名也。其葉較普通芥菜稍圓，葉梗較爲扁大，七八月俱可播種，惟於七月播者爲最適當時期。先播於園地，至發有二三葉時，卽行移植，概用穴植法，每株距離約尺許。在生長期間，除草一二次，每隔二三日淋水一次，幷間施以人糞尿水汚水等肥，至十一二月俱有收穫。當新出時，煮爲青菜食用，至旺收時，則多醃爲水鹹菜，該縣各市塲均賣之。

(3)其他 上述二種蔬菜，因其種之較多，故特述之。其餘蔬菜品種尙夥，惟屬通常之品，產額亦較少，故不詳。茲僅將其品種名目栽植收穫時期舉列于次：

| 品種名目 | 播植時期 | 收穫時期 |
|---|---|---|
| 潮州白菜 | 七月 | 十月 |
| 芥藍菜 | 七月 | 十月 |
| 生菜(俗稱蔴) | 七月 | 十月 |
| 白菜 | 八月 | 十一月 |
| 通菜 | 二月 | 四五月 |
| 莧菜 | 二月 | 四五月 |
| 荷蘭豆 | 九月 | 十一月 |

| | | |
|---|---|---|
| 蠶豆(俗稱湖豆) | 十月 | 十二月正月 |
| 節瓜 | 二月 | 五月 |
| 苦瓜 | 二月 | 五月 |
| 冬瓜 | 二月 | 五月 |
| 葱 | 二月 | 四月 |
| 蒜 | 七月 | 九月 |
| 茄 | 二月 | 五月 |

## (十一)果樹

(1)黃皮果　該縣城廂內外，植有千數百株，其種植地勢，多在家屋前後或荒廢房屋之跡地，每處植有十數株至數十株，每株距離多不過四五尺，極爲密植。其繁殖方法，概用實生，於春季行之，育苗一二年後，至春季移植，約三四年可結果，自移植後，絕無管理。摘果時期在六月間，每株十數斤至數十斤不等，全年總產額約三數萬斤，多運至隆市發銷。

(2)龍眼　第一區城廂內外植者，多與黃皮果混植，第二九區種者，則植於家屋內外之荒地，但每處不過二三株，並未見有闢園種植者。一般種法俱用實生而後移植，亦無特別管理，年產總額共約三數萬斤，多晒爲龍眼肉乾，銷售於老隆市及興寧五華等地。

(3)柿　第二十兩區多種之，其植於家屋附近者，則多屬散生植，於山麓荒地者，則較有規則。其種法與普通法無異，每年所製柿餅約四五萬元云。

（4）楓栗　第二十區多種之　其種植地勢，與柿相同，年產總額共約萬餘元云。

（5）柚　民國幾年時有某縣長係廣西人，以該縣土宜適於沙田柚之種植，特由其家運來沙田柚苗約二三百株，分發鄉民種植。現已收穫多年，聞其品質未見變劣云，但年產額若干，則難統計。

（十二）畜牧

該縣家畜以猪牛爲主要，其牛有水牛黄牛二種，概作耕田役用，老弱或不良者，則多宰賣之。其猪均係黑白花色，尤以背黑肚白者鄉民多愛養之，然不過屬於外觀上之習慣，並非有所取義也。普通養者爲肉猪，除本縣銷用外，每年出口約二三千頭云。其家禽以鷄鴨爲主要，均屬卵肉之用，所有飼養管理，與各縣大畧相同。

（十三）森林

查龍川縣山嶺面積約有八百餘萬畝，而有林地面積則約六百萬畝左右，係多屬天然之林，稀疏凌襍，極不規則，至人工造林，則不過十之二三而已。此種人工林半屬於山野間之油茶，半屬家屋附近之岡嶺，或沿河當衝，植可保安用之竹木是也。該縣木材柴炭之出產，以六八兩區爲多，每年出口約五六萬元云。次爲六十區之苗竹，年中紙造出產，亦不下十數萬元云。至其主要森林之樹種，以赤松爲最多，次爲油茶竹杉之屬　其餘橡樟楓楮油桐冬青苦楝烏臼等，雖有所見，然多混生或散生，不能以面積計也。

（十四）農林前途之觀察

龍川縣之農林業，年來無甚消長，惟聞蔗糖一項，似有日見遜色之勢，詢其主要原因，謂由於糖捐附加所致。然土法製造，不克與洋糖競爭，想亦不無關係也。至於林業林地雖多，而林產無幾　蓋祗靠天然之生長　不事人工之栽植所致。又該縣所有岡陵嶺畔，頗適於茶葉梨柿等之栽植，倘能提倡遍種之，亦農業上之一助也。

（出自《广东农业概况调查报告书续编》上卷，一九二九年）

# 龍川縣調查報告書

本隊於五月一日赴龍川縣調查，卽晚抵老隆鎮，翌日到達龍川縣城；旋卽遍謁張縣長，縣府各科局長，警衛隊編練處副主任，縣參議會，縣黨部，縣商會暨當地紳士。面致本局公函，道達來意，請予協助調查該縣政治經濟交通教育各情形。謹將調查所得，分述如后：

（一）位置　龍川位東江上游，屬惠，為粵之偏隅，東界興寧，東南界五華，西界和平，西南連河源，北接江西尋鄔。東西廣一百九十里，南北袤二百四十里。境內多山谷，蜿蜒起伏，迤邐數百里。全縣耕地面積，據田畝調查報告，共壹拾伍萬餘畝。全縣共劃分七個自治區，統屬一百二十三鄉六鎮。

| | |
|---|---|
| 第一區公所在縣城轄十五鄉一鎮 | 第二區公所在老隆轄十二鄉一鎮 |
| 第三區公所在鶴市轄三十一鄉一鎮 | 第四區公所在鐵場轄十一鄉一鎮 |
| 第五區公所在赤崗轄十一鄉 | 第六區公所在貝嶺轄十九鄉二鎮 |
| 第七區公所在車田轄二十四鄉 | |

（二）戶口　該縣戶口調查，業經調查完畢，現正着手統計，稍假時日，便可蕆事。茲先將民國十八年調查所得，列報以備參攷。

| | 戶數 | 人口 | | 戶數 | 人口 |
|---|---|---|---|---|---|
| 第一區 | 五・七八一 | 二一・五一六 | 第二區 | 六・五一五 | 三八・〇六三 |
| 第三區 | 一一・二四二 | 六四・七九二 | 第四區 | 九・二三二 | 六一・五一九 |
| 第五區 | 三・六五二 | 二二・七七二 | 第六區 | 七・一三一 | 四九・八六二 |
| 第七區 | 八・二三一 | 四〇・六〇九 | 合計 | 五一・七八四 | 二九九・一三三 |

（三）交通情形　A. 水路交通　該縣位東江上游，境內有東河，源出江西尋鄔；西河源出江西定南縣九連山脈，流入縣屬六區結河，南行稱東江，經五合黎嘴黃石等墟，入和平東水墟，折入縣境四都，經老隆至龍川。春夏間有電輪由老隆經城南而入河源，直達惠博而至珠江。老隆上行則有民船，可通至貝嶺，縣內貨物運輸，實利賴之。B. 公路交通　省道有川河路，由縣屬虎頭崗至縣城，途長一十五里。川華路，由縣城至鶯關，途長五十五里。縣道隆黎路，由老隆經龍母至黎嘴，途長九十里。隆鶴路鶴緣段，由鶴市至萬緣市，途長十二里以上。各路均完成通車，惟此次四月間大雨為患，路基橋樑，多有冲毀，現目川河路，隆黎路均暫停通車。C. 電話　老隆為該縣商務最發達之市塲。

電話總局設立於斯，分局共五間，分設縣城，貝嶺，鶴市，鐵塲，黎嘴。縣屬各機關團體，及各大商號，均置有電話機。與鄰縣通話者，有河源，和平，五華，興寧各縣。D. 郵政 縣城設三等郵局一所，老隆鎮設二等郵局一所，各市墟均設有郵政代辦所。

(四)物產概况　龍川爲產米之區，除供給本縣糧食用外，每年出口尚有數萬石至十萬石之譜。什糧以番薯，麥，花生，豆爲主要，蔗糖，紙張，陶器，竹木器，柴，炭，竹木材料產量甚夥。統計每年土產出口額，達三數百萬元，第比年以來，土產落價，銷路價滯，營業情形日就衰微。

(五)商業　縣屬商務以小資本經營爲多，不甚發達，其重要市鎮，有老隆，貝嶺，黎嘴，鶴市，鐵塲，岩下，車田，赤崗。商品入口，以疋頭，什貨，京果，海味，藥材爲大宗。出口以穀米，紙張，陶器，柴，炭爲大宗。

(六)敎育概况　縣屬有中學校一間，初級中學校一間，簡易師範學校一間，完全小學校九間，高級小學一十九間，初級小學校三百九十三間，民衆學校二間，縣立圖書館一座，區立圖書館二座，民衆閱書報社九所。

調查隊第一隊主任羅思温報告

中華民國二十四年五月七日

（出自《统计月刊》第一卷第十期，一九三五年）

# 河源縣農業調查報告　民國十年　李翹芳調查

## （一）位置

河源縣屬東江上流。位于北緯二十三度四十一分。經度距京師中線偏西一度四十三分五十秒。縱一百零九里。橫八十五里。東界五華紫金。南界博羅。西界新豐及龍門。北界龍川和平連平。全縣分九區二十七約。

### 附區分及約名（此係學區分劃該縣警區與學區不同而學區較爲分配完善故從之）

| | | | | | |
|---|---|---|---|---|---|
| 第一區 | 在城約 | 東埔約 | | | |
| 第二區 | 古雲約 | 禾溪約 | 黃田約 | | |
| 第三區 | 歸淳約 | 康禾約 | 藍溪約 | 能溪約 | |
| 第四區 | 柳城約 | 沙村約 | 曾田約 | | |
| 第五區 | 上管約 | 許村約 | 駱湖約 | | |
| 第六區 | 蔡庄上約 | 蔡庄中約 | 黃峒約 | | |
| 第七區 | 蔡庄下約 | 南湖約 | | | |
| 第八區 | 洪溪約 | 鯉魚約 | 赤溪約 | 平陵約 | 平杏約 |
| 第九區 | 高埔約 | 長平約 | | | |

## （二）地勢

縣地山多而平原少。大抵山占全面積十之七。而平原僅得其三耳。其近東部是東江。自東北來斜貫之。近西部是小江。(新豐江)自北流入。此二江至縣城東北滙合。以流出于縣之南部。統觀全境耕地。惟沿江邊地勢較爲低平。餘則爲山谷間田。成級狀者多。

## (三)氣候

南部及沿江氣候。比之北部與近山者較爲和暖。自不待論。然總之一般較廣州爲寒。降霜較多。降霜期爲自夏曆十月至正月。雨水以夏歷四五月爲多。與省曾無大異。

## (四)耕地狀況

土質　土人分耕地爲三種。一曰斜地。即向嶺岡闢成之旱畑。土質多屬砂壤。惟表土不過三五寸。心土爲黃赤土。二曰墒地。大抵多屬江邊之遊積土。時澇時旱。不能作水田用者。土質爲砂壤及埴土。而表土常厚至一尺左右。肥分亦較斜地爲優。如東江左岸之南墒。小江左岸之嚴東墒與縱子墒。皆有名者也。三曰水田。即尋常水稻之田。以北部之船塘上管駱湖會田等處爲最優。土質爲壤土及粘壤土。表土厚六七寸至一尺。以之種水稻。每造每畝收量可六七百斤云。其他多屬砂壤土。色淡黃白。表土厚五寸左右。而全縣大抵以距江較遠之山谷間田爲優。至近江岸者。則農產收量常較劣也。總計全縣土地。約水田占十之六七。墒地占十之三四。

水利　全縣山田交錯。故凡山谷間之田。常藉山坑以資灌溉。既鮮旱害。亦無水災。前言其農產收量較優者。此殆其一因也。惟沿東山及小江數里內之田則忌水者殆十之七六。忌旱者十之三四云。

交通　以在東江沿岸之第一二三四九各區爲較便。蓋由惠州溯東江而上。通過河源。直至龍川縣之老龍墟。雖冬間水淺時。亦可行小汽船及帆船。至夏秋間。可常行輪船也。第五區則每由陸路以出東江或小江。第六七八區則常藉小江以爲交通。此小江祇通帆船。且江底多石。水流湍急。自回龍以上。上航遞增困難。故每有寧由陸路肩物百餘里以至縣城者。可知其交通之不便矣。

耕作情形　水田兩造以種水稻爲普通。斜地則種花生甘薯粟爲常。亦有種果樹者。墒地則以竹蔗與花生甘薯輪作爲常。或種大小麥陸稻黃蔴蘿蔔等。又近山之民。除耕田外。每兼營山林。

## (五)農民經濟狀況

田地租價　上田每畝價銀七八十元。每年租穀三百斤。中田每畝價銀四五十元。每年租穀百五十斤至二百斤。下田每畝價銀二三十元。每年租穀百數十斤。旱地上者每畝價約二十元。每年租銀二三元。下者不過每畝價銀十數元。年租銀一元數毫耳。

長短工價　長工概用男人。每年工銀二三十元。短工忙時。男人日值二毫五仙。或穀十斤。女人日值一毫五仙。閒時男人日值一毫至一毫五仙。女人日值五六十錢。以上均另供膳食。

大宗產品價表如下　以在縣城中等價計　又各價均照當造時言

| 品名 | 價格 |
| --- | --- |
| 稻穀 | 百斤三元至三元半 |
| 小麥 | 百斤四元 |
| 大麥 | 百斤二元半 |
| 花生 | 一斗二毫半 |
| 甘藷 | 百斤六七毫 |
| 松柴 | 百斤三毫半至四毫 |
| 雜柴 | 百斤四毫 |
| 松炭 | 百斤七毫 |

| | |
|---|---|
| 猪 | 百斤十八元 |
| 雞 | 每斤三毫 |
| 片糖 | 百斤八元 |
| 松香 | 百斤四五元 |
| 生油 | 百斤二十元 |
| 茶油 | 百斤十七八元 |
| 合柿幹 | 百斤十四元 |
| 火柿幹 | 百斤八元 |
| 生栗 | 百斤八元 |
| 栗乾 | 百斤十二元 |
| 草菇乾 | 每斤一元 |
| 生蒜頭 | 百斤二元半至三元 |
| 乾蒜頭 | 百斤六七元 |
| 紅蔴布 | 百斤一元左右 |
| 黃沙李 | 百斤四五元 |

大小農及經濟情形　全縣中惟禾洞約之仙塘鄉民營商外。餘均業農爲多。而農之耕地至百畝者。殆極罕見。大抵一戶耕十畝至十五畝者。占十分之六。耕二三十畝者。占十分之三。不及十畝者。占十分之一。至於或耕他人之田而爲佃戶。或耕自己田畝而爲自作農。或半佃半自作。則各縣農民。均同此狀況。無事贅述。又農民經濟。則頗屬困

為佃戶。或耕自己田畝而爲自作農。或半佃半自作。則各縣農民。均同此狀況。無事贅述。又農民經濟。則頗形困難。蓋縣中皆多小農。耕地無幾。年中所入幾何。益以交通既非甚便。農產亦每有銷化而無進步。節儉又當爲商家操縱。經濟焉欲不困難。要可得耶。

## （六）作物

### （1）水稻

全縣各處。均爲餘米之地。而尤以第三區之藍溪能溪康禾，第四區之曾田，第五區之上莞駱湖，及第七第八兩區出產最多。每年均有大帮輸出。其種法與普通大致相同。而其中有可資研究之處。今摘述如下。

品種　早造種以早絲苗，西白，烏竹早，爲多。晚造種以冬絲苗油粘仔爲多。又有名三枝香者。係晚造種。性耐水浸。俗名水浸鬼。分蘖甚盛。每斜插三本。便能發生多苗。故有三枝香之名云。其米色白。質頗佳。收量亦多。想近年各處水災迭見。此種似有可試種之價值也。

選種　俟稻十分成熟時。于上午早露乾後。割取曝曬。至午則收。切戒曬熱過度。否則種子受傷。斷難出芽。移植後每有半途苗忽凋萎。祇抽新苗。名曰標重之弊云。又該處土例。凡佃人曬乾穀種後。須交田主收藏。用時乃取回之。

肥料　每造每畝施猪糞(或人糞)火灰混合肥或人糞尿一千至一千五百斤。石灰七十斤至百五十斤。但山谷田則多用石灰。謂其能補溫。平陽田則多用石膏。(每畝約十五斤)謂其能減熱云。

收量　最上田每畝每造七八百斤。中田四五百斤。而上造收量每多于晚造　按稻之收量。平均以第一二區之藍溪能溪康禾三約。第四區之曾田約。第五區之上莞許村駱湖二約。爲最多。但藍能康之米質則較粗劣。大不如曾田等處之佳。據曾田人謂此不惟地土使然。抑我處施用石灰量。比他處定足多一半。故米質亦較充足云。是否尚須研究也。

（2）蔗糖

該縣糖蔗業。比從前已減去十之二三。但現仍不少。計東江沿岸。自縣城以上。由古雲禾溪以至黃口藍口南埳遥運等處。約有糖寮七十間。縣城左近之東埔雙夏各鄉。約三十餘間。小江回龍塩一帶約二十間。縣城以下。由高埔至雙頭塘觀音閣。約六七十間。合計約二百間之譜。以每間平均一年搾蔗四十日。每日得糖四百斤計之。約可年共產糖三百餘萬斤。以平均每畝竹蔗可搾得糖五百五十斤計之。約每年種蔗地積六千畝。但種植概在沿江附近。無有種于深山間田者。至種法與他處無甚異。今節述其要如次。

土質　均用遠積而成之塌地種植。土質爲砂壤土及壤土。灌溉概難。間有水旱者。據一般之說。則謂以第四區之南塌，第九區高埔約之黃坭塅，四方圍等處土質最佳。所產竹蔗。糖量多而色澤質味亦較勝云。

種植管理　品種俱用竹蔗。選法于夏曆十一二月間。取第一年生之蔗尾作種。若第二年宿根所生者。則殊不佳。故不用云。選種後掘穴竪貯。覆以蔗葉。酌行淋水。至明年二月清明間。取出移植。作畦高七八　幅二尺許。于畦之中央每距離尺二寸作穴。斜插蔗種一株。植後于穀雨時施豬屎火灰混合肥約每畝三百餘斤。立夏施豆麩（或生麩）約每畝三十斤。芒種施豆麩約每畝八十斤。每落肥時。兼行培土。無去葉。無灌溉。管理粗放。大抵自芒種施肥以後。殆坐待收成而已。而自整地移植起。至芒種施肥畢時止。計用長工一名。價銀十元。另供膳食。可管理三畝之地積。凡種蔗宿根連作二年後。即掘去根頭。第三年春。改種花生。及秋間收穫畢。更種甘薯或大麥等。第四年復行種蔗。歷來大抵如此輪作。無甚更改。

收穫　自立冬起收至立春止。每畝收量約六十至八十把。每把重約百斤。

製糖法　收蔗時隨即去葉留莖。束成百斤一把。運回糖寮搾之。搾法與本省各處相同。且弗贅述。惟煮法與他處畝異。特畧記之。鐵鍋凡二個。駢並（他處或三個）于雙灶間。鍋徑約四尺。深尺餘。灶口通于室外。以便燒火。每次榨蔗十二把。得汁約七百斤。即傾入第一鍋內煑之。加石灰半斤。（他處有用蜆灰）煮半小時許。去渣與泡。轉入第二鍋。再加生油渣二三兩。煮二小時許。乃泡入盆內。以棒攪之。令起沙。則傾于攤蓆上。經半小時。遂凝固。乃以蔗鉤切成片糖。案該縣大抵製片糖。而不製白糖者也。

製糖之工料價值　自榨者每日斬蔗六人。工價共六　。駛牛一人。價一毫。放蔗入榨一人。價二毫半。接蔗一人。價一毫。燒火一人。價一毫。煮糖一人。價二毫半。雜役一人價一毫合計每日十二人。工價一元五毫。另供膳。可榨得蔗四十八把。得汁約二千八百斤。煮得片糖約四百斤。若自己無糖寮器具而搭人榨者。則每日連人工牛隻器具租銀。共二元八毫。并另供膳。

糖質良否　糖片約厚四分。色紅黑褐者居多。雖亦有黃色者。但一般糖質均粗而欠鬆脆。不能久貯。梅天則變形。而土人則謂其味甚甜。十二兩可當他處產糖一斤之力云。然否尚待細攷也。

糖之裝運法與銷路價值　裝運概用圓形木桶。每桶約載二百斤。縣城附近及小江下流所產者。多銷流于惠州石龍省城各處。惟藍口及南湖等處所產者。則除供本地用外。概銷流于龍川老隆云。常價每百斤約七八元。

計利　詢之業此者。多云。每斗種地種蔗及榨糖。共工本約十六元之譜。若收得蔗四十八把。製糖四百斤。每百斤價七元。則除本得純利十二元之譜云。（該處以能植穀種八斤餘之秧苗爲一斗種地）

（3）花生

竹蔗大抵與花生輪作。既如上述。故蔗糖業盛則種花生自多。可想而見。抑外此則有將花生與桑或陸稻或黃蔗。間輪作者。顧此業近亦漸衰。查該縣土人。二十餘年前。概種黃蜂腰花生。名曰土豆。後因其成劣。改種舶來之大花生巾花生。是名洋豆。初種時收成甚佳。每畝可收十石至十五六石。(每石約當廣州量二石重八十斤上下)近則四五石為常。收成既日趨于少。豆粒尤日趨乎細。發育不良。病害時見。據仙塘鄉瀝某所述。二十年前該鄉有油搾店中間。年可收花生三萬担。近則祗存一間。年收花生不過千餘担云。一地如此。其他可知。查其種法。與別處無異。其與他物輪作法。間一年或二年。至多三年。絕少至四年以上者。其肥料為石灰火灰大糞等。而其最受害者為起病。當夏曆四月開花時。葉莖忽然枯萎。若拔之。則容易脫。審之則莖近地面處枯黑而腐爛。甚者全田枯死。亦有死去若干株者。土人無病名。以意擬之。當係膨地病也。此病各地有見。然普通斜地較塌地為多。輪作年短者、較年長者為多。熟地較新墾地為多。則係該處土人所經驗者也。又聞由別江衍到之花生種。其收重亦常較多。發病較少云。

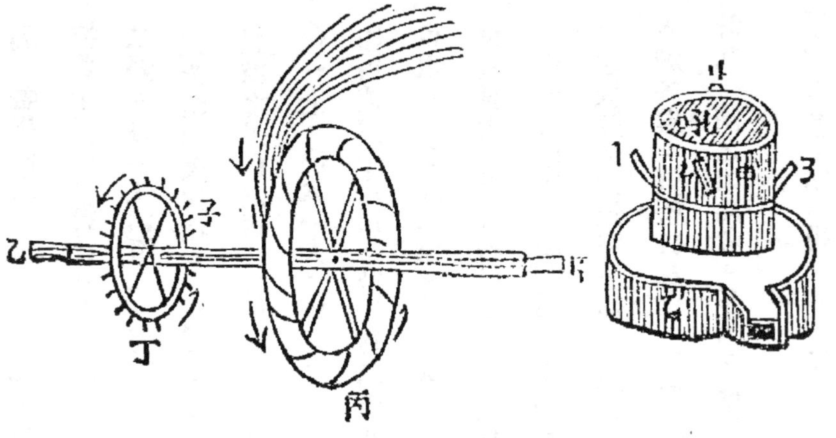


花生油之搾法。與本省各處無異。茲不贅。

(4)麥及麵粉

麥以鹽口方面為多。年產約百萬斤。次為縣城及小江方面之惡龍塅・與銅鼓區之上營約地方。其他則殊少種者。種法與本省各處無異。可弗紀敘。惟其播種期、則自立冬以至冬至。比之廣州南部、實較遲緩。其麵粉製法。則用水力機。有足錄者。

縣屬各處。間有水車廠。廠址類設近山間。以便利用水力。凡搾茶油樹油生油及製香粉麵粉等業。均用水車作工。茲述其製麵法如次。

原料　米麥即小麥也。

器具及用法

甲、乙、車軸。松木爲之。約徑九寸。長一丈七尺。軸之兩端。鑲以鐵棍。以便旋轉無傷折之虞。

丙、水輪。亦松木爲之。徑約六寸七寸。輪邊裝以斜向之板。令水衝激則轉動。

丁、旱輪。亦松木爲之。徑約二尺五寸。輪邊裝以木齒(子)。共二十四枚。每齒凸出三寸。徑一寸。

甲、爲石磨。徑二尺餘。厚七寸。上面爲窩狀。以使人麥。沿邊有四穴。各裝以長一尺徑二寸之木齒。兩兩相對。合之成十字交。乙爲磨盤。以承麵粉。將石磨置在水車丁輪邊適當處。令丁輪轉時。其各齒(子)與石磨之一二三四齒相撞。乃放水衝動丙水輪使轉。則甲乙軸與丁旱輪亦隨之而轉。斯時石磨之一二三四齒。被丁輪各齒觸撞。遂能轉動石磨以磨麥矣。

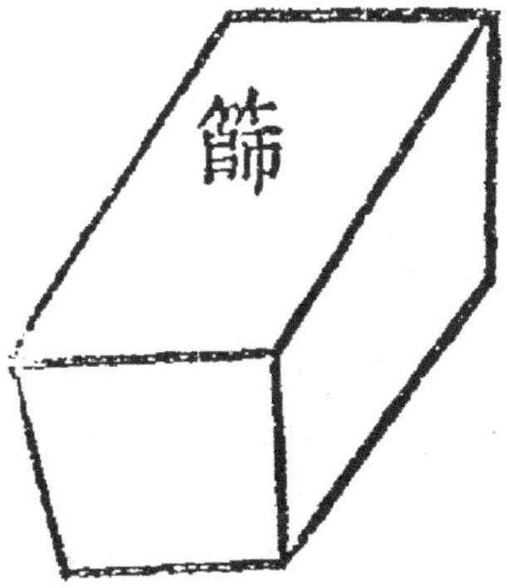


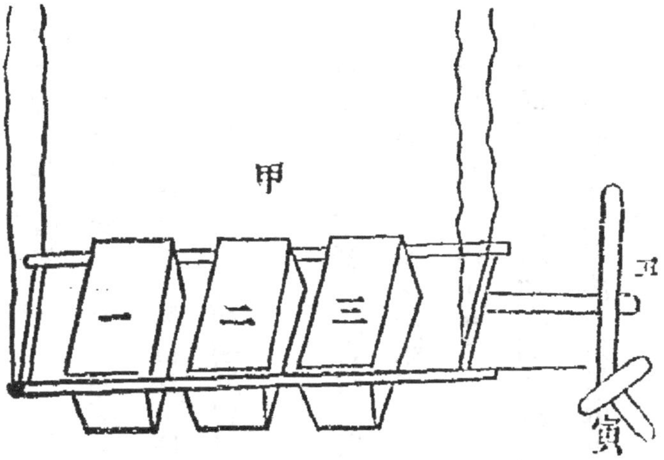


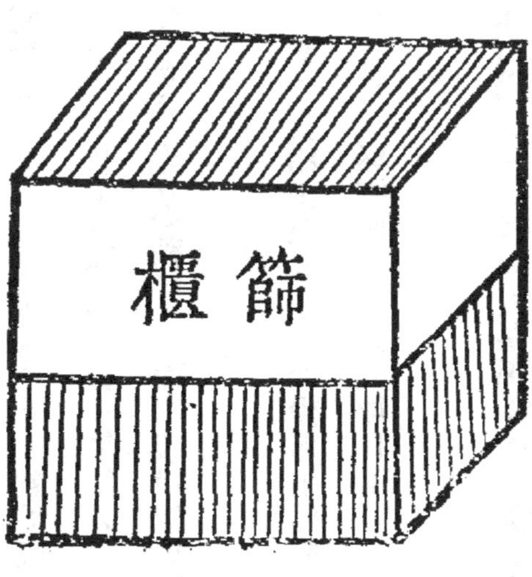

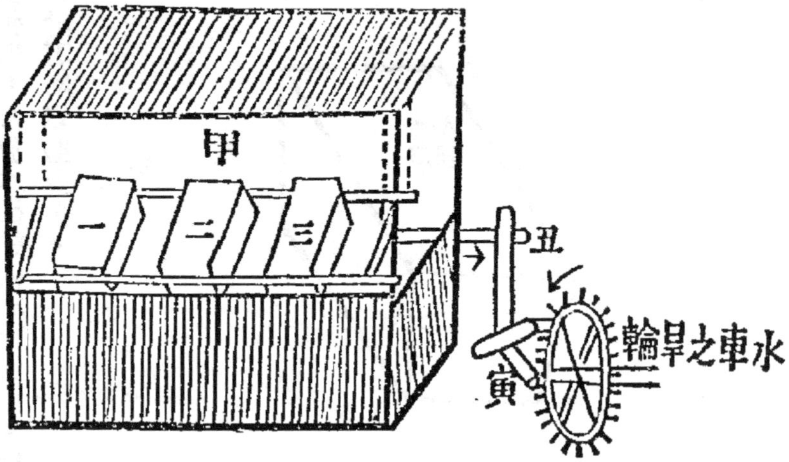


篩、長方形。邊用木板。底用銅絲網爲之。約口長一尺五寸。闊一尺。深八寸。而底比口較窄。

甲、爲各篩懸架。一二三即篩。子、爲懸繩。丑、爲推挽桿。寅、爲撥動桿。篩框用木板爲之。裝置法、即將甲架懸于框內。其寅撥動桿與旱輪各齒相觸。當旱輪轉時。各齒觸際寅桿。此桿動而丑桿亦被動。而推挽甲架以篩麥粉。

工料價值　商家交米麥百卅斤與廠主承製。實給工銀五毫。而由廠主要交回麵粉一百斤與商家。多除少補。其他粗麥皮歸廠主所得。又計每日工人二名。可製麵粉百三四十斤。

麵粉品質　色雖不如洋麵之白。而質味實過之。奈吾國人喜用洋麵。致本地之麵粉業。日趨衰落。殊可慨也。

（5）其他

番薯　即甘薯。該縣以旱地頗多。故種此物亦甚大宗。惟無輸出。僅供口糧及飼料用。間有用以製薯絲者。其法將生薯舂爛。入布袋和水搾出粉汁。澄清之。去水取沉澱物曬乾。蒸粉。切成條狀。再曬乾。則得黃白色半透明之薯絲。以作菜食。頗甘滑。每製薯絲百斤。約需原料六百餘斤。每薯絲一斤。就地沽價錢七八十文。

黃麻　鹽口南端及縣境左近多種之。就縣境左近計。年產十數萬斤。每百斤價十元。多沽諸惠州石龍等處。

白蘇　土名家園蘇。北部土管等約人家。每種若干以供自用。

藍　柳城約有水藍一種。亦即蓼藍也。所製靛。染色平常。不及外來品。每家常種多少。以供自用。又據該約人云。另有一種名大藍。所製之靛。染色質比水藍較勝。且靛一斤。可當他二斤之力。但近來以此物含有毒質。能殺人。恐防婦女自尋短見者之資料。故罕種之。

茨菇　柳城邐運藍口等處。間有種之。每畝收量約一千斤。供銷流本地。無大出產。但土人則謂比廣州產味大勝。惟形較小云。

棉花　土管約人每種多少。以供自用。

其他如陸稻、狗尾粟、芝蔴、綠豆、黃豆、芋烟。亦間有種者。

以上各作物。其種法與本省各處無大異。且非大宗。故不贅。

## （七）園藝

茲分二部述之。

### （甲）蔬菜園藝

#### （1）紅蘿蔔

此物爲該縣特產。據土人謂無論鄰縣固無。即本縣亦祇縣城上廓及小江方面之神砦壩及欖子壩三處可種。其他則不能云。查三處土地均係運積之壤土。肥潤疏鬆。表土深厚。神砦壩在廣東壩墟附近。屬第六區。欖子壩與覔龍墟隔江相對。屬第八區。以產量論。欖子壩最多。以品質論。神砦壩及欖子壩最好。蓋此二壩所產。皮色淡紅。肉質充實。煮久不縮。味較甘甜。而縣城上廓所產。則皮色深紅。肉質不實。煮久則縮。味亦較淡云。惟無論何處所產。

質味均較一般白蘿蔔為勝。且該地水土素寒。居人常不敢多食寒凉之物。顧對於紅蘿蔔則每用以烹湯。謂其性清不寒。有解熱去積之功云。

紅蘿蔔塊莖形圓或橢圓。皮紫紅。花十字形。該地祇有一種。無品種之別。

種法　夏曆七月至九月均可播種。惟採種用者。則祇於九月播種為當。蓋九月播則十一二月開花。翌年正月子熟。可收作種也。種法作平畦條播。行間一尺。施以人糞火灰之混合肥。自後晴天每日黎明及薄暮各淋水一次。每隔五六日施以稀釋之人尿一次。苗高三四寸。汰弱留強。至株間相離五寸為度。

收獲　種後七八十日可收。每畝收量二三千斤。

用途及銷路　塊莖作菜食。晒乾或生煮均適。又汰苗時所得嫩苗。作菜食甚美。至收獲時之老苗。則但作飼料耳。銷路本地及惠州。

(2)草菇

經營狀況　本縣與鄰縣新豐均有草菇出產。論其形狀品質。不及新豐之大而且良。惟產量則較少。至經營狀況。則向來如常。無甚起落。每家多者。每次種菇用稈量三四萬斤。少者萬數千斤。

產地及產額　產地概在縣屬之小江一帶。其中以南灣約之青溪洞為最多。次則蔡庄約之廣東塘。鯉魚約之客家水黃沙水亦不少。又洪溪約赤溪約亦有多少。統計全年產額。以晒乾言。殆十萬斤之譜。

氣候及土質　以氣候言。忌冷風及多雨。而白撞雨亦頗忌。大冷大熱均不宜。最好曉潤而時晴時陰之天氣。以土質言。地宜東南面開豁。通氣透日。又宜稍低且肥潤。宜選作之熟地。旱涸及水浸均不宜。又沙地則菇色黃而欠白。肥地則菇大而白。(案據廣州種菇者、則云喜白撞雨、而彼處土人、則又如上所云、兩說未知孰是、姑存之)、

### 種稈及稈

a 種稈　凡選種用陸稻稈爲原料最好。次爲早造水稻稈。當種後見稈中出菇初如榕榔大時。取起其稈若干。放從於牛欄內煖濕處。可以越年。至夏秋間待用。若就地購買。則種稈一斤。約價錢十文。又用稈萬斤來種菇時。要須種稈三百斤。愈多愈好。

b 稈　除選種外。普通種菇。概用早造水稻稈爲原料。晒乾後乃用之。若就地購買。每稈百斤。約價銀二毫。

### 栽培法

種期　舊曆六七月。即早造水稻收成後。

整地　作平畦。闊一尺八寸。高四寸。畦中間鬆而兩旁踏定。則中間可積水生熱。又兩畦間有溝。以便灌水。

種法　放水於畦溝。濕稈踏軟。以手握稈。屈尾成扎。橫排於畦上。每排一層。落種稈若干于上。並排至四層。乃用足踏定。淋水適度。至第五層。直排不折屈稈尾。如此經二星期。乃更用稈鬆鋪于上面。鋪面法如成覆竹形。則較爽水。成平形則較積水。今河源式係成覆竹形者。

淋水　晴天每早八點察霧水乾時。灑水一次。下午四點。又淋一次。要之太涼太熱時。灑水均不宜。

收獲及收量　種二星期後。如見稈旁有如蛛網狀物。則爲有菇之徵。三星期後。始有菇收。收至八月而止。收量每稈萬斤。(占地積約四十方丈)多者可得鮮菇四五百斤。中者二三百斤。

工數及工值　每造用稈三萬斤者。要工人五名管理之。每工日給值一毫。另供膳。

副產物及收獲後之處理。菇收盡後。殘餘之稈。于本年冬用以培蒜甚適。又收獲之生菇。本地銷流無多。大抵將其焙乾。以便轉沽外處。

## 「附」草菇焙法

先取未開之菇。輕輕以刀割開柄部。留傘部少許不割。令相連。以竹枝穿成串。各串排置于疎竹笪上。（笪約四方尺大）凡四笪。排置畢。乃層置于灶隆上。每笪中隔以酒杯。免與他笪相粘連。此四笪置好後。更于最上層面。覆以紙一張。此紙中穿方孔約一尺。至於灶中炭火。須先燒着。令烟去盡。更敷灰其上。以手試其熱度適合。乃可用以焙菇。約焙十二小時則乾。仍查其盡乾而脆。乃拈起。若尚有默軟者時。要再焙乾。

乾後之菇。用木桶或缸貯滿。密封口。以免濕氣之侵入。

凡每灶焙菇四笪。每〃得乾菇十四五兩。共約三斤餘。須用炭三斤。

凡生菇百斤。可焙得乾菇十二斤半。惟奸者每于乾菇一斤。約混入鉄屎和幼泥粉五六兩。另竹枝約占三兩。除升則實得淨乾菇七八兩。其弊如此。此河〃菇之不能與北江菇齊名也。

惟如上裝置。賣與販家。每斤尚值銀七八毫至一元。

（3）蒜

蒜頭以南湖約曾田約及廣東瑞龍墟與縣城附近爲多。合計年產約四五十萬斤。其種期自立冬至小雪。其收獲期爲清明前後。種法與本省各處無異。故不贅。惟商家販賣後。概行晒乾。再攤置于焙床。煉火焙之。然後轉沽于省城。計生蒜頭百斤。可焙得乾者五六十斤。

（4）其他

除上述三者外。其他各蔬經營。並無大宗。惟在縣城頗有可觀之處。茲簡述如下。

土地　合上下廓計之約百畝。惟下廓地勢較低。春夏以水濕多。故種蔬者少。即秋冬亦祇合種易生之蔬。如生菜·

芥菜・蕎・蒜・莙菜・苦荬菜等。至蘿蔔紹菜白菜則不能種植。因地不適風多虫害云。故論地土。當以上廓爲優也

種類 如下表

| 名稱 | 種期(舊曆) | 出市期 | 每斤常價(以銅錢計) |
|---|---|---|---|
| 本地高脚芥菜 | 常年皆可但春夏用直播法秋冬則播後移植 | 常年有 | 一二、文 |
| 潮州矮脚芥菜 | 八九月 | 冬 | 一二、 |
| 高脚白菜 | 春夏直播秋冬播後移植 | 常年 | 一〇、 |
| 匙羹白菜 | 七八月 | 晚秋至冬 | 一〇、 |
| 黃芽白菜 | 八九月 | 十月至翌年正月 | 一五、 |
| 紅蘿蔔 | 七月至九月 | 晚秋冬至春初 | 一二、 |
| 菜圃白蘿蔔 | 五六月 | 六七月 | 一五、 |
| 八月白蘿蔔(一名早春) | 七八月 | 九月至十一月 | 一〇、 |
| 雪白蘿蔔 | 九月至十一月 | 冬春 | 九、 |
| 生菜 | 九十月 | 冬春 | 六、 |
| 金瓜 此物頗多 | 二三月 | 夏 | 六、 |
| 黃瓜 | 二三月 | 四五月 | 八、 |
| 五月豇豆 | 二三月 | 五月 | 一五、 |
| 八月豇豆 | 四五月 | 六月至八月 | 一五、 |

其他客之。

每人耕地　約一畝。

肥料　常用者爲猪糞及人糞尿。

## (乙)果樹園藝

### (1)栗

栗以蔡庄約爲最多。次南湖約上管約及縣城附近。其他東江沿岸各約。亦間有種之。惟論其品質。則以縣城所產者爲最佳。肉質豐滿。味亦甘甜。他地所產者。則肉不豐而較堅。味亦較淡云。總計年產約十餘萬至二十萬斤。

種栗之土地　就縣城論。則爲運積而成之塥地。其他有種于山邊斜地者。而其土質概屬于壤土及砂壤土。據土人謂斜地所產之果。常不如塥地者之肉充而味良。又過濕過肥之地。常不結實云。

種植管理　栗樹概由實生苗蕃殖而成。無品種之分。種法夏曆八九月秧苗。翌年終可高二尺許。三年春二三月時。移植于本圃。每株距離一丈六尺至二丈。無剪枝。無灌溉。即除草施肥。亦祗于幼樹間行之。大樹則無也。栗樹每有植物之寄生。勤者于冬間剪除之。然據余所見。半多放任而不理。聽其寄生者。查栗爲該縣之有名產物。而猶若此。是可知縣民對于果樹管理之粗放矣。

長成力及結果量　普通移植後四年。可高丈一二尺。徑三寸餘。六年高一丈五六尺。徑圍五寸。十年高二丈。徑八寸至一尺。又植後四五年。每株可收果十斤。(以去外蓬淨栗子計下同)八至十年。可收果四十至六十斤。十年後至四十年。結果最多。五十年後漸少。八十年至百年。大抵衰老無用矣。

### (2)柿

柿以蔡庄約之白磜地方爲最多而且佳。次則上管駱湖曾田三約亦不少。約計年產柿餅七八萬斤。

種植管理　品種有火柿合柿之別。火柿由實生苗蕃殖而成。其果形小而圓。味較劣。鮮者要水浸過。方適口。合柿由菓子樹或火柿之實生苗作砧木簽接育成。其果形大而扁圓。味良。菓子樹者，乃一種之野生柿。果如酒杯大。形扁圓。味殊不可口。惟取其仁播下成苗以作砧木耳。種柿每株相距一丈。種後三年結果。其管理與梨同一粗放。宮弗贅述也。

## 附柿餅製法

原料　火柿及合柿之成熟者。

製法　以刀去柿皮(刀同廣州市批沙梨所用者)後。放置竹箕上。晒三日許可半乾時。以手徐徐捻扁之。再晒六七日。乃收入疏眼竹箕。放置之。自漸起霜。遇北風則霜尤好。約製柿餅百斤。須原料三百五十斤。至四百斤。製造期在九十月。品質亦頗著名。而合柿尤佳。但仍不及龍川所產者云。

(3)李

以黃沙李爲最著名。黃沙本地名。在北部之許村約。其產李最多而且良。故以其地名之。年產約十數萬斤。銷流于縣城及迴龍墟藍口墟三處爲多。有紅青二種。紅色種果皮與肉均帶紅。肉質柔軟。青色種肉質較爽脆。而味皆甘甜不酸。少渣滓。固著名之果也。但除黃沙而外。縣屬各處。亦間有種上述之二種李者。但質概劣而味酸云。李之種法。亦與本省各處同。用分根繁殖。(俗名走馬栽)株間一丈。年中中耕除草一二次。肥料施人尿牛糞等。

(4)其他

荔支　縣城附近。邇來漸喜種之。其品種爲黑葉和枝二者。總數約百餘株。其發育似較廣州地方爲後。然亦頗不園。惟距縣城北約三十里之仙塘鄉潘某果園。內種有若干株。其生長則殊弱。查該園在東江左岸多。間常有冷風霜之侵害。殆氣候未適也。要之、該縣氣候較寒。欲圖此果之發達。恐非易事。

龍眼　縣屬各處。輒有種之。而以縣城及週龍墟左近較多。

此外各果甚少。無足紀述。

## （八）畜牧

此業概無大宗經營者。以家禽言。惟雞則人家殆皆飼之。而要不過平均一家十數羽耳。鴨間有牧者。亦不過一人三五十隻。且屬寥寥難遇也。若鵝更殆無養者矣。以家畜言。惟飼猪可算爲普通之副業。羊間有牧者。要不過一看三五十頭。且甚罕遇。蓋縣地各處風俗。遇吉凶事。始有宰羊者。平時殆全不宰之。觀其無嗜羊風俗。可知此難發達之一因矣。至牛則但養一頭至數頭以充役用。更不成爲營業矣。故茲節述養猪事業如下。

經營狀況　全縣各酒米店養猪。少者四頭。多者三二十頭。通常以養七八頭者爲多。至人家大抵每戶養一二頭。船塘上管曾田駱湖等處。以產米及甘藷較多。每家養一二頭至四五頭不等。

種類　該縣人不喜養猪母。其猪種槪自外來。屬于東江方面之第一二三四九各區。多養紫金縣種。屬于小江方面第五六七八各區。多養連平縣種。紫金種耳細。頭背脊各部毛色灰黑。腹部及足部毛色白。連平種耳大。全身各毛色多黑。

選種　以頭平、嘴短大，眼不深凹，腰直、肚飽豐滿。後脚高發、各足健直而不濕軟者爲上。否則劣。

飼養法

甲、人家之飼料　初時購買十斤許之子猪。名曰猪花。其價每斤銀三毫之譜。俱行放牧。養至五六十斤時。則行出詰。名曰猪頭。其飼料用番薯莖米碎米糠爲常。日飼二次。以火煮愈久飼料愈融爛爲良云。

乙、商店之飼養　購猪頭入圈。一圈約十頭八頭。圈面積約五十方尺。底用石板。四周用竹圍之。飼料每頭自五十斤。養至百五十斤。每日約用米糠薯酒糟各二斤以至三斤。均混合久煮爲良。養至百五十斤。多行出詰屠宰。猪在一百斤以下時。易大者每月約增重十四五斤。百斤以上者。每月約增重二十斤。

飼料價格　米糠每斗價當米一升。(該處米斗當廣州市常用者之二倍)約銀七仙。酒糟每担約重六十斤。價銀一毫。乾薯莖每百斤一元二毫。又粗柴頭百斤銀二毫。計猪一頭。自五十養至百五十斤。平均每月須飼料費一元二毫。柴火費二毫。

計利　每頭除飼料柴火費外。每月約可得利銀一元五毫至二元左右。

## (九)森林

縣屬多土山。本適于造林之用。惟查其現況。則立木者不過占全面積約十分之五六。荒廢者殆占全面積之四五。荒山以東江沿岸附近爲多自仙塘古竹而下。直至觀音閣。百二三十里間。濯濯者固數數覯也。即自其立木之山而觀。亦惟以種松爲普通。次則杉樹油茶三者。然非各區而皆有。其他間生雜樹。乃屬天然。非由人植。要之、近來以種種原因。已立木之山。且漸呈衰厲之象。茲分別畧述如次。

### (1)山松

山松種法。疎密不一。毫無層次。則與本省各地大都相同。無事贅述。惟攷其用途。則以作薪及採松香爲大宗焉。

#### 甲、作薪

伐木年齡　普通十五年左右。惟先採取松香而後斫伐者。則有數十年不等矣。

造材法及工價　伐後截斷破開。以竹篾　成柴把。其把大小長短不一。工價亦因而異。今表如下。

| 柴把名 | 圍度（尺） | 柴之長度（尺） | 一把重量約數（以乾燥計）（斤） | 工價（以銅錢計）（文） |
|---|---|---|---|---|
| 尺五把 | 一、五 | 〇、九 | 五、〇 | 八、 |
| 尺六把 | 一、六 | 一、一 | 八、五 | 一〇、 |
| 尺七把 | 一、七 | 一、一五 | 一〇、〇 | 一二、 |
| 尺八把 | 一、八 | 一、二 | 一二、〇 | 一五、 |
| 二尺把 | 二、〇 | 一、三 | 一五、〇 | 一八、 |

運費　陸運用肩挑或人力車。每十里工值。大抵尺五把錢五文。尺六把八文。尺七把九文。尺八把十二文。二尺把十五文。水運由山坑放流。每十里約百斤。工銀四十文。又自小江翅龍墟船載至河源城。約水程四十里。每百斤給費十五文。自河源城僱船由東江載至廣州市。每萬斤旱時費二十五元。水足時二十元。約七日至十五日到埗。又自黃田墟僱船由東江運至廣州市。每萬斤運費三十元。總之、運費由水道遠近而異。上不過舉其一班耳。東江柴船可載重十萬斤。

乙、採松香

松香爲河源之大宗產品。山民採此以爲業者。每人一年約可得百數十元至百元以上之收入。實爲一有利事業也。抑本省各地。松樹甚多。與其伐之以作薪。曷若先採其香而伐之作薪。實得兩重之獲益。是此業當有可研究之處。爰特述如下焉。

產地　據藍口商人云。四五十年來已有營此業者。其產地以第三區之能溪藍溪康禾三約爲多。近則黃田禾溪義合管

田遞迷等約●亦有產出●即小江一帶各約●亦漸有採取者●

產額　計藍能康三約從前年產約百五十萬斤●近則有二三百萬斤●黃田五六十萬斤●禾溪下屯十餘萬斤●合之其餘各處。大抵年產約共四百萬斤云。

採製

品種　分油松糠松二種。油松皮較糠松爲粗厚。其杪亦較淡香帶黃。所出香亦較多。但質不若糠松之佳云。

適用之樹　無論油糠二種。均可採香。但樹徑須大七寸以上者。又樹之向南背北者。產于陽地者。其香較多。

器具　一・割刀。鉄製成片。形狀如弓狀。兩端有柄。即與木匠去杉皮所用者同。供去松樹老皮用。　二・柴刀。則尋常斬柴用者。遇松樹有節割刀不便俐割時。以此代之。　三・松油鈎。鉄製。形狀口濶。約三四分。中有溝。供鈎木令出油用。　四・油刮。鉄製成片。形狀。刮取松油用。　五・油鋤。鉄製小鋤。取松油用。　六・竹桶。亦取油用。　七・竹籮。裝松香用。

割刀

柴刀

油刮

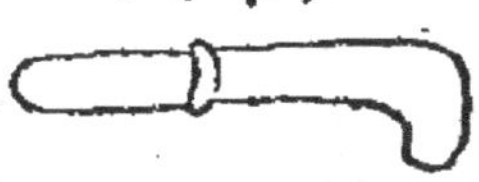

油鋤

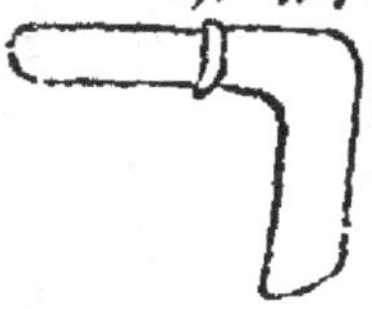

松油鈎

方法　向松樹離地六七寸處。用割刀縱剝老皮。約長一尺五寸。濶當全樹之五分至三分二。次以松油鈎自最下部起。日鈎一次。每次成橫鈎痕。約入木深濶各一分。愈鈎愈上。約百五十日。可將原剝之一尺五寸全部鈎盡。而一年之作工畢。明年再照此行之。大抵每樹可鈎三年。最多者亦四年。蓋因漸剝漸高。至太高時。則鈎剝不便也。

採製季次　一年中有分二季者。有分三季者。分二季者。自清明至六月爲一季。七月至立冬爲一季。分三季者。清明至端午爲一季。所得之香爲頭季片。端午後至七月爲二季。所得之香爲二季片。八月至立冬爲三季。所得之香爲尾季片。

松樹立冬後即收油。不能採取。

採得後于屋內陰行攤乾。乃出沽。

一人一日可鈎得樹數　一人除雨天外。每日黎明入山鈎至日暮。大樹平均可鈎五百株。小樹七八百株。

一樹可採得松香量　因樹之品種大小而異。大抵徑一尺之松。年可採得香四片。

一人一年可採得松香量　勤者約三千斤。

松樹租價　如自家無松山而向人租松採香者。每樹每年納租錢約十文。採三年後。其樹交回山主。

已採過香之松。大抵隨行斫伐。然不伐亦未至死。但較難大耳。又採過香之松。其柴沽價甚昂。是名油柴。

松香色不論黃白。以乾潔爲上貨。

豎能康三約人家營此業者。殆過半數云。

銷場　嶺口墟有販商十餘家。多係湖州大埔人。收買後轉沽于石龍煮製過。名曰熟庄。輸出英日各國。又有轉沽于廣州市。不用煮製而即包裝。名曰生庄。銷流於天津地方。

價值　就灆口墟計。貨分三等。上者每百斤銀五元。中四元五毫。下三元五毫。

包裝　用竹箩重以竹葉。內裝松香。每箩連皮六十三斤。淨重六十斤。

按上年曾有三非洋行日人某。親到灆口墟調查松香業。并擬加重工金。向該處僱工人百名。往台灣採取松香。後商人開會反對。設法嚴禁。無論何人。不准應僱而往。其事遂寢云。

（2）杉

以東江方面之黃田約曾田約。小江方面之黃峒約。出產較多。黃田杉必長二丈四尺、尾徑五寸以上者、方行輸出。約每年二千餘株云。其不及此者。祇充本地用。曾田杉多產于楷坑。則缺牙山脚。其杉頗多係大。然出水甚難。故往往斬伐鋸開。截成六七尺長一片。然後由陸運出東江。供作棺用。又聞種杉者云。植杉要每株相距二丈。方快長大。且杉苗概宜從新插植。若伐後再抽之芽。實不能生成大杉云。

（3）油茶

油茶、其果供搾油用。其木材供薪用。產地以第三區之藍溪熊溪產禾三約爲多。蓋該處甚少花生。居民概以茶油爲日常食品云。次如柳城、沙村、曾田。上管。蓩庄、黃峒、黃田、等約亦頗多。其他各處亦有多少。惟近來茶樹每漸荒廢。其原因一由於盜賊縱橫。山僻居民。不能立足。迫得避而他適。因之任其荒廢。或燒于野火者有之。二由于二三十年前。有廣州人時往該縣收買徑寸餘長五尺許之勁直茶幹。聞係轉賣與農人作打禾棍用。以後來購者愈多。且加昂價值。油是貪利小人。常行盜伐售賣。雖迭出花紅嚴禁。亦不能止。此誠茶樹減少之大原因云。至其種植及搾油法。別詳紫金縣調查報告中。

（4）其他

柯木、及其他雜木之薪柴。蓋亦不少。據某柴商謂縣屬年中輸出之柴。殆有三分之二係松木。三分之一係雜木云。

千年桐、概野生于山麓。鮮有用人工種植以為業者。產量雖不多。但一般榨花生油店於事將竣時。大抵縱收桐子開榨一二回。俾油榨免虫蛀之害云。

椿歡樹、黃田墟口等處。頗喜種之。性適生於河邊淤積土。成長迅速。亞于森樹。約植後十年可伐。其葉尖長。排列齊整。有辛味似蒜。外省人喜作蔬食之。幹長直。少橫枝。高者可四丈。徑尺二三寸。木質色赤褐。硬度中等而韌。以之造傢板椅桌門楣等甚適云。

竹、東江沿岸。種者頗多。又禾溪上約有地名羊洞者。縱橫約千餘里。其中野生竹樹甚多。如苦竹、金竹、茅竹、等。當春夏間。竹筍發生。每天約有二三百人往採云。前十年曾有人創設造紙廠。藉此洞之竹為原料。製出之紙頗佳。奈主事者、素非諳悉此道。諸事其委諸工人。被其愚弄。以致失敗。為可惜矣。

（十）輸出品

輸出品類。向無統計。詢人人殊。究未由據以為實。則有闕疑而已。惟可知者。以柴炭穀米為最多。次松香。次糖、次猪、雞、糖餅、粟、乾草菇、蒜頭等。（蒜頭輸出亦甚大宗、年可六七百萬斤、惟大多數係向連平縣忠信墟販買、運至河源後纔行輸出者。）

（十一）特產

此門大致詳述于前。如松香糖餅粟乾草菇紅瓜子等是矣。外此為康禾約之康禾茶。曾田約之老龍坑茶。亦頗為著名之產。惟產額不過數千斤。故銷流本地耳。

## (十二)農林前途之希望

一、提倡造林　縣屬山嶺既多。果能振興林業。其收利殆當甚大。振興之法。一宜于已有之林木而改良之。如山松與柯木。其原種者距離無定。或過于疎。或過于密。不惟虛耗地積。且令成長莫齊。大小不一。故欲經濟地積。且實成多數勻稱之大樹。自後要于種時有一定之距離也。又用山松以造林。其利益原屬微薄。日人某且有山松亡國之說。然普通種之者。不過取其易生耳。顧不論山之肥瘠。概種此樹。寔非經濟。是宜于瘠地始種山松。其他較肥潤者。則改種比山松雖較難生而寔更有利益之樹也。又如油茶。近日亦多任其荒廢。亦宜提倡整理。以圖恢復。二宜于其未有者而增種之。如黎蒴、台灣相思、緬甸合歡、鴨脚木、香樟、千年桐、森樹等。似皆有增種之價值。黎蒴台灣相思。大宗為薪炭之用。而種後四五年。即可斬伐。且斬後隨復萌芽。不須再種。自後每間四五年又可斬伐一次。抑生長容易。收量常多。以視山松之五十年左右乃可伐。伐後又須再種者。其為利寔不可同日而語。緬甸合歡、鴨脚木、亦林木中之成長容易者。香樟一物。臺灣政府力行提倡種植。近已大獲其利。顧種此樹之目的。在于煉腦。而含腦之有無與多少。則不第關乎品種。且土質尤要審擇。查縣屬各地。均有多少之野生香樟。向來土人。採其葉以蒸製得腦。亦屬不少。是可知其土質適于種香樟而有提倡之價值也。千年桐亦然。該處向來已有多少之野生。而桐油者、用途大、銷路廣。倘能推廣種植。改良製法。則正如俗語所云。家有一千桐。子孫不受窮矣。森軟樹已述如前。總之、與森樹均係成長速而木材美者。二者最宜生于河邊之冲積土。該縣不乏此等土壤。則平地造林。似此二者為適矣。三對于林木宜設法保護之。野火之焚燒。人畜之摧殘。乃造林者長嘗之痛苦。每有因此之故。遂至相引為戒。任令山林之荒廢者。苟非設法以保護。雖欲提倡而末由矣。若夫寔行林政。興辦林學。組織林會等。皆屬要務。而千條萬緒。未便縷述也。

二、改良蔗糖與花生業　日本自得台灣後。極力改良糖業。遂有一日千里之勢。本省之氣候與土質。原非遜于台灣。而彼則糖業日趨發達。此則日就衰落。寔以固守舊法。寔無改良之故。是殆各處皆然。不特河源一邑也，而就河源論之。品種俱用竹蔗。比較台灣現用之寔生種致現竹種等。收量已爲遠遜。種法皆是種蔗二年。接種花生一年。歷來如此輪作。無甚更改。比較台灣每三年輪作一次。休閑之年。則種綠肥。以增肥土質者亦異。且種植多用沿江壩地。水災既莫提防。遇旱亦無灌溉。抑製糖全用舊式之石搾。比之台灣之用新機壓搾工省而獲糖多者。尤不可同日而語。是則其衰落之大概原因。亟宜改良者矣。花生一物。每種蔗二年。即接種一次。輪作未免過頻。因而收量日少。及種種病害。皆由此而起。是宜改長其輪種年期爲要。至于花生曾經受病之地。尤宜改種他物多年。切勿如常法之越二年復種花生。又發過病之花生。勿復用以作種。以防傳染。

三、種植綠肥　縣屬田地。半在山谷之間。土質多屬定積。故表土淺薄。有機質缺乏。是宜種植肥田子、豌豆、蠶豆、等爲綠肥。以改良之。且山谷間田。常有坑水以資灌溉。于冬間時種植綠肥。固甚便也。

四、提倡蠶桑　自古雲仙塘而下至觀音閣。沿東江兩岸。瑞地不少。適于栽桑。雖縣境現有養蠶者數家。曾無起色。然推原其故。寔由家數太少。致蹈桑少棄蠶、蠶少棄桑之病。若設法推廣。增多家數。則此業未始無發達之望也。

以上不過言其大畧耳。願農林非業。原甚複雜。論採訪固難免傳聞之失寔。言改良類非先行試驗不爲功。豈數十日之調查。一紙之議論。便可作爲定案耶。余之所謂希望者。不過聊貢愚慮。以冀一得耳。

（出自《广东农业概况调查报告书》，一九二五年）

# 河源縣調查報告書　羅思溫

本隊於七月一日由龍川轉赴河源縣調查，計先從一區着手，次乘電輪至十區藍口墟入九區黃村墟，折返藍口，順流而下，後先至十一區黃田墟，十二區義合墟，五區觀音閣墟，後遄返縣城，旋即出發二區廻龍墟，三區古嶺墟，四區平陵墟，經博羅屬桔仔墟楊村墟，搭河博路長途汽車返縣城，再赴六區南湖墟，七區登塔墟，八區船塘墟，中間曾一度回省總計歷時兩月，走遍十二區，各種調查方告完竣。謹將該縣概況分述如后：

（一）位置　河源位東江上游，適當惠屬中央，諸邑環抱其外，由縣治向北行一百八十里至松樹牌鯽魚口交和平縣界，東北一百三十里，至虎頭崗交龍川縣界，一百八十里至藍溪山長埔交五華縣界，南十里至江口交紫金縣界，西南五十里至舖前墟交博羅縣界，西九十里至平陵山交龍門縣界，西北六十里至錫塲交新豐縣界，一百八十里至古塘埔交連平縣界，此四境週圍接壤之大概也。

（二）面積　全縣面積，約一萬三千一百六十九方里。南北距一百二十里，東西寬三百里，惟境內多山，蜿蜒起伏，耕地面積，據田畝調查統計三十六萬畝。

（三）人口縣志載明萬曆二十八年二千七百四十七戶，七千零六十五口。清順治十四年男子二千八百四十四丁，婦女二千六百八十一口。共五千六百二十五丁口。民國十八年調查四九，六四〇戶，男一四九·三七四·，女一二〇，八七六·，共二七〇，二五〇丁口。現日人口調查，仍在辦理中，完成期尚有待。今將民國十八年調查詳列以備參攷：

| | | |
|---|---|---|
| 第一區 | 五，四一五戶 | 二三，六一五丁口， |
| 第二區 | 五，〇三二戶 | 二五，三〇二丁口， |
| 第三區 | 一，三四六戶 | 七，八三八丁口， |
| 第四區 | 一，七三二戶 | 九，〇〇九丁口， |
| 第五區 | 二，八六一戶 | 一七，七八二丁口， |
| 第六區 | 一，八九七戶 | 一二，一三三丁口， |
| 第七區 | 六，〇〇一戶 | 三〇，七二〇丁口， |
| 第八區 | 九，三五九戶 | 四二，三三五丁口， |

| | | |
|---|---|---|
| 第九區 | 六，二九七戶 | 四〇，四三〇丁口， |
| 第十區 | 五，二三三戶 | 三五，一三三丁口， |
| 第十一區 | 六八五戶 | 五，五五四丁口， |
| 第十二區 | 三，五一二戶 | 二〇，三九九丁口 |

（四）自治區劃　縣屬劃爲十二區五鎮八十一鄉一千六百三十一里

第一區公所在附城轄十三鄉一鎮，第二區公所在迴龍轄二鄉一鎮，第三區公所在古嶺轄六鄉，第四區公所在平陵轄五鄉一鎮，第五區公所在觀音閣轄三鄉一鎮，第六區公所在南湖轄二鄉，第七區公所在登塔轄六鄉，第八區公所在船塘轄四鄉，第九區公所在黃村轄十六鄉，第十區公所在籃口轄八鄉一鎮，第十一區公所在黃田轄六鄉，第十二區公所在義合轄十鄉

（五）交通　1.水道　該縣有幹流二（一）龍江自江西一流至皮潭墟來會龍川和平及河源本境諸山之水，至下城東門外，與新豐江合流，名曰槎江，下會紫金博羅惠陽之水而達珠江，春夏水漲，常有電輪十餘艘行駛，上達龍川，下至惠陽，均稱便捷，（一）新豐江連平有九連山水，新豐縣有七十二灘水，自西北至縣境廻龍鎮，又有本境之洪溪赤溪南湖諸水自西南轉繞縣城名新豐江，惟溪流喘急多灘，舟行不易，行旅多遵陸，祇供民船儎運貨物○　2.陸道　a.省道河博路由縣城至博羅達惠陽廣州，河川路由縣城至龍川達五華興寧○河紫路由縣城至紫金○現日通車者有河博路全段○河川路縣城至南湖一段四十里○ b.縣道河龍路通龍門，河新路通新豐，河連路通連平○　c.鄉道船駱路通縣屬駱湖墟，船隆路通龍川屬老隆鎮，船忠路通連平忠信墟，均以船塘墟爲樞紐○　縣屬公路密布，四境通達、祇以年來農村凋敝，縣道鄉道無力完成，風雨剝蝕，日就崩陷，殊可婉惜○　3.電話　總局設在縣城，有五十號總機一座，分局設在籃口船塘，有十號總機一座，電話綫路：河川綫通龍川老隆，河紫綫通紫金．河龍綫通龍門．河連綫通連平，又河源經觀音閣可通博羅屬埔前石埧，此鄰縣通話之概況也○縣屬各機關學校及大商號均置有電話機，各區區公所全可通跽，與縣城聯絡，各鄉公所間亦有裝置者○ 4.郵政　縣城設二等郵局一所，各市鎮均設有郵政代辦所○　5.縣城設電報局一所，兼理長途電話○

（六）主要物產　本縣向爲餘米之區，以一邑所產，食一邑之人，歲且大登，可供三年之食，荒年歉歲，亦無虞饑饉○全縣田地共三十六萬畝，分水田旱田兩種，計全年產穀約一百肆十萬担，除供給本地糧食外，尚有盈餘運銷廣州或梅屬○本縣地帶可分爲大

江區小江區，大江即東江流經地○小江即新豐江流經地○兩區除以米穀番薯爲主要出產外，小江區地勢高亢，山峯嶺地缺乏水利，故多種花生豆，大江區沿河一帶，多埔填盛產蔗糖，又以輸運便利，山林之利多注意及之，松柴松香杉木出產甚富，統計全縣油坊一百六十三座，散設各鄉，年產油六千六百担，糖寮一百六十六座年產糖二萬七千五百担，松香廠六間，每間有工人十數人，焗爐兩座，熬煑熟香並蒸溜松節油，工作時間，視原料多寡爲衡，有週年不息者，有祇夏秋間工作者，每遇夏秋間原料充足時，則日夜趕工：每二小時可熬熟松香一鍋，約三百斤，並蒸溜松節油十二斤，度計每年松香三萬八千担，松節油一仟伍佰担，悉數運銷東莞石龍，草菇四萬斤，運銷廣州潮梅，松柴二十餘萬担，運銷廣州，惟以斬伐過甚，不事種植，來源日就竭蹶○

（七）商業及金融　河源縣城適當大小二江會合之處，境內交易，均以此爲薈萃之所○鄰縣連平和平龍門新豐亦多來此赴市，商賈雲集，百貨輻輳，商務發達，誠爲東江沿岸商業重鎮○縣城有二，兩相峙立，其在東近江者地勢卑，曰下城，其在西者地形高，曰上城，而商業中心乃在城外之大平路化龍路沙邊街○總計商號三數百家，同業公會共十三行，會員一百五十，營業情形，以布疋什貨海味什貨鹽糖行平碼行爲盛○縣屬各墟塲計有藍口觀音閣平陵廻龍船塘黃村黃田義合柳城古嶺南湖登塔○以藍口墟爲最盛○有商店二百餘間○各大商號兼營收賬生意，頗有可觀，觀音閣平陵廻龍次之，商店各百餘間○船塘黃村黃田柳城義合古嶺南湖登塔更次之，商店或五六十間，或十數間○以姓氏成見頗深，此疆彼界，劃然有分墟距不一二里者有之，或十里之內墟塲三五分崩離析商務落寞有之○本縣流通金融，以雙毫銅仙爲多○附城藍口觀音閣省銀毫券可以通用，大洋間亦能行使，惟無找換商店，大洋價值，非特各地不同，即同一市塲之各商店，亦有差異，制錢每百文值一毫，間亦見其行使○

（八）敎育　本縣敎育素欠發達，計學校敎育有縣立初級中學一間，內附簡易師範一班，完全小學一所○私立初級中學一間，初級職業學校一間，計現受中等敎育者一百四十四人，完全小學二十五間，高級小學六間，初級小學一百六十八間，民衆學校二十九間，因絀於經費，設備簡陋，社會敎育有民衆圖書館二座，藏書無多，且乏人管理，民衆敎育館附設中山公園內，正鳩工興築，來日落成，本縣敎育事業多增一新設施矣○

（出自《统计月刊》第二卷第四期，一九三六年）

# 河源縣農業概況調查

1.自然環境：本縣東界五華，西接龍門，北連和平，西北與連平新豐爲界，南與紫金博羅爲界，地勢南北高，東南低，全縣面積一三、三五六平方市里，耕地面積約三十五萬市畝，土質多爲砂質壤土，適宜耕種，氣候春秋溫和，多寒夏熱。

2.人口：全縣人口合計一七九、零五四人，農佔百分之八一、四工，佔百分之六、八，商佔百分之六、五，教育佔百分之二、四，華僑佔百分之三〇，其他佔百分之二點六，又富農佔農民戶口百分之十，自耕農佔百分之三〇，佃農佔百分之三十，大地主佔百分之三〇（半自耕百分一八自耕百分之一二傭農百分之十）。

3.交通概況：（一）河流——東江（甲）由河源至惠州途程 144公里經過石公神古竹觀音閣派尾横瀝夏季水深 2公尺冬季 0.9公尺有民船電船行走夏季行船一天冬季行船四天可達惠州（乙）由河源至龍川途程 131公里經過仙塘義合黃田等口椰城夏季水深 2公尺冬季 0.3公尺有民船電船來往夏季二天冬季五天可達龍川小江由河源至錫場長54公里經過廻龍有民船行走（二）公路——（甲）韶興綫經本縣順天登塔曾田柳城直達興寧屬占54公里現有汽車行走（乙）燈河博公路由經屬燈塔起經橋頭南湖河源城埔前石壩楊村至博羅止共長 115.2公里現尚未通車（三）陸路——（甲）河龍綫由河源至龍門全程72公里李縣佔54公里經廻龍古嶺平陵（乙）河惠綫由河源至惠州全程 126公里縣佔60公里經過古竹觀音閣（丙）河紫綫河源至紫金全程70公里縣屬占24公里經過柏埔黃塘（丁）河忠綫河源至忠信全程96公里縣屬占69公里經過南湖橋頭東埔順天（戊）河隆綫由河源至老隆全程108 公里縣屬占84公里經過仙塘等口壩柳城。

4.農業推廣所辦理概況：該所由三十四年七月起裁併建科兼管至三十五年十一月起依照奉頒編製酌量恢復原有組織因應地方財力暫設主任一員指導員助理指導員各一員僱員二員，公役二人每月薪餉五一〇元辦公費6.000元合共經費六、五一〇元依照農林工作大綱之規定辦理繁植良種及引種各項農作物幷指導農家改進生產事業等工作。

5.農林場或苗圃辦理概況：農場面積六十八市畝本年以三十六市畝建設中正林栽植油桐林木其餘面積均經引種各項優良蔬菜蕃殖油桐林木栽殖什粮作物場內職員均由農所職員兼任，稻種蕃繁殖場面積一一、三一市畝委託特約農家辦理人員由農所職員兼任本年度因外來良種採購困難祇繁殖本地良種早造撈城白以作普遍推廣。

6. 主要農林畜產種類及產量估計：農產以稻谷爲主三十五年約產七十餘萬市担甘薯一十餘萬市担大少麥七萬餘市担林產以松杉竹三項產量未經確實調查暫難估計畜產以牛猪羊鷄鴨五項產量尙未調查。

7. 農貸辦理概況：本年農貸欵額數字尙未奉配對於貸實方面本縣農貸處經奉派有化學肥料硫酸銨五十六噸經由農貸處農廣所合作室派員分赴槎城、東埔、高埔、古雲、禾溪下禾溪上久社黃田南湖等藍沙村柳城等鄉鎮指導合作社農會申請貸放。

8. 造林概況：舉行卅六年度造林運動有農林場三十六市畝植桐二，一六〇株爲建設中正林場其餘各鄉造林有欠社黃田康禾等溪藍溪柳城曾田上莞船塘橋頭登塔黃洞赤溪禾溪下友助等廿九鄉鎮種植面積共二七一市畝均植竹杉松等約一八、〇三五株由各鄉鎮自行撫育管理

9. 耕牛保育概況：禁止屠宰耕牛指導農家保育仔畜及對疾病隔離消毒等方法而隨時注意保育之。

10 本年早造各種作物栽培面積：早稻二三四、五〇〇市畝木薯四、二〇〇芋頭一一、二〇〇玉米三、八五〇大豆八、七五甘薯一〇、五〇〇甘蔗七、三五〇落花生三八、五〇〇其他三一、一五〇合共三五〇、〇〇〇市畝

11 本縣卅五年度冬耕作物產量統計：

| 作物種類 | 栽種面積（市畝） | 佔冬耕總面積% | 總產量（市担） | 每市担價格（元） | 備攷 |
|---|---|---|---|---|---|
| 大麥 | 40.250 | 11.5 | 80.500 | 57.000 | |
| 小麥 | 26.250 | 7.5 | 33.375 | 65.000 | |
| 碗豆 | 8.925 | 2.55 | 17.8[illegible]0 | 35.000 | 生英 |
| 蠶豆 | 5.950 | 1.7 | 12.495 | 28.000 | 生英 |
| 麥豆 | 14.875 | 4.25 | 33.7[illegible]0 | 35.000 | 生英 |
| 蘿蔔 | 14.000 | 4 | 126.000 | 15.000 | |
| 油菜 | 350 | 0.1 | 4.200 | 28.000 | 生英 |
| 合計 | 011.005 | | 316.120 | | |

12 對農林施政之檢討及改進意見：

一、本縣地廣人稀農民人口佔全縣人口百分之八十一計爲十四萬五千人除去老弱孩童之外約爲八萬七千餘人以本縣耕地面積比例分配每一人應耕面積四畝以上倘遇疾病故障則原有耕地勢必拋荒形成人少地多景象推行墾荒植林等工作頗感困難

二、本縣貧農特多除一部得到貸欵救濟外多數爲大地主高利貸所壓廹農村經濟窘廹異常本縣農貸向由農行直接貸放但貸額有限手續繁難未能普遍眞正貧農每不能得到農貸實惠影响農業增產不少此後應加增貸額改善手續方能配合工作進展

（出自《广东农讯》第七期，一九四八年）

# 和平縣農業調查報告

民國十七年

林純煦
何慶功調查

## （一）位置

和平縣在東江上游，東鄰五華平遠，西界連平，南界龍川河源、北接江西定南，縣治位於北緯二十四度三十分二十秒，經度距京師中線偏西一度三十五分。分全縣爲五區，除第四區屬忠信大湖煙墩繡堀青州等地，及第五區屬堀頭九連山曲潭汗湖等地，尙未成立警區外，其餘第一二三區均已設有區署。玆將其所在地方，及統轄鄉名，舉列於下：

第一區署在縣城南門外，轄大利墈岑岡湯湖桃樹窖上下熱水均坑桃均池排永豐排水口排等鄉。

第二區署在城之東北下車壇，轄下車蜜石九盛田心河嶺石含上排楊梅楓園木龍中吉嶺南竹仔樟坑西鄉長塘黃沙赤石羅塘維新秀河中村振興蔚起油竹墈陳戶黃戶曹戶宋戶潭邦東山龍頸水口下陵柯樹等鄉。

第三區署在城之東南東水街，轄東水彭寨林寨古寨貝墩烏埞坑梔杆凹禮士下水西公白神等鄉。

## （二）地勢

和平地勢西北高，而東南低、全縣面積約三百零七萬九千三百五十八畝、境內山脈，盤旋交錯，總計山嶺面積約佔全縣百分之九十二三，而河流平地，不過百分之七八而已。

## （三）氣候

和平氣候通常於十一月至正月之氣温最低，極冷時約在華氏三十四度左右，六七月間之氣温最高，極熱時約在華氏九十四度左右。年中冷天約四個月，熱天約三個月。下霜時期，常於九月間起至翌年正月止。年中雨量於春季夏季爲多，秋深後至冬季最少。

## （四）農村教育狀況

和平敎育於民國八九年間，浙江分水何松玻署理該縣知事時，曾極力提倡，令將各地神社寺產，盡行撥出辦學，計全縣成立小學三百餘所，實爲最盛時期。及何松玻去後，一般鄉紳又將撥出之學欵收回，於是學校停辦十之六七，至今敎育經費，仍極短絀。茲將各區現有學校人數條列于次：

第一區有初中一所，計九十九人；高級小學四所，一百八十人；初級小學六十二所，計一千二百二十三人；平民義學五所，約一百八十人，平均該區失學兒童約佔百分之三十四云。

第二區有高級小學二所，計八十人；初級小學二十三所，計五百三十九人；平民義學三所，計一百二十四人，平均該區失學兒童約佔百分之三十五云。

第三區有高級小學四所，計一百六十九人；初級小學五十四所，計七百三十五人；平民義學五所，約二百人，平均該區失學兒童約佔百分之三十四云。

第四區有高級小學一所，計四十九人；初級小學五所，計一百一十二人，平均該區失學兒童約佔百分之四十四云

第五區有高級小學二所，計三十四人；初級小學四所，約一百人；平民義學二所，計七十四人，平均該區失學兒童約佔百分之四十云。

## （五）農民經濟狀況

（1）農戶　農民中田主約佔百分之六，多係大地主，每年收租數千石者，田主兼佃戶約佔百分之三十，純佃戶約佔百分之六十四。

（2）田地價　每畝水田上等約值一百二十元，中等約值八十元，下等約值六十元；每畝旱地上等約值二十元，中等約值十四元，下等約值十元。

（3）田地租　水田每畝最上等者年租約六石，中等約四石，下等約三石；旱地每畝年租約四元，中等約三元，下等約二元。

（4）人工價　長工每年約二十元，短工忙時男女工每天一角五分；閒時每天男女工一毫，均須供膳三餐。

（5）肥料價　石灰每百斤約一元二毫，人糞每担約二毫，人尿每担一毫，花生麵每百斤約七元，煙菜麵每百斤約元至二元餘。

（6）農具價　犂每張全副約四元，耙每張約八元，鋤每張約一元，鐮每張約三毫。

（7）農產價　水牛每頭約五十元，黃牛每頭約四十元，猪每百斤約三十元，羊每斤三毫，馬每匹約四十餘元，鷄每斤約四毫，鴨鵝每斤約二毫，魚類每斤約一毫六分，甘薯乾每百斤約五六元，葛每百斤約二元，芋每百斤約二元，花生每斤約一毫半，穀每石（往年三數元）約八元，豆每石約十四元，麥每石約十元，油每斤約四毫，蔗每根約四分，白糖每斤約三毫餘，黃糖每斤約二毫半。

蔬菜類—　蘿蔔每毫約十斤，葱蒜每毫約三四斤，芥菜每毫約六七斤，荷蘭豆每毫約二斤餘，蕹菜每毫約三斤，金瓜每毫約三四斤。

果類—紅橘每斤約二毫，桃每斤約一毫，李每斤約六分。

特產—麻每斤約二毫，茶葉每斤約五毫，棉每斤約八毫，柴每百斤約二毫二分，草每百斤約一毫。

（8）借貸情形　當地農民中常須借貸錢款及糧食者，約有百分之二十，普通利率月息二分，低者二分，高者至五分。借貸者多屬農民及少數小商人，放債者則爲富商地主。一般農民之借貸十之八九皆因粮食不敷，故每於三四五月間青黃不接之時，借貸者最多。凡借貸苟無不動產業抵押，則非以高利限期償還不可，但小農通常借欵，每次不過一二十元，還債時期，大概以五六個月爲常。借債時普通須需殷富担保，或有親屬在場作証，惟至期多能如數償還，少有欠欵糾纏而涉訟者。該縣原有當舖頗多，俱係月息三分，三年當絕，各舖資本均約二三萬元，惟年來因時局影响，率止行當云。

## （六）交通

和平境內，山嶺崎嶇，盤旋曲繞，行客往來，極感困難。茲將其水陸交通道路數列于下：

（1）自東門陸路經水車頭踰岑岡營三浙水抵江西龍南縣之揚波隘，離縣八十五里。

（2）自西北陸路經浰頭至龍南縣之南埠界，離縣一百二十里。

（3）自東門陸路經陽坊挑樹窖平虎鎮抵江西定南縣界，離城一百二十里。

（4）自南門水路經合水渡踰林鎮東抵龍川縣界，離城一百三十里。

（5）自西北陸路經週田坑五花嶂跡浰頭連平界石龍下船抵河源縣界，離城三百里。

（6）自東南陸路經鷹吊嶺踰彭鎮馬塘東水抵龍川縣界，離城一百二十里。

（7）自南門陸路經合水渡踰永豐驢子嶺抵連平之忠信司界，離城七十里。

（8）自南門陸路經合水渡踰驢子嶺大湖約歷河源至惠州四百二十里，自和平至廣州八百里

（9）自南門水路至惠州八百里。

（10）自江西龍南縣水陸路經贛州至南京四千二百九十五里，至北平七千七百三十里。

## （七）水利

該縣沿河附近之平坦農地，俱可築陂灌漑，山谷山麓之農地，則多利用山澗溪流之水，故該縣除高原地外，大都水利無缺。

## （八）耕地狀況

該縣農地多屬傾斜，次爲平原，又次爲山谷，再次爲岡陵起伏及山嶺。一般土色，多屬黄灰，其土質皆頗輕鬆，因該縣農地於冬耕之後，每畝必撒舖青草數担，此其土質所以輕鬆也。土壤砂性中等，壤土最多，黏土較少，俱爲定積之土。其平原及傾斜地山谷地多栽植水稻，餘則植雜糧蔬菜之屬。

## （九）作物

（1）水稻　該縣可耕田地約可二十餘萬畝，但查其栽植水稻之田，則恐不及二十萬畝，故年產穀額，及甘諸粟菽等雜糧，以供該縣號稱二十三萬人口之糧食，實不敷二三個月之多大。茲將該縣水稻品種以及栽培情狀紀述于次：

早稻　品種有嘉慶早橡樹早早赤早禾白紅梗早坭赤江西早擂椎早粳穀早云糯紅梗糯等，各區皆種之，就中以嘉慶早早赤早禾白爲最普通。一般早稻多係直接點播於稻田，其法於清明前後將穀種浸於水，約三天取起，用竹籮襯以稻草屯之，朝夕淋水約二三天，可屯出穀芽，然後每斗穀種和草灰三糞箕攪拌勻後，卽用一能轆動之木格，（其木格之作用所以均勻點播之距離也。）點播於稻田，其稻田每畝須先施廐肥三數担爲基肥，迨種子點播後約七日左右，將田水挑去，將生長齊全與不生長不齊全之穀秧互相移補，每叢并加培草皮灰一次，再約半月許，用小齒耙耕耘一次，又再五六日，排去其水，用脚耘田一次，并施以廐肥人糞桐麵等，再後二十日許，又行脚耘一次，同時除草拔稗，并施石灰或人糞尿灰肥一次，是爲止肥。至大暑可熟，每畝收量約三石至四石。

晚稻　有潛種（卽亞禾）番種之別，其潛種多植於瘠瘦之山田，普通於小滿節前後浸種約二日，卽撒播於秧田，播後施草灰蓋之，以防鳥雀之害，播後十餘日卽可剷秧，分插於旱稻禾行間，至旱稻收穫後，將旱稻禾頭鋤去，并不再事施肥中耕，至立冬節前數日，可有收穫，每畝收量約石零二石。至于番種，其品種有冬白冬赤大冬糯黃糯等。各區晚稻皆以此種爲其主要。普通於芒種夏至之間浸種，畧浸至萌芽，卽撒播於秧田，其秧田先施以廐肥桐麩或石灰等爲基肥，播後一二日，排去其水，直至立秋前後拔秧時，始畧灌以水，拔秧後分植於稻田，其稻田亦須先施以廐肥人糞等爲基肥，然後始行分秧，分秧後約十餘日排去田水，用脚耘田一次，并施人糞尿灰爲補肥，至二三日後，始復灌以水，再至十餘日，又行排水，耘田一次。此時有資本者，再施以各種肥料，惟普通多不再施，耘後仍須灌水，至寒露霜降間，則排盡其水，直至收穫，不復灌水矣。普通收穫時期在立冬前後，每畝收量約可二石餘至三石許。

八月早　栽植此種者，每年只得一造，普通多種於山谷之田，於清明谷雨間浸種，并屯出其芽，後和以草灰，撒播於秧田。撒時先行排水而後播種，播種後絕不施肥灌溉，至二十日左右，卽立夏前後，用秧剷剷脫，分植於稻田，其稻田亦先施廐肥爲基肥，每畝約三數十担，分秧後則不再施補肥，至十日左右，則排水耘田一次，又隔十餘日，再耘一次，及行除草拔稗，至寒露霜降間收穫，每畝收量二石餘至三石。

（2）陸稻　陸稻俗稱畬禾，種於山上或斜傾旱地，山居農民少植油茶竹木者，則有種之，并與甘藷輪栽。其種法普通於清明前後將地土鋤鬆，用直接點播法，每穴約播種十餘至二十粒，每穴距離尺許，播後每穴淋糞水少許，迨苗高一尺左右，則剷草一次，剷草後又淋以糞水，以後則不復管理施肥，至大暑前後，可有收穫。如生長期間雨量均勻，每畝收量可約石餘。其用途釀酒頗佳，粮食次之。

（3）麥　該縣種麥除忠信一帶種之較多外，其餘各區往年種者甚少，惟自去年旱稻被虫害，晚稻被風災，全年失收後，各區農民乃稍多種之，以補糧食之缺。現該縣所種品種以小麥為多，大麥次之，俱種於甘薯或晚稻跡田及花生跡地，其小麥普通於霜降前卽行播種，大麥於冬至時播種。其播法將種籽浸過一晝夜後，卽點播於平畦，每穴施人糞尿灰一撮，幷覆之以土，以後則多不施肥管理矣。至翌年春分前後，可有收穫，每畝收量約可石許。

（4）甘薯　該縣栽種甘薯極為普通，為農家主要雜糧。其品種有紅皮白肉種番鬼薯（白皮白肉），長樂薯（紅皮白肉）蓮薯，（紅皮白肉長如藕）等，多種於旱地或早稻跡田，常與稻麥豆類等作物輪栽。普通於清明前下種，至苗長二三尺，卽可截取其苗，再移植於園地，再事青苗，在育苗期間，所施肥料，以人糞尿汚水為多，至立秋前遂刈取薯苗，移植於種地條畦之上。其法於畦上中間開一淺溝，將薯苗每截長約尺許，斜置溝中，每苗相距尺許，每苗幷施廐肥一大撮，然後覆之以土，至有草生後，剷草一次，幷行培土，以後捲苗數次，至立冬後可收穫，每畝可十餘担。收穫之後，卽將諸洗淨，用刀切為薄片或碎角晒乾之。每餐和米參半，煮為薯飯以充饑。該縣各市塲，每逢市日極多販賣薯角乾，每石較穀價常昂貴一元，其薯片乾每百斤約五六元云。

（5）花生　該縣所種有大莢細莢兩種，各區旱地皆有種之，多與薯麥等作輪栽。普通於驚蟄春分間播種，其法先將種地整好平畦，然後以次開為淺溝，每開一淺溝後，卽點施人糞尿灰於溝中，每點距離約七八寸至尺許，其點灰之上，卽播種籽二粒，如法播完一溝後，始行再開次條淺溝，其開溝之土，卽覆於已播種之前溝，如是依法播完之，至有草生後，卽須剷草。在生長期間，普通須剷草二次及拔草一次。其拔草時，幷將其苗壓着於土，以使其落果，如天氣過旱，則須灌之以水。其大莢種於立秋時收穫，每畝約可七八石；細莢種則多在白露時收穫，每畝收量約五六石，多作搾油之用。

（6）蓆草　蓆草惟第三區之林寨産之，其品種出自石龍，該地栽種已有數十年，至近七八年來，始極發達，因七八年來，蓆草價漲，東江河道不通，石龍之草少故也。其栽種地勢皆屬沿河低窪之田，每年必有河水淹浸數次者，若栽種其他作物，俱無收穫，惟蓆草則不患此，且甚適宜，故入多種之。其種法，於八九十月間刈收蓆草後，卽行冬耕，冬耕時，收拾其草頭晒乾之，留爲種用，至翌年清明谷雨時，於早稻分秧前或分秧後，將種草之田，春耕整好，遂將草頭插植之，頭大者每枚爲一叢，小者二三枚爲一叢，每叢距離七八寸至尺許。當插植之先，其田施人糞或畜糞爲基肥，至苗長尺許，則排去田水，用脚耕耘一次，同時施糞肥一次，至五月間，又施糞肥及石灰，是爲止肥。普通八九十月俱有收穫，因刈收蓆草，多不能一次行之，蓋刈收之草，需用極多人工處理故也。其草刈收後，須卽行破分。其破分之法，用銅製或竹製之劍式小刀一把，以左手捻住蓆草之一端，右手執小刀於草之中心刺過，卽向右端破之，然後轉手復向左端再破，則蓆草裂分爲二片矣，熟練者每次可破分五六至八九莖，約一日夜間可破分蓆草五六十斤云。至破分之後，卽須舖開地上，晒之一日，至晚又將草打脫其苗衣，束成小把，其束點約在尾部，當全苗長三分之一處，至翌日又將蓆草把之頭部撥開，立置地上晒之一日，則可乾燥，然後束成大綑，除少數自已織蓆用外，概售於林寨街之收草舖，轉運至老隆分銷，每百斤約值七八元至十元左右。每畝收量下等田約八九百斤，中等田約一千斤，上等田約千一二斤，年產總額約十餘萬斤云。

## （十）蔬菜

該縣所種蔬菜，皆屬普通品種，除各地農家種爲自給者不計外，縣城之東西郊，頗多專自經營者，但其出產祇供城市之銷用，毫無出口，惟第三區之林寨，則出產各種蔬菜頗多，除販賣都鄉各市墟外，尙有輸出老隆發售者，而以蘿蔔芋蒜等爲最大宗。又該縣屬之忠信，往年出產蒜頭頗稱大宗，近年因農民多種罌粟，因之種蒜者稍減，現每家種蒜一畝或數分地者尙多。其蒜收穫後，卽販於連平之忠信街蒜頭舖，再行烘乾，特銷南洋一帶云。

## （十一）果樹

該縣在民國以前，祇有少數散生之桃李柑橘柿栗等果，惟近十數年來，則多有闢地種植，或集資經營者。茲將調查所得各處果園，分紀如下：

（1）第二區下車之楓園地方，有果園一所，名曰厚生植木社，係墾山谷旱田及斜傾地爲之，約有面積三數十畝，於民國四年間，開始經營，前後共集二百股，集資千元左右。現植楓栗約三數百株，沙梨約二百株，南華李白核桃柑橘等各約百數十株，石榴約三數十株，葡萄十餘株。其楓栗柑橘之品種，俱由本地採集，概用實生繁殖，其沙梨則購苗於河源，南華李則購苗於曲江南華，白核桃則購苗於廣州嶺南農大。該園祇僱長工一名，稍事管理，現在出產尚少，惟沙梨桃李石榴葡萄等畧有結果，年中出產，不過數十元云。

（2）第二區長塘之赤石地方，有果園一所，股東三人，共集資本六百元，於民國十年開始墾植。其地勢爲山麓山畔及山谷斜傾之地，約共面積二十畝左右，計植油桐五六百株外，以楓栗爲最多，約植八百株左右，其次沙梨約百五十株，紅袍橘及李各約五十株，柑及桃各約三數十株，枇杷二十餘株，紅棗香橼柿等各約十餘株。該園僱用長工一名，幫工一名，現除桃李枇杷等年產約數十元外，餘皆尙未結果。

（3）第二區長塘之小河藍家私人經營果園一處，現已投資約二百餘元，於民國十二年開始墾植，約共面積十畝左右，皆植於山坑旱地。計共植沙梨百餘株，李七八十株，桃四五十株，枇杷二十餘株，紅袍橘三十餘株。用有長工一名管理，現在惟桃李畧有結果，年產約三數十元云。

（4）第三區之林寨陳襄廷私人種植楓栗三數百株，約共面積十餘畝，皆於民國九年間所植，至去年已有少數花果云。

（5）第三區之林寨陳嫻五陳式銘各植有柿山一處，各約面積三數十畝，俱在山窩山畔地植之。查陳嫻五之柿山，於民國十二年開始墾植四五百株，現已接木者約百數十株，已有花果者約數十株云。至陳式銘之柿山，則於民國十六年始植砧木五六百株，現仍未接木云。又陳嫻五君另有梨園一所，係與桑樹桃李混植，并間栽蔬菜之屬，約共面積八九畝，惟所植沙梨不過百一二十株，聞現已開花結果矣。

（6）第一區之七窖絲茅凹地與大坪地方，及第三區之貝墩三坑地方，各有柑橘園一所，各植約百餘株，在絲茅凹者，已種植二十多年矣，現每年出產約百餘至二百元云。在大坪及三坑者，已種植七八年，每年出產約數十元至百餘元云。

## （十二）蠶桑

該縣素無蠶桑，當清光緒十餘年間，有縣令鍾桐軒，雖提倡蠶桑一次，因農民未嘗習慣，成績不佳，遂致中止。迨民國七年，署理該縣知事何松坡係浙江分水人，見該縣氣候土質甚適於蠶桑，特由浙江購得桑苗分發各區栽植，復徵集各區熱心士女到城，實地講習浙江之栽桑育蠶諸法，所得繭絲甚佳，聞經前廣東農林試驗塲證明成績優良，遠勝粵產。當時該縣各區皆有從事栽桑育蠶者，頗有萌蘖初興之勢，及後以東江河道不通，繭絲之銷售不便，兼之作業或有未精，終未能推廣而普及之，因此遂多改種別物。現在惟第三區之林寨地方陳嫻五君獨能堅毅維持，并加研究，該邑蠶桑之業遂得不絕如縷，倘將來能再事推廣發達，則陳君之力也。茲將其經營狀況誌述于次：

（1）蠶種　一爲浙江春種三眠蠶，於民國八年由該縣知事何松坡購自浙江，飼養成績甚佳，并不變種；一爲廣東輪月種，於民國十五年購自河源，初年成績頗佳，傳至次年，則毫無成績，軟化病膿病蠶甚多，所結蠶繭，異常小薄，不能繅絲，故今年已不留種飼養矣，聞欲再購冷藏種試養云。

（2）留種及掃蟻　浙江春蠶每年祇養一造，用天然育法。其種用蠶紙大小，殊無規定，其蠶兒交尾產卵之時間手續，尚頗合於科學方法。至蠶兒產卵於紙後，施石灰粉少許於紙上，以爲殺菌吸濕，幷用棉繩高掛於當風無潮濕無塵烟無日光照射凉爽之處，上罩以白紙，以避塵灰，至春分前後出蟻，見出有少數蟻時，卽將種紙用乾淨白紙捲好，放入眠床被窩裏孵之，約三數日，可出蟻甚多，於早辰取出，至近午時收蟻，用嫩葉掃落，如未出盡則再孵之，如法取收，至極少數時，則棄之不用。

（3）飼養　收蟻後卽放於蠶窩中，其窩底鋪以潔淨炒熱冷却後之穀殼約寸許，上加潔白淨紙一層，蠶兒卽放於紙上飼養，每日給桑六七次至八九次，每二日至三日除沙一次，當視天氣寒暖乾濕而定之，給桑則由細而粗，由少而多，頗合學理。至三眠後，則不用紙張鋪墊於窩底，其穀殼則自始至終均須用之，惟三眠後之穀殼，可不用鍋炒，祇用强熱之日光晒過可矣。如天氣温暖，則飼養二十七八日可成熟結繭，天氣寒冷，則須三十一二日始能成熟結繭，又當天氣極冷時，常畧用火盆加温云。

（4）上簇　蠶簇用稻草撕淨其苗衣，截去穗端，束成小把，撥開頭部，立置板上，放蠶結繭，又嘗仿製廣東竹造蠶箔，因花孔過小，不適於浙種春蠶之用，故仍廢置之。

（5）蠶室　用林寨街市之閒鋪爲之，街市人烟稠密，極不適宜，且其窗戶開設亦不甚合，而養蠶始終作業俱在一室行之，尤爲不良。

（6）蠶具　蠶窩蠶架蠶箔及温濕度表俱極精良，不似普通養蠶家之因陋就簡，有繅絲機二架，俱爲浙式，惟祇有繅釜一座，以婦女司之，幷有焙繭灶一座。

（7）經濟試驗　曾秤蟻量二両七錢飼養結果，得上等生繭六十餘斤，同功繭下薄繭十餘斤，繅得生絲十一斤左右，其絲質靭度頗佳，纇節絕少，惟水色稍遜。查其原因，係於繅絲時換水不頻，及繭置於繅釜後，任其浸漂，不行撈起，或亦不無關係云。

（8）栽桑　其品種有魯桑荊桑二種，皆由浙江購來苗木及就本地覓取移植者，皆培植爲樹桑。初時雖行剪枝，欲育成拳桑，及後見分枝甚多，覺其收量尤富，遂漸不剪枝矣。其桑地每年剷草二次，一在春季，一在秋冬之季，年中施肥二次，一在飼養春蠶摘葉後行之，一在秋冬落葉後行之，以畜糞或茶麱爲多。計共栽桑面積約四五畝地，每年用桑尚不及三分之二云。

## （十三）畜牧

（1）家畜　該縣家畜以牛猪爲多，牛有黃牛水牛，俱爲耕田役用，老弱不良者，始作肉用。猪以花白色者爲多，其猪牛之飼養管理，與各地毫無差異。又該縣頗多飼養母猪者，其母猪於斷乳後之小猪，飼養四個月後，即可交尾受孕，受孕後四個月，可產猪仔，產後將其雄豬仔，用剃刀割去其睪丸，母猪則於斷乳後閹之，方可作飼養肉猪之用。其猪仔產後二十天始飼之以粥，計滿二個月後，遂可發賣，是謂散猪仔，猪仔散後，約七日，其母又可交尾成孕，每年可產二次云。

（2）家禽　家禽以養鷄爲最多，養鴨次之，其飼養各法與他處相同。該縣於前年（民國十六年）在大碓坑地方有養鷄公司一所，共股東十八，集資四百元，其禽舍係用住家間屋爲之，另闢一牧鷄場，闊約二畝，以竹籬圍之，中有凉亭一座，并開土窖數個，以爲培養白蟻之用。其培養白蟻法，係用青濕之番箕草堆置土窖中，每朝淋以米漿飯湯之類，俟其發生白蟻後，驅鷄就食，每日如是絕少飼以米穀蔬菜。故所養之鷄，每多瀉白糞而死，遂致完全失敗，不及一年，即已歇業，每股祗分鷄三數只云。

## （十四）森林

該縣山嶺約可佔全縣面積百分之九十二三，而有林山嶺亦約佔百分之九十有奇，但其有林山嶺多非茂密，而以天然生之松杉林爲多，其次爲油茶林苗竹林，又次則爲茶葉油桐之類。除油茶林多就原有野生加以人工管理或稍事補植屬半人工林外，其餘苗竹葉茶油桐等，皆純用人工栽植。茲將其各種森林狀況分紀如下：

（1）松杉　其天然生長者，約佔百分之九十有奇，人工栽植者，不過沿鄉附近稍有見之。其生產地點，各區皆有，惟西北部較多，每年木材柴炭出產約可十餘至二十萬元云。

（2）茅竹　於第一二區爲最多，皆用人工栽植，於正二三月俱有種竹。其繁殖方法，挖取二三年生之竹，連頭并根（橫行之主根二條）掘起，截去幹部，約留丈許，卽可種於竹山，惟種時須依其竹根原生位置而種之，如顚倒其上下左右之方向，則不能生筍繁殖云。初種時如雨量過少，則須灌之以水，至二三年後，始可繁殖新苗，其竹多爲製紙用。茲將其造紙土法畧紀於下：

製紙之竹，每於立夏小滿間當新筍已開枝，而未發葉時，卽可砍伐，砍伐後剝去枝鞘，每約三尺至三尺二寸截爲段，并破分之，竹大者常八開十開，小者六開，開後削去其節，然後每三十餘斤束爲一把，遂置於浸竹窖中，其窖長約八九尺，濶約六七尺，高約三尺餘，每放竹把一層，須撒以石灰一層，計每百斤竹把約須石灰八斤至十斤。其竹把疊置好後，卽灌水浸之，其水以能浸過其表面爲度，隨於浸窖之面，用稻草或杉木皮等覆之，絕對不可攪動，如經攪動則全窖之竹不能造紙云。約浸四十日許，則啓窖洗竹，以洗去石灰爲止，洗淨後，其浸窖之底，用竹木墊起，將洗淨之竹把，復疊置其上，灌水浸之，約一晝夜後，又換以清水，如是換水三次，則任水浸之，約十餘日，窖中之水，呈烏黑色時，又排去濁水，換入清水，換至水色不濁時，始排去其水，任其屯置，如此時竹把已腐爛，則取出竹把，剝去竹皮，用臼椿爛，至其竹肉則用脚搽爛，乃將已爛之竹皮竹肉共置入紙槽中攪勻之，冲以膠水，卽用紙簾篩水成紙。每紙一張，約篩水二次或三次，篩後覆置於板上，以後所篩之紙，繼續重疊，至千餘張時，庄去其水分，卽行焙乾，計每四百斤竹把可造紙一担。查該縣所出紙類，有尖皮紙，每担約八十四斤值約四両八錢；有花尖紙，每担約一百零四斤，約值六両四錢；有龍牙紙，每刀四十張，每二十二刀半爲一折，每折約值三毫半，若以担計，每担四十斤，約值銀四元；有大簾紙，每折三斤餘，約值四毫半，中簾每刀十張，每二十五刀爲一折，每折約值一毫八分，年產總額約在三十萬元左右。

## 附焙紙灶及膠水

（1）焙紙灶　多設於房之中間，用坭磚砌成，長約丈餘，高約六七尺，基濶約二尺五寸，頂濶約一尺五寸，灶之一端，開門以便進火，他端開一小孔，以備出烟，灶內開一溝，深約六七寸，以置柴火，灶之外面兩壁，用石灰及紙根灰塗至光滑。焙紙時，先將灶內之柴燃燒，至極熱時，封閉灶門，卽行焙紙。其焙紙每由兒童司之，用一松毛刷將紙刷粘於灶之兩壁焙之，焙乾後，依其紙類，叠若干張爲一刀。

（2）紙膠　由造紙家自己製造，普通七八月間所取者，以赤桔樹葉製之。將該樹葉切碎，用木甑蒸熟，置入瓦甕中，以清水浸之，約一日後，卽可生膠應用。至冬季時，赤桔樹多已落葉，則採毛提樹葉，依前法蒸熟後，用臼椿碎，製成團餅，放入缸中，以清水浸之，一日後，亦可生膠應用。

（3）油茶　各區皆產之，而以第二區之下車長塘一帶及第三區之東水一帶爲最多，所有油茶樹多屬天然野生，不過加以人工管理，將其混生之草木剷去，如有蔬植之處，則覓他處之苗補植之，三數年間，卽可繁生茂盛。每年於寒露霜降之間收摘，收摘後剷草一次，計該縣有搾油坊約四百座之多，年產油量約百餘萬斤，出口者亦不下十萬斤左右云。

（4）油桐　該縣原產油桐，以第二區爲多，近數年來，各區踴躍種植，故油桐一業，頗有新興之勢，現全縣產額約可二三萬元云。

（5）茶葉　該縣茶葉於四十年前，極爲發達，每年產量達三四十萬元之多，銷於廣州安南等地，後因土人充賣假茶，被外人抵制，遂失去其銷路。因之種者日少，兼之該縣往年產茶最多，而質最佳者爲第五區之九連山一帶，年來因土匪猖獗，人民多數移居，所存植茶地方，完全荒廢，故該縣茶葉，一落千丈。查現在年中出產，不過一二萬元左右，實不及從前百分之十云。

## （十五）大宗產品

（1）竹造紙類年產約三十萬元左右。

（2）木材柴炭年產約十餘二十萬元。

（3）油茶年產約十萬元左右。

（4）桐油年產約二三萬元。

（5）茶葉年產約萬餘元。

（6）蓆草年產約萬餘元。

## （十六）農林之前途觀察

和平純粹之農業地也，而地廣山多，故當以山林產品爲其主要之生產，如紙也，炭也，茶葉，茶油，桐油也，皆國際貿易之大宗者也。似應厚集資本，作大規模之經營，苟能改良而擴充之，不特可以裕民，並足以救國，願有振興實業之責者，尙其注意及之可也！

（出自《广东农业概况调查报告书续编》上卷，一九二九年）

# 連平縣農業概況報告書

何慶功調查

## (一)位置及區域

連平縣，位於東江上游，居省之西北隅，東界和平，龍川，東南界河源，西南界新豐，西北界翁源，北界江西省之龍南定南虔南三縣，縣治在北緯二十四度二十分，經度距京師中線偏西二度十二分。全縣面積約四百四十二萬八千六百六十八畝，人口約十八九萬。境內多山，其山派之綿延，由北而南，全縣劃分爲五區，每區設有警察區署，辦理地方事宜。查第一區警察署，設在縣城之南樓，所轄鄉村有黃叟洞，矮子山，麻陂，石階頭。河背，蚊湖，田心，石龍，茶山，大埠，下留洞，鶴湖，密溪，峻岐山共十四鄉。第二區警察署，設在上坪墟，所轄鄉村有中村，九連，上坪，內莞，藍洲，下坪，大坪，蜆村 上留洞，後山鍋洞，共十鄉。第三區警察署，設在隆興墟，所轄鄉村，有豐盤，軟坑，溪東，馬洞，獅洞，河頭，船洞，大田，田源，沐河，岑岩，確砍石，水西，小蓆，增垻，河垻，長沙 崧嶺，沙心，共十九鄉。第四區警察署，設在忠信墟，所轄鄉村，有野鴨潭，窖頭垻，漆木坳，中莞，大塘鎮，油溪，下莞，寨新，合水，司前，水潺，高陂，太平圍，柘陂，三角，大湖寨，大湖垻，樟溪，橫經閣，壟頭，共二十鄉。第五區警察署，設在陂頭墟，所轄鄉村，有貴東，大華，蒲田，塘三，貴塘，花山，資溪，瑞進洞，腊溪，牛嶺水，三坑，爐山下，黃茅營，粗石坑，巖頭坳蓮塘，塘亭，廈田，金湯閣，分水坳共二十鄉。

## (二)氣候

該縣氣溫，於夏至節後至處暑節爲最高，冬至節後至翌年雨水節爲最低，其冷熱時期，年中各約四個月左右。降霜之時，在寒露節後，收霜時期，在翌年谷雨節前。年中雨量最多在二三四月，最少在八月至十二月云。

## (三)耕地狀況

(1)地勢　全縣農地面積約有十三萬畝，其各區地勢平均平原約佔百分之五十，山谷約佔百分之十六，岡陵起伏地約佔百分之十一，山嶺約佔百分之五，傾斜地約佔百分之十八。其中水田能植早稻者佔有十分之九，就中兼能植晚稻者，約有十之七八，其高原旱地不能植稻作者，則種花生甘藷旱芋及其他雜糧，其冬耕所栽植于農地者，第一二五區種大麥小麥及油菜爲多，第四區雖有種大小麥油菜，而以栽植蒜頭爲大宗，第三區對於冬耕，則多不注意也，

(2)土壤　該縣農地土質以黏土爲多，壤土次之，而砂土又次之。其色以淡灰者爲多，概屬定積土。

(3)水利　該縣農作物之水利，皆有小溪或河流，均能於上游築陂貯水灌溉，惟第三區，間有用高車取水灌溉，其餘高原之旱地，則賴天然雨水云。

## (四)荒山情形

該縣山嶺面積，約有八百八十四萬五千二百畝，就中荒山實佔百分之六十。其荒廢之原因，皆由於人民祇顧目前小利，雖有天然生長之林木，冬天放火焚燒淨盡，或由樵採者祇知砍伐便利，將幼木砍去，以爲燃燒之用，此種情形，全縣皆是。其荒廢年齡，殆難稽考矣。

## (五)運輸交通

該縣交通，水道由縣城可由小帆船經第三區之隆興墟，直達河源縣，會入東江。近年來因賊風猖獗，阻塞河道，行李往來，多循陸道，則由第四區之忠信或第三區之隆興墟，肩挑至縣城，轉運於第五區之陂頭，直達翁源之南舖，此陸路之交通，爲東北江貨物來往之孔道也。

## (六)耕作情形

（1）冬耕　該縣冬耕，於晚稻收穫後，在小雪前後，將稻田耙鬆，播大小麥油菜及種蒜頭等作物。其中栽植大小麥及油菜，第一二五區爲多，第四區雖有種大小麥油菜，而種蒜頭者尤多，而第三區對于冬耕作物，則甚少栽植也。

（2）春耕　於收穫大小麥及油菜之後，及有未冬耕之水田，在清明節前後，犂耙一次，待分秧之前一二日，再行犂耙一次，以蒔插早稻，如不植稻作之田，於清明節前後犂鬆田土，種花生芋等作物。

（3）秋耕　於早稻收後，在大暑節前後，將田耙爛栽植晚稻，如畏旱之田，則犂鬆田土，起地爲畦，種植甘藷等作物。

## （七）農民經濟狀況

（1）農戶　農民中田主約佔百分之十，半佃農約佔百分之三十，佃農約佔百分之六十，每農家所耕之田塲面積，平均田主約五畝以上，十畝以下，半佃農約十畝左右，佃農十畝以上，二十畝以內，爲通常云。

（2）田地價　該縣上等水田約百元，中等水田約四十元，下等水田約十五元；上等旱地約十五元，中等旱地約十元，下等旱地約三元。

（3）肥料價　花生麩每百斤約六元，餘菜油麩每百斤約四元，石灰每元約百斤，家畜水糞每担約一毫。

（4）農具價　犂約一元，耙約八九元，鋤約一元，中耕小耙約三四毫，鐵扎約一元，草鐮約三四毫，小鐮約一毫半。

（5）農産價　水牛每頭六十元至百元，黃牛每頭二十元至四十元，猪肉每百斤三十元，羊每百斤約二十元，鷄每斤三毫半，鴨每斤約二毫半，鵝與鴨同價，魚類每斤約二毫，薯每百斤約二元半，芋每百斤約一元半，乾花生每斤約一毫二，穀每百斤約三元至四元，豆每百斤約十二元，小麥每百斤約三元餘，生油每百斤約三十元，甘蔗每毫約三條，各種蔬菜，每毫約七八斤，柿餅每百斤約十一元，楓栗每斤約一毫半，挑李每斤約半毫，黃蔴每百斤約九元，烟草每斤約二毫半，茶葉上等者每斤七毫，中等者每斤約五毫，下等者每斤約三毫，乾柴每百斤約五毫，木炭每百斤約一元二毫，草每百斤約二毫半，苗竹每百斤約六毫，蒜頭每百斤約三元餘至四五元，草菇每斤約一元四五毫。

（6）人工價　長工年約二十四元，短工閒時男工每天二毫，女工每天一毫；忙時男工每天三毫，女工每天二毫，每日工作約十小時左右。其長工年中供給草鞋雨笠及剃頭吸黃烟等費約五元，其短工日供膳三餐，須費約毫半至二毫。該縣農工雖農忙時，亦不須僱用外縣人云。

（7）田地租　該縣納租制度，水田納租穀，旱地納租金。其上等水田每畝納租穀三石，中等水田每畝納租穀二石，下等水田每畝納租穀一石；上等旱地每畝納租金六元，中等旱地每畝納租金三元，下等旱地每畝納租金一元。

（8）租田制　該縣租田制度，多由於主佃面議為憑，不稍用批約，倘遇歉年則主佃均分。通常每年租穀清楚，則可永遠耕種云。

（9）農產貿易　農民之出售農產品，均在於農村附近各墟場，由小商人轉運於商業較盛之處所販賣，如第三區之忠信墟，或隣縣之翁源南舖，及河源縣，再由商賈收買，運於廣州、及南洋等處。茲將大宗農產種類，及其出口數量，列舉于次：

| 種類 | 出口數量 | 價目 |
| --- | --- | --- |
| 米 | 約百五十萬斤 | 約六十萬元 |
| 草菇 | 約五萬斤 | 約六萬元 |
| 柿餅 | 約五萬斤 | 約六萬元 |

| | | |
|---|---|---|
| 杉木 | 約十餘萬株 | 約十萬元 |
| 蒜頭 | 約二百萬斤 | 約十餘萬元 |
| 猪 | 約萬頭 | 約十餘萬元 |
| 牛 | 約三四千頭 | 約十萬元 |
| 花生麩 | 約二三萬斤 | 約萬餘元 |
| 菜油麩 | 約萬斤 | 約四五千元 |
| 花生油 | 約三數百担 | 約萬餘元 |

（10）借貸情形　該縣農民中不敷糧食而借貸者，約有百分之八十五，其利率最高者，每元每月五分，最低者二分，通常者爲三分，放債者爲田主及殷富。農民經濟困難之時，能按普通利率借得欵項者，祇限於十數元，或數担穀耳。此種借貸，係對人信用不用抵押品、至借大宗欵項者，除須不動產抵押外，并需殷實担保人。又有標會之舉、係約集附近居民組織之，年中開標會兩次或三四次不等，其標會手續，以出息多者標得，每年多於稻早晚造收成時行之也。

## （八）畜牧

家畜以養猪爲多，農家每戶養有一二頭以爲副業。計其產額除本縣年中宰殺之外，出口有三四千頭。農家養牛者有十之八九，以黃牛爲多，其中多以爲役用者，肉用者多係老廢之牛、而宰殺之販賣於本縣各墟塲。至於飼養及管理各法，與各縣無大差異。

家禽以養雞爲多，縣中居民每家均飼有十數隻，以爲不時之需，或販賣於附近墟塲。養鴨者亦與養雞不相上下，而作爲專事營業者，則極少也。

## （九）作物

（1）水稻　早稻有矮脚粘，高脚粘，金包銀，鷓鴣黄，細川禾，大川禾，嘉慶早，兩造禾、撑子禾，白壳瓜仁，赤壳瓜仁，狗蝇糯，龍門糯、深水糯，火燒糯，香粳等。其種植方法，於四五區畧有差異，查第五區之種法，於春分前後播矮脚粘高脚粘兩種，其餘各種則在清明節前後播之，先浸種三天，屯芽二天，播於秧田，先施石灰爲基肥，播種後約十日開始淋人糞尿水肥，每日或隔日淋一次，如是者五六日，則劏秧分植於稻田，如肥料多者，先施廐肥或人糞尿等肥料爲基肥，至分秧後二十日許，施石灰一次，即用脚耕耘之，如田土不鬆者，須用有齒中耕小耙耙鬆，再以脚耘之，如肥料充足者，再過十日左右施肥，及用脚耕耘一次，幷拔除稗草，矮脚粘之收穫，在夏至後，農民以收此種禾之跡田，即行犂耙，以播晚稻穀種。其餘之禾，在大暑前後收穫，每畝約收二百餘斤至四百餘斤。第四區早稻種於清明節前後，浸種三天，屯芽二天，將穀種和幼砂及草灰直接點播於稻田，先施廐肥爲基肥，播種約十日左右，淋以糞水，（名淋穀芽　再十餘日，用有齒中耕器耕一次，再過七八日，施糞水一次，每畝約施十三担，幷施石灰少許，乃用脚耕耘之，嗣後約半月許，再耕耘一次，幷施糞水，或石灰肥料。其百日早一種在小暑時可以收穫，其餘之禾，須大暑節前後，方可收穫，每畝收量約五石云。

晚稻有樟州粘，絲苗，香糯，白冬赤，各細糯，其種植方法，第四五區，亦有不同，查第四區於夏至前後播種，其種籽須浸至爆芽爲度，遂撒播秧田，苗長約寸餘許，即淋糞水一次，嗣後約十日左右，再淋糞水一次，至立秋前後分秧。其稻田係早稻之跡田，先耙鬆，幷施廐肥爲基肥，每畝約三數担，分秧後約十餘日，先施以人糞石灰，同時用脚耘之，越十餘天，耕耘一次，後施以花生麵和草灰，至立冬前後收穫，每畝收量三石至四石。第五區普通於夏至後收穫矮脚粘之跡田，犂鬆耙平之後，將晚造之穀種，浸至爆芽，撒播於田，育秧苗之時，不施肥料，至大暑節立秋節之間，拔秧分植於田，植後半月許，施以石灰，拌用脚耕耘，如有肥料者，再一星期許，耕耘一次，拌施以廐肥，至立冬前後，可以收穫。每畝收量約三百斤左右。

（2）麥　麥有大麥小麥，通常小麥種於花生之跡土，於霜降後播種，大麥多種於晚稻及甘薯之跡地，於立冬小雪之間播種。其栽植法，先將麥種籽用水浸一夜，點播於田中。其種地有先行用牛犂耙者，有用人力鋤鬆者。播種之時，有先施以人糞尿草木灰肥者，有播種之後乃施以人糞尿灰肥者，播後蓋以薄土，不行管理，至翌年春分節後收穫，每畝收量約百斤左右。

（3）油菜　油菜於立冬後，將收晚稻之跡田，犂耙鬆土，或不用犂過，祇將禾頭用鋤剷去，直行耙鬆，然後起畦作淺溝，其播種法，每油菜種籽一杯，約和尿灰兩糞箕，點播於淺溝中，播完後覆以薄土，至發葉後，間有淋糞一次。普通多不用管理，至翌年清明節前後收穫，每畝收量約六七十斤云。

（4）甘薯　該縣甘薯以紅皮白肉者爲多，普通於立春後植種育苗，種於旱地，在小暑節之時拔苗，移植種於早稻之跡田者，在大暑立秋之間植之。其栽植方法，先將田土起畦植於畦土之面，用灰糞或廐肥爲基肥，種後或覆以稻草，至苗長尺餘許，捲苗除草，中耕一次，嗣後苗稍長時，再行捲苗除草一次，至立冬後收穫，每畝收量約十餘担。

（5）芋　芋有早芋遲芋之分，早芋種於旱地，於立春後種之，種時施以廐肥或糞尿灰作基肥，嗣後剷草一次，拌淋糞水一次，至夏至後可收。遲芋於春分節時種植，種於良好之稻田，種法與旱芋相似，惟剷草二次，拌須陪土，淋糞尿水二次，其第三次培土時，施以廐肥，如遇天旱，則須灌水，至八九月收穫，每畝收量約十餘担至二十担云。

（6）大薯　有紅薯白薯之分，植於芋田之間，其種植收穫兩時期及方法，與芋相同，每株收量收約三四斤至七八斤云。

## （十）園藝

（1）果樹　該縣果樹有桃李柑柚枇杷黃皮等，但非專業經營，出產甚少，惟柿樹在第四區之樟溪鄉栽植頗多，年中出產柿餅約有五萬斤，銷售於廣州等處。

（2）蔬菜　該縣蔬菜，通常所種者，爲芥菜白菜蘿蔔茄瓜等，所栽者多爲農家自己之需用，而專植以販賣者，祇大蒜一種，在第四區之忠信鄉，年中出口有二百萬斤，運於南洋等處發售。其種法，於霜降前後整地爲平畦，距五六寸許，開一小淺溝，溝中先淋以糞水，每距三寸許植蒜子一粒，蓋以廐肥，其上面鋪以　稾草一薄層，遂灌水蔭之，至出苗後，約二寸許，淋以糞水，再十餘日淋糞水一次，嗣後不再施肥，如無雨水時，每月灌水一二次，至翌年清明節前後收穫，每畝收量約八九担，生蒜每担値價約二元餘。其烘蒜頭之法，係於房中搭一竹棚，其棚有蓬，將蒜置於棚上，在房中地面上燒穀殼，使其烟及熱氣，慢慢烘乾蒜頭，烘乾後，運出南洋等處云。

## （十一）森林

該縣山嶺約有一萬六千三百八十方里，就中有森林者約有百分之四十，以用人工造林者，佔有十分之二。所植以杉樹松樹爲多，苗竹次之，其天然生長者，亦有松樹，餘則雜木而已。杉樹第四區爲多，年中有十餘萬株發賣，運出石龍等處，苗竹取笋製紙，松樹雜木，樵採爲柴炭之用。

## （十二）農村教育狀況

（1）校數　該縣中學，祇初級中學一間，設在縣城內。高級小學則第一區縣立一間，第三區一間，第四區二間，第五區一間。初級小學則第一區四間，第三區九間，第四區七間，第五區一間。平民義學則第一區一間，夜學附設縣高立級小校內。

（2）學生及失學兒童　中學——縣立初級中學九十人。高級小學——第一區九十餘人，第三區六十四人，第四區百五十人，第五區五十人。初級小學——第一區二百三十一人，第三區三百八十餘人，第四區三百五十人，第五區七十餘人。平民義學——在縣城內四十餘人。失學兒童——第一區佔有百分之七十，第三區佔有百分之六十，第四區佔有百分之六十，第五區佔有百分之八十。

（3）經費　第一區縣立初級中學，及高初級小學，共約五千元。第三區高初級小學，共約二千五百元。第四區高初級小學，共約二千元。第五區高初級小學，共約六百元。

## （十三）農林前途之觀察

連平自民國以來，盜賊蜂起，稍近山之居民，畏匪遷徙，所有山嶺田地，皆歸荒廢，以鄙見觀察非先肅清盜賊，農林事業，實無整理之可言也。

（出自《广东农业概况调查报告书续编》上卷，一九二九年）

# 連平縣調查報告書

郭詩文

地勢與面積：連平爲廣東邊鄙之縣，北與江西接壤；東濱和平；西南與新豐爲界；西北界翁源；東南一隅，則毗鄰河源，東西袤廣約一百四十里，南北縱長約一百三十里，面積約八千零二十八華方里。

本縣之沿革：自秦至劉宋爲龍川縣地，齊蕭賾永明元年，析龍川置河源縣，連平爲河源縣地，南齊至明因之，明武宗正德十三年，析河源置和平，穆宗隆慶三年，又析河源置長寧，(今新豐縣)崇禎六年，合四省兵力，盪平九連山賊，乃割和平縣之惠化圖，長寧之長吉圖，河源縣之忠信圖，翁源縣之東桃銀梅貴塘三舖里排十甲，置連平縣，尋改爲州，屬惠州府，民國前一年，廢州府廳制，改連平州爲連平縣，至今仍之。

山脈與河流：環堵皆山也，層叠聚秀，高可捫天，萬壑千溪，如飛虹閃爍，海市繽紛，雖老於是者尚弗克遍履其勝，茲僅就犖犖著者，縷述於下：

A・山脈：

甲・仙塔嶺　在城南二里，兩水環抱，山麓上有古塔遺址，俗呼仙人塔脚。

乙・九峰山　在城北十里，山淸水秀，有魚臺石室。

丙・華表三峰　城南二十里，茶山一峰，南三里，豐盤又一峰，又南七里，軟坑一峰，淸溪環繞，聳拔如削，中峰尤峻峭。

丁・歇馬礤　在城東北十五里，高岡穹窿，仰捫星斗，攀陟巇險，有人躓馬隤之虞，高可概見焉。

戊・朝天馬　在城東偏南三十里，峻極岧嶢，頭昂腰伏，登山俯視，羣山培塿。

己・岩坡嶺　在城西十五里，蒼岩翠壁，險阻連雲，樹林陰翳，亭午始見日影。

庚・九連大山　離城　三十里，聯亘萬山，環通九縣，故名九連。

申・猴子嶺　在城東南三十餘里，忠信必由之路，林木蓊鬱屯雲，晝晦飛瀑奔湍，響震巖谷。

壬・戈羅筆山　山嶺聳秀，高出雲端，登者窮日方達其巔，民廿一年前，淪爲匪藪，迭經防軍痛剿，今已有昇平之氣象矣。

B・河流：

甲・麻陂水　源濫江西之龍南，經中村上坪，至內管，出大席口，與新豐縣水合入河源。

乙·𥧌溪　自翁源楊梅坪發源，繞城西，合鶴湖水至合水墟與麻陂水合流，南下經百口錫塘，直抵河源東江。

丙·忠信水　在城東九連肚發源，經野鴨潭，由司前至合江與本縣及新豐水合流，而入河源大江。

丁·銀梅水　經牛嶺水，蓮塘，英村，至翁源之南舖，而通英德。

交通方面：

甲·公路：

(一)已完成者：

一，由石塘水至忠信墟之河忠公路石公段，長十四里，已完成，尚未通車。

二，由忠信墟至綉緞墟之忠信路忠綉段，長三十一里，已完成，亦未通車。

(二)未完成者：

一，連平城至虎頭石與翁源公路接駁之連虎段，路綫長七十里，在建築中。

二，連平城至忠信墟之連忠路，長七十三里，在開築中。

乙·電話：

電話總機設縣城，係屬民營性質，除各區均裝有分機得以通話外，西至翁源，東達和平，南至新豐河源，均可接駁通話，鄉封交際，頗稱利便。

丙·水運：

𥧌溪麻陂忠信各水，均屬東江之上游，惜河身淤淺湍急而乏航利，𥧌溪麻陂兩水下流至隆興，忠信水南下至合水鄉，春夏水漲，深可數尺，民船可以往來。

本縣之物產：

甲·動物　本縣多山，惟各種野獸，則不常見，家禽家畜，各類均有，因交通梗塞運轉爲艱，故價格頗平，水產以魚爲多，餘需外來供給。

乙·植物　農產以穀爲大宗，供縣民用，可有餘[illegible]蕃薯，黃豆，花生，芋等什糧，足敷零用，蒜頭，草菰，香菰爲本縣特產，量頗不薄，蒜頭暢銷於南洋，香菰草菰則分銷本省各處，第四區之漆木坳，粗石坑，產茶亦不弱，據報足供全縣之需，杉木松木，高可參天，乃因運輸困難，價植極見低下，菓實稀少，聞爲氣候寒冷所致云。

丙·礦物　石灰隨處多有，農人採之以作肥田料，餘未有所聞。

丁·工藝品　第二區之留洞鄉及牛寮坑，有製紙者數家，純由人工造成，據報年可出紙約一萬二千斤，價值約五百餘元，倘改用機器，以當地苗竹之多，工資之賤，其產量當不弱，收入當大有可觀。

商業情形：本縣公路未通，水運不便，故商業殊形冷落，計全縣有三鎮六墟場，類皆資本薄弱，銷售不豐，忠信鎮外表較爲堂皇，惟窮其究竟，祗是區人之交易場，殊非通商之重鎮也。

教育概況：縣城有縣立初級中學一所，學生七十八名，全縣小學校共十所，學生三百二十七名，均男性，初級小學一百零四所，男生二千九百二十五名，女生二百八十二名，合共四千二百零七名，第一區有民衆學校一所，學生一百七十四名。

自治與人口：本縣分五自治區及一特別鄉，共設五十鄉公所，現正從事第二次人口調查，尚未完竣，茲依民十八年調查額報告，以資參攷，計第一區男一萬二千三百六十八人，女一萬零六百零五人，第二區男二千一百四十二人，女二千零四十五人，第三區男一萬二千七百五十五人，女一萬一千五百三十七人，第四區男二萬四千四百四十六人，女二萬一千四百二十五人，第五區男五千六百四十四人，女五千一百四十八名，總計男女一十一萬五千九百三十一人，平均每方里密度得一十四人强。

民情與風俗：縣民頗儉樸，大布之衣，至今日仍未稍廢，惜吸鴉片者數不少，以有用之金錢，消耗於無益有害之地，誠宜急予設法禁絕，稼穡之事，婦女尤具專長，文化不發達，故不良惡俗如換婚搶婚等事，仍時有所聞，現已有改良風俗會之設立，當可逐漸破除矣。

（出自《统计月刊》第二卷第四期，一九三六年）